Lauermann

Autonomie von Ferti

GABLER EDITION WISSENSCHAFT

Andreas Lauermann

Autonomie von Fertigungssegmenten

Analyse zur Gestaltung neuer Fabrikstrukturen

Mit einem Geleitwort
von Prof. Dr. Horst Wildemann

Springer Fachmedien Wiesbaden GmbH

Die Deutsche Bibliothek – CIP-Einheitsaufnahme

Lauermann, Andreas:
Autonomie von Fertigungssegmenten : Analyse zur Gestaltung neuer Fabrikstrukturen / Andreas Lauermann.
Mit einem Geleitw. von Horst Wildemann. -
Wiesbaden : Dt. Univ.-Verl. ; Wiesbaden : Gabler, 1994
(Gabler Edition Wissenschaft)
Zugl.: Passau, Univ., Diss., 1994
ISBN 978-3-8244-6064-9
NE: GT

Der Deutsche Universitäts-Verlag und der Gabler Verlag sind Unternehmen der Verlagsgruppe Bertelsmann International.

Lektorat: Claudia Splittgerber / Irene Müller-Schwertel

ISBN 978-3-8244-6064-9 ISBN 978-3-663-08262-0 (eBook)
DOI 10.1007/978-3-663-08262-0

Meinen Eltern

Geleitwort

Unternehmen sehen sich in der gegenwärtigen Situation einer wachsenden Komplexität und zunehmenden Dynamik in ihrem Wettbewerbsumfeld ausgesetzt, aus denen neue Anforderungen hinsichtlich der Erfolgsfaktoren Zeit, Qualität und Kosten resultieren, für die partielle Rationalisierungsstrategien nicht mehr ausreichend sind, sondern die eine ganzheitliche Reorganisation von Aufbau- und Ablauforganisation erfordern und zu Strukturen führen, die ein schnelles und marktnahes Agieren ermöglichen. Ausgehend von der These, daß Anpassungsfähigkeit und -geschwindigkeit als inhärente Eigenschaften wettbewerbsfähiger Organisationsstrukturen aufzufassen sind, entwickelt der Verfasser fünf Leitlinien zur Organisationsgestaltung, für deren Ausgestaltung die Autonomie als Schlüsselgröße zu betrachten ist. Dabei wird Autonomie nicht als absolute Größe aufgefaßt, wie es in der gängigen Diskussion von Zentralisierung versus Dezentralisierung der Fall ist, sondern als variable Größe, die in Abhängigkeit von der Zielsetzung und dem Unternehmenskontext zu definieren ist. Damit wird Autonomie zur organisatorischen Gestaltungsaufgabe, die als aktiver Baustein im Rahmen der Gestaltung wettbewerbsfähiger Organisationsstrukturen zu betrachten ist.

Der Autor zeigt auf, welche Bedeutung Autonomie als Gestaltungsparameter bei der Implementierung wettbewerbsfähiger Organisationen hat, welche Indikatoren bei der Gestaltung von autonomen Einheiten relevant sind und welche Gestaltungsaspekte zur aktiven Gestaltung eines angemessenen Autonomiegrades zu beachten sind.

Aufbauend auf einem Modell, das unter Beachtung der Rekursivität drei Gestaltungsebenen (Unternehmens-, Betriebs- und Arbeitsorganisationsebene) unterscheidet, werden in einer empirischen Analyse Gestaltungsmöglichkeiten erarbeitet und die Ergebnisse in ein Simulationsmodell überführt, das es erlaubt, das dynamische Verhalten zu analysieren. Durch diese Vorgehensweise gelingt es dem Autor in überzeugender Weise, zu belegen, daß die Fertigungssegmentierung nicht allein ein Organisationsprinzip zur Änderung der Fertigungsstruktur ist, sondern durch die Ausweitung der Betrachtungsperspektive im Sinne der Autonomie zu einer Veränderung der gesamten Organisationsstruktur in einem Unternehmen führt. Hierzu werden Gestaltungsprinzipien und Handlungsempfehlungen im Hinblick auf Führung, Koordination, Materialfluß, Information, indirekte Bereiche sowie Personal herausgearbeitet, die es ermöglichen, organisationelles Lernen als systemimmantentes Organisationsmerkmal zu verankern, alle Ebenen und Bereiche eines Unternehmens netzwerkartig und kooperativ im Sinne der Strategie der Kundenorientierung auszurichten sowie letztendlich die Anforderungen aus der Perspektive des Unternehmens, des Kunden, und des Mitarbeites zur Deckung zu bringen.

Der Autor hat mit seiner Arbeit einen beeindruckenden Beitrag zur Analyse der Autonomie bei der Fertigungssegmentierung vorgelegt, der gerade bei der gegenwärtigen Diskussion über schlanke Organisationsstrukturen einen hohen Aktualitätswert besitzt. Dem vorliegenden Buch liegt eine Dissertation an der Universität Passau zugrunde. Es richtet sich gleichermaßen an Leser aus Wissenschaft und Praxis, die an Fragen der Gestaltung wettbewerbs- und lernfähiger Organisationsstrukturen interessiert sind.

Prof. Dr. Horst Wildemann

Vorwort

Nicht zuletzt aufgrund der MIT-Studie von Womack, Jones und Roos ist eine intensive Diskussion um die wettbewerbsfähige Fabrik entstanden. Dabei stehen insbesondere die Arbeitsorganisation und das Management im Mittelpunkt der Betrachtung. Um jedoch in einem Umfeld wettbewerbsfähig zu sein, zu dessen einzigem "stabilen" Element der Wandel geworden ist, der durch multivariable Einflußgrößen mit multikausalen, nichtlinearen Wirkungszusammenhängen charakterisiert ist, sind partielle Erklärungs- und Lösungsansätze allein nicht mehr ausreichend. Erforderlich sind vielmehr ganzheitliche Konzepte, die Kreativität, Innovation, Flexibilität, die intelligente Kombination der Produktionsfaktoren und somit die Anpassungsfähigkeit und -geschwindigkeit zu einer inhärenten Eigenschaft einer Organisation machen. Organisation wird dabei zum strategischen Erfolgsfaktor. Hierzu ist es notwendig, Reorganisationsmaßnahmen nicht nur auf die Verbesserung produktionswirtschaftlicher Leistungsparameter auszurichten. Vielmehr gilt es, Strukturveränderungen unmittelbar durch Beeinflussung der Verhaltensparameter mit Verhaltensänderungen zu verknüpfen. Deshalb stehen Reorganisationsmaßnahmen vor der Herausforderung, daß sie zu Organisationsstrukturen führen müssen, die gleichzeitig kunden-, zeit-, wertschöpfungs-, innovations- und mitarbeiterorientiert sind. Hierbei stellt die Autonomie einen wesentlichen Schlüsselfaktor dar. In der vorliegenden Arbeit wird deshalb Autonomie mit Hilfe eines theoretisch fundierten Modells sowie einer empirischen und simulativen Untersuchung einer Analyse zugänglich gemacht. Im Hinblick auf die drei Gestaltungsebenen der Autonomie werden Gestaltungsaspekte bezüglich Führung und Koordination, Material- und Informationsflußgestaltung, der prozeßorientierten Neuausrichtung indirekter Bereiche sowie der personellen Gestaltung im Sinne durchgängig teamorientierter Organisationsstrukturen aufgezeigt, die es erlauben, die Position des Reagierens zu verlassen und zu einem wettbewerbsorientierten Agieren zu gelangen.

Meinem verehrten akademischen Lehrer, Herrn Prof. Dr. Horst Wildemann, danke ich sehr herzlich für die Betreuung und Förderung dieser Arbeit. Herrn Prof. Dr. Walter Schweitzer danke ich für die Übernahme des Koreferats. Für die zuverlässige und geduldige Unterstützung im Rahmen der empirischen Auswertung und Erstellung des Simulationsprogramms gilt mein besonderer Dank Herrn Dipl.-Ing. Matthias Weigel und Herrn Dipl.-Math. Jürg Mattweber. Frau Petra Arneth-Mangano danke ich für das umsichtige Schreiben des Manuskripts.

Nicht zuletzt gilt mein herzlicher Dank meiner Frau Katharina und meinem Sohn Matthias, die trotz vieler Entbehrungen mir in allen Phasen dieser Arbeit stets motivierend und unterstützend zur Seite standen.

Dieses Buch widme ich zum Dank für die liebevolle Förderung meines bisherigen Weges meinen Eltern.

Andreas Lauermann

Inhaltsverzeichnis

		Seite
Inhaltsverzeichnis		XI
Abbildungsverzeichnis		XV
Abkürzungsverzeichnis		XVII
1. Einleitung		1
1.1.	Ausgangssituation und Problemstellung	1
1.2.	Bisherige Behandlung der Problemstellung in der Literatur	7
1.3.	Charakterisierung des Lösungsansatzes und Gang der Untersuchung	15
2. Fertigungssegmentierung als Organisationsprinzip		19
2.1.	Fertigungsorganisation als Erfolgsfaktor	19
2.2.	Definitionsmerkmale und Gestaltungsprinzipien von Fertigungssegmenten	22
2.3.	Ausprägungsformen von Fertigungssegmenten	29
3. Der Autonomiegrad als Gestaltungsparameter von Fertigungssegmenten		33
3.1.	Begriff der Autonomie	33
3.2.	Gestaltungsebenen der Autonomie	38
3.3.	Autonomiegrad von Fertigungssegmenten	61
3.3.1.	Autonomie als Gestaltungsparameter von Fertigungssegmenten	61
3.3.2.	Determination des Autonomiegrades von Fertigungssegmenten	63
3.3.2.1.	Integrationsgrad der logistischen Kette	63
3.3.2.2.	Funktionsintegration	68
3.3.2.3.	Informationsintegration	74

Seite

4. Empirische Analyse des Autonomiegrades von Fertigungssegmenten 78

4.1. Erhebungsmethode und Charakterisierung der Fallbeispiele 78
4.2. Merkmalsausprägungen der Fallbeispiele 81
4.3. Analyse der Einflußgrößen des Autonomiegrades von Fertigungssegmenten 83
4.3.1. Integrationsgrad der Materialflußstrecke 83
4.3.1.1. Integrationstypen und Einflußgrößen 83
4.3.1.2. Gestaltungsprinzipien und -kriterien 104
4.3.1.3. Technologieplanung und Investitionsschwerpunkte 115
4.3.2. Funktionsintegration 119
4.3.2.1. Überblick 119
4.3.2.2. Fertigungsbegleitende indirekte Funktionen 123
4.3.2.3. Vorgelagerte indirekte Funktionen 148
4.3.2.4. Nachgelagerte indirekte Funktionen 155
4.3.2.5. Übergeordnete indirekte Funktionen 156
4.3.2.6. Autonomiegrad indirekter Funktionen 157
4.3.3. Informationsintegration 161
4.4. Zusammenfassende Beurteilung der empirischen Analyse 175

5. Simulative Analyse des Autonomiegrades von Fertigungssegmenten 179

5.1. Grundlagen der Simulation 179
5.2. Ein Simulationsmodell zur Analyse des Autonomiegrades von Fertigungssegmenten 182
5.2.1. Darstellung der Modell- und Datenstrukturen 182
5.2.2. Charakterisierung des Grundmodells 194
5.2.3. Simulative Analyse der Einflußgrößen des Autonomiegrades 198

Seite

5.2.3.1. Integrationsgrad der Materialflußstrecke 198
5.2.3.2. Funktionsintegration 203
5.2.3.3. Informationsintegration 207
5.3. Zusammenfassende Beurteilung der Simulationsergebnisse 211

6. Gestaltungsaspekte des Autonomiegrades von Fertigungssegmenten 214

6.1. Führung und Koordination 214
6.2. Materialfluß 223
6.3. Information 229
6.4. Indirekte Bereiche 235
6.5. Personal 242

7. Zusammenfassung und Ausblick 250

Literaturverzeichnis 257

Anhang 281

Abbildungsverzeichnis

		Seite
Abb. 1-1:	Entwicklungspfade der Strukturentwicklung	8
Abb. 1-2:	Ablauf der Untersuchung	17
Abb. 2-1:	Definitionsmerkmale und Gestaltungsprinzipien der Fertigungssegmentierung	23
Abb. 2-2:	Ausprägungsformen von Fertigungssegmenten	30
Abb. 3-1:	Die Abhängigkeit zwischen Autonomie- und Koordinationskosten und dem Autonomiegrad organisatorischer Einheiten	36
Abb. 3-2:	Betrachtungsebenen der Autonomie	40
Abb. 3-3:	Determinanten des Handlungsspielraums	52
Abb. 3-4:	Determinanten des Autonomiegrades	63
Abb. 3-5:	Ganzheitliche Betrachtung des Umfangs der Materiaflußstrecke	66
Abb. 3-6:	Zusammenhang zwischen Autonomiegrad und Integrationsgrad	68
Abb. 3-7:	Systematik indirekter Funktionen	72
Abb. 3-8:	Komponenten der Informationsintegration	76
Abb. 4-1:	Charakterisierung der Fallbeispiele	80
Abb. 4-2:	Merkmalsausprägungen der untersuchten Fertigungssegmente	82
Abb. 4-3:	Integrationsgrad der Materialflußstrecke	86
Abb. 4-4a-c:	Merkmalsausprägungen der Integrationstypen	89 - 91
Abb. 4-5:	Aspekte der Integration der Materialflußstrecke	96
Abb. 4-6a-e:	Gestaltungsprinzipien und -kriterien	105 - 109
Abb. 4-7:	Technologieplanung und Investitionsschwerpunkte	116
Abb. 4-8:	Funktionsintegration	122
Abb. 4-9:	Qualitätssicherungsstrategien	128
Abb. 4-10:	Qualitätssicherungsorganisation	130
Abb. 4-11:	Organisation der Instandhaltung	139
Abb. 4-12:	Transportorganisation	146

Seite

Abb. 4-13: Autonomiegrad indirekter Funktionen 158
Abb. 4-14: Organisation betrieblicher Funktionen 160
Abb. 4-15: Auswirkungen der Fertigungssegmentierung auf die Produktionsplanung und -steuerung 163
Abb. 4-16: Integrationsgrad in das PPS-System 165
Abb. 4-17: Funktionsumfang des PPS-Systems 168
Abb. 4-18: Einsatzbereich von PPS-Methoden 170
Abb. 4-19: Autonomiegrad von Fertigungssegmenten 176
Abb. 5-1: Aufbau des Simulationsprogramms SILC 184
Abb. 5-2: Grundmodell 195
Abb. 5-3: Segmentierungsmodell 199
Abb. 5-4: Wirkungen des Segmentierungsmodells 201
Abb. 5-5: Gruppenmodell-Funktionsintegration 204
Abb. 5-6: Wirkungen des Gruppenmodells-Funktionsintegration 206
Abb. 5-7: Autonomiemodell 208
Abb. 5-8: Wirkungen des Autonomiemodells 210
Abb. 5-9: Wirkungsanalyse der Determinanten der Autonomie 212
Abb. 6-1: Entwicklung von Netzwerkstrukturen 218
Abb. 6-2: Autonomie und Materialfluß 224
Abb. 6-3: Horizontale und vertikale vernetzte Regelkreise 233
Abb. 6-4: Integrationsfelder indirekter Bereiche 237
Abb. 6-5: Teamorientierte Organisationsstruktur 243

Abkürzungsverzeichnis

a.a.O.	am angegebenen Ort
allg.	allgemein
AwF	Ausschuß für wirtschaftliche Fertigung
Abb.	Abbildung
AM	Autonomiemodell
ASIM	Arbeitskreis für Simulation in der Fertigungstechnik
AV	Arbeitsvorbereitung
Bd.	Band
BDE	Betriebsdatenerfassung
BOA	Belastungsorientierte Auftragsfreigabe
bzw.	beziehungsweise
bzgl.	bezüglich
ca.	circa
CAD	Computer Aided Design
CAE	Computer Aided Engineering
CAM	Computer Aided Manufacturing
CAP	Computer Aided Planing
CAQ	Computer Aided Quality
CIM	Computer Integrated Manufacturing
CKD	Completely Knocked Down
d.h.	das heißt
DBW	Die Betriebswirtschaft
disk.	diskret
Dispo	Disposition
Diss.	Dissertation
DV	Datenverarbeitung
EDV	Elektronische Datenverarbeitung
EH	Einheiten
FAZ	Frankfurter Allgemeine Zeitung
F&E	Forschung und Entwicklung
ff.	fortfolgende
f.	folgend
FB/IE	Fortschrittliche Betriebsführung/Industrial Engineering
FFZ	Flexible Fertigungszelle
FFS	Flexibles Fertigungssystem
FTS	Fahrerloses Transportsystem
FIFO	First-In-First-Out
FI	Funktionsintegrationsmodell

Fkt.	Funktion
FMEA	Failure Mode and Effects Analysis
FS	Fertigungssegmentierung
GM	Grundmodell
graf.	grafisch
Hrsg.	Herausgeber
hrsg.	herausgegeben
HWO	Handwörterbuch der Organisation
HWB	Handwörterbuch der Betriebswirtschaft
HWProd	Handwörterbuch der Produktion
HWP	Handwörterbuch des Personalwesens
IE	Industrial Engineering
IO	Industrielle Organisation
JIT	Just-In-Time
Kap.	Kapitel
kont.	kontinuierlich
Mio.	Millionen
MRP	Material Requirements Planing
MRP II	Manufacturing Ressource Planing
Nr.	Nummer
o.V.	ohne Verfasser
o.S.	ohne Seitenangabe
OPT	Optimized Production Technologie
Parametr.	Parametrierung
PIMS	Profit Impact on Market Structure
PPS	Produktionsplanung und -steuerung
Progr.	Programmierung
QS	Qualitätssicherung
S.	Seite
Sp.	Spalte
SPC	Statistical Process Controll
SILC	Simulation of Integrated Logistic Chains
SEG	Segmentierungsmodell
spez.	speziell
TPM	Total Productive Maintenance
u.a.	unter anderem
usw.	und so weiter
vgl.	vergleiche
VDI	Verein Deutscher Ingenieure
VDI-Z	Verbandszeitschrift des Vereins Deutscher Ingenieure

Vol.	Volume
WISU	Das Wirtschaftsstudium
WISI	Wirtschaftswissenschaftliches Studium
ZfO	Zeitschrift für Organgisation
ZfB	Zeitschrift für Betriebswirtschaft
z.B.	zum Beispiel
ZfL	Zeitschrift für Logistik
ZfbF	Zeitschrift für betriebswirtschaftliche Forschung
ZwF	Zeitschrift für wirtschaftliche Fertigung

1. Einleitung

1.1. Ausgangssituation und Problemstellung

Unternehmen sehen sich einer wachsenden Komplexität und zunehmenden Dynamik in ihrem Wettbewerbsumfeld ausgesetzt. Dies resultiert daraus, daß zum einen die Einflußgrößen aus Markt, Technologie und Gesellschaft einem stetigen und schnellen Wandel unterliegen und zum anderen es sich dabei um multivariable Einflußgrößen mit multikausalen, nichtlinearen Wirkungszusammenhängen handelt, die zu einer stärkeren Unstrukturiertheit, Flexibilität, Neuheit und Komplexität der zu lösenden Aufgaben führen. So erwächst aus dem Wandel vom Verkäufer- zum Käufermarkt und einer Globalisierung der Märkte aufgrund des Auftretens neuer leistungsfähiger Anbieter sowie einer zunehmenden Individualisierung der Kundenwünsche ein steigender Konkurrenzdruck, der mit Forderungen hinsichtlich kurzer Lieferzeiten bei gleichzeitig steigender Variantenvielfalt und reduzierten Auftragsgrößen einhergeht. Die beschleunigte technologische Entwicklung fördert zum einen die Entwicklung zahlreicher neuer Produkte (Produktinnovationen), zum anderen erfordern kürzer werdende Produktlebens- und Innovationszyklen den Einsatz neuer Fertigungstechnologien (Prozeßinnovationen). Die Fähigkeit, rasch auf Kundenwünsche einzugehen, neue Märkte zu kreieren, neue Produkte schnell zu entwickeln und neue Technologien zu beherrschen, werden zu wettbewerbsentscheidenden Kriterien in einem derart gekennzeichneten Umfeld. Darüber hinaus zeigt die gesellschaftliche Entwicklung einen Trend, der eine Verschiebung von materiellen Werten, wie Versorgungs- und Sicherheitswerten, hin zu postmateriellen Werten, wie Solidarität und Selbstverwirklichung, beinhaltet und zu neuen Anforderungen hinsichtlich Arbeitsorganisation, Führungsstil und Unternehmenskultur führt. Aus diesen geänderten Umfeldbedingungen ergeben sich neue Anforderungen hinsichtlich der Erfolgsfaktoren Zeit, Qualität und Produktivität, denen mit partiellen Rationalisierungsstrategien nicht mehr begegnet werden kann, sondern die eine ganzheitliche Reorganisation von Aufbau- und

Ablauforganisation erfordern und zu Organisationsstrukturen führen, die ein schnelles marktnahes Agieren ermöglichen und somit Anpassungsfähigkeit und -geschwindigkeit zu einer inhärenten Eigenschaft einer Organisation werden lassen.

Traditionelle funktionsorientiert strukturierte Organisationen weisen allenthalben erhebliche Defizite bezüglich der gestellten Anforderungen auf. So zeigt sich, daß die Diskrepanz zwischen benötigter Reaktionszeit bei wachsender Komplexität und vom Markt zugestandener Reaktionszeit bei zunehmender Dynamik in hierarchischen Strukturen mit bürokratischen Verhaltensweisen aufgrund eines hohen Koordinierungsaufwands und Schnittstellenproblemen sich stetig vergrößert.[1] Darüber hinaus ist ein auf Mengenänderungen sensibles Kostenverhalten zu konstatieren, das aus einer hohen Fix- und Gemeinkostenbelastung resultiert und die Rendite eines Unternehmens negativ beeinflußt.[2] Diese Entwicklung ist auf eine einseitige Produktivitätsorientierung zurückzuführen, die auf eine weitreichende Arbeitsteilung und Spezialisierung, mit dem Ziel einer Automatisierung repetitiver Tätigkeiten ausgerichtet ist. Dabei wurden eine Spezialisierung durch Arbeitsvereinfachung, detailliert vorgegebene Regeln bis auf Arbeitsgangebene, ein umfassendes zentrales Steuerungs- und Kontrollsystem und eine ausgeprägte Stab-Linien-Organisation mit einer vertikalen Trennung von Planung, Ausführung und Kontrolle angestrebt.[3] Der Produktivitätsfortschritt in den direkten Tätigkeiten wird jedoch nicht nur durch eine überproportionale Zunahme indirekter Tätigkeiten kompensiert, sondern diese Vorgehensweise zur Organisationsgestaltung ist auch darauf ausgerichtet, durch Erhöhung der Regelungsdichte und dem Aufbau von Hierarchien den Komplexitätsdruck zu bewältigen. Zur zentralen Koordination der entstehenden Schnittstellen in einem solch komplexen System bedarf es des steten Ausbaus von Planungs-, Steuerungs-, Informations- und Kontrollsystemen. Dieser Vorgehensweise ist deshalb auch die Eigenschaft inhärent, daß die Zunahme der externen Komplexität zu einer Erhöhung der internen strukturellen Komplexität führt, die mit einer zunehmenden Bürokratisierung der Abläufe, Entfremdung der Mitarbeiter von ihren Aufgaben und Zielen sowie mit einer Vergrö-

---

1 vgl. Bleicher, K. (1990), S. 153
2 vgl. Blaxill, H. F./Hout, Th. M. (1992), S. 84-93
3 vgl. Bleicher, K. (1990), S. 15 f.

ßerung der Distanz zu Markt und Kunde einhergeht. Letztendlich ist ein "Organisationsversagen" zu konstatieren, das sich in mangelnder Effizienz, langen Durchlauf- und Liegezeiten, zu hohen Gemeinkosten, langen Produktentwicklungszeiten, schlechter Qualität und in wenig mitarbeitergerechten Arbeitsplätzen manifestiert.[1]

Zur Erhaltung und zum Ausbau der Wettbewerbsfähigkeit eines Unternehmens dürfen Reorganisationsmaßnahmen sich deshalb nicht auf die einseitige Auflösung der Dilemmata: Produktivität versus Flexibilität, Produktivität versus Geschwindigkeit (Zeit) und Produktivität versus Qualität beschränken.[2] Vielmehr ist eine Restrukturierung notwendig, die zum einen die Wettbewerbsstrategie mit der Fertigungsstrategie durch die Ausrichtung der Wertschöpfungs- und Innovationskette, entsprechend den relevanten Erfolgsfaktoren, verbindet, Komplexität auf ein der menschlichen Problemlösungskapazität entsprechendes Maß reduziert sowie zum anderen das Kreativitäts- und Innovationsklima als auch unternehmerisches Denken und Handeln durch Erhöhung von Autonomie und Verantwortung fördert. Dabei hat sich das Konzept an folgenden Grundorientierungen auszurichten:

- Kundenorientierung,
- Wertschöpfungsorientierung,
- Zeitorientierung,
- Innovationsorientierung,
- Mitarbeiterorientierung.

Die zunehmende Individualisierung der Kundenwünsche bei gleichzeitig abnehmender Markentreue erfordert eine Strategie der Kundenorientierung, die den Kunden als Quelle der Wertschöpfung betrachtet. Im Mittelpunkt steht die Befriedigung der individuellen Kundenanforderungen und die damit verbundene Notwendigkeit zu einer korrespondierenden Ausrichtung des Wertschöpfungs- und Innovationsprozesses. Dies setzt eine verstärkte Organisationsgestaltung nach Produkten und Zielen unter Übertragung ganzheitlicher Aufgaben, Kompetenzen und Verantwortung voraus. Dabei

---

[1] vgl. Bierfelder, W. (1989), S. 692
[2] vgl. Wildemann, H. (1992a), S. 5

zielt die Wertschöpfungsorientierung auf eine produkt- und kundenbezogene Ausrichtung der Wertschöpfungskette, wobei alle Dienstleistungsfunktionen in die Gestaltung miteinzubeziehen und nach den Bedürfnissen der direkten Funktionen und ihrem Nutzenbeitrag zur Wertschöpfung zu gestalten sind, so daß ein Maximum an Wertschöpfung aus eigener Beeinflussungsmöglichkeit erbracht werden kann. Dies führt letztendlich zu einer marktnahen Ausrichtung sämtlicher Aktivitäten eines Unternehmens und zur Bündelung von Technologie- und Produktionskompetenzen, die es erlauben, jene Kernkompetenzen schneller und kostengünstiger auf- bzw. auszubauen, die ein kundenorientiertes Agieren im Markt sowie eine schnelle Reaktion auf sich bietende Marktchancen erlauben.[1] Dabei tritt der Faktor Zeit als wesentlicher Bestimmungsfaktor für die Anpassungsfähigkeit und -geschwindigkeit gleichbedeutend neben die Wettbewerbsfaktoren Produktivität und Qualität. Den höchsten Wert für den Kunden zu den niedrigsten Kosten in der kürzesten Zeit zu liefern, lautet die Herausforderung für eine erfolgreiche Unternehmensführung. Zeit wird zum Schlüsselfaktor für die Gewinnung von Marktanteilen, Kapitalbindung in der logistischen Kette, Geschwindigkeit und Flexibilität bei der Umsetzung von Kundenwünschen in marktfähige Produkte, zeitgerechte Kundenbelieferung sowie Wirtschaftlichkeit und Rentabilität eines Unternehmens.[2] Zeit ist damit die entscheidende Größe für die Reaktionsgeschwindigkeit von Unternehmen auf Marktveränderungen. In einer turbulenten Umwelt wird nicht nur eine schnelle Reaktion, sondern auch ein vorausschauendes Agieren zu einem Wettbewerbsvorteil. Hierbei gewinnt eine weitere Dimension an Bedeutung: Die Fähigkeit, Veränderungen und Marktchancen rechtzeitig wahrzunehmen und schnell innerhalb der Organisation umzusetzen bzw. die Organisation danach auszurichten, was als "Organizational Learning" bezeichnet wird.[3] Organisationales Lernen kennzeichnet die Problemlösungsfähigkeit von Unternehmen, ohne die es zu keiner Entwicklung kommen könnte.[4] Diese Fähigkeit beruht auf dem organisatorischen Wissen, das sich synergetisch aus dem Wissen der Mitglieder eines Systems

---

1 zum Aufbau von Kernkompetenzen vgl. Prahalad, C. K./Hamel, G. (1991), S. 66-78

2 vgl. hierzu auch: Stalk, G. Hout, Th. M. (1990), S. 55 ff.; Stalk, G. (1989), S. 37-46; Simon, H. (1989), S. 70 ff.; Bower, J. L./Hout, Th. M. (1989), S. 68 ff.; Rutt, H. N. (1990), S. 62 ff.

3 vgl. Stata, R. (1989), S. 63 ff.; Senge, P. (1990), S. 7 ff.; Simon, H./Tacke, G. (1991), S. 170 ff.;

4 vgl. Simon, V. (1989), S. 349 f.

zusammensetzt.[1] Organisationales Lernen erstreckt sich hierbei auch auf Zielsetzungen, Kompetenzen und Entscheidensregeln.[2] Gerade in einem Wettbewerbsumfeld, das nach ständigen Innovationen verlangt, in dem Märkte sich schnell wandeln, Technologien sich rasch weiterverbreiten, Mitbewerber sich vervielfachen und Produkte beinahe über Nacht veralten, ist Wissen die einzig sichere Quelle für dauerhafte Wettbewerbsvorteile, und sind nur die Unternehmen erfolgreich, denen es gelingt, konsequent neues Wissen sowohl im Sinne der Kundeninnovation[3] als auch im Sinne der Verbesserung der unternehmensinternen Leistungsparameter (kontinuierlicher Verbesserungsprozeß)[4] zu erzeugen und in der gesamten Organisation zu verbreiten sowie beständig in neue Technologien und Produkte umzusetzen.[5] Somit erfordert Innovationsorientierung die Implementierung einer Wissen erzeugenden Organisation, für die Nonaka als Voraussetzungen die Redundanz von Informationen, Aktivitäten und Zuständigkeiten, das Prinzip des internen Wettbewerbs, ein Cross-funktionales Job-Rotation sowie ein offenes Kommunikations- und Informationssystem formulierte.[6]

Damit rückt aber auch der Mensch mit seiner vielfältigen Problemlösungsfähigkeit in den Mittelpunkt der Betrachtung, aus der eine mitarbeiterorientierte Organisationsgestaltung resultiert. Dabei hat eine mitarbeiterorientierte Organisationsgestaltung den Kriterien Ganzheitlichkeit, Anforderungsvielfalt, Kooperations- und Lernmöglichkeit der Aufgabengestaltung gerecht zu werden.[7] Dies führt weg von der horizontalen und vertikalen Arbeitsteilung hin zur Bildung kleiner autonomer Einheiten, die zu-

---

1 vgl. Segler, T. (1985), S. 65 f. und S. 132 ff; Nonaka, I. (1992), S. 96 f.

2 vgl. March, C. (1981), S. 223;

3 vgl. Hamel, G./Prahalad, C.K. (1992), S. 44 f., die nicht nur eine schnelle Reaktion auf Kundenwünsche fordern ("Höre auf deinen Kunden"), sondern eine systematische Erweiterung des Chancenhorizonts fordern und somit die Fähigkeit verlangen, neue Märkte und Kundenbedürfnisse frühzeitig und schnell zu aufzubauen; eine ähnliche Auffassung vertritt mittlerweile Tom Peters: vgl. hierzu Peters, T. (1992) , S. 13 ff.

4 vgl. Imai, M.: KAIZEN, (1992), der sich ausführlich mit der Initiierung eines Prozesses der kleinen Schritte, die zu kontinuierlichen Verbesserungen führen, auseinandersetzt.

5 vgl. Nonaka, I. (1992), S. 95;

6 vgl. Nonaka, J. (1992), S. 100 f.;

7 vgl. Hackman, J.R./Oldham, G.R. (1976), S. 250-279

gleich die strukturellen Voraussetzungen schaffen, sich von der Fremd- und Mißtrauensorganisation zu lösen und zu Prinzipien zu gelangen, die eine Selbst- und Vertrauensorganisation ermöglichen.[1]

Zur wesentlichen Schlüsselgröße im Rahmen einer Restrukturierung im Sinne der diskutierten Grundorientierungen wird dabei die Autonomie. Hierbei darf Autonomie nicht als absolute Größe aufgefaßt werden, was häufig zu einer eindimensionalen Betrachtungsweise im Rahmen der Diskussion Zentralisierung versus Dezentralisierung geführt hat, sondern ist als variable Größe zu betrachten, die es in Abhängigkeit von der Zielsetzung und dem Unternehmenskontext zu gestalten gilt. Deshalb rückt vermehrt die Struktur des Beziehungsgeflechts und der bestehenden Abhängigkeiten in den Mittelpunkt der organisatorischen Gestaltung, wobei mit einem zunehmenden Grad an Verknüpfungen die Frage nach dem unternehmerischen Freiheitsspielraum der einzelnen Einheiten und damit die Frage nach der für das optimale Funktionieren des Ganzen erforderlichen Autonomie der Teile an Bedeutung gewinnt. Hierbei wird Autonomie zur organisatorischen Gestaltungsaufgabe, die es erforderlich macht, zum einen Restrukturierungskonzepte zu finden, die den Anforderungen nach Autonomie gerecht werden und zum anderen die Einflußgrößen und Gestaltungsaspekte der Autonomie zu identifizieren, die es ermöglichen, einen angemessenen Autonomiegrad zu realisieren, der das Innovations- und Kreativitätsklima sowie unternehmerisches Handeln und Denken in einem Unternehmen fördert, um damit letztendlich die Wettbewerbsfähigkeit eines Unternehmens dauerhaft zu sichern.
Zur Bewältigung dieser Aufgabe ist ein tiefgreifendes Systemverständnis der zu planenden und zu betreibenden Systeme notwendig. Die dynamische und mehrdimensionale Betrachtungsweise der Autonomie führt zu einer steigenden Komplexität, die die Anwendung analytischer Berechnungsverfahren zur Untersuchung des Prozeßverhaltens als obsolet erscheinen lassen. Vor diesem Hintergrund stellt die Simulation ein interessantes Hilfsmittel dar. Unter Simulation wird die Nachbildung eines dynamischen Prozesses in einem Modell verstanden, um zu Erkenntnissen zu gelan-

---

[1] zu den Prinzipien der Selbstorganisation siehe insbesondere: Probst, G.J.B. (1987)

gen, die auf die Wirklichkeit übertragbar sind.[1] Somit ist unter Simulation kein eigenständiges Berechnungs- oder Optimierungsverfahren zu verstehen, sondern ein Modellexperiment, wobei der zu untersuchende Prozeß in einem abstrakten Rechnermodell nachgebildet wird.[2] Die zunehmende Relevanz der Simulation manifestiert sich in einer kaum überschaubaren Vielfalt von Simulationsmodellen und -systemen, von denen jedoch keines für die aufgeworfene Fragestellung der Gestaltung der Autonomie von Fertigungssegmenten als geeignet angesehen werden konnte.[3] Um die Simulation für die Behandlung der Problemstellung erkenntnisfördernd einzusetzen, war es deshalb notwendig, ein geeignetes Simulationsmodell zu entwickeln.

1.2. Bisherige Behandlung der Problemstellung in der Literatur

Betrachtet man die Diskussion um die wettbewerbsfähige Fabrik und die dabei vorgeschlagenen Strukturkonzepte, so lassen sich zwei Entwicklungsrichtungen unterscheiden, die man zum einen als technozentrischen und zum anderen als anthropozentrischen Entwicklungspfad bezeichnen kann.[4] Die Entwicklungsrichtung des technozentrischen Pfades geht zu hochautomatisierten flexiblen Fertigungsstrukturen, wie flexiblen Fertigungssystemen, flexiblen Fertigungslinien und flexiblen Fertigungszellen, während der anthropozentrische Entwicklungsansatz die Schaffung von mitarbeiterorientierten Fertigungsstrukturen vorsieht, bei denen die arbeitsorganisatorische Gestaltung des Systems von primärem und die Automatisierung von sekundärem Interesse ist (vgl. Abb. 1-1).[5] Grundlage, insbesondere für den technozentrischen Entwicklungpfad, bilden die Erkenntnisse der Gruppentechnologie, die zum einen zu einer Typisierung technologischer Abläufe und zum anderen zur Zusammenführung fertigungsähnlicher Teile zu sogenannten Fertigungsfamilien führten.[6] Auf

---

1 vgl. VDI (Hrsg.): VDI-Richtlinie 3633, Anwendung der Simulationstechnik zur Materialflußplanung, VDI-Verlag, Düsseldorf 1983, S. 2

2 vgl. Eversheim, W./Thome, A.G. (1987): S. 333-338

3 zum Thema Fertigungsstrukturplanung und Organisationsgestaltung wurde vom Verfasser eine Marktstudie durchgeführt, die 135 Simulationssysteme erfaßte.

4 vgl. Brödner, P. (1985), S. 185

5 vgl. Martin, J. (1989), S. 118 f.

6 vgl. Warnecke, H.-J./Osmann, M./Weber, G. (1980), S. 6

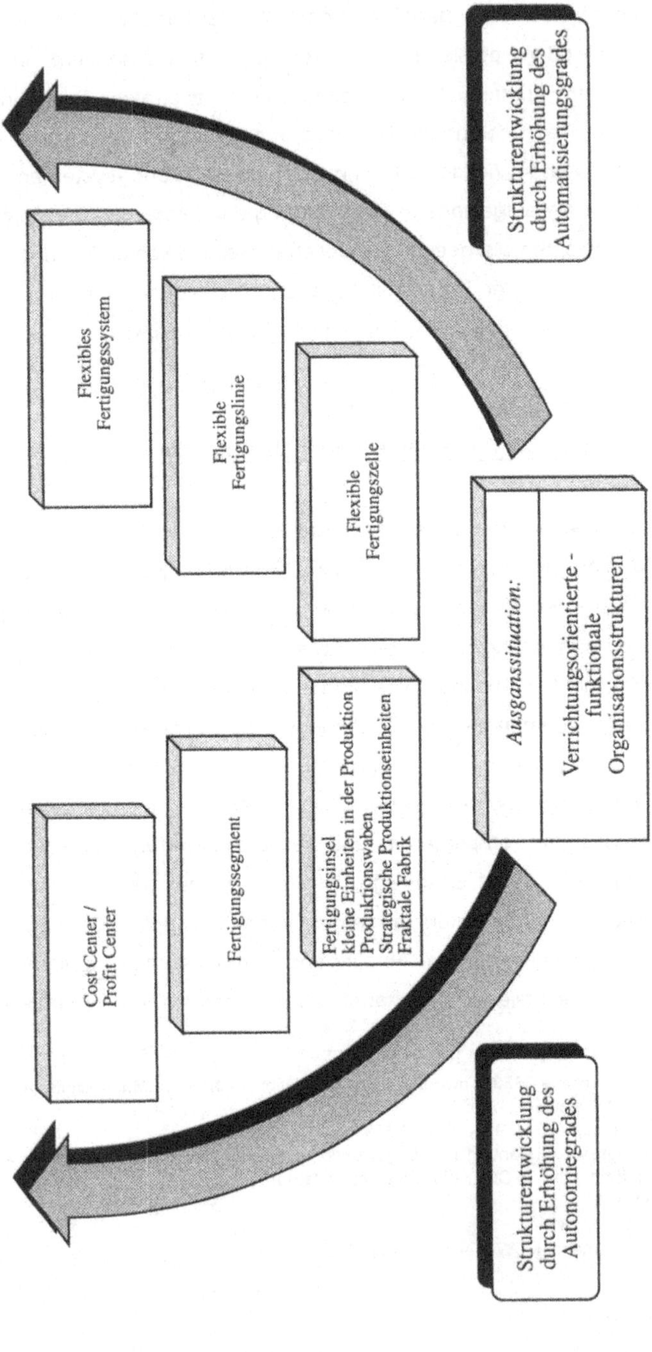

Abb. 1-1: Entwicklungspfade der Strukturentwicklung

der Grundlage der Gruppentechnologie wurden vielfältige Methoden und Verfahren entwickelt, die eine Fertigungsablauf- bzw. eine Teileflußanalyse möglich machen. Ziel dieser Analyse ist die Bildung von Teilefamilien mit solchen Teilen, die sich bezüglich ihres Bearbeitungsablaufs ähnlich sind. Aus den Analyseergebnissen kann eine Neugestaltung des Materialflusses mit einer fertigungsablaufgerechten Maschinenaufstellung deduziert werden. Die Weiterentwicklung der Gruppentechnologie ging einher mit einer Erweiterung des Betrachungshorizontes und der Einbeziehung der Umfeldorganisation, was insbesondere aufgrund des entstehenden Marktdrucks nach kürzeren Lieferzeiten, kleinen Losgrößen und erhöhter Variantenanzahl zu Strukturkonzepten führte, die versuchten, die Flexibilität der Werkstattfertigung mit den Vorteilen der Fließfertigung in Einklang zu bringen. Primär wurden hierzu Lösungsansätze herangezogen, die sich im wesentlichen auf die technologische Gestaltung der Komponenten Bearbeitungssystem, Informationssystem und Materialflußsystem beschränkten. Dabei haben sich drei Ausprägungsformen herauskristallisiert. Das einstufige Produktionssystem der flexiblen Fertigungszelle (FFZ) enthält eine Bearbeitungsstation (z.B. eine Werkzeugmaschine in Universal- oder Sonderbauart) und ist mit automatisierten Materialflußeinrichtungen für Werkstück- und gegebenenfalls Werkzeugwechsel und deren Bereitstellung ausgerüstet.[1] Sie ist hinsichtlich Materialfluß- und Informationssystemen somit imstande, an mindestens zwei verschiedenen Werkstücken mehr als einen Arbeitsvorgang automatisch auszuführen. In eine flexible Fertigungszelle können automatisierte Einrichtungen zum Reinigen, Prüfen, Entgraten und für andere, die Bearbeitung ergänzende Funktionen integriert sein. Die Systemkonfiguration einer flexiblen Fertigungszelle sollte so systematisiert sein, daß durch ein Anordnen mehrerer Zellen der Ausbau zu einem flexiblen Fertigungssystem möglich ist. In Bezugnahme auf die Losgröße und Mengenleistung ist sie mit einem flexiblen Fertigungssystem zu vergleichen.

Bei der flexiblen Fertigungslinie, die auch als flexible Transferstraße bezeichnet wird, handelt es sich um ein mehrstufiges Produktionssystem, das mehrere automatisierte Bearbeitungsstationen (z.B. Werkzeugmaschinen in Universal- oder Sonderbauart

---

[1] vgl. REFA (Hrsg.) (1987), S. 48 f.

und/oder flexible Fertigungszellen), die durch ein automatisiertes Werkstückflußsystem nach dem Flußprinzip verknüpft sind, enthält.[1] Eine flexible Fertigungslinie ist somit imstande, gleichzeitig oder nacheinander unterschiedliche Werkstücke zu bearbeiten, die das System auf dem gleichen Pfad durchlaufen. Die Werkstücke müssen also nach der bei der Planung festgelegten Reihenfolge die einzelnen Stationen durchlaufen (Innenverkettung). Zwischen den Stationen können zum Ausgleich von Taktzeitunterschieden, Rüstzeiten oder kurzfristigen Störungen Puffer angeordnet sein, um die Auswirkungen dieser Einflußgrößen auf die übrigen Systemkomponenten zu minimieren. Unter den verschiedenen Konzepten der flexiblen Automatisierung ist die Flexibilität der Straße oder Linie am geringsten, wobei eine Transferstraße auch produktorientiert gestaltet sein kann. Der Einsatzbereich liegt in der Großserienfertigung. Ein flexibles Fertigungssystem (FFS) ist ein mehrstufiges Produktionssystem, das mehrere Bearbeitungsstationen enthält, die durch ein automatisiertes Materialflußsystem so verknüpft sind, daß ein möglichst vollständiges Bearbeiten unterschiedlicher Werkstücke möglich ist.[2] Die unterschiedlichen Werkstücke können das System auf verschiedenen Pfaden durchlaufen (Außenverkettung). Damit ist die automatisierte mehrstufige Mehrproduktfertigung in einem flexiblen Fertigungssystem möglich. Rüstzeiten bei den einzelnen Komponenten der drei Teilsysteme sind so bemessen, daß ein ungestörtes Arbeiten der übrigen Komponenten während der Rüstvorgänge möglich ist. Im Hinblick auf den Einsatzbereich sowie die Flexibilität und Produktivität ist das flexible Fertigungssystem zwischen den Konzepten der flexiblen Transferstraßen und der flexiblen Fertigungszelle einzuordnen. Das bedeutet, daß flexible Fertigungssysteme in Abhängigkeit von der Auslegung für den Einsatz in der Einzel- bis hin zur Großserienfertigung tauglich sind. Die Realisierung derartiger Fertigungssysteme für einen größeren Fertigungsbereich ist mit erheblichen Aufwendungen und Investitionen verbunden. Eine vertrauliche Befragung von rund 40 Systemanwendern in Europa, Japan und den USA ergab bei über 80 % der Vorstände, daß ihre hochgesteckten Erwartungshaltungen nicht erfüllt wurden und die zugrundelie-

1 vgl. REFA (Hrsg.) (1987), S. 51
2 vgl. REFA (Hrsg.) (1987), S. 49 f.

genden Daten der Wirtschaftlichkeitsrechnung revidiert werden mußten.[1] Außer den unerwartet hohen Planungs- und Anschaffungskosten besitzen die Systeme nämlich in der Regel nicht die geforderte Flexibilität, um sich jeweils dem sich ändernden Produktionsspektrum anzupassen. Vielfach lassen sich die Mißerfolge auf einen unzureichenden Detaillierungsgrad bei der Planung zurückführen. Um die Wirtschaftlichkeit der flexiblen Fertigungssysteme sicherzustellen, muß gewährleistet sein, daß sie auch über das in dieser Periode vorhandene Produktionsspektrum hinaus verwendbar sind.[2] Die erreichte Reduzierung der Durchlauf- und Lieferzeiten bei einem flexiblen Fertigungssystem darf außerhalb der Systemgrenze nicht wieder kompensiert werden. Deshalb ist eine weitere Standardisierung der Schnittstellen im Material- und Informationsfluß sowie der Einsatz fertiger Softwaremodule, die zu einem Steuerungsystem verknüpft werden können, unerläßlich.[3] Außerdem müssen die Kosten der Systeme gesenkt und die Planungs- und Realisierungsphase verkürzt werden. Zur Erhöhung der Ökonomie der in der Teilefertigung eingesetzten Produktionsmittel dienen außer den Maßnahmen, welche die Mengenleistung anheben, auch Maßnahmen, um die Nutzungszeit der Anlage zu steigern (z.B. 3. Schicht, unbemannte Schicht).[4] Zu diesem Zweck ist jedoch eine automatische Ver- und Entsorgung der Produktionsmittel notwendig.[5] Wie die Diskussion der technozentrischen Entwicklungsansätze zeigt, zielen diese Konzepte auf eine Strukturentwicklung ab, die eine Erhöhung des Automatisierungsgrades beinhalten. Es handelt sich dabei um partielle Ansätze zur Reorganisation, die

- sich im wesentlichen auf die Reduzierung der Hauptzeiten in der Produktion beschränken,
- keine Lösungsansätze für eine durchgängige produktorientierte Gestaltung bieten,

---

[1] vgl. o.V.: Flexible Fertigungssysteme, der FFS- Report der Ingersoll Engineers, Springer Verlag, Berlin 1985

[2] vgl. Bullinger, H.-J./Traut, L. (1986), S. 6 f.

[3] Bullinger, H.J./Traut, L. (1986)

[4] vgl. ebenda S. 7

[5] vgl. ebenda, S. 7

- den Mitarbeiter eher als Stör- und Kostenfaktor betrachten und somit wenig zur mitarbeiterorientierten Organisationsgestaltung beitragen,
- weitestgehend die Umfeldorganisation außer Betracht lassen und
- damit eine weitergehende Reorganisation der indirekten Bereiche nicht beinhalten.

Die technozentrischen Ansätze zur Strukturentwicklung werden somit nur teilweise einer Wertschöpfungsorientierung gerecht, vernachlässigen jedoch die bedeutenden Dimensionen der Zeit-, Kunden-, Innovations- und Mitarbeiterorientierung. Insbesondere wird Autonomie im technologischen Sinne aufgefaßt, was auf einen autonomen Produktionsablauf ohne Eingriffe des Menschen abzielt. Technozentrische Ansätze können deshalb nicht als übergreifende Strukturkonzepte zur Gestaltung einer wettbewerbsfähigen Fabrik herangezogen werden, sondern sind als Elemente einer übergeordneten Reorganisationsstrategie, die einen ganzheitlichen organisatorischen Rahmen definiert, anforderungsgerecht zu integrieren.

Betrachtet man die Ansätze des anthropozentrischen Entwicklungspfades, so ist insbesondere das Konzept der Fertigungsinsel zu nennen, wobei als Basis ebenso die Gruppentechnologie dient. Eine Fertigungsinsel hat die Aufgabe, aus gegebenem Ausgangsmaterial Produktteile oder Endprodukte möglichst vollständig zu fertigen; die notwendigen Betriebsmittel sind räumlich und organisatorisch in Fertigungsinseln zusammengefaßt; das Tätigkeitsfeld der dort beschäftigten Gruppe ist durch die weitgehende Selbststeuerung der Arbeits- und Kooperationsprozesse, verbunden mit Planungs-, Entscheidungs- und Kontrollfunktionen innerhalb vorgegebener Rahmenbedingungen und den Verzicht auf eine zu starre Arbeitsteilung und demzufolge eine Erweiterung des Dispositionsspielraums für den Einzelnen gekennzeichnet.[1] Die Konzeption der Fertigungsinsel gehört zu der Kategorie der objektorientierten Fertigungsorganisation, wobei es allerdings auch Elemente der verrichtungsorientierten Fertigungsorganisation beinhaltet.[2] Die Fertigungsinsel nimmt in Bezug auf mehrere

---

1 AWF, (Hrsg.) 1984, S. 5
2 vgl. Bötzow, H. (1988), S. 120

Aspekte gleichsam eine Mittelstellung zwischen Werkstatt- und Fließfertigung ein.[1] Sie soll die Lücke schließen zwischen den Fertigungsstrukturen für kleine Serien oder Einzelfertigung einerseits und großen Serien andererseits. Die produktspezifische Fertigung im Rahmen der Fließfertigung wird mit der Fertigungsflexibilität der Werkstattfertigung vereinigt, wobei zusätzlich die Attraktivität der Arbeitsplätze gesteigert wird.[2] Einige wesentliche Gestaltungsprinzipien aus der Werkstattfertigung, welche die Flexibilität erhöhen, wie flexibler Betriebsmittel- und qualifizierter Mitarbeitereinsatz, werden übernommen, weiterentwickelt und zu einer "Strategie des Fließens" angeordnet.[3] Das Prinzip der Fertigungsinsel ist in Form der handwerklichen Fertigung schon lange geläufig. Die Reorganisation der Fertigung durch Einführung einer Fertigungsinselorganisation zielt auf eine Reduzierung der Durchlaufzeit, Einsparung von Transport- und Lageraufwand, Senkung der Anzahl konfliktträchtiger Schnittstellen, Verwendung der Kooperationsfähigkeit der Mitarbeiter als Produktivitätsfaktor, Erhöhung der Flexibilität der Fertigung sowie die Errichtung abwechslungsreicher Arbeitsplätze.[4] Neben dem Fertigungsinselkonzept sind weitere Konzepte entwickelt worden, die sich ebenfalls um eine mitarbeiterorientierte Organisationsgestaltung bemühen und den Aspekt der Autonomie vermehrt behandeln. Zu nennen sind hier die Bildung kleiner Einheiten in der Produktion[5], Produktionswaben[6], strategische Produktionseinheiten[7] und die fraktale Fabrik[8]. Zusammenfassend ist zu den anthropozentrischen Konzepten zu bemerken, daß durch die Höherqualifizierung der Mitarbeiter wie auch durch eine Erweiterung der Arbeitsinhalte und der Verantwortung die Arbeitszufriedenheit und die Motivation der in den Einheiten tätigen Personen gesteigert wird und damit die Effizienz der Fertigung in personeller und wirtschaftlicher Beziehung durch die Nutzung gruppendynamischer Effekte erhöht werden kann.[9] In Bezug zu den geforderten Grundorientierungen der organisatorischen Gestaltung heben

---

1 vgl. Bötzow, H. (1988), S. 121
2 vgl. ebenda, S. 121
3 vgl. Eidenmüller, B. (1991), S. 5 f.
4 vgl. Bötzow, H.(1988), S. 123
5 vgl. Tress, D.W. (1986), S. 181 ff.
6 vgl. Rickert, M. (1990)
7 vgl. Brankamp, K./Berger, W./Papen, F.-J. (1990), S. 24 ff.
8 vgl. Warnecke, H.-J. (1992)
9 vgl. Martin, J. (1989), S. 24 f.

die Konzepte insbesondere auf die Mitarbeiterorientierung ab, wobei nur teilweise die Kunden-, Zeit-, Innovations- und Wertschöpfungsorientierung Berücksichtigung finden. Generell greift der Betrachtungshorizont jedoch zu kurz, da

- in der Regel lediglich eine Wertschöpfungsstufe betrachtet und deshalb nur ein partieller Ansatz zur Reorganisation der Fertigungsstruktur geboten wird;
- die Mitarbeiterorientierung sich lediglich auf die Arbeitsorganisationsebene bezieht;
- die Einbeziehung der indirekten Bereiche überwiegend nur fertigungsbegleitende indirekte Funktionen umfaßt, wobei die Reorganisationsmaßnahmen der indirekten Bereiche dann Arbeitsstrukturierungsmaßnahmen im Sinne teilautonomer Arbeitsgruppen beinhalten und damit
- lediglich eine Teilautonomie gewährt wird, die auf die Arbeitsorganisationsebene beschränkt bleibt.

Zur Erfüllung der in den Grundorientierungen gestellten Anforderungen ist deshalb vielmehr ein Strukturkonzept notwendig, das die häufig viel zu großen Organisationseinheiten der Fabrik in dezentrale autonome Einheiten zerlegt, also nach dem Grundsatz verfährt, man muß organisatorisch klein werden, um zu wachsen, und die Leitung dieser Organisationseinheiten "Unternehmern" überträgt, die die Abläufe in Geschäfts- und Regelprozesse gliedern, die wiederum von Mitarbeitern in gruppenorientierten Formen beherrscht und gesteuert werden, und damit die Voraussetzung für eine kundennahe und kontinuierliche Innovation schafft.[1] Einen umfassenden Lösungsansatz hierzu bietet das Konzept der Fertigungssegmentierung, das versucht, die Kosten- und Produktivitätsvorteile der Fließfertigung mit der hohen Flexibilität der Werkstattfertigung zu vereinen, wobei als Leitmotiv für die Segmentierung die Kundenorientierung dient.[2] Dabei wird durch eine bewußte Gliederung nach Produkt und Technologie eine weitgehende Entflechtung der Kapazitäten angestrebt, die zu dezentralen "Fabriken in der Fabrik" führen.[3] Folglich ist die Fertigungssegmentierung

---

1 vgl. Wildemann, H. (1992a), S. 7
2 vgl. Wildemann, H. (1992 a), S. 28; Tress, D.W. (1986), S. 181-186;
3 vgl. Skinner, W. (1984), S. 113-121

als ganzheitliches Strukturkonzept aufzufassen, das unter Einbeziehung der indirekten Bereiche zu einem produktorientierten modularen Organisationsaufbau führt. Deshalb wird dem weiteren Fortgang der Untersuchung die Fertigungssegmentierung als Strukturkonzept zugrundegelegt und der Frage nachgegangen, wie Autonomie in Fertigungssegmenten aufzufassen ist, welche Indikatoren für die Autonomie relevant sind und welche organisatorischen Konsequenzen sich daraus ergeben, wobei zunächst der Lösungsansatz, der der Klärung der aufgeworfenen Problemstellung zugrundegelegt wird, kurz skizziert wird.

1.3. Charakterisierung des Lösungsansatzes und Gang der Untersuchung

Nicht zuletzt aufgrund der MIT-Studie von Womack, Jones und Roos[1], die der deutschen Automobilindustrie erhebliche Nachteile gegenüber ihren japanischen Konkurrenten bescheinigte, ist die Diskussion um die wettbewerbsfähige Fabrik heftig entbrannt. Dabei werden Organisation und Management als die Schlüsselfaktoren gehandelt. Um jedoch in einem Umfeld wettbewerbsfähig zu bleiben, zu dessen einzigen "stabilen" Element der Wandel geworden ist, sind nicht allein partielle Erklärungs- und Lösungsansätze ausreichend, sondern ganzheitliche Konzepte erforderlich, die Kreativität, Innovation, Flexibilität, die intelligente Kombination der Produktionsfaktoren und somit die Anpassungsfähigkeit und -geschwindigkeit zu inhärenten Eigenschaften einer Organisation machen. Dabei darf sich die Restrukturierung nicht nur auf die Verbesserung der Leistungsparameter der Fertigung, wie Kosten, Durchlaufzeit, Produktivität, Bestände, beschränken, sondern muß ebenso die Beeinflussung der Verhaltensparameter beinhalten. Dieser Forderung liegt die Erkenntnis zugrunde, daß erst Strukturänderungen in Verbindung mit Verhaltensänderungen zur Realisierung von Effizienzsteigerungspotentialen führen.[2] Deshalb stehen Reorganisationsmaßnahmen vor der Herausforderung, daß sie zu Organisationsstrukturen führen müssen, die gleichzeitig kunden-, zeit-, wertschöpfungs-, innovations- und mit-

---

1 vgl. Womack, J.-P./Jones, D.T./Roos,D. (1991)
2 vgl. Wildemann, H. (1992 a), S. 7

arbeiterorientiert sind. Dabei stellt die Autonomie einen Schlüsselbegriff dar und ist als wesentlicher Gestaltungsparameter einzubeziehen. Ziel der Untersuchung ist es deshalb, aufzuzeigen,

- welche Bedeutung Autonomie als Gestaltungsparameter bei der Implementierung wettbewerbsfähiger Organisationen hat;
- welche Indikatoren bei der Gestaltung von autonomen Einheiten relevant sind;
- welche organisatorischen Gestaltungsaspekte zur aktiven Gestaltung eines angemessenen Autonomiegrades beachtet werden sollen.

Als Lösungsansatz ist ein zweigliedriges Vorgehen vorgesehen (vgl. Abb. 1-2). Auf der einen Seite sollen empirische Ausprägungsformen der Autonomie und deren organisatorische Gestaltung ermittelt werden; auf der anderen Seite sollen die Erkenntnisse aus der empirischen Analyse in die Entwicklung eines Simulationsmodells einfließen, das es erlaubt, auf analytischem Wege die Vorteilhaftigkeit eines angemessenen Autonomiegrades beispielhaft nachzuweisen und in seinem dynamischen Verhalten zu beobachten. Eine empirische Analyse setzt die Entwicklung eines adäquaten theoretischen Bezugsrahmens voraus. Dabei wird zum einen als Organisationsprinzip das Konzept der Fertigungssegmentierung zugrundegelegt (Kapitel 2), so daß die empirische Basis sich aus 48 realisierten Fällen der Fertigungssegmentierung zusammensetzt. Zum anderen ist eine Klärung des Begriffs der Autonomie und seine organisatorische Einordnung in den Bezugsrahmen der Fertigungssegmentierung notwendig (Kapitel 3). Hierbei wurde von der Absolutheit der Autonomie abgegangen und in einem systemorientierten Ansatz Autonomie als variable Größe aufgefaßt. Hierzu wird ein Modell entwickelt, das die Gestaltung von Autonomie auf verschiedene Rekursionsebenen aufteilt. Auf diese Weise erlaubt das Ebenenmodell der Autonomie die Ableitung und Einordnung von Gestaltungsansätzen für jede Ebene, wobei die Rekursivität beachtet wird. Im Rahmen der Fertigungssegmentierung bildet die Betriebsebene den Kristallisationspunkt, so daß für diese Ebene drei Indikatoren hergeleitet werden, die als Grundlage für die empirische Analyse dienen und Aussagen

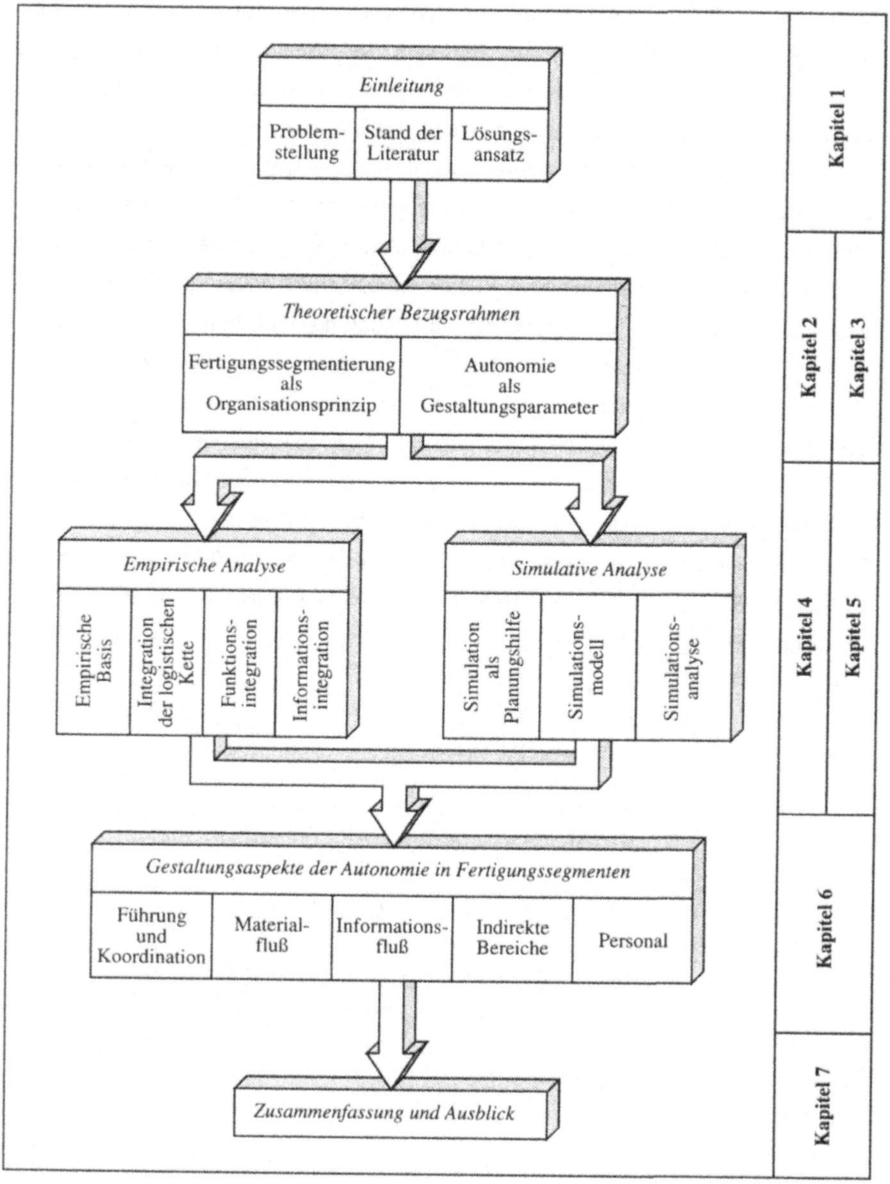

Abb. 1-2: Ablauf der Untersuchung

zur Höhe des Autonomiegrades und zur organisatorischen Ausgestaltung der Autonomie ermöglichen (Kapitel 4). Zur Sicherung der Wettbewerbsfähigkeit wird die Reorganisation zu einer permanenten und dynamischen Unternehmensaufgabe, wobei die Größe des zu untersuchenden Systems und die Anzahl der Systemparameter sich durch eine steigende Komplexität auszeichnen, die die Anwendung analytischer Berechnungsverfahren erschweren und zunehmend den Einsatz von Simulationsverfahren zur Analyse des Prozeßverhaltens zur Anwendung kommen lassen. Deshalb werden in Kapitel 5 die Erkenntnisse aus der empirischen Analyse auf die Bildung eines Simulationsmodells übertragen, das es erlaubt, die Vorteilhaftigkeit von Ausprägeformen des Autonomiegrades bezüglich fertigungswirtschaftlicher Zielgrößen, wie Kosten, Bestände, Durchlaufzeit und Liefertreue, beispielhaft nachzuweisen. Die Erkenntnisse aus der empirischen und simulativen Analyse werden schließlich im Kapitel 6 zu organisatorischen Gestaltungsaspekten im Hinblick auf Führungsorganisation, Materialfluß, Informationsfluß, indirekte Bereiche und Personal aggregiert.

Eine zusammenfassende Darstellung der Ergebnisse und ein Ausblick auf die Entwicklungstendenzen wettbewerbsfähiger Organisationsstrukturen beschließen die Untersuchung.

2. Fertigungssegmentierung als Organisationsprinzip

2.1. Fertigungsorganisation als Erfolgsfaktor

Der wirtschaftliche, technische und gesellschaftliche Wandel schafft neue Spielregeln für den Wettbewerb, aus dem neue Anforderungen für die Unternehmung resultieren, welche diese zu grundlegenden Anpassungen in der Ausrichtung und Gestaltung der Fertigung zwingen. Dies erfordert eine Abkehr von bislang gültigen Leitbildern und Gestaltungsprinzipien der Fertigung. Hierbei können vier Entwicklungsstufen unterschieden werden:[1]

- Im Rahmen der untersten Stufe ist die unternehmensinterne Haltung gegenüber der Fertigung neutral; die Fertigung wird lediglich als Kostenverursacher mit einer hohen Kapitalbindung im Anlage- und Umlaufvermögen und als Quelle für mangelnde Liefertreue und Qualität angesehen; um diese negativen Effekte zu minimieren, orientiert sich die Gestaltung der Fertigung einseitig nach dem Gesichtspunkt der Produktivität, den Erkenntnissen aus der Erfahrungskurve und einer zunehmenden Automatisierung; die organisatorische Gestaltung orientierte sich an einer strikten Trennung von Planung, Ausführung und Kontrolle mit einer hohen Arbeitsteilung; bei der Erfahrungskurvenorientierung, die auf der Erkenntnis beruht, daß mit jeder Verdoppelung der Produktionsmenge ein Rationalisierungseffekt von 15-25 % einhergeht, stehen die Gestaltungsparameter Standardisierung und Massenproduktion im Vordergrund, die die Rolle der Organisation auf die Optimierung des Produktdurchlaufs reduzierte;[2] im Rahmen der Technologieorientierung wurde die flexible Fertigungsautomatisierung als wichtigstes Instrument zur Erhöhung von Produktivität und Leistungskraft und damit zur Verbesserung der Wettbewerbssituation angesehen; die Technologieorientierung ist die Fort-

---

1 vgl. Wheelwright, St.C./Hayes, R.H (1985), S. 88 ff.

2 vgl. Hendersen, B. (1974)

führung der Produktivitätsorientierung, die die Wettbewerbsfähigkeit auf die Reduzierung direkter Fertigungslohnanteile beschränkte und die Fertigungsorganisation nach tayloristischen Prinzipien der Arbeitsteilung zementierte;

- die zweite Stufe betrachtet die Fertigung als extern neutral; hierbei wird versucht, durch den Einsatz gleicher Maschinen, Konzepte und Computersysteme mit den Mitwettbewerbern gleichzuziehen; doch erlaubt diese Strategie des Folgens und Imitierens bestenfalls ein nachträgliches Gleichziehen mit dem Mitwettbewerber, aber niemals ein vorausschauendes schnelleres oder besseres Agieren als der Mitwettbewerber;
- die dritte Stufe ordnet der Fertigung eine Unterstützungs- und Stärkungsfunktion für die Wettbewerbsposition zu; es wird angestrebt, eine Konsistenz der Entscheidungen in der Fertigung mit der Wettbewerbsstrategie herzustellen und eine Fertigungsstrategie zu formulieren, die mittels einer abgestimmten Planung von Investitionen und Verfahrensänderungen sich unmittelbar aus der Wettbewerbsstrategie ableitet;[1]
- die vierte Stufe betrachtet die Fertigung schließlich als Variable der Unternehmensstrategie und Quelle von Wettbewerbsvorteilen, die nur durch eine aktive Gestaltung der Fertigungsorganisation erschlossen werden kann; dieser Stufe liegt die Erkenntnis zugrunde, daß bei weltweit verfügbaren Ressourcen, Wettbewerbsvorteile nur der erzielt, der diese besser und intelligenter nutzt und damit fokussierter, schneller und flexibler als andere ist.[2]

Diese Sichtweise läßt die Fertigung wieder zu dem Ort werden, an dem die erfolgskritischen Fähigkeiten zur Befriedigung der Kundenwünsche entwickelt und wirksam umgesetzt werden können. Für die Fertigungsorganisation bedeutet dies

- eine Abkehr von der instrumentellen Strukturgestaltung hin zu Konzepten der Selbstorganisation, die Organisation nicht allein auf isolierbare, sachlich motivierte Interventionen und Handlungen zurückführt, sondern als Produkt menschlichen Handelns betrachtet;

---

1 vgl. auch Hayes, R.H./Schmenner, R.W.: (1982), S. 54 f.

2 vgl. auch Zahn, E. (1990), S.19 f.

- eine Abkehr von einem stabilitätsorientierten Organisationsverständnis, das zu einer Zementierung des Status Quo, Starrheit und Organisation zum Selbstzweck werden läßt hin zu einer dynamischen Sichtweise, die organisatorische Regelungen der Vergänglichkeit preisgibt und zu Maßnahmen zur Erhöhung der organisatorischen Flexibilität führen;
- eine Abkehr von der Innenorientierung und operativen Grundausrichtung der Organisation, die sich insbesondere in die Bedeutung des Effizienzkriteriums Produktivität widerspiegelt, hin zu einem nach außen gerichteten effektivitätsorientierten Organisationsverständnis, das die Organisation als Rahmenstruktur auffaßt und die Beziehung von Strategie und Organisation von einem Verhältnis der hierarchischen Kausalität zu einem Verhältnis der Wechselseitigkeit wandelt und letztendlich Organisation zu einem eigenständigen strategischen Wettbewerbsfaktor werden läßt;
- eine Abkehr von der reduktionistischen Vereinheitlichung, die durch die beiden Grundprinzipien Standardisierung und Programmierung gekennzeichnet ist hin zu einer Varietätserhöhung und einem Management der Vielfalt, das durch die Schaffung modularer multipler Strukturen mit den Prinzipien Segmentierung, Modularität, Autonomie, Rekursivität und Redundanz unterstützt wird;[1]
- eine Abkehr vom Bürokratiemodell mit seiner Eigenschaft einer zunehmenden Verdichtungstendenz organisatorischer Regelungen und ausgeprägten Verbotsstrukturen, die Ausdruck einer Mißtrauensorganisation sind, hin zu einer Vertrauensorganisation, in deren Mittelpunkt der Mitarbeiter steht und die durch eine Unternehmenskultur geprägt ist, die ungeschriebenen Werten und Normen eine stark handlungsleitende Wirkung und intensiv vereinigende Kraft entfalten lassen;
- eine Abkehr von sturen Hierarchieprinzipien mit seiner formalen Machtverteilung, das bisweilen als einziger Koordinationsmechanismus betrachtet wird und vielfach zu einem karriereorientierten Einbahndenken, gekennzeichnet

---

[1] Diese Prinzipien liegen auch dem "viable approach" der Organisationstheorie zugrunde, in dem das Modell des lebensfähigen Systems eine zentrale Rolle spielt. vgl. insbesondere Beer, S. (1991)

durch Abteilungsstrukturen und Bereichsegoismen, geführt hat, hin zu einer neuen Kooperationsphilosophie, die auf teamorientierten Organisationsformen, unternehmensweiten Kommunikationsstrukturen und interdisziplinärer überbetrieblicher Zusammenarbeit basiert;

und damit letztendlich zu einer Reorganisation führt, die auf den Prinzipien der Fertigungssegmentierung beruht.[1]

2.2. Definitionsmerkmale und Gestaltungsprinzipien von Fertigungssegmenten

Unter Fertigungssegmenten werden produktorientierte Einheiten verstanden, die durch eine spezifische Wettbewerbsstrategie, die Integration mehrerer Stufen der logistischen Kette sowie der Integration indirekter Funktionen gekennzeichnet sind.[2] Demnach sind Fertigungssegmente durch folgende Definitionsmerkmale und im Gesamtzusammenhang der logistischen Kette zu sehende Gestaltungsprinzipien charakterisiert (vgl. Abb. 2-1):[3]

- Markt- und Zielausrichtung
  Fertigungssegmente zielen auf eine Kombination von Produkt-Markt-Produktion ab. Änderungen von Kundenwünschen und -anforderungen können rechtzeitig erkannt und in kundenorientierte Innovationen umgesetzt werden. Darüber hinaus lassen sich durch diese Art der Organisation gesamte Organisationsbereiche auf die produktspezifischen Wettbewerbsstrategien ausrichten. Bei dieser Strategie der Differenzierung stehen höchste Qualität und kurze Durchlaufzeiten im Vordergrund, die ein flexibles Agieren und Reagieren der Organisation erfordern.

---

1 vgl. Perich, R. (1989), S. 5-14
2 vgl. Wildemann, H. (1992 a), S. 66
3 vgl. Wildemann, H. (1992 a), S. 66 f. und S. 294 ff.

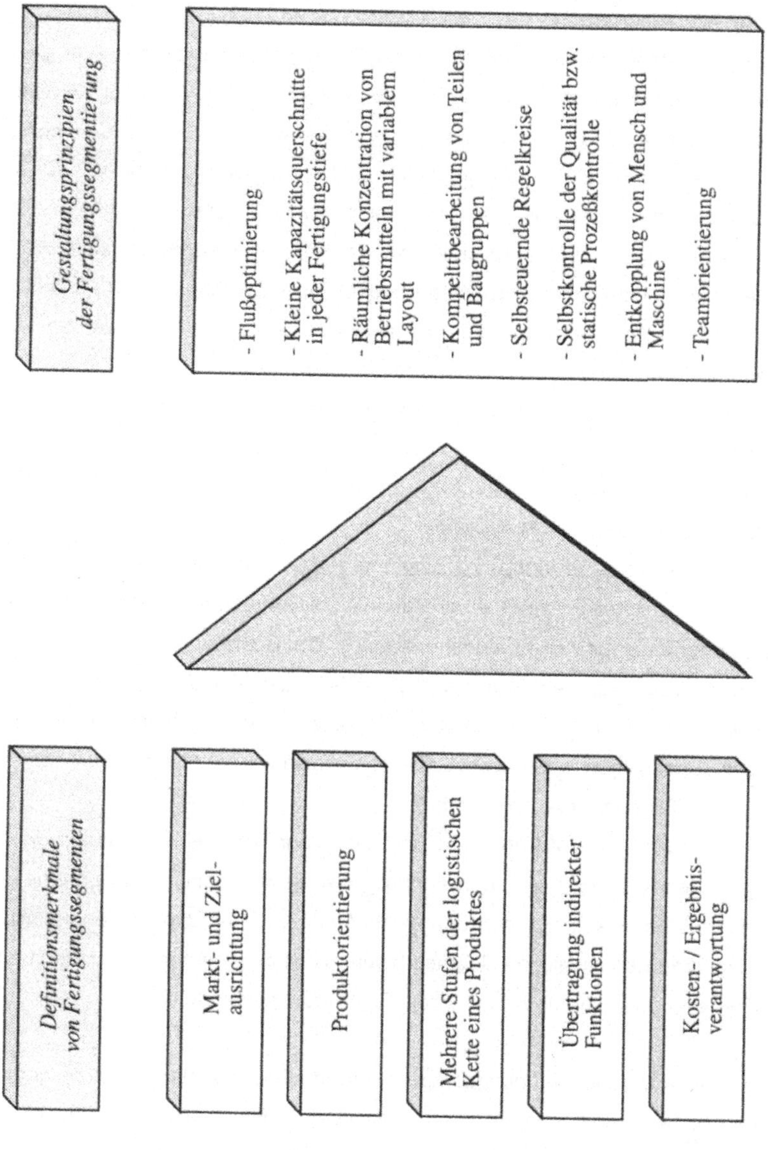

Abb. 2-1: Definitionsmerkmale und Gestaltungsprinzipien von Fertigungssegmenten

- Produktorientierung
  Die produktspezifische Ausrichtung der Fertigungssegmente hat eine geringere Fertigungsbreite, aber eine höhere Fertigungstiefe bis hin zur Komplettbearbeitung zur Folge. Innerhalb der Segmente wird auf die Realisierung von Synergie und Spezialisierungsvorteilen auf Produktebene und nicht mehr auf Funktionsebene geachtet, was letztendlich zur Effizienzsteigerung führt. Die Verflechtung der Segmente untereinander soll dagegen gering sein. Allgemein gilt, je stärker sich Produkte voneinander unterscheiden, desto strikter muß die Trennung einzelner Fertigungssegmente vorgenommen werden.
- Mehrere Stufen der logistischen Kette eines Produktes
  Fertigungssegmente umfassen stets mehrere Stufen der logistischen Kette eines Produktes, die bis zur Integration aller unternehmensinternen Wertschöpfungsstufen gehen kann.
- Übertragung indirekter Funktionen
  Fertigungssegmente führen zu einer Integration von planenden und ausführenden Bereichen im Sinne einer Durchlaufzeitverkürzung und ganzheitlichen prozeßorientierten Aufgabenwahrnehmung. Damit einher geht eine Erhöhung des Motivationsgrades, Reduzierung von Schnittstellen, Bündelung von Kompetenzen am Ort der erforderlichen Problemlösung, Verkürzung von Entscheidungswegen und letztendlich eine Verflachung der Hierarchie.
- Kosten- /Ergebnisverantwortung
  Die produktorientierte Segmentierung, die Integration mehrerer Stufen der logistischen Kette und die Übertragung indirekter Funktionen machen eine genauere Gemeinkostenzuordnung möglich und erhöhen den Kostenbeeinflussungsgrad des jeweiligen Segmentleiters. Deshalb übernimmt der Segmentleiter eine umfassende Kosten- bzw. Ergebnisverantwortung.

Bei der Durchführung der Fertigungssegmentierung sind verschiedene, sich gegenseitig ergänzende Gestaltungsprinzipien anzuwenden. Die Flußoptimierung ist als wesentliches Element der Fertigungssegmentierung anzusehen. Hinter der Flußoptimierung steht die Forderung, daß eine Steigerung der Produktionsgeschwindigkeit über die gesamte Wertschöpfungskette anzustreben ist und somit eine Abkehr von der Optimierung einzelner Funktionen. Unter der Voraussetzung harmonisierter Kapazitäten sowie der technischen und/oder organisatorischen Zusammenfassung von Produktionseinheiten, die auf die Bearbeitungserfordernisse des Produktes auszurichten sind, ermöglicht dieses Prinzip minimale Bestände und verkürzte Durchlaufzeiten für Material und Informationen.[1] Aufgrund der Tatsache, daß Teile zwischen zwei Bearbeitungsschritten nicht mehr in Behälter gepackt und zwischengelagert werden, kommt es zu einer Reduzierung des Handling-Aufwandes und der Durchlaufzeit. Eine Fertigung, die nach dem Fließprinzip organisiert ist, entspricht bei hinreichender Auslastung dem insgesamt kostengünstigsten Konzept, da nicht mehr die Kosten einzelner Funktionsbereiche minimiert werden. Voraussetzung ist jedoch, daß zum einen nur Gutteile weitergegeben werden, weil sonst die Gefahr von Fertigungsstillständen besteht, und zum anderen eine Entflechtung der Kapazitäten im Sinne der Produktorientierung erfolgt, die die Entfernung zwischen Kapazitätseinheiten reduzieren, Konkurrenzsituationen zwischen unterschiedlichen Produkten vermeiden und eine spezifische Ausrichtung auf den Markt ermöglichen. Die Flußoptimierung beinhaltet die Gestaltungselemente produktorientierte Layoutgestaltung im Sinne des "flow-line-principles", Reduzierung von Rüstzeiten, Harmonisierung von Kapazitäten, Veränderung der Transportwege und -behälter ("one-step-principle") und Einführung der Holpflicht.[2]

Kleine Kapazitätsquerschnitte auf jeder Fertigungsstufe unterstützen das Prinzip der Flußoptimierung und ermöglichen eine Spezialisierung einzelner Segmente und damit die Realisierung von Kostendegressionseffekten, eine Verringerung des Belegungsrisikos der Anlagen, eine Minimierung des Ausfallrisikos, eine multiple Betriebsgrößenvariation sowie den Aufbau reproduzierbarer Module.[3] Die am Ablauf orientierte räumliche Konzentration der Betriebsmittel führt zur Entstehung von Produktionslinien. Im Gegensatz zu einer Werkstattfertigung wird auf diese Weise der Informationsaustausch sowie der Materialtransport zwischen den Bearbeitungsstellen vereinfacht und beschleunigt. Durch die Einführung der Holpflicht kann zusätzlich die

---

1 vgl. Wildemann, H. (1992 a), S. 295 f.; Wiendahl, H.-P. (1983), S. 29
2 vgl. Wildemann, H. (1992 a), S. 297
3 vgl. Wildemann, H. (1992 a), S. 298

Anzahl der Steuerungsimpulse drastisch reduziert werden. Es entsteht ein enger optischer und akustischer Kontakt zwischen den Mitarbeitern, der die Störanfälligkeit verringert und Handlingskosten einsparen hilft. Die Verwirklichung eines variablen Layouts schafft zusätzlich Flexibilität, da auch bei wechselndem Produktionsprogramm ohne hohe Kosten eine optimale Ausrichtung der Maschinenanordnung erfolgen kann.[1] Grenzen ergeben sich aus Handhabungsgesichtspunkten wie Gewicht der Materialien oder vorhandenen räumlichen Distanzen zwischen Bearbeitungsstellen.[2] Mit der Komplettbearbeitung von Teilen und Baugruppen wird vordringlich eine Reduzierung von Übergangs- und Liegezeiten, die dem größten Anteilsblock an der Durchlaufzeit entsprechen, angestrebt. Ferner läßt sich durch Übertragung der Verantwortung für die komplette Bearbeitung der Gesamtkostenaufwand senken, da Dispositons- und Steuerungsaufgaben von den Segmentmitarbeitern eigenständig durchgeführt werden. Das Prinzip der Komplettbearbeitung unterstützt die Implementierung einer durchgängigen produktorientierten Ablauf- und Aufbauorganisation, was letztendlich erst ein hohes Reaktionsvermögen der Segmente gewährleistet.[3] Dies führt zur Beseitigung von quer zum Auftragsfluß liegenden Organisationsgrenzen und fördert die Schlagkraft, indem alle produktspezifischen Informationen gebündelt und Prozesse synchronisiert werden, so daß Schnittstellen mit hohem Konfliktpotential, die sich aus unterschiedlichen Produkt- und Prozeßverantwortlichkeiten ergeben, abgebaut werden. Die Eigenverantwortlichkeit führt zu einer verstärkten Selbstkontrolle, die Fehler früher erkennen läßt, die Behebung im frühestmöglichen Stadium fördert und damit den Qualitätsstandard kontinuierlich anhebt.[4] Diese Strategie der Qualitätssicherung versucht der künftigen Bedeutung von Qualität als Erfolgsfaktor gerecht zu werden. Die Bedeutung des Qualitätsniveaus wächst über die Rolle als Wettbewerbsfaktor gegenüber Konkurrenten hinaus, da Qualität auch einen wesentlichen Teil der Kosten im eigenen Unternehmen determiniert. Die Produktion von Qualität kostet aber nicht nur Geld, sondern hilft auch, Kosten zu senken, indem versucht wird, Fehler möglichst schon am Entstehungsort zu beheben und somit Fehlerfolge-

[1] vgl. Mc Donald, A.L. (1987), S. 118 ff.
[2] vgl. Wildemann, H. (1992 a), S. 301
[3] vgl. Wassermann, O. (1989), S. 50
[4] vgl. Wildemann, H. (1992 a), S. 314

kosten und Erfolgseinbußen zu vermeiden. Das Prinzip der Selbstkontrolle der Qualität verringert die Anzahl unterschiedlicher Bearbeitungsstellen, indem eine zusätzliche Qualitätsprüfung durch spezialisiertes Personal entfällt und überträgt die Qualitätsverantwortung in den ausführenden Bereich. Mit der Implementierung selbststeuernder Regelkreise können Material- und Informationsfluß optimiert und eine zunehmende Transparenz des betrieblichen Geschehens erreicht werden.[1] Das Prinzip der selbststeuernden Regelkreise führt zu einer Entlastung übrgeordneter Steuerungsebenen von Informations- und Koordinationsaufgaben durch die Vorgabe genereller Regelungen, die von den Segmenten eigenverantwortlich einzuhalten sind (beispielsweise Soll-Mengen, Ecktermine, vollständige Lose, Qualitätsniveau). Lediglich die Planung von Kapazitäten, Eckterminen und Bedarfsermittlungen wird von einer zentralen Stelle übernommen. Den Zeitpunkt des Bedarfs bestimmt autonom die verbrauchende Stelle und meldet ihn aufgrund der implementierten Holpflicht an die vorgelagerten Einheiten weiter.[2] Neue Produktionstechnologien mit einem hohen Automatisierungsgrad lassen den Kapitalanteil an den Herstellkosten steigen. Der dadurch steigenden Fixkostenbelastung kann entgegengewirkt werden, indem der Personaleinsatz verringert oder die vorhandenen Maschinen zeitlich besser ausgenutzt werden.[3] Die Automatisierung mit der Möglichkeit zu einer zeitlichen und sachlichen Entkopplung des Menschen vom Arbeitstakt der Maschine bietet dazu Ansatzpunkte. Die Entkopplung kann so weit gehen, daß nur noch wenige Regelungen, Beschickungen oder Entnahmen pro Schicht erforderlich sind. Eine Automatisierung ist somit insbesondere für Engpaß-Maschinen oder personalintensive Anlagen eine bedeutsame Maßnahme, da Anlagen auch in Pausen, Verteilzeiten oder im Extremfall in ganzen Schichten ("Geisterschichten") eingesetzt werden können. Die höhere Verfügbarkeit der Anlagen bewirkt geringere anteilige Kapitalkosten. Der Arbeitsinhalt der Mitarbeiter, der sich auf reine Überwachungstätigkeiten reduzieren würde - sogenannte Restarbeitsplätze - kann um Dispositions- und Steuerungsaufgaben erweitert werden.[4] Die sich damit vollziehende Integration der Steuerung in den Fertigungsprozeß trägt

---

[1] vgl. Hohmann, R./Sokianos, N. (1985), S. 62
[2] vgl. Wildemann, H (1992 a), S. 301
[3] vgl. Jakob, W. (1985), S. 95
[4] vgl. Staudt, E. (1982), S. 186 f.

einerseits zu einer Beschleunigung der Fertigung bei und eröffnet andererseits Möglichkeiten zur Humanisierung des Arbeitsplatzes.[1] Hierzu trägt auch das Prinzip der Teamorientierung bei, das der bislang dominierenden Taylorisierung der Arbeitsprozesse diametral gegenübersteht und zu ganzheitlich verantwortlichen Mitarbeitern für Produkt, Prozeß und Ergebnis führt. Dabei liegen dem Prinzip der Teamorientierung folgende Ansätze zugrunde:

- Integration von direkten Funktionen und Serviceaufgaben,
- Delegation von Verantwortung in den ausführenden Bereich,
- Nutzung der vor Ort existierenden Fachkenntnisse,
- Nutzung gruppendynamischer Prozesse,
- Förderung und Entwicklung vorhandener Innovations- und Problemlösungspotentiale,
- Reduzierung von Schnittstellen und Beschleunigung des Informationsflusses,
- Steigerung der Arbeitszufriedenheit und Verantwortung durch Erweiterung der Arbeitsumfänge und Einbeziehung von Umfeldaufgaben,
- Förderung unternehmerischen Denkens und Handelns durch Einräumung von Handlungs- und Entscheidungsspielräumen sowie durch Vereinbarung bereichsbezogener Ziele.

Hierdurch zeichnet sich jedes Team durch die gemeinsame Verantwortung für ein Arbeitsergebnis aus und stellt sozusagen einen Regelkreis dar, indem die gestellte Aufgabe eigenverantwortlich zu lösen ist. Teams werden im Sinne des Kunden-Lieferanten-Verhältnisses in die Fertigungsorganisation eingebunden und tragen zur Erhöhung der Wettbewerbsfähigkeit duch Steigerung der Qualität, Produktivität, Anlagenverfügbarkeit und Problemlösungsfähigkeit bei. Insgesamt führt die konsequente Durchführung des Segmentierungsgedankens zur Aufteilung der Fabrik in produkt- und kundenorientierte Module, die durch kreuzungsarme Hauptströme, die wiederum

[1] vgl. Wildemann, H. (1992 a), S. 309

durch die Mehrheit der operativen Vorgänge bestimmt werden, Parallelität von gekoppelten Hauptströmen und Einführung von negativen Rückkopplungsmechanismen gekennzeichnet sind.[1]

2.3. Ausprägungsformen von Fertigungssegmenten

Eine Reorganisation im Sinne der Fertigungssegmentierung beinhaltet die Konzentration und gezielte Ausrichtung der Wertschöpfungs- und Innovationskette auf das Kerngeschäft und seine relevanten Erfolgsfaktoren. Dabei bezieht die Fertigungssegmentierung auch die komplementären Leistungsbereiche eines Unternehmens in die Reorganisation mit ein, indem eine Betrachtung sämtlicher Wirksysteme und Geschäftsprozesse unter wertanalytischen Gesichtspunkten und unter Beachtung des jeweiligen Nutzenbeitrags zum Kerngeschäft erfolgt. Dies ermöglicht die Konzentration von Kompetenz für die jeweiligen Markterfordernisse, wobei es im Rahmen der Fertigungssegmentierung als Organisationsprinzip nicht den "one best way" gibt, sondern verschiedene Ausprägungsformen möglich sind, die sich in ihrer Feinstrukturierung unterscheiden können. Dabei geht die Fertigungssegmentierung mit der Einführung marktwirtschaftlicher Prinzipien in einem Unternehmen einher, indem Segmente als Cost- oder Profit-Center ausgestaltet werden. Hierzu ist eine Unterscheidung zwischen der Art der Leistungserstellung und der Bestimmung der erstellten Leistung vorzunehmen (vgl. Abb. 2-2). Bezüglich der Art der Leistungserstellung ist zwischen Sachgütern und Dienstleistungen zu differenzieren. Sachgüter werden durch den An- und Abbau anorganischer oder organischer Substanzen gewonnen oder entstehen aufgrund von Form- und Substanzveränderungen, denen bestimmte Grund- oder Ausgangsstoffe unterworfen werden.[2] Demgegenüber stehen Dienstleistungen als immaterielle Güter, die Ergebnisse besonderer Leistungserstellungsprozesse sind und verschiedentlich als Produkte sui generis herausgestellt werden.[3] In Bezug zur

---

[1] vgl. Wildemann, H. (1993), S. 55
[2] vgl. Gutenberg, E. (1983), S. 1
[3] vgl. Kern, W. (1976), S. 760

Ausprägungsformen von Fertigungssegmenten

Leistung \ Abnehmer	*Interner Kunde*	*Markt*
Dienstleistung	Cost-Center	Profit-Center
Sachgüter	Cost-Center	Profit-Center

Abb. 2-2: Ausprägungsformen von Fertigungssegmenten

Bestimmung der erstellten Leistung ist eine Untergliederung in interner Kunde, d.h. die Leistung dient einem unternehmensinternen Verbraucher, und Markt, d.h. die Leistung wird extern am Markt angeboten, vorzunehmen. Danach kann ein Segment, das Sachgüter erstellt, die nur für die unternehmensinterne Weiterverarbeitung bestimmt sind, als Cost-Center organisiert werden. Unter dem Cost-Center-Prinzip versteht man ein organisatorisches Steuerungsprinzip, durch das Organsiationseinheiten, die aufgaben-, kompetenz- und verantwortungsmäßig eindeutig abgegrenzt sind, in unternehmerischem Bewußtsein nach marktwirtschaftlichen Maximen geführt werden. [1] Die Einführung des Cost-Center-Prinzips erfordert die weitgehende Entscheidungskompetenz des Cost-Center-Leiters als Voraussetzung für unternehmerisches Handeln, Kongruenz von Kostenverantwortung und Kostenbeeinflussungsmöglichkeit und eine funktionsfähige Abgrenzung des Cost-Centers im Sinne der Integration aller kerngeschäftsrelvanter Funktionen.[2] Das Cost-Center-Prinzip besitzt allerdings nicht nur für produktive Leistungsprozesse Relevanz, sondern kann auch im Rahmen der Erstellung von Dienstleistungen Anwendung finden. Verbleiben nach einer Segmentierung aufgrund von Teilungsverlusten oder zentral wahrzunehmenden Koordinationsfunktionen, zentrale Dienstleistungsfunktionen, die in sogenannten Service-Centern organisiert werden, so bietet sich als marktwirtschaftliches Steuerungsinstrument das Cost-Center-Prinzip an, sofern die Dienstleistung nur für unternehmensinterne Einheiten erbracht wird. Dabei erfolgen mengen- und qualitätsmäßig fixierte Leistungsvorgaben, die gleichzeitig den Kostenrahmen bestimmen. Diese Leistungsvereinbarungen orientieren sich an einer marktorientierten Preisgestaltung und sind einer permanenten Wertanalyse zur Bestimmung des Standardniveaus zu unterziehen. Verfügt das Segment über einen Marktzugang, so bietet sich die Organisation als Profit-Center an. Ein Profit-Center stellt eine Einheit eines Unternehmens dar, die nach dem Objektprinzip gebildet wurde und dessen Verantwortlichkeit sich am Erfolg orientiert.[3] Eine Profit-Center-Organisation, basierend auf den Prinzipien der Fertigungssegmentierung, führt zur Beseitigung sequentieller und reziproker horizontaler Interdependenzen und erlaubt die objektorientierte Strukturierung des gesamten Ent-

---

1 vgl. hierzu auch von Eiff, W. (1991), S. 647

2 vgl. Wildemann, H. (1992 b), S. 799 f.

3 vgl. Schweitzer, M. (1992), Sp. 2078

scheidungsprozesses, wobei eine unmittelbare Verknüpfung zu den Erfolgszielen erfolgt, die wiederum eindeutig den Objekten zugeordnet werden können.[1] Die Übertragung des Profit-Center-Prinzips ist auch auf Leistungsprozesse mit Dienstleistungscharakter möglich. Dies ist insbesondere für zentrale Funktionen in Service-Centern möglich, die marktgängige Dienstleistungen anbieten. Dies kann bis zur Ausgründung von Service-Bereichen führen.[2] Insgesamt sind Cost- und Profit-Center im wesentlichen durch Autonomie und Kosten- bzw. Ergebnisverantwortung gekennzeichnet. Unklar ist jedoch bislang in der Literatur, was Autonomie ausmacht und wie weit Autonomie reichen soll, so daß die meisten Begriffe relativ unpräzise bleiben.[3] Deshalb wird im weiteren der Begriff Autonomie präzisiert und im Gesamtzusammenhang einer Reorganisation im Sinne der Fertigungssegmentierung gestellt, was letztendlich dazu führt, Autonomie als variable Größe und wesentlichen Gestaltungsparameter im Rahmen der Fertigungssegmentierung aufzufassen.

1 vgl. Welge, M. (1975), Sp. 3181

2 So hat beispielsweise ABB im Rahmen ihrer Umstrukturierung 21 % ihrer zentralen Dienstleistungsfunktionen in Form von Profit-Centern ausgegründet; vgl. Weber, J. (1991), S. 9-11

3 vgl. beispielsweise Vancil, R.F. (1979), S. 9; Poensgen,H./Marx, M. (1982), S. 238; Solomons, D. (1968), S. 300

3. Autonomie als Gestaltungsparameter von Fertigungssegmenten

3.1. Begriff der Autonomie

Der Begriff der Autonomie stammt aus dem Griechischen und bedeutet soviel wie Selbstgesetzlichkeit.[1] Der erste Teil des Wortes Selbstgesetzlichkeit, das Selbst, weist auf den Träger der Autonomie hin, als einer Person oder Organisation. Selbstgesetzlichkeit an sich stellt die Frage nach der Unabhängigkeit von einem Bezugsrahmen oder von einer das Selbst umgebenden Umwelt. Insofern schließt Autonomie das Recht auf Selbstbestimmung sowie Freiheit und Unabhängigkeit mit ein.[2] Es beinhaltet das Recht auf Selbstverwaltung nach eigenen Gesetzen, bzw. das Recht von Minderheiten, einen Teil ihrer Angelegenheiten selbst zu regeln. Dieser rechtliche Ansatz läßt äußere Einwirkungen, z. B. durch übergeordnete Verfassungen, zu. Einen solchen Rechtszustand kann man als teilautonom bezeichnen. Dies bedeutet, daß der Grad der Autonomie in Abhängigkeit von der Tragweite der aufgestellten Rechtsverhältnisse veränderlich ist. Kant überträgt Autonomie auf die Selbstbestimmung des Menschen, zu der dieser als Vernunftwesen fähig ist. Autonom im Sinne Kants handelt, wer sich durch Erfahrungen und Normen nicht beeinflussen läßt.[3] Dieser Autonomiebegriff setzt die ethische Selbstverpflichtung des Individuums, die auf der Maxime einer sittlichen Vernunft und der Anerkennung der persönlichen Verbindlichkeit sittlicher Normen beruht, und damit der Befolgung des kategorischen Imperativs, voraus.[4] In diesem ethischen Ansatz bezieht sich Autonomie nur auf den Menschen und seine Handlungsfreiheit, d.h. die Selbstbestimmung des Einzelnen. In dem Augenblick, in dem irgendeine Abhängigkeit durch äußere Einflüsse besteht, handelt der Mensch nicht mehr autonom, sondern heteronom. Dennoch gilt Autonomie im ethischen Ansatz als absolut. Nitschke detailliert den Begriff der Autonomie und überträgt ihn auf die Arbeitswelt, wobei sein Betrachtungsobjekt der einzelne Arbeitsplatz

---

[1] vgl. Brockhaus: Enzyklopädie, 1987, S. 134

[2] vgl. Bertelsmann (Hrsg) (1970), S. 134.

[3] vgl. Bertelsmann: Enzyklopädie Bd II, 1987, S. 13

[4] vgl. Nitschke, C (1988), S. 24.

und das hierin agierende Individuum ist. Er unterscheidet dabei Autonomie wovon (Freiheit, Unabhängigkeit) und Autonomie worüber (Selbstbestimmung).[1] In seiner Analyse beschränkt sich Nitschke auf die Untersuchung des näheren Arbeitsumfeldes und die Wirkungen von Autonomie hinsichtlich Motivation und Streßfaktor, ohne jedoch den organisatorischen Gesamtkontext näher zu beleuchten. Gutenberg überträgt den Begriff der Autonomie in den Bereich der Wirtschaftswissenschaften. Er führt das Autonomieprinzip als systembezogene Determinante des kapitalistischen Betriebssystems ein und gibt damit dem Autonomiebegriff eine ideologisch-affirmative Bedeutung.[2] Autonomie im Sinne Gutenbergs manifestiert ein Abgrenzungsverhältnis zwischen Staat und Wirtschaft und bedeutet die Verweigerung von Mitbestimmungsrechten staatlicher oder sonstiger übergeordneter Stellen an der Durchführung der einzelwirtschaftlichen Leistungserstellung und -verwertung.[3] Danach obliegt es allein dem Unternehmer, für die Planung und Durchsetzung der Gewinnmaximierung notwendigen Entscheidungen zu treffen.[4] Gutenberg schließt damit Fragen zur betrieblichen und unternehmerischen Mitbestimmung aus. Teilautonomie kann im Zusammenhang mit der menschlichen Arbeitsleistung im Betrieb allenfalls dem dispositiven Faktor durch Delegation durch den Unternehmer übertragen werden. Zum anderen können über Beziehungen zu anderen Betrieben keine Schlüsse gezogen werden. In der betriebswirtschaftlichen Literatur findet sich der Begriff Autonomie relativ selten. Als Synonyme werden häufiger Unabhängigkeit und Entscheidungsfreiheit gebraucht.[5] Diskutiert werden die Begriffspaare Delegation und Koordination sowie Zentralisation und Dezentralisation. Autonomie wird dabei als Mischung zwischen horizontaler und vertikaler Autonomie aufgefaßt. Explizit hat sich Frese mit der Autonomie in Bezug auf organisatorische Fragestellungen auseinandergesetzt. Er definiert Autonomie als den Verzicht auf Koordination.[6] Dabei unterscheidet er zwischen Entscheidungs- und Informationsautonomie, wobei die Entscheidungsautonomie umso größer ist, je weiter eine Einheit bei der Lösung von Entscheidungsproblemen von

---

1 vgl. Nitschke, C (1988), S. 23 f.
2 vgl. Gutenberg, E. (1983), S. 460-463
3 vgl. Gutenberg, E.(1983), S. 460
4 vgl. Gutenberg, E.(1983), S. 461
5 vgl. u.a. Bleicher, K. (1981); Ulrich,P./Flari, E. (1976); Frese, E. (1975), Sp. 2263-2273; Hill,W./-Fehlbaum,R./Ulrich,P. (1974); Harlegard, S. 1971
6 vgl. Frese, E. (1988), S. 213

Beschränkungen frei ist.[1] Die Freiheit bestimmt sich danach, wie fein die Kommunikationsstrukur der übergeordneten Einheit ist.[2] Die Informationsautonomie unterteilt Frese in eine vertikale, die die Kommunikationsstruktur zwischen über- und untergeordneten Einheiten betrifft, und eine horizontale Autonomie, die die Kommunikation zwischen gleichrangigen Einheiten beinhaltet.[3] Die Informationsautonomie ist dabei umso geringer, je mehr Informationen weitergeleitet werden müssen.[4] Als wesentliche Einflußgrößen sind entscheidungsauslösende Informationen, die in den Kompetenzbereich der übergeordneten Einheit fallen, zielrelevante Informationen für andere Einheiten und Abstimmungsnotwendigkeiten aus Interdependenzgründen zu betrachten.[5] In Anlehnung an Frese läßt sich der Autonomiegrad theoretisch aus zwei gegenläufigen Kostenkurven ableiten, wobei degressive Kostenverläufe unterstellt werden (vgl Abb. 3-1).[6] Dies ist zum einen die Autonomiekostenkurve, die mit einer Anhebung des Autonomiegrades steigt und zum anderen die Koordinationskostenkurve, die mit zunehmendem Autonomiegrad sinkt. Als Koordinationskosten können Personalkosten für Mitarbeiter, deren Aufgabe eng mit einer Koordination der organisatorischen Einheit verbunden ist, wie z.B. die Aufgabe eines Terminjägers, Kosten, die durch Schnittstellen im Informationsfluß- und Materialfluß entstehen, Spezialisierungsverluste auf der Produktebene, ungenutzte Problemlösungskapazität von Mitarbeitern in indirekten Bereichen und Motivationsverluste von Mitarbeitern durch die Trennung von dispositiven und ausführenden sowie direkten und indirekten Tätigkeiten angegeben werden.[7] Diesen Koordinationskosten stehen Autonomiekosten wie Einstellungs- und Weiterbildungskosten für Mitarbeiter, die in autonomen Bereichen eingesetzt werden, Spezialisierungsverluste auf der Funktionsebene sowie In-

[1] vgl. Frese, E.(1988), S. 220
[2] vgl. Frese, E.(1988) S. 222
[3] vgl. Frese, E.(1988), S. 231-243
[4] vgl. Frese, E.(1988), S. 235
[5] vgl. Frese, E.(1988), S. 235
[6] vgl. Frese, E.(1988), S. 211
[7] vgl. Wildemann, H.(1992b), S. 783

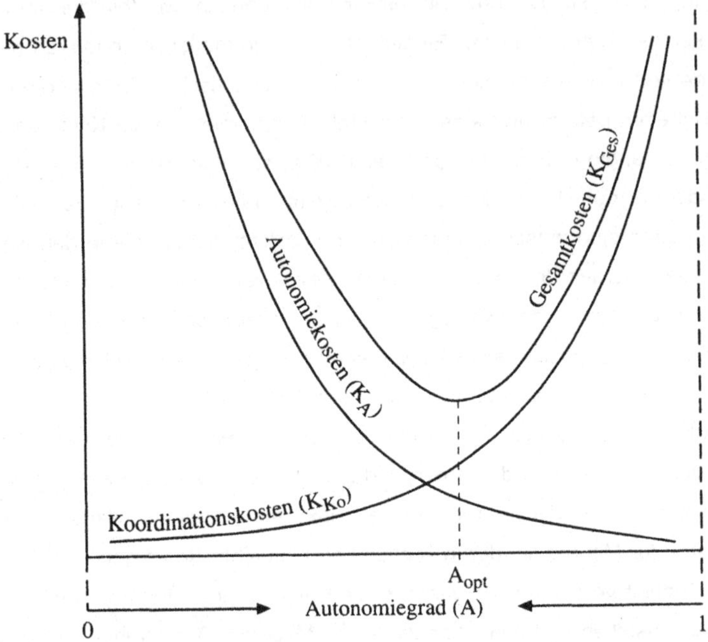

Abb. 3-1: Die Abhängigkeit zwischen Autonomie- sowie Koordinationskosten und dem Autonomiegrad einer organisatorischen Einheit

vestitionskosten in zusätzliche Werkzeuge und Vorrichtungen, die zur Realisierung autonomer Bereiche erforderlich sind, gegenüber.[18] Der kostenoptimale Autonomiegrad liegt dann vor, wenn gilt:

$$\frac{d\,K_{Ges}}{d\,A} = 0$$

Ein Autonomiegrad von Eins entspricht dem Grenzfall vollkommener Autonomie einer organisatorischen Einheit. Ein Autonomiegrad von Null beschreibt den entgegengesetzten Fall einer vollkommenen Koordination des betrachteten Bereichs. Hinter der Forderung nach einem möglichst hohen Autonomiegrad von organisatorischen Einheiten steht somit die These, daß erst bei einem Autonomiegrad nahe Eins die Steigerung der Gesamtkosten den Wert Null annimmt. Dabei wird jedoch der Autonomiegrad als absolute Größe betrachtet, wobei außerdem die Eingangsgrößen empirisch schwer ermittelbar sind sowie der Ursachenzusammenhang bei der Bestimmung des Optimums nicht soweit disaggregierbar ist, daß daraus einzelne Gestaltungsmaßnahmen abgeleitet werden könnten.[19] Gerade aber in Bezug auf neuere Organisationskonzepte, wie das der Fertigungssegmentierung, kann Autonomie weder als intuitiv zugänglich vorausgesetzt werden, wie dies bei Schlagworten, wie "Intrapreneurship", "Unternehmergeist", "Profit-Center-Denken" unterstellt wird, noch als absolut aufgefaßt werden. Vielmehr gewinnt der Autonomiebegriff durch die Erfassung der Unternehmenszusammenhänge in ihrer Vernetztheit und Abhängigkeit von einer zunehmenden Dynamik in den Umweltentwicklungen eine neue Dimension. In diesem systemtheoretischen Ansatz, dem die Erkenntnis zu Grunde liegt, daß das Ganze mehr ist, als die Summe seiner Teile, gilt die Aufmerksamkeit vermehrt dem Beziehungsgeflecht und der Struktur der Abhängigkeiten.[20] Je größer der Grad der Verknüpfungen, desto dringender wird die Frage nach dem Freiheitsspielraum der einzelnen Einheiten und damit nach der für das optimale Funktionieren des Ganzen erforderlichen Autonomie der Teile. Dabei kann Autonomie nie absolut gelten, sondern

---

[18] vgl. Wildemann, H. (1992 b), S. 784

[19] vgl. Beuermann, G. (1992), Sp. 2622 - 2623

[20] vgl. hierzu etwa Bertalanffy, L. (1953), S. 2 ff.; Kosiol, E. (1976), S.19 f.

ist jeweils aus dem Organisationszusammenhang und deren Zielsetzung ableitbar.[1] Somit wird Autonomie zu einer variablen Größe und einem wesentlichen Gestaltungsparameter im Rahmen der Fertigungssegmentierung im Sinne einer Verlagerung und Bündelung von Kompetenz und Verantwortung zur Vermeidung von Schnittstellen, Verringerung von Zeitdistanzen und Verkürzung von Feedbackschleifen mit dem Ziel der Realisierung des Prinzips der unmittelbaren Rückkopplung.[2]

3.2. Gestaltungsebenen der Autonomie

Nach Gomez können in Zusammenhang mit der Unternehmensorganisation zwei Rekursionsebenen der Autonomie unterschieden werden. Er differenziert zwischen der Autonomie von Unternehmen und der Autonomie in Unternehmen.[3] Autonomie von Unternehmen beschreibt das Verhältnis des gesamten Unternehmens zu seiner Umwelt. Autonomie bedeutet hier Unabhängigkeit von Unternehmen gegenüber konkurrierenden Unternehmen und der Unternehmensumwelt.[4] Die Kontingenz- und situativen Ansätze der Organisationsforschung erklären die Umwelt als wesentliche Bestimmungsgröße für das Verhalten von Organisationen.[5] Gomez und Probst nehmen eine Erweiterung mit Hilfe des Ansatzes der organisatorischen Geschlossenheit vor, wonach für ein System oder einen Organismus die Aufrechterhaltung der Organisation entscheidend ist, die unabhängig von der Umwelt erzeugt wird.[6] Die Struktur hingegen, die Ausdruck der tatsächlich realisierten Beziehungen ist, muß sich aber an diese anpassen, um den entsprechenden Entwicklungen Rechnung zu tragen.[7] Die Anpassung an die Umwelt hat in einer Art und Weise zu erfolgen, die den Unternehmen Handlungs- und Entscheidungsspielräume und damit einen gewissen Grad an Autonomie verschafft, damit es wettbewerbsfähig bleiben kann.[8] Handlungs- und

---

1 vgl. Gomez,P.(1988), S.389
2 vgl. zum Thema Rückkopplung, Vester, F. (1983), S. 60-72
3 vgl. Gomez, P.(1988), S. 389
4 vgl. Gomez, P.(1988), S. 390
5 vgl. Kieser, A./Kubicek, H. (1983), S. 46 ff.
6 vgl. Gomez, P./Probst, G. (1985), S. 22
7 vgl. Gomez, P. (1990), S. 103
8 vgl. Gomez, P.(1990), S. 104

Entscheidungsspielräume versetzen Unternehmen in die Lage, Strategien vorausschauend und flexibel zu gestalten und bilden somit die Grundlage für ein innovatives Marktverhalten. Aufgrund der Betrachtung des Unternehmens als offenes System ist die Einbeziehung von Anspruchsgruppen, die dem internen, marktlichen, gesellschaftlichen und politischen Umfeld zuzuordnen sind, als Einflußgröße für die Ausgestaltung des Handlungs- und Entscheidungsspielraumes notwendig. Die Gestaltung der unternehmerischen Handlungs- und Entscheidungsautonomie erfordert demnach ein antizipatives Anspruchsgruppen-Management, das die systemimmanente Interessenpluralität zu einem tragbaren Konsens führt und somit zur Stabilisierung des unternehmerischen Gleichgewichts beiträgt.[1] In diesem Zusammenhang bedeutet Autonomie zum einen, daß das Unternehmen eine eigene Unternehmensphilosophie, bzw. -kultur entwickelt, die es von anderen Unternehmen und der Unternehmensumwelt unterscheidet, wie es Rogers und Watson für IBM realisiert haben.[2] Zum anderen erfordert Autonomie von Unternehmen die Einbeziehung des Handlungsspielraums als eine Entscheidungsdimension der strategischen Unternehmensführung. Deshalb muß das Unternehmen einen optimalen Mix zwischen Eingehen auf Umwelteinflüsse einerseits und der Abgrenzung zu seiner Umwelt durch Entwicklung einer eigenen Unternehmensphilosophie andererseits finden. Der Grad dieser Abgrenzung des Unternehmens von seiner Umwelt kann als Autonomiegrad von Organisationen bezeichnet werden. Autonomie in Organisationen spricht dagegen die Ausgestaltung des Innenverhältnisses von Organisationen an. Ziel ist die Bildung einzelner Einheiten, die alle, für die Geschäftsabwicklung notwendigen Funktionen umfassen und denen im Rahmen übergeordneter Interessen und Koordination weitgehende Autonomie eingeräumt wird.[3] Die systematische Analyse der Autonomie in Organisationen erfordert die Unterscheidung von drei Ebenen der Autonomie in Organisationen (vgl. Abb. 3-2).[4] Die erste Ebene bildet die Unternehmensebene, wobei davon ausgegangen

[1] vgl. Haedrich, G./Jeschke, B.G.(1992), S. 174
[2] vgl. hierzu Watson, T.J. (1963), S. 4; Rogers, B. (1986), S. 18
[3] vgl. Gomez, P.(1988), S. 392
[4] vgl. Wildemann, H.(1992b), S. 785

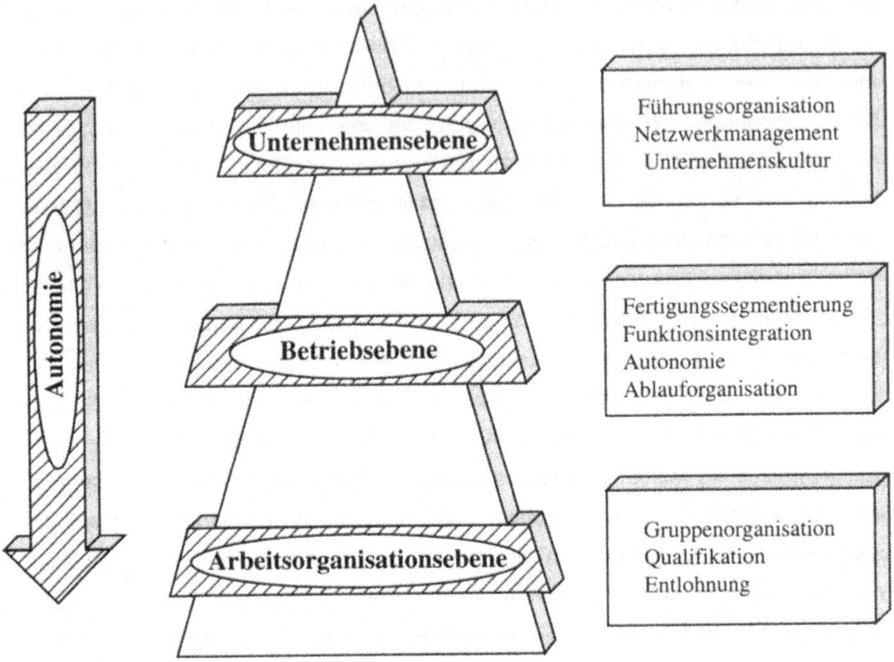

Abb. 3-2: Betrachtungsebenen der Autonomie

wird, daß Organisationen im wesentlichen durch zwei Grundprinzipien gekennzeichnet: Arbeitsteilung und Koordination.[1] Danach kann die Struktur einer Organisation als arbeitsteilig gebildete Gesamtheit der Aufgaben und deren Koordination definiert werden.[2] Der Grad der Arbeitsteilung korrespondiert mit entsprechenden Spezialisierungsgraden. Unter Spezialisierung ist die Form der Arbeitsteilung zu verstehen, bei der Teilaufgaben unterschiedlicher Art entstehen.[3] Zur Koordination wurden differenzierte Koordinationsinstrumente entwickelt, die Regelungen beinhalten, die sich auf die Abstimmung arbeitsteiliger Prozesse und die Ausrichtung von Aktivitäten auf die Organisationsziele beziehen:[4]

- gegenseitige Abstimmung, bei der die Koordination durch den einfachen Prozeß informeller Kommunikation erreicht wird,
- direkte Kontrolle beinhaltet die Koordination durch unmittelbare Erteilung von Befehlen und Anweisungen,
- Standardisierung der Arbeitsabläufe, die durch Spezifizierung aufeinander bezogener Arbeitsabläufe eine Koordination erreicht,
- Standardisierung der Outputs, beinhaltet die Spezifizierung der Ergebnisse verschiedener Tätigkeiten,
- Standardisierung der Tätigkeiten, durch die die verschiedenen Tätigkeiten aufgrund der Ausbildung der Mitarbeiter koordiniert werden,
- Standardisierung der Normen, wodurch die Arbeitsnormen kontrolliert werden.

Diese Koordinationsinstrumente bilden die grundlegenden Strukturelemente einer Organisation, wobei die Mechanismen in gewisser Weise substituierbar sind und in verschiedenen Kombinationen zur Anwendung kommen. Deshalb ist auf der Unternehmensebene vor allem der Problemstellung nachzugehen, welches Koordinations- und Controllinginstrumentarium bestimmten zentralen Funktionen zur Verfügung gestellt

---

1 vgl. Kieser, A./Kubicek, H. (1983), S. 80; Reiß, M. (1992), Sp. 167-178
2 vgl. Mintzberg, H. (1991), S. 112
3 vgl. Kieser, A./Kubicek, H. (1983), S. 81
4 vgl. Mintzberg, H. (1991), S. 112 f.

wird, um die strategische Entwicklung sowie das Synergiepotential des Gesamtunternehmens sicherzustellen. Dabei ist insbesondere die Problematik zu lösen, wann und in welchem Maße die Autonomie von Einheiten im Interesse des Gesamtunternehmens eingeschränkt werden darf. Gutenberg ging in seiner Theorie der Unternehmung von einem zentralen Willensbildungszentrum an der Unternehmensspitze aus.[1] Diese strikte Trennung zwischen dispositiven und ausführenden Tätigkeiten liegen auch Taylors Prinzipien einer wissenschaftlichen Betriebsführung zugrunde.[2] Die mit diesem Konzept verbundenen Ideen und Prinzipien führten zu einer hochgradig arbeitsteiligen Fabrikorganisation, die zu einer Substitution von Menschen durch Maschinen und von Facharbeitern durch un- und angelernte Arbeiter geführt hat. Ganz in diesem Sinne erfolgte eine zunehmende Auslagerung und Zentralisierung von Fertigungsaufgaben. Die Werkstattorganisation folgte dem Verrichtungsprinzip. Indirekte Funktionen wie Instandsetzung, Wartung, Arbeitsvorbereitung, Qualitätssicherung wurden dem Verantwortungsbereich des Arbeiters vor Ort entzogen und in eigenständigen Einheiten zusammengefaßt. Dadurch stiegen Abteilungszahl und -größe. Aus einem hohen Grad an Arbeitsteilung resultierte ein höherer Koordinationsbedarf.[3] Diesem wurde durch eine weitgehende Standardisierung und Formalisierung der Tätigkeiten und Abläufe begegnet. Dabei wurde der organisatorischen Gestaltung das Bürokratiemodell zugrundegelegt. Die Übernahme der bürokratischen Ranghierarchie in die organisatorische Unternehmenspraxis ermöglichte die Durchsetzung des Unternehmerwillens von der Spitze bis zur Basis. Durch schriftliche, formal gebundene Kommunikation und einen strikten vertikalen Aufbau mit zentralisierten Entscheidungen an der Spitze wurden eindeutige Strukturen der Über- und Unterordnung sowie eine standardisierte Prozeßgestaltung mittels hoch arbeitsteiliger differenzierter Aufgabenzuweisungen geschaffen.[4] Im Vordergrund stand somit eine zentrale Lenkung durch Programmierung, Standardisierung und Normierung mit intensiven Fremd- und Mehrfach-Kontrollen gleicher Sachverhalte sowie detaillierter Eingriffe in das betriebliche Geschehen. Zur Bewältigung dieser Aufgabe einer zen-

[1] vgl. Gutenberg, E. (1929)
[2] vgl. Taylor, F.W. (1977)
[3] vgl. Kieser, A./Kubicek, H. (1983), S. 103
[4] vgl. Bleicher, K. (1991), S. 220

tralen Koordination wurden Planungs-, Steuerungs-, Informations- und Kontrollsysteme implementiert, die zunehmend von der Eigenschaft geprägt sind, Eigenkomplexität zu erzeugen.[1] Diese auf einem rationalistisch-mechanistischen Menschenbild und der Vorstellung der Determiniertheit der Unternehmung fußende Mißtrauensorganisation führt damit zu steigenden Komplexitätskosten, Inflexibilität, einem sinkenden Kreativitäts- und Innovationspotential sowie einem Motivationsverlust bei den Mitarbeitern. Da jedoch diese Faktoren zu kritischen Erfolgsfaktoren in einem sich stetig wandelnden Umfeld für die Erhaltung der Wettbewerbsfähigkeit werden, ist im Rahmen der Fertigungssegmentierung Autonomie auf Unternehmensebene auch vor dem Hintergrund einer neuen Führungsorganisation mit einem sich wandelnden Koordinationsinstrumentarium und Führungsstil zur Implementierung eines Netzwerk- und Wissensmanagements zu analysieren.

Den Kristallisationspunkt des Ebenenmodells der Autonomie bildet die Betriebsebene mit ihren unterschiedlich ausgeprägten Segmenten. Die organisatorische Strukturierung nach dem Objektprinzip führt zu "Fabriken in der Fabrik", die Potentiale für Wettbewerbsvorteile insofern erschließen, als die kerngeschäftsrelevanten Ressourcen auf die spezifische Produktionsaufgabe konzentriert werden, wie sie sich aus den Wettbewerbsanforderungen und der strategischen Gesamtausrichtung des Unternehmens ergeben.[2] Dabei sind die Segmentierungskriterien so zu wählen, daß eine Struktur entsteht, die Komplexität abbaut und Ungewißheit auf ein Volumen reduziert, das der menschlichen Problemlösungskapazität entspricht und dem Zeithorizont angepaßt ist.[3] Es sollen lebensfähige, eigenverantwortlich arbeitende Einheiten realisiert werden, die nur in zentralen, das Gesamtunternehmen betreffenden Fragen eine Einschränkung ihrer Autonomie erfahren. Unter lebensfähigen Einheiten ist hierbei eine organisatorische Einheit zu verstehen, die über alle notwendigen Funktionen verfügen soll, um unabhängig von anderen Einheiten Geschäfte abschließen zu können. Dies geht einher mit einer Aufhebung von horizontaler und vertikaler Arbeitsteilung sowie geringerer interner Spezialisierung in den Segmenten. Hierdurch wird die struk-

---

1 vgl. Bleicher, K. (1990a), S. 20
2 vgl. Skinner, W.(1984), S. 113-121
3 vgl. Frese, E. (1989), S. 81-97

turelle Voraussetzung geschaffen, sich vom arbeitsteiligen Vertikalprinzip der Fremdorganisation zu lösen und einen neuen gestalterischen Weg zu gehen, der zu den auch in biologischen Systemen vorfindbaren Prinzipien der Selbstlenkung und Selbstorganisation führt.[1] Die Autonomisierung organisatorischer Einheiten steht unter dem Motto "small is beautiful", dem die Erkenntnis zugrunde liegt, daß Systeme über die Stärkung ihrer Feinstruktur an Elastizität gewinnen.[2] Das Leitmotiv der segmentierten Fabrik bringt somit Organisationsformen hervor, die das Kreativitäts- und Innovationsklima fördern und ein selbstständiges unternehmerisches Denken und Handeln der Mitarbeiter ermöglichen. Voraussetzung hierfür ist die Delegation von Verantwortung. Unter Verantwortung soll die Pflicht einer Person verstanden werden, für die zielentsprechende Erfüllung einer Aufgabe persönlich Rechenschaft abzulegen.[3] Verantwortung ist demnach eine elementare Schlüsselgröße der Verhaltenssteuerung in und von Organisationen.[4] Eine sinnvolle Delegation von Verantwortung erfordert die Ausgestaltung von drei Bedingungen. Erstens ist für jede Art und Gestaltung von Verantwortung die Existenz von optionalen Handlungszielen erforderlich, da der Verantwortungsmechanismus nur dann funktioniert, wenn Sach- und Formalziel so bestimmt sind, daß sie meß- und umsetzbar sind und somit das Maß der Zielerreichung als Grundlage zur Beurteilung des Verantwortlichen dienen kann.[5] Zweitens setzt Verantwortung Handlungsfähigkeit voraus. Dies erfordert die Existenz von Kompetenz, Qualifikation und Unterstützungsleistung.[6] Kompetenz verkörpert die formalen Mindestbedingungen organisatorischer Handlungsfähigkeit und beinhaltet sowohl die Zuständigkeit für Handlungen als auch die Durchsetzbarkeit von Handlungen.[7] Kompetenzen als Handlungsrechte, die im Rahmen des unternehmensbezogenen Handlungsgeschehens eingesetzt und genutzt werden, lassen sich in folgende Kategorien einteilen:[8]

---

1 vgl. Ulich, H. (1989), S. 20
2 vgl. Bleicher, K.: (1991), S. 222
3 vgl. Hauschildt, J. (1969), Sp. 1693
4 vgl. Bleicher, K. (1980), Sp. 2283
5 vgl. Bronner, R. (1992), Sp. 2505
6 vgl. Bronner, R.(1992), Sp. 2507
7 vgl. Bronner, R.(1992), Sp. 2507
8 vgl. beispielsweise Grochla, E. (1981); Wild, J. (1972)

- Antragskompetenz als das Recht handlungsinitiativ tätig zu werden,
- Planungskompetenz als das Recht, Alternativen zu suchen und zu bewerten,
- Entscheidungskompetenz als das Recht, eine Auswahl zwischen Alternativen zu treffen,
- Mitsprachekompetenz mit dem Recht zur Entscheidungsmitwirkung bei anderen Stellen,
- Anordnungskompetenz mit dem Recht zur Anweisung im Anschluß an Entscheidungen,
- Realisierungskompetenz als das Recht, Mittel und Ablauf im Rahmen einer gegebenen Aufgabenstellung selbständig zu bestimmen,
- Kontrollkompetenz als das Recht zur Vertretung nach außen.

Die erfolgreiche Umsetzung von übertragenen Kompetenzen erfordert das Vorhandensein einer ausreichenden Qualifikation, die sowohl berufsspezifische, intellektuelle, interaktive sowie methodische Fähigkeiten als auch fachliche und soziale Kompetenz umfaßt.[1] Unterstützungsleistungen als dritte Säule der Handlungsfähigkeit erfordern eine betriebliche Infrastruktur in Form der informatorischen und kommunikativen Einbettung sowie der sachgerechten Ausstattung mit Personen.[2] Drittens erfordert die Übertragung und Übernahme von Verantwortung neben den institutionell vorgegebenen Handlungszielen und der Handlungsfähigkeit noch einen situativ bestimmten Handlungsspielraum, der umso größer ist, je mehr Alternativen des Verhaltens bestehen und je weniger deren Auswahl sich auf Bewertungskanäle stützen läßt.[3] Die Autonomie auf Betriebsebene steht in dem Spannungsfeld von einer durch Delegation von Verantwortung und durch die Fertigungssegmentierung bedingten Reduktion der Komplexität auf der einen Seite und der Synergie- sowie Schnittstellenproblematik im Sinne einer einheitlichen Ausrichtung der autonomen Einheiten auf die Unternehmensstrategie auf der anderen Seite. Daher muß der Grad der Autonomie, der den Segmenten auf der Betriebsebene zugestanden wird, veränderbar bleiben, um die Gesamtverantwortung und Weisungsbefugnis der Unternehmensleitung

---

1 vgl. Bronner, R.(1992), Sp. 2507
2 vgl. Bronner, R.(1992), Sp. 2508
3 vgl. Bronner, R.(1992):, Sp. 2508-2509

in unternehmensstrategischen Entscheidungen nicht einzuschränken. Es wird sich ein durch Indikatoren bestimmbarer Autonomiegrad einstellen, der ein Interessengleichgewicht zwischen Unternehmensleitung und Segmenten sowie Segmenten untereinander darstellt. Aufbauend auf dem Konzept der Fertigungssegmentierung bildet die Ausgestaltung dieser Indikatoren oder Determinanten des Autonomiegrades den Schwerpunkt im Verlauf der weiteren Untersuchung.

Autonomie betrifft aber ebenso die Arbeitsorganisationsebene. Hier stehen Fragen der Funktionsgestaltung, Qualifikation, Gruppenarbeit bis hin zur Entlohnung im Mittelpunkt. Die Forderung nach einer Stärkung der Autonomie auf Arbeitsorganisationsebene steht in Einklang mit humanistischen Organisationsprinzipien. Diese haben ihren Ausgangspunkt in den Hawthorne-Experimenten von Mayo. Mayo arbeitete die Bedeutsamkeit sozialer Faktoren für die organisatorische Effizienz und Effektivität heraus. Die grundlegende Forschungshypothese der Human-Relation-Bewegung lautete, daß die Arbeitszufriedenheit als wichtigste Voraussetzung für eine hohe Produktivität anzusehen ist.[1] Dabei wird die in der Organisationstheorie vorherrschende Perspektive der technisch-ökonomischen Effizienz um die Dimension der sozialen Beziehungen erweitert, was wiederum Eingang in die Führungs- und Motivationsforschung sowie die Gestaltung der Arbeitsorganisation fand. Somit sind Führungs- und Motivationstheorien bei der Ausgestaltung der Autonomie auf der Arbeitsorganisationsebene zu berücksichtigen. Dadurch wird in dem vorgestellten Ebenenmodell der Autonomie eine Verbindung zur Unternehmensebene hergestellt und das Ebenenmodell zu einem geschlossenen Kreislauf. Im Rahmen des Behavioral Approach wird versucht, Gesetzmäßigkeiten zwischen verschiedenen Führungsstilen und der Effizienz von Organisationen herzuleiten. In den idealtypischen Ansätzen werden in der Regel die fünf Führungsstiltypen patriarchalischer Führungsstil, charismatischer Führungsstil, autokratischer Führungsstil, bürokratischer Führungsstil, partizipativer/kooperativer Führungsstil unterschieden.[2] Die Kontinuum-Theorie von Tannenbaum und Schmidt unterscheidet zwischen sieben Verhaltensweisen der Führung, die sich zwischen den beiden Polen autoriär und kooperativ bewegen sowie nach dem Aus-

1 vgl. Frese, E. (1991), S. 62 f.
2 vgl. Staehle, W.H. (1992), Sp. 656

maß der Autorität des Vorgesetzten und der Entscheidungsfreiheit der Mitarbeiter untergliedert sind.[1] Nach Tannenbaum und Schmidt gibt es keinen einzig richtigen Führungsstil für alle Situationen, sondern die jeweilige Konstellation der Charakteristika von Vorgesetzten, Mitarbeiter und Situation erfordern einen darauf ausgerichteten Führungsstil.[2] Die Flexibilität des Führungsverhaltens wird damit zum Schlüssel für den Führungserfolg.[3] Im weiteren wurde versucht, auf der Basis von empirischen Untersuchungen Aussagen über die Effizienz bestimmter Führungsstile zu treffen. Zu nennen sind hierbei die Iowa-Studien, Michigan-Studien, Ohio-Studien und die Group Dynamics-Studien, die im wesentlichen die positive Wirkung eines mitarbeiter- bzw. beziehungsorientierten Führungsstils auf die Leistung und Zufriedenheit herausstellen, jedoch personale und strukturelle Entstehungsbedingungen eines bestimmten Führungsstils vernachlässigen. Um zu fundierten Aussagen über die Zusammenhänge zwischen Führer, Geführten, organisatorischen Anforderungen und Führungserfolg zu gelangen, wurden deshalb umfassendere Führungstheorien entwickelt. Die Kontingenztheorie von Fiedler bringt zum Ausdruck, daß ein aufgabenorientierter Führer in sehr günstigen und sehr ungünstigen Situationen am effizientesten ist, während in Situationen mittlerer Günstigkeit die personenorientierte Führung überlegen ist.[4] Fiedler zieht daraus den Schluß, daß die Situation an das Führungsverhalten anzupassen ist und nicht umgekehrt.[5] Das Entscheidungsmodell von Vroom/Yetten reduziert Führung zu einem Entscheidungsproblem zwischen Führungsstil und Entscheidungssituation, wobei folgende Hypothesen bestätigt wurden:

- verfügen Manager über ausreichende Informationen zur selbständigen Problemlösung, dann neigen sie mehr zu autoritären Entscheidungsmethoden,
- trauen Manager ihren Mitarbeitern eigene Lösungen zu, neigen sie mehr zu partizipativen Entscheidungsmethoden.[6]

---

1 vgl. Tannenbaum, R./Schmidt, W.H. (1958), S. 95-101
2 vgl. Tannenbaum, R./Schmidt, W.H. (1973), S.162-180
3 vgl. Staehle, W.H. (1991), S. 349
4 vgl. Hentze, J. (1986), S. 189
5 vgl. Hentze, J.(1986), S. 188
6 vgl. Staehle, W. H.(1991), S. 583 ff.

- wenn Manager die Informationen und Ideen ihrer Mitarbeiter für wichtig erachten, neigen sie ebenfalls zu mehr partizipatorischen Entscheidungsmethoden.

Das Führungsdyaden-Modell von Graen versucht zu erklären, unter welchen Bedingungen und in welcher Form es dazu kommt, daß der Führer sich in einigen Dyaden (Führer-/Geführten-Verhältnis) im Extremfall darauf beschränkt, die Einhaltung des Arbeitsvertrages zu überwachen, während in anderen Dyaden ein weit darüber hinausgehender intensiver sozialer Austausch stattfindet.[1] Die interaktionistische Führungstheorie von Luthans geht von einer reziproken Determination des Führungsverhaltens aus, was bedeutet, daß sich der Führer (mit seinen kognitiven Prozessen) dessen Führungsverhalten und die Führerposition (einschließlich der Geführten und der Organisationsstruktur) gegenseitig beeinflussen, wobei Verhalten nicht nur als Funktion seiner Konsequenzen, sondern auch als Funktion antizipierter Konsequenzen und situativer Bedingungen gesehen wird.[2] Der Weg-Ziel-Ansatz von House und Evans rückt das Verhalten des Geführten in das Zentrum des Interesses, da dieses unmittelbar leistungsrelevant ist. Danach hängt die Effizienz des Führungsverhaltens davon ab, ob es in der Lage ist, den Mitarbeiter zu motivieren, d.h. in der Sprache der Erwartungstheorie, die Erwartungen über Instumentalitäten, Wertigkeiten von Zielen und Wegen sowie die subjektive Wahrscheinlichkeit des Eintritts von Belohnungen positiv zu beeinflussen.[3] Damit ergeben sich folgende Anforderungen an ein motivationsförderndes Führungverhalten:[4]

- Wecken von Bedürfnissen nach positiven Ergebnissen (Belohnungen),
- Unterstützung des Mitarbeiters bei der Erwartungsbildung,
- Eröffnen und Aufzeigen von Mitteln und Wegen zur Zielerreichung,
- Schaffung von Gelegenheiten für intrinsisch belohnende Tätigkeiten,
- Abbau von Rollen-Mehrdeutigkeiten,

1 vgl. Staehle, W.H.(1992), Sp. 662
2 vgl. Luthans, F./Kreitner, R. (1985), 2. Auflage, S. 33 ff.
3 vgl. Staehle, W.H. (1991), S. 592 f.
4 vgl. Staehle, W.H. (1991), S. 595 f.

- Erleichtern von Wegen durch Unterstützung, Hilfen, Anleitungen,
- Beseitigung von Hindernissen und Barrieren auf dem Weg und
- Belohnung der Zielerreichung.

Ähnlich dem Weg-Ziel-Ansatz von House und Evans stellen die Motivationstheorien das Verhalten der Mitarbeiter und deren Determinaten in den Mittelpunkt der Betrachtung. Zentrale Bedeutung hat die Theorie um Maslow erlangt. Maslow ordnet die handlungsbestimmenden Motive des Mitarbeiters nach ihrem Inhalt in fünf grundlegende Bedürfnisklassen:[1]

- Physiologische Bedürfnisse, z.B. Gruppenzugehörigkeit, Zuneigung,
- Sicherheitsbedürfnisse, z.B. Wunsch nach Arbeitsplatzsicherheit,
- Sozialbedürfnisse, z.B. Gruppenzugehörigkeit, Zuneigung,
- Anerkennungsbedürfnisse, z.B. Prestige, Macht, Erfolg,
- Bedürfnis nach Selbstverwirklichung, z.B. Kreativität, Autonomie.

Dabei geht Maslow davon aus, daß ein Mitarbeiter nur dann nach Befriedigung eines höherrangigen Bedürfnisses strebt, wenn alle niederrangigen Bedürfnisse erfüllt sind. Im Umkehrschluß bedeutet dies, daß sich das Führungsverhalten am jeweils erreichten Niveau der Bedürfnisbefriedigung auszurichten hat. Faßt man die Grundthesen der Führungs- und Motivationstheorien zusammen, kommt man zu dem Schluß, daß ein wechselseitiger Zusammenhang zwischen Führungsstil, Organisationsstruktur und Verhalten der Organisationsmitglieder besteht, wobei dem Individuum ein größerer Spielraum zur Selbstentfaltung und zu einer offenen Gestaltung der sozialen Beziehungen und Problemlösungsprozesse einzuräumen ist. Problematisch ist jedoch die Ableitung von organisatorischen Gestaltungsmaßnahmen aus den aufgezeigten Theorien. Einen Weg für die Gestaltung der Arbeitsorganisationsebene weist McGregor, der in seiner Theorie davon ausgeht, daß das Management in seinem Führungsverhalten und der organisatorischen Gestaltung immer von einer bestimmten Theorie über die Bedeutungen und Wirkungen des Handelns geleitet wird. Dabei setzt sich

---

[1] vgl. Maslow, A.H. (1977)

McGregor kritisch mit der klassischen Organisationstheorie auseinander, der ein Menschenbild zugrunde liegt, das er als Theorie X bezeichnet.[1] Danach sei der durchschnittliche Mensch arbeitsscheu, müsse unter Strafandrohung zur Arbeit gezwungen, kontrolliert und geführt werden, möchte gerne gelenkt werden. Dem stellt McGregor in seiner Theorie Y ein "neues Menschenbild" gegenüber, das von der Integration individueller und betrieblicher Zielsetzungen in die Führungskonzeption ausgeht. Danach hat der Mensch keine angeborene Abneigung gegen die Arbeit, ist bei Identifikation mit den Zielen zu Selbstdisziplin und -kontrolle fähig, ist zur Übernahme von Verantwortung bereit und besitzt Einfallsreichtum und Kreativität.[2] Daraus leitet McGregor die Forderung ab, daß das Management durch eine entsprechende Ausgestaltung der Arbeitsorganisation und der Führung an sich den Rahmen zu schaffen hat, innerhalb dessen der Mitarbeiter seine persönlichen Ziele erreichen kann, indem er sein Arbeitsverhalten auf die Ziele des Unternehmens ausrichtet.[3] Demnach hat sich die Arbeitsorganisation an drei motivationstheoretisch begründeten Prinzipien auszurichten:[4]

- Damit sich der Mitarbeiter persönlich für einen sinnvollen Teil seiner ihm übertragenen Aufgaben verantwortlich fühlt, bedarf es der Gewährung eines gewissen Maßes an Autonomie.
- Die Erfüllung einer Aufgabe muß zu Ergebnissen führen, die über interne Belohnung motivieren oder aus anderen Motiven vom Mitarbeiter als erstrebenswert angesehen werden, was zum einen ein hohes Maß an Abgeschlossenheit der Aufgabe und zum anderen ein hohes Maß an Aufgabenvielfalt erfordert, die den Einsatz von hochbewerteten Fähigkeiten ermöglicht;
- Die Aufgabe muß so strukturiert sein, daß sie dem Mitarbeiter eine unmittelbare Rückkopplung über das erzielte Ergebnis ermöglicht.

---

1 vgl. McGregor, D. (1960), S. 33 ff.
2 vgl. McGregor, D. (1960), S. 47 ff.; McGregor, D. (1966),S.15 ff.
3 vgl. McGregor, D. (1966), S. 47 ff.
4 vgl. Hackman, J.R. (1969), S. 435-444

Im Mittelpunkt des arbeitsorganisatorischen Gestaltungsfeldes steht somit der Mitarbeiter, der als Quelle der Wertschöpfung, Problemlöser und damit als treibende Kraft im Streben nach ständiger Verbesserung zu betrachtet ist. Ziel jeder Organisationsentwicklung sollte deshalb die Schaffung eines offenen, lernorientierten Handlungsrahmens sein, der individuelles Handeln und somit Erfahrungsakkumulation zuläßt. In einem solchen Umfeld kann auch die Organisation als Ganzes ein Lernverhalten realisieren, das eine adäquate Reaktion auf Umweltveränderungen ermöglicht.[1] Deshalb wird Autonomie auf der Arbeitsorganisationsebene im wesentlichen durch die Größe und Ausgestaltung des Handlungsspielraumes der Mitarbeiter bestimmt. Dabei sollte der Handlungsspielraum so gestaltet werden, daß Mitdenken gefordert und gefördert wird. Dies bedeutet eine Abkehr von tayloristisch geprägten Formen der Arbeitsorganisation, die durch eine ausgeprägte hierarchische, funktionale und fachliche Arbeitsteilung gekennzeichnet sind sowie mit einer Beschränkung von Qualifikationsanforderungen und Handlungsspielräumen der Mitarbeiter einhergehen. Um den gestiegenen Anforderungen hinsichtlich Prozeßsicherheit, -beherrschung, Qualität und Flexibilität gerecht zu werden, bedarf es der Mobilisierung der Leistungsbereitschaft und der Bereitschaft zur Eigenverantwortung, was das Gewähren größerer Handlungsspielräume für die Mitarbeiter voraussetzt und schließlich zur Realisierung qualifikationsorientierter und ganzheitlicher Arbeitsstrukturen führt. Hierbei bieten sich für die Erweiterung des Handlungsspielraums seine zwei Dimensionen an (vgl. Abb. 3-3):[2]

- die horizontale Dimension des Tätigkeitsspielraums und
- die vertikale Dimension des Entscheidungs- und Kontrollspielraums.

Für die Ausgestaltung der beiden Dimensionen haben sich im wesentlichen die Strukturierungsprinzipien Job Rotation, Job Enlargement, Job Enrichment und teilautonome Arbeitsgruppen herauskristallisiert.[3] Unter Job Rotation wird eine Vorgehensweise verstanden, bei der innerhalb eines definierten Bereichs ein in Zeit und Reihenfol-

---

[1] vgl. Frese, E. (1991), S. 67
[2] vgl. Ulich, E. (1972), S. 266
[3] vgl. Gaugler, E./Kolb, M./Ling, B. (1977), S. 129

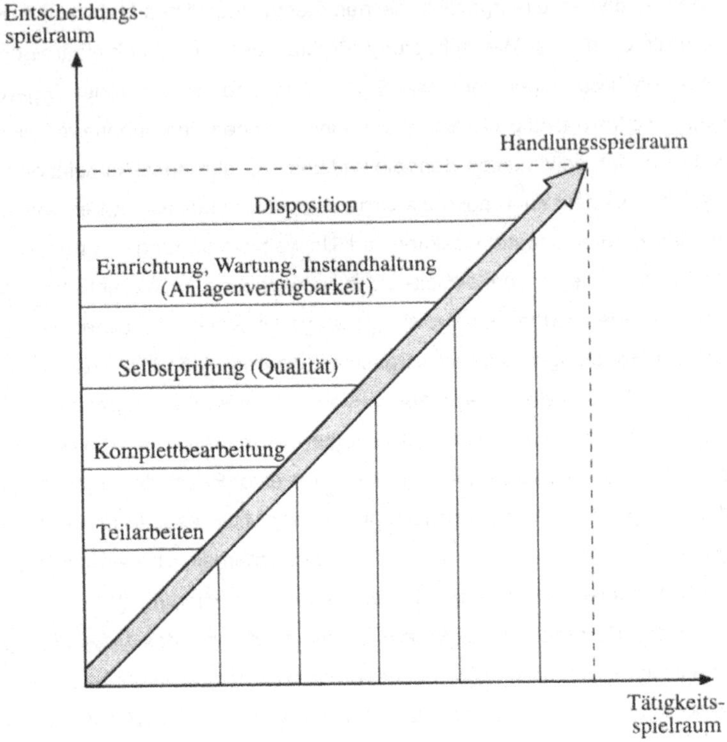

Abb. 3-3: Determinanten des Handlungsspielraums

ge selbstbestimmter oder vorgegebener Wechsel der Arbeisplätze ermöglicht wird.[1] Ziel des Job Rotation ist, einseitige Belastungen und Monotonie zu verringern, sowie aufgrund der erweiterten Einsatzmöglichkeiten des Mitarbeiters eine Steigerung des Interesses an seiner Arbeit zu fördern.[2] Beim Job Rotation wird lediglich bei dem einzelnen Mitarbeiter durch einen systematischen Wechsel des Arbeitsplatzes die individuelle Beanspruchung durch die jeweils übertragene Arbeit im Zeitablauf geändert. Die Struktur der Arbeitsteilung bleibt jedoch unverändert. Allerdings fördert ein Job Rotation über die Fachgrenzen hinweg das ganzheitliche Denken und Handeln im Netzwerk des Unternehmens. Die Forderung nach einer Erweiterung des Handlungsspielraums wird von dem Konzept des Job Rotation nicht erfüllt. Deshalb ist es als Gestaltungsprinzip der Autonomie auf Arbeitsorganisationsebene nur bedingt geeignet. Vorteile der Anwendung können sich jedoch beim Aufbau und der Erhaltung von Arbeitsgruppen ergeben, da sich zum einen durch die Multifunktionalität der Mitarbeiter die Einsatzflexibilität erhöhen und zum anderen durch die Beherrschung einer größeren Aufgabenvielfalt die Motivation steigern läßt.[3] Damit ist das Job Rotation aber als Bestandteil des Strukturierungsprinzips der teilautonomen Arbeitsgruppen zu sehen. Losgelöst von der Arbeitsorganisationsebene kommt das Job Rotation als Aus- und Weiterbildungsmethode für Führungsnachwuchskräfte im Rahmen von Traineeprogrammen zur Anwendung, womit der Förderung des ganzheitlichen Denkens Rechnung getragen werden kann.[4]

Eine Möglichkeit der Vergrößerung des Handlungsspielraums in seiner horizontalen Dimension bietet das Job Enlargement. Dabei beinhaltet Job Enlargement eine Vergrößerung des Arbeitsinhaltes durch Integration gleicher und ähnlicher Tätigkeiten oder auch durch Zusammenlegung von Stellen.[5] Als Ziele dieses Strukturierungsprinzips werden der Belastungswechsel für die Mitarbeiter und die Vermeidung eintöniger Arbeitsabfolgen angestrebt.[6] Probleme bei der Einführung von Job Enlarge-

---

[1] vgl. Ulich, E./Großkurth, P./Bruggemann, A. (1973), S. 66
[2] vgl. REFA (1985), S. 213
[3] vgl. Wächter, H. (1974), S. 90
[4] vgl. Rühl, G. (1973), S. 154
[5] vgl. Bühner, R. (1986), S. 17
[6] vgl. Rohmert, W./Weg, F.J. (1976), S. 29

ment können sich dort ergeben, wo erhöhte Kosten und zu hohe Anforderungen an die Mitarbeiter infolge längerer Anlernphasen gegeben sind.[1] Darüber hinaus findet die Erweiterung der Arbeitszyklen dort ihre Grenzen, wo die Nachteile einer Arbeitsbereicherung, hervorgerufen durch ein hohes Fehlerrisiko einer nur ungenügend beherrschten Arbeitsaufgabe, die angestrebten Vorteile wie höhere Arbeitszufriedenheit und gesteigerte Arbeitsmotivation überwiegen.[2] Desweiteren können die individuellen Fertigkeiten der Mitarbeiter eine Einführung von Job Enlargement erschweren.[3] Das Job Enlargement ermöglicht durch eine horizontale Erweiterung des Aufgabengebiets die Zusammenführung mehrerer Arbeitsschritte zu einem natürlichen, sinnvollen Aufgabenkomplex und bewirkt damit eine Verringerung der Arbeitsteilung. Durch die Anhebung des Anspruchsniveaus und den Einbau von Abwechslung in die Aufgabe wird die Monotonie am Arbeitsplatz sowie das Gefühl von Anonymität, Abhängigkeit und Ohnmacht verringert. Es ergibt sich die Möglichkeit einer stärkeren Identifikation mit dem Produkt, Kunden oder Dienstleistungsempfänger sowie eine Stärkung des persönlichen Einflusses auf das Geschehen im überschaubaren Arbeitsbereich als Voraussetzung für das persönliche Leistungs- und Erfolgserlebnis.

Eine Erweiterung des Betrachtungsfeldes erfolgt im Rahmen des Job Enrichments. Dabei beinhaltet Job Enrichment eine qualitative Erweiterung des Arbeitsinhalts und damit eine Erweiterung des Handlungsspielraums in seiner vertikalen Dimension.[4] Durch diese qualitative Bereicherung des Arbeitsinhalts sollen die Entscheidungs-, Kontroll-, Verantwortungs- und Durchführungskompetenzen des Mitarbeiters in der Fertigung erweitert werden.[5] Dies entspricht im wesentlichen der Anreicherung des Arbeitsinhaltes mit Umfeldaufgaben bzw. fertigungsnahen indirekten Funktionen. Dadurch bewirkt Job Enrichment neben einem Mehr an Abwechslung die Erhöhung der Ganzheitlichkeit der Aufgabe, die Erweiterung der Autonomie und die Verbesserung der unmittelbaren Rückkopplungsinformation sowie der Beeinflussbarkeit der Ergebnisse. Die erfolgreiche Einführung von Job Enrichment erfordert aufgrund der Zusam-

---

1 vgl. Rohmert, W./Weg, F.J. (1976), S. 29
2 vgl. Rohmert, W./Weg, F.J. (1976), S. 29
3 vgl. Rohmert, W./Weg, F.J. (1976), S. 29
4 vgl. Reisch, P. (1975), Sp. 1084
5 vgl. Rohmert, W./Weg, F.J. (1976), S. 30

menfassung strukturell verschiedener Arbeitselemente zu einem Aufgabenkomplex umfangreiche Ausbildungs- und Schulungsmaßnahmen mit dem Ziel einer Anhebung des Niveaus der Qualifikationsstruktur. Daneben wird durch die Funktionsintegration aus dem Umfeldbereich eine Neustrukturierung der fertigungsnahen Funktionen erforderlich, wobei insbesondere auf eine klare Kompetenzabgrenzung und Schnittstellengestaltung zu achten ist. Die Verlagerung von Entscheidungs- und Kontrollkompetenzen zieht ebenso führungsorganisatorische Veränderungen nach sich. So wird Job Enrichment als Anwendungsfall von kooperativem, gruppenorientierten Führungsverhalten interpretiert, da das Konzept die Bereitschaft und Fähigkeit zur teilweisen Umverteilung der hierarchischen Autorität und anderer Funktionen beinhaltet.[1]

Als umfassendes arbeitsorganisatorisches Strukturierungsprinzip kann das Konzept der teilautonomen Arbeitsgruppen angesehen werden. Es kann die bisher beschriebenen Strukturierungsprinzipien umfassen sowie größere Handlungsspielräume für die Organisationsgestaltung und den Arbeitsplatzinhaber eröffnen.[2] Eine teilautonome Arbeitsgruppe ist eine Kleingruppe im Gesamtsystem der Unternehmung, die zusammenhängende Aufgabenkomplexe eigenverantwortlich zu erfüllen hat und über vormals auf höheren hierarchischen Ebenen angesiedelte Entscheidungs- und Kontrollkompetenzen verfügt.[3] Das Konzept der teilautonomen Arbeitsgruppe ist demnach durch zwei Gestaltungsmerkmale charakterisiert. Das erste Merkmal ist die Gruppenarbeit. Unter Gruppenarbeit versteht man im Unterschied zur Einzelarbeit die Zusammenarbeit mehrerer Menschen unter einer gemeinsamen Zielsetzung, wobei die zur Erfüllung einer Aufgabe notwendigen verschiedenen Tätigkeiten unmittelbar aufeinander bezogen und zeitlich eng miteinander verknüpft sind.[4] Die Gruppenmitglieder erhalten eine ganzheitliche Arbeitsaufgabe zur Verantwortung sowie die Kompetenz, die Teilaufgaben des System selbstständig zu verteilen (Selbstkoordination) und damit die Kontrolle über die Arbeitsabläufe zu übernehmen. Die Gruppenaufga-

---

[1] vgl. Wiertz, B. (1975), S. 1742
[2] vgl. Ulich, E. (1974), S. 194; Mendner, J.H. (1975), S. 173; Alioth, A. (1983), S. 113-127
[3] vgl. Steinmann, H./Heinrich, M./Schreyögg, G. (1976), S. 40 f.
[4] vgl. Kern, H./Schumann, M. (1970), S. 118

ben sind durch zwei Dimensionen gekennzeichnet. Die arbeitsorganisatorische Dimension beinhaltet die Übernahme der Verantwortung für Qualitätssicherung, Instandhaltung, Anlagen-, Material- sowie Leistungsverantwortung und -regulierung im Sinne der Vorgabenerfüllung hinsichtlich Menge, Qualität, Termin und Kosten.[1] Die personelle, bzw. soziale Dimension weist die Vertretung der Gruppeninteressen nach außen, Fehlzeiten-, Urlaubsregelung, Personalauswahl, Ausleihungen, Qualifizierung und Arbeitsplatzeinweisung auf.[2] Hierzu kommt eine Reihe von Zusatzmerkmalen, deren Realisierung als hinreichende Voraussetzung für ein Funktionieren von Gruppenarbeit anzusehen sind:[3]

- Gestaltung einer möglichst gemeinsam durchführbaren Arbeitsaufgabe innerhalb eines inhaltlich abgegrenzten Tätigkeitsbereichs,
- Festlegung einer überschaubaren Gruppengröße unter Beachtung der Einflußparameter Kooperation, Koordination, Kreativitätspotential und Konfliktneigung,
- Gestaltung einer homogenen Qualifikationsstruktur unter Berücksichtigung von technischen, räumlichen, arbeitsorganisatorischen und kommunikativen Einflußgrößen,
- Definition eines gemeinsamen und erweiterten Verantwortungs- und Kompetenzbereichs der Gruppe,
- Rückkopplung bezüglich der vereinbarten Ziele und Zielerreichungsgrade sowie gemeinsame Zielfestlegung,
- Personalbedarfsermittlung unter Einbeziehung der integrierten indirekten Funktionen,
- systematische Qualifizierung der Gruppenmitglieder,
- geeignete Umfeldgestaltung,
- Informationsbereitstellung,

---

1 vgl. Jürgens, U./Malsch, T./Dohse, K. (1989), S. 350 f.
2 vgl. Jürgens, U./Malsch, T./Dohse, K. (1989), S 350 f.
3 vgl. Wildemann, H. (1992 a), S. 194; Hirsch-Kreimsen, H./Range, U. (1992), S. 5

- Gruppengespräche zur Lösung organisatorischer, technischer und personeller Probleme,
- Festlegung eines Gruppenkoordinators oder -sprechers,
- Entlohnungsformen, die die Gruppenarbeit fördern.

Das zweite Merkmal des Konzeptes der teilautonomen Arbeitsgruppe stellt das Ausmaß der einer Gruppe übertragenen Autonomie dar. Dabei verweist der Begriff Teilautonomie darauf, daß Gruppen als Subsystem eines Systems verstanden werden, also in ihrer Autonomie durch die Rahmenbedingungen dieses Systems begrenzt sind. Im wesentlichen können zwei Determinanten des Autonomiegrades teilautonomer Gruppen unterschieden werden. Zum einen lassen sich verschiedenen Bereiche von autonomen Rechten unterscheiden, die aus funktionalen Gründen auf unterschiedlichen Entscheidungsniveaus anzusiedeln sind und sich teilweise überlappen.[1] So sind folgende Autonomiebereiche mit aufsteigendem Entscheidungsniveau denkbar:[2]

- Autonome Gruppenrechte innerhalb des vorgegebenen Arbeitssystems,
- Autonomie in Personalfragen,
- Autonomie hinsichtlich der Gestaltung des Arbeitssystems,
- Autonomie hinsichtlich der Produkte,
- Autonomie hinsichtlich gesamtbetrieblicher Fragen.

Als zweite Determinante des Autonomiegrades teilautonomer Gruppen ist der Autonomieumfang zu nennen, der sich danach bestimmt, welche Grenzen der Ausübung der Autonomie der teilautonomen Arbeitsgruppe gesetzt sind.[3] Dabei ist zwischen Stufen der Autonomie (völlige Autonomie, Vetorecht, Mitbestimmungsrecht, Vorschlagsrecht, Informationsrecht), dem Zeithorizont für die autonome Planung und Entscheidung der Gruppe sowie Zahl und Inhalt von Entscheidungsalternativen zu

---

1 vgl. Rohmert, W./Weg, F.J. (1976), S. 55
2 vgl. Rohmert, W./Weg, F.J. (1976), S. 55
3 vgl. Rohmert, W./Weg, F.J. (1976), S. 58

unterscheiden:[1] Je größer das Ausmaß der einer Gruppe übertragenen Autonomie ist, desto stärker sind die Auswirkungen auf die Organisationsstruktur insgesamt sowie auf die Ausgestaltungsformen von vertikalen und horizontalen Beziehungen. Insbesondere werden führungsorganisatorische Veränderungen notwendig, um den Konstruktionsprinzipien teilautonomer Arbeitsgruppen gerecht zu werden. So ergeben sich aufgrund der Teilautonomie Möglichkeiten zur Abflachung hierarchischer Strukturen, wobei sich ebenso die Erwartungen an das Führungsverhalten verändern. Stand bisher ein rigides Kontrollsystem im Vordergrund, das seinen Schwerpunkt auf das Sammeln detaillierter Informationen unpersönlicher Art über das Verhalten und die Leistung der Gruppenmitglieder und der Gruppe insgesamt sowie über einzelne Arbeitsplätze legte, mit dem Ziel, bei Veränderungen von außen einzugreifen, so fordert das Konzept der Teilautonomie vom Mangagement die Rahmenbedingungen zu schaffen und die Informationen bereitzustellen, die für die Gruppe notwendig sind, um ihre Prozesse eigenständig zu steuern. Dazu gehört auch die Bereitstellung der benötigten Ressourcen, Befriedigung des Qualifikationsbedarfs, strukturelle Einbettung in die Gesamtorganisation sowie Hilfestellung und Unterstützung bei der Lösung von gruppeninternen Problemen.[2] Als wesentliche Zielaspekte des Konzepts der teilautonomen Arbeitsgruppe sind Selbstverwirklichung und Persönlichkeitsentfaltung durch kommunikative Selbstbestimmung, Interessenvertretung des Einzelnen und kooperative Problemlösung zu nennen.[3] Um das Motivationspotential auszuschöpfen, ist eine Strategie der Identifikation aller Gruppenmitglieder mit den Unternehmenszielen erforderlich, die die Teilautonomie durch systematische Eingrenzung der Handlungsorientierung zu kanalisieren versucht. Daraus erwächst für das Management die Aufgabe, durch Initiierung, Steuerung und Organisation von Lernprozessen eine permanente Organisationsentwicklung zu betreiben und die Leistungspotentiale zu heben. Gruppenorientierte Arbeitsstrukturierung geht einher mit einer Funktionsbündelung am Arbeitsplatz, die den qualifizierten Facharbeiter vor Ort verlangt. Somit ergibt sich die Notwendigkeit der Erhöhung der sachbezogenen Qualifikation, die im Extremfall so weit geht, daß jedes Gruppenmitglied so multifunktional

---

1 vgl. Rohmert, W./Weg, F.J. (1976), S. 58
2 vgl. Manz, C.C./Sims, H.P. (1982), S. 773-784
3 vgl. Ulich, E. (1973), S. 356

ausgebildet ist, daß es jede von der Gruppe zu erfüllende Aufgabe zu leisten imstande ist. Hierzu treten zusätzliche Qualifikationen, die sich auf das Problemlösungsverhalten und die soziale Kompetenz beziehen, wobei die soziale Kompetenz auch die Konfliktfähigkeit miteinbezieht, da die Gruppe auftretende interpersonale und intrapersonale Probleme selber zu bewältigen hat.[1] Aus der veränderten Organisationsstruktur und den aufgrund der zugestandenen Teilautonomie geforderten Verhaltensänderungen resultieren Veränderungen des Entlohnungssystems. Grundlage der Entlohnung ist nicht länger die Einzelleistung, sondern vielmehr die Leistung der Gruppe, weshalb ein individueller Leistungslohn und eine differenzierte Einstufung in Lohngruppen mit den Strukturen der Gruppenarbeit wenig vereinbar erscheinen. Vielmehr sind positive Kooperationsbeziehungen innerhalb der Gruppe, wie gegenseitiges Aushelfen, gemeinsame Bewältigung von Problemen und Ausgleich von Leistungsdefiziten, zu fördern sowie individualistische Arbeitsorientierung und Konkurrenzdenken zu verhindern. Darüber hinaus wird wegen der zunehmenden Bedeutung der Qualifikation eine qualifikationsorientierte Differenzierung des Entgeldes zwischen einzelnen Gruppenmitgliedern angestrebt, um Anreize für eine Höherqualifizierung zu bieten, die Voraussetzung insbesondere für die Erhöhung der Flexibilität der Organisation ist.[2] Somit zeigt sich, daß die wesentlichen Gestaltungsparameter der Autonomie auf arbeitsorganisatorischer Ebene die Gruppenorganisation, Qualifikation und die Entlohnung sind, die durch führungsorganisatorische Maßnahmen zu flankieren sind, wobei deren situative Ausgestaltung im Gesamtgefüge des Autonomiemodells näher zu beleuchten ist.

Insgesamt ist zu konstatieren, daß zwischen den drei zu betrachtenden Ebenen der Autonomie Interdependenzen bestehen. Autonomie ist somit rekursiv und erfordert die durchgängige Ausgestaltung und Koordinierung auf allen Betrachtungsebenen. Trotzdem erlaubt das Ebenenmodell der Autonomie eine systematische Analyse der jeweiligen Gestaltungsparameter und Einordnung der Strukturierungsprinzipien. Den Kristallisationspunkt bildet die Betriebsebene, in dessen Mittelpunkt das Konzept der Fertigungssegmentierung steht. Im Vordergund dieses Konzepts steht eine Reduzie-

---

[1] vgl. Huczynski, A.A. (1985), S. 111-118
[2] vgl. Bühner, R. (1986a), S. 78 ff.

rung der Komplexität durch eine durchgängige produktorientierte Strukturierung der Fertigung. Die daraus resultierenden autonomen "kleinen Einheiten" stehen unter der Maxime der Kundenorientierung und werden nach marktwirtschaftlichen Gesichtspunkten geführt. Das erforderliche unternehmerische Denken und Handeln über alle Hierarchiestufen bedingt die Schaffung von Freiräumen und somit die Gewährung von Autonomie. Dies bedeutet die Abkehr von der der wissenschaftlichen Betriebsführung von Taylor inhärenten These von der Determiniertheit der Unternehmen und den traditionellen Prinzipien der Arbeitsteilung. In Abhängigkeit von der den auf Betriebsebene angesiedelten Fertigungssegmenten zugestandenen Autonomie ergeben sich unterschiedliche Ausprägungsformen der Segmente, aber auch unterschiedliche Auswirkungen auf die Unternehmensebene und Arbeitsorganisationsebene. Für die Unternehmensebene bedeutet die Autonomisierung von organisatorischen Einheiten die Entbindung der Unternehmensleitung von operativen Tätigkeiten und gibt ihr die Möglichkeit zu einer verstärkten Konzentration auf die strategische Planung, wobei sich die strategische Unternehmensführung somit vor allem auf den Ausgleich von Kreativität und Freiheit der Segmente mit der Finanzstärke und Ressourcenbündelung im Verbund erstreckt.[1] Um die mit der aus der Fertigungssegmentierung resultierende Strukturveränderung angestrebten ökonomischen Wirkungen zu erzielen, bedarf es der Korrespondenz mit den entsprechenden Verhaltensänderungen der Mitarbeiter.[2] Deshalb besteht die Notwendigkeit, die auf der Betriebsebene eingeräumte Autonomie in die auf der Arbeitsorganisationsebene geltenden Strukturierungsprinzipien und Gestaltungsparameter einfließen zu lassen. Damit zeigt sich, daß das Konzept der Fertigungssegmentierung mit dem ihm inhärenten Merkmal der Autonomie als ein ganzheitliches Konzept zur Schaffung wettbewerbsfähiger Organisationsstrukturen aufzufassen ist. Deshalb gilt das Hauptaugenmerk im Fortgang der Untersuchung der Analyse der Determinanten der Autonomie von Fertigungssegmenten.

---

[1] vgl. Bühner, R. (1986d), S. 11
[2] vgl. Wildemann, H. (1992 a), S. 7

3.3. Autonomiegrad von Fertigungssegmenten

3.3.1. Autonomie als Gestaltungsparameter von Fertigungssegmenten

Im Rahmen der Fertigungssegmentierung gilt es vor allem die Autonomie in Organisationen zu diskutieren. Dabei geht es um die Operationalisierung des föderalistischen Prinzips, das bereits Sloan bei General Motors zu realisieren versuchte und auf zwei Prinzipien beruhte:[1]

- Übertragung aller notwendigen Funktionen auf die organisatorischen Einheiten, so daß diese in voller Eigeninitiative das Geschäft weiterentwickeln können, wobei die Verantwortung des jeweiligen Geschäftsleiters nicht eingeschränkt werden darf,
- Beibehaltung zentraler Funktionen, die für die Führung und Entwicklung des Gesamtunternehmens notwendig sind und eine geeignete Kontrolle sicherstellen.

Den gleichen Weg beschreitet Drucker, wenn er fordert, daß die Unternehmung in eine Anzahl autonomer Geschäfte aufzuteilen ist, von denen jedes in eigener Leistung einen eigenständigen Beitrag mit eigenen Resultaten zu erbringen hat.[2] Somit erfordert das föderalistische Prinzip die Schaffung lebensfähiger Teileinheiten nach dem Prinzip der Zellteilung, das im Gegensatz zum herkömmlichen Grundsatz der Funktionsteilung steht.[3] Dabei wird die Auflösung des Widerspruchs zwischen autonom agierenden dezentralen Einheiten und zentral organisierten Funktionen zur Sicherung der unternehmerischen Gesamtentwicklung zur eigentlichen organisatorischen Aufgabe. Zentralisation und Dezentralisation ist somit nicht eindimensional zu betrachten, sondern als variable Größe, die in Abhängigkeit von der Umwelt und der internen Konstellation im

[1] vgl. Sloan, A.P. (1964), S. 53
[2] vgl. Drucker, P. (1973), S. 572
[3] vgl. Schmidheiny, St. (1986), S. 99 ff.

Unternehmensnetzwerk steht. Gleichzeitig wird der Autonomiegrad zum organisatorischen Gestaltungsparameter. Autonomie wird im Zusammenhang mit der Fertigungssegmentierung im Sinne von Unabhängigkeit und Selbständigkeit von Unternehmensteilbereichen sowie deren Fähigkeit zur Selbstorganisation gebraucht, der sich situativ durch die Ausgestaltung von Indikatoren bestimmen läßt. Autonomie können Fertigungssegmente durch die Übertragung ganzheitlicher abgeschlossener Aufgabenkomplexe, durch fachlich qualifizierte Mitarbeiter, durch das Vorhalten der zur Aufgabendurchführung notwendigen Ressourcen sowie durch einen erweiterten Verantwortungsspielraum für die Planung und Steuerung der übertragenen Aufgabe erlangen. Die damit verbundene Dezentralisierung bedeutet hierbei, daß gleichartige Tätigkeiten nach Produkten getrennt für oder im Fertigungssegment durchgeführt werden.[1] Als Prämisse für die Autonomie von Fertigungssegmenten gilt somit das Kongruenzprinzip, also die Übereinstimmung von

- Aufgabe als zu erfüllendes Handlungsziel,[2]
- Kompetenz als die Zuständigkeit und das Recht, alle zur Erfüllung einer bestimmten Aufgabe oder Funktion notwendigen Anordnungen zu treffen[3] und
- Verantwortung als die Pflicht zur Vermeidung von Fehlern[4],

da infolgedessen erst aufgabenadäquate Entscheidungen zum eigentlichen Handlungsträger delegiert werden. Hierbei ist dem Grundsatz der Kongruenz von Aufgabe, Kompetenz und Verantwortung das Prinzip der Beeinflußbarkeit inhärent, da die Übernahme von Verantwortung die Zurechenbarkeit von Erfolgen und Mißerfolgen erfordert, was wiederum voraussetzt, daß Erfolg oder Miß-

1 vgl. Kosiol, E. (1976), S. 81 f.
2 vgl. Hoffmann, F. (1980), S. 200
3 vgl. Ulrich, H. (1949), S. 129
4 vgl. Luhmann, N. (1976), S. 184.

erfolg im jeweiligen Einflußbereich des Verantwortungsträgers liegen. Folglich ergeben sich drei Determinanten des Autonomiegrades von Fertigungssegmenten (vgl. Abb. 3-4):[1]

- Integrationsgrad, d.h. Umfang der Materialflußstrecke innerhalb des Segments;
- Grad der Funktionsintegration, d.h. Umfang und Ausgestaltung (räumlich-funktionale, räumlich-disziplinarische Integration, vertragliche Gestaltung, Leistungsabrechnung, Service-Bereiche) der übertragenen indirekten Funktionen;
- Grad der Informationsintegration, d.h. Gestaltung der Kommunikations- und Informationsstrukturen im Sinne durchgängiger prozeßorientierter Abwicklungsketten.

3.3.2. Determination des Autonomiegrades von Fertigungssegmenten

3.3.2.1. Integrationsgrad der logistischen Kette

Zentralisierte bzw. verrichtungsorientierte Organisationen sind durch eine starke Zergliederung des Produktionsprozesses, die mit einer Vielzahl von Schnittstellen einhergeht, gekennzeichnet. Dies bewirkt im Regelfall häufige Lieferzeitüberschreitungen, Liegezeitanteile von über 90 % sowohl in der Fertigung als auch in der Verwaltung, viele Engpässe, schwer koordinierbare Schnittstellen, häufige Werkstattwechsel, nicht kompatible Programme, lange Reaktionszeiten bei Produktinnovation sowie bei Mengen- und Zeitänderungen und nicht zuletzt Motivationsverluste bei den Mitarbeitern.[2] Lange Material- und Informationsdurchlaufzeiten sowie schlechte Verfolgbarkeit von Material und Information bergen aber die Gefahr zur Systeminstabilität und zu starken, sich selbst ver-

---

[1] vgl. Wildemann, H. (1992 a), S. 143
[2] vgl. Tress, D.W. (1986), S. 182

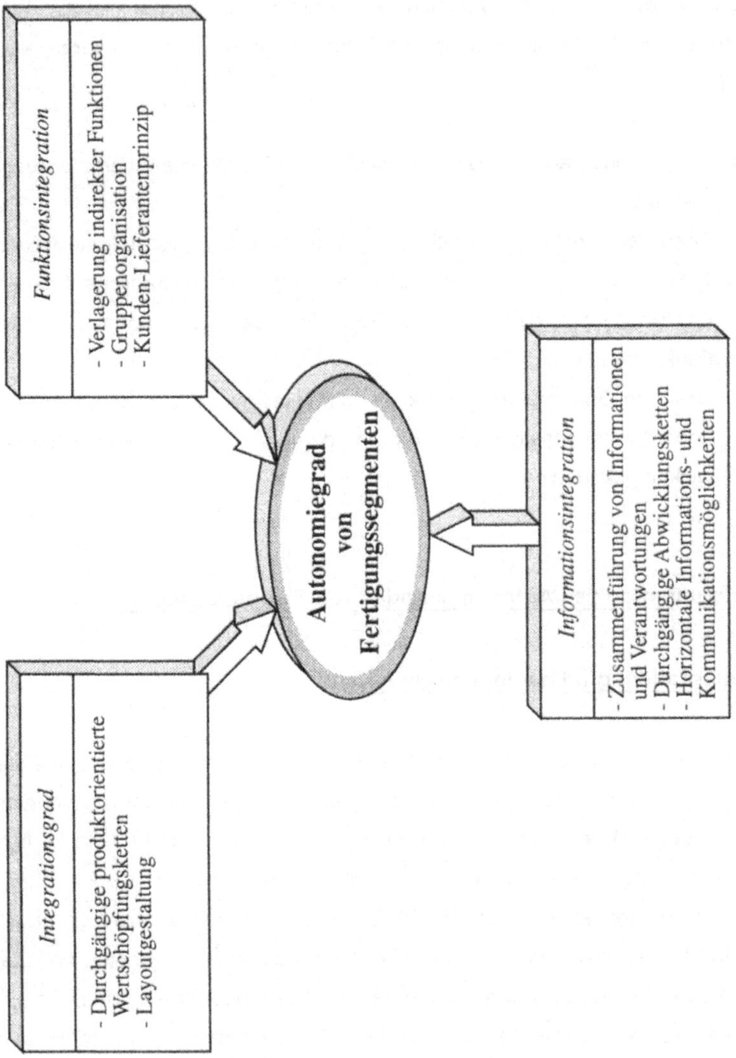

Abb. 3-4: Determinanten des Autonomiegrades

stärkenden Schwankungen in sich. Im Vordergrund der Fertigungssegmentierung steht deshalb nicht die Verrichtungsorientierung, sondern die Objektorientierung.[1] Ziel ist es, durch Entflechtung der Kapazitäten möglichst nach dem Fließprinzip gestaltete produktorientierte Einheiten zu schaffen.[2] Die flußorientierte Gestaltung der Wertschöpfungsketten erfordert die ganzheitliche Betrachtung des gesamten Umfangs der Materialflußstrecke von Wareneingang über die Fertigung bis hin zum Versand und führt zu einer Ausrichtung der Wertschöpfungsaktivitäten auf die unternehmerische Marktleistung (vgl Abb. 3-5). Die flußorientierte Gestaltung der Wertschöpfungsketten beinhaltet eine organisatorische sowie eine technologische Komponente. Der organisatorische Ansatzpunkt zielt auf die weitestgehende Integration der Teilbereiche der logistischen Kette von Wareneingang über Vorfertigung, Montage, Prüfung bis zum Versand ab. Im Vordergrund steht dabei nicht mehr die Erzielung von Synergie- und Wirtschaftlichkeitsvorteilen durch Spezialisierung auf Funktionsebene, sondern die Erzielung einer neuen Art von Synergie auf Produktebene durch ganzheitliche Arbeitsaufgaben, Autonomie und Verantwortung, die eine Prozeßorientierung zulassen und damit jegliche Art von Verschwendung im Sinne nicht wertschöpfender Tätigkeiten vermeidet. Die technologischen Ansatzpunkte zur Realisierung des Fließprinzips zielen auf die Beseitigung von innerbetrieblichen Leistungsverflechtungen und Ressourceninterdependenzen. Innerbetriebliche Leistungsverflechtungen resultieren aus der Abhängigkeit von Teilleistungen eines anderen Bereichs, die zur Gesamtleistungserstellung des Segments notwendig sind, während Ressourceninterdependenzen den Zugriff mehrerer Segmente auf eine nur einmal vorhandene Ressource beinhaltet.[3] Die Existenz von Interdependenzen bedingt die Notwendigkeit zur Koordination, vor allem, wenn es sich um vor- oder nachgelagerte, nach dem Werkstattprinzip organisierte Bereiche handelt, und schränkt zwangsläufig die Autonomie der einzelnen Segmente ein. Als Gestaltungsprinzipien der technologischen Komponente kommen deshalb die räumliche Konzentration der Betriebsmittel mit variablem

[1] vgl. Wildemann, H. (1992 a), S. 66
[2] vgl. Wildemann, H. (1992 a), S. 66
[3] vgl. Frese, E. (1988), S. 237

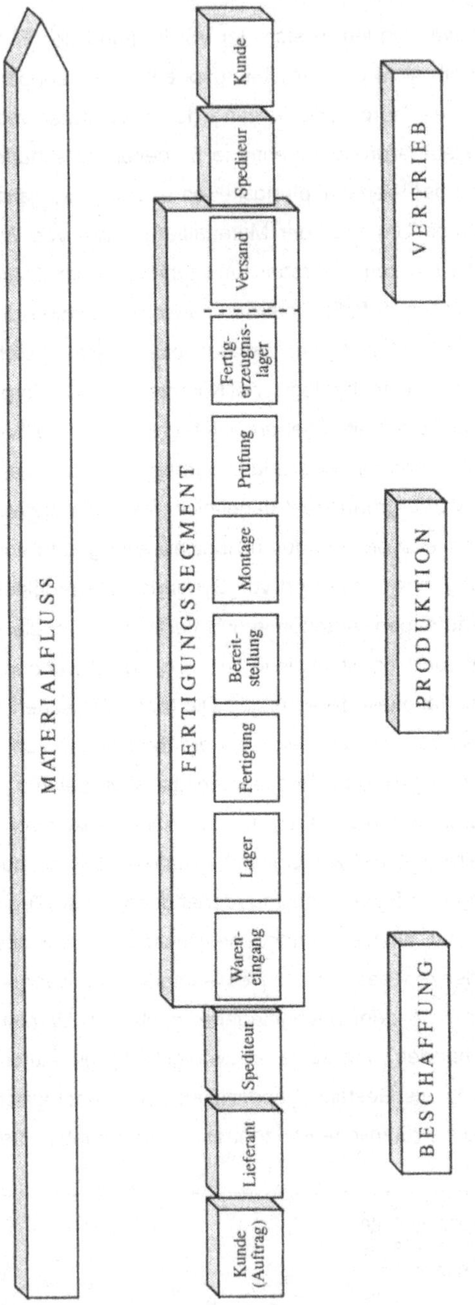

Abb. 3-5: Ganzheitliche Betrachtung des Umfangs der Materialflußstrecke

Layout, die Komplettbearbeitung von Teilen und Baugruppen sowie das Prinzip der kleinen Kapazitätsquerschnitte zur Anwendung. Um diesen Prinzipien gerecht zu werden, empfiehlt sich ein modularer Aufbau der Kapazitäten. Dabei stehen die Alternativen hochflexible Betriebsmittel, mit denen mehrere Arbeitsgänge in einer Aufspannung ausgeführt werden können oder Spezialanlagen mit kleinen Kapazitätsquerschnitten zur Verfügung.[1]

Hinter dem Prinzip der kleinen Kapazitätsquerschnitte steht die dem Fließprinzip inhärente Forderung nach der Harmonisierung der Kapazitäten. Dabei soll durch eine Kapazitätsharmonisierung das Kapazitätsangebot der zur Leistungsdarstellung verfügbaren Kapazitätseinheiten so mit der Kapazitätsnachfrage abgestimmt werden, daß möglichst gleichmäßige Kapazitätsauslastungsgrade erzielt, permanente Koordinationsengpässe beseitigt und dadurch die Durchlauf-zeiten und der Koordinationsaufwand reduziert werden können.[2] Der technischen Realisierbarkeit von kleinen Kapazitätsquerschnitten sind vor allem in der Verfahrenstechnik aufgrund von Unteilbarkeiten von Kapazitäten Grenzen gesetzt. Zum anderen können wirtschaftliche Gründe wie kapitalintensive Querschnitts- bzw. Schlüsseltechnologien, Auslastungsgesichtspunkte und Synergieverluste eine Rolle spielen. Deshalb sind Interdependenzen im Regelfall kurzfristig nicht zu vermeiden. Die Zuordnung der Kapazitäten soll zu einer kostenoptimalen Struktur führen, wobei Größen wie Koordinationsbedarf und Flexibilitätseinbußen ebenso Berücksichtigung finden müssen. Dieser Konflikt kann gelöst werden, indem dem Segment anstatt der Komplettbearbeitung die Komplettverantwortung übertragen wird. Die Komplettverantwortung umfaßt die Zuständigkeit für Aufgaben innerhalb des Segments und die terminliche Verantwortlichkeit für alle Arbeitsgänge, die zur vollständigen Bearbeitung eines Produktes notwendig sind. [3] Somit ergeben sich in Bezug auf den Integrationsgrad im Hinblick auf die Autonomie folgende Abstufungen:

---

1 vgl. Wildemann, H. (1992 a), S. 115
2 vgl. Warnecke, H.-J./Fuchs, R.-M. (1989), S. 53
3 vgl. Auch, M. (1989), S. 14

- Autonomie des Segments bezüglich aller Stufen der Materialflußstrecke bzw. Leistungsprozesse, die zur Herstellung des Produkts notwendig sind;
- horizontale Selbstabstimmung zwischen Segmenten und nicht integrierten Bereichen durch Einrichtung selbststeuernder Regelkreise;
- zentrale Koordination.

Dabei korrespondiert der Integrationsgrad mit dem Grad der Beeinflußbarkeit von Gesamtleistung und -ergebnis, wobei mit zunehmendem Integrationsgrad der Grad der Beeinflußbarkeit zunimmt (vgl. Abb. 3-6). Unternehmerisches Handeln erfordert einen hohen Beeinflußbarkeitsgrad hinsichtlich der Leistungserstellung, womit niedrige Integrationsgrade die Möglichkeiten des unternehmerischen Handelns begrenzen, was durch Instrumente wie der horizontalen Selbstabstimmung und am Markt orientierter Verrechnungspreise nur partiell gemildert werden kann.

3.3.2.2. Funktionsintegration

Die indirekten Bereiche haben in den letzten Jahren in den meisten Unternehmen stark an Bedeutung gewonnen. Dies dokumentiert sich vor allem bei näherer Betrachtung des Personalkostenvolumens der indirekten Bereiche. Betrug im Jahre 1960 das Mitarbeiterverhältnis Indirekte/Direkte Beschäftigte etwa 1:2, so hat sich heute dieses Verhältnis zugunsten der Indirekten beinahe umgekehrt.[1] Vergleicht man die Gemeinkostenentwicklung im Verhältnis zur Gesamtkostenentwicklung, so ist eine Verdoppelung des Gemeinkostenanteils auf nahezu 60% der Gesamtkosten festzustellen.[2] Diese überproportionale Zunahme indirekter Tätigkeiten ist Ausdruck der in der Vergangenheit vorherrschenden Produktivitätsorientierung. Diese Strategie legte ihren Fokus auf die Erhöhung der Produktivität des einzelnen Arbeitsplatzes durch effiziente Arbeitsteilung mit dem Ziel einer Automatisierung. Dies ergab zwangsläufig eine starke Trennung zwischen indirekten und direkten Bereichen, wo-

[1] vgl. Wildemann, H. (1992 a), S. 147
[2] vgl. Grob, R./Haffner, H. (1990), S. 303

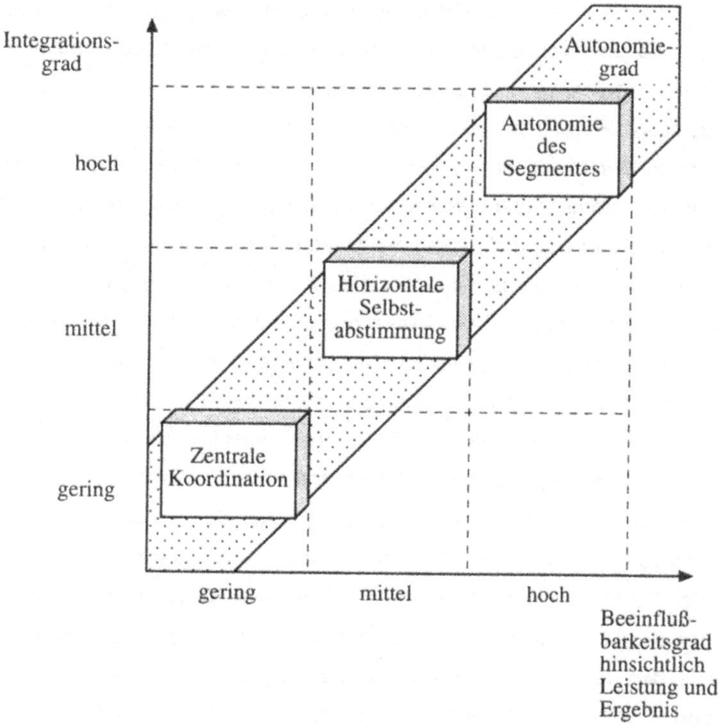

Abb. 3-6: Zusammenhang zwischen Autonomiegrad und Integrationsgrad

bei sich innerhalb dieser Bereiche wiederum eine ausgeprägte Zentralisation und Verselbständigung von planenden, steuernden, kontrollierenden und ausführenden Funktionen entwickelte. Die daraus resultierende überproportionale Zunahme von Schnittstellen, Hierarchieaufbau, Bereichsegoismen, unklaren Kompetenzverteilungen, langen Durchlaufzeiten wirken sich vor dem Hintergrund der heute geltenden Wettbewerbsanforderungen negativ auf die Wettbewerbsfähigkeit aus. Hinzu kommt, daß circa 90% der Gesamtkosten im indirekten Bereich festgelegt werden, d. h. eine geringe Kostenbeeinflußbarkeit im kurzfristigen Bereich in der Produktion festzustellen ist.[1] Darüber hinaus gehen Kosten des indirekten Bereichs in der Regel in den Gemeinkostenblock ein und werden über Umlageschlüssel verrechnet, worunter sowohl die Kostentransparenz als auch der Kostenbeeinflussungsgrad negativ beeinflußt wird. Gerade aber die mit der Fertigungssegmentierung angestrebte Einführung des Cost-Center-Prinzips verlangt die Kongruenz von Kostenentstehungsverantwortung und Leistungserstellungsverantwortung. Dies bedingt zum einen eine strikte Trennung von beeinflußbaren und damit leistungswirksamen Kosten und nicht beeinflußbaren Kosten sowie zum anderen strukturelle Organisationsmaßnahmen mit dem Ziel, den Kostenbeeinflußungsgrad zu erhöhen. Zur Erhöhung der Kostenbeeinflußbarkeit in den Segmenten ist eine Erhöhung des Autonomiegrades und somit eine Integration von indirekten Funktionen in die Segmente anzustreben. Dabei handelt es sich nicht nur um die reine Übertragung von Funktionen in die Segmente, sondern es entstehen durch Funktionsbündelung und -neugestaltung prozeßorientierte, ganzheitliche Aufgabeninhalte. Dadurch wird unternehmerisches Denken in marktgerichteten Prozeßzusammenhängen initiiert.[2] Darüber hinaus unterstützt die weitgehende Integration von indirekten Funktionen in die Segmente folgende Ziele:

- Zusammenführung von Aufgabe, Kompetenz und Verantwortung,
- ganzheitliche Tätigkeitsstrukturen,
- Abbau von Hierarchieebenen,
- Verkürzung der Entscheidungswege und damit Erhöhung der Reaktionsfähigkeit,

---

1 vgl. Vajna, S. (1991), S. 57
2 vgl. Bühner, R. (1986b), S. 392

- Reduzierung von Schnittstellen,
- Beschleunigung und Synchronisation von Informations- und Materialfluß,
- Erhöhung der Kostentransparenz,
- Erhöhung der Motivation der Mitarbeiter,
- Förderung des "Unternehmergeistes".

Die Identifikation von Integrationsfeldern und Integrationspfaden erfordert eine systematische Analyse aller indirekten Bereiche. Hierzu werden zwei Kriterien herangezogen. Zum einen können indirekte Funktionen bezüglich ihres "zeitlichen" Bezuges zum Wertschöpfungsprozeß differenziert werden, weshalb zwischen übergeordneten indirekten Funktionen, vorgelagerten indirekten Funktinen, fertigungsbegleitenden indirekten Funktionen und nachgelagerten indirekten Funktionen unterschieden wird; darüber hinaus muß vor dem Hintergrund der Schlüsselgröße unternehmerischer Verantwortung eine Differenzierung der indirekten Funktionen bezüglich ihres Einflusses auf das Kerngeschäft vorgenommen werden (vgl. Abb. 3-7). Als Integrationsfelder sind in einem ersten Schritt diejenigen indirekten Funktionen auszuwählen, von denen unmittelbare Auswirkungen auf das Kerngeschäft des Segments zu erwarten sind. Hinsichtlich der Integrationsarten ist zwischen einer organisatorischen und personellen Integration zu unterscheiden. Die personelle Integration beinhaltet die Übertragung von Tätigkeiten aus indirekten Bereichen auf Mitarbeiter im Fertigungsbereich. Dies ist im Regelfall verbunden mit Maßnahmen zur Arbeitsstrukturierung und entsprechenden Auswirkungen auf der Arbeitsorganisationsebene. Die organisatorische Integration führt zur vollständigen Neugestaltung gesamter Funktionen mit neuen ablauforganisatorischen Regelungen. Grundsätzlich führt die Integration indirekter Funktionen zu einer Neuverteilung bzw. -gestaltung von Aufgaben- und Verantwortungsbereichen, wobei es das Kongruenzprinzip, Subsidiaritäts- und Relevanzprinzip zu beachten gilt. Das Kongruenzprinzip verlangt die Deckungsgleichheit von Aufgabe, Kompetenz und Verantwortung, was bedeutet, daß ein Stelleninhaber nur dann zur Verantwortung gezogen werden kann, wenn er über entsprechende Einwirkungsrechte verfügt, die auf die Aufgabe abgestimmt sind, damit Ziele für ein kompetentes

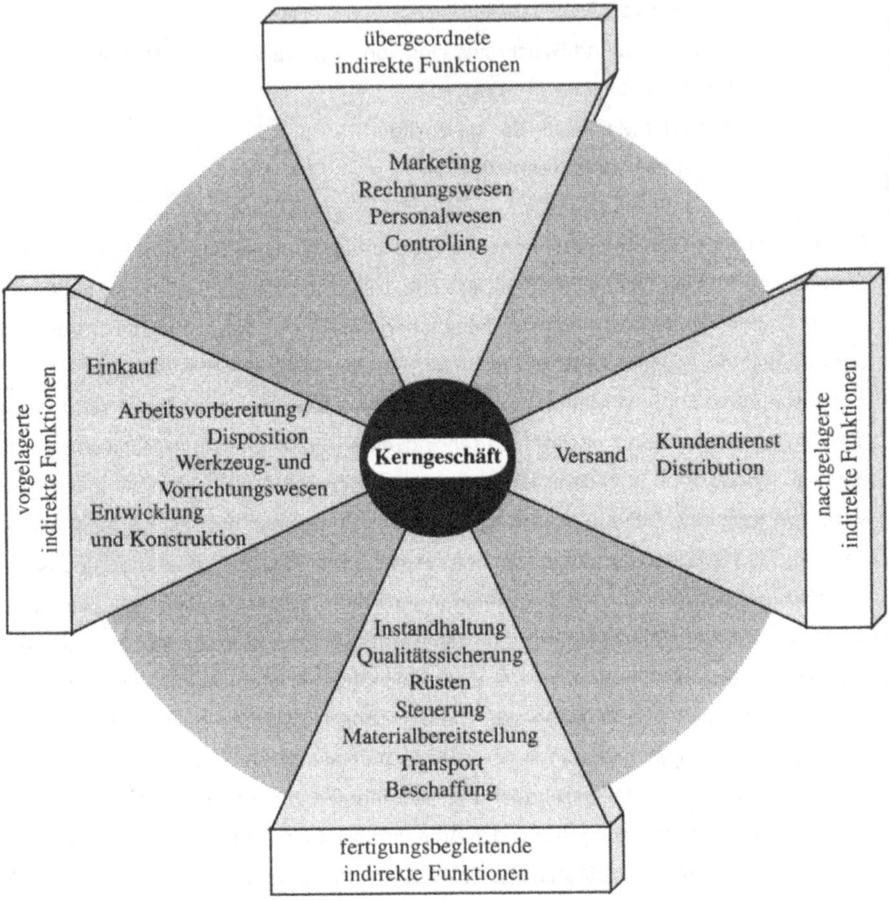

Abb. 3-7: Systematik indirekter Funktionen

und verantwortliches Handeln vorliegen.[1] Das Subsidiaritätsprinzip besagt, Aufgaben jeweils der niedrigsten Ebene bzw. Delegationsempfänger zuzuordnen, die noch zur Erfüllung in der Lage sind.[2] Danach darf grundsätzlich eine höhere Ebene in eine Organisationshierarchie der nachgeordneten Ebene nicht eine Aufgabe, Zuständigkeit oder entsprechende Verantwortungsumfänge mit der Begründung wegnehmen, daß sie aufgrund ihrer Position automatisch weitsichtiger und für die Aufgaben besser geeignet ist.[3] Übergeordnete Ebenen sollen nur noch in Ausnahmefällen eingreifen und sind beweispflichtig, wenn Aufgaben, Kompetenzen oder Verantwortungsumfänge rezentralisiert werden sollen. Nach dem Relevanzprinzip soll die Aufgabenverteilung so vorgenommen werden, daß beim Stelleninhaber der Eindruck entsteht, einen relativ bedeutsamen, gesamthaften Aufgabenumfang zu leisten, um damit eine zentrale Vorbedingung einer leistungsstimulierenden Motivation zu schaffen.[4] Die Integration indirekter Funktionen unter Berücksichtigung der drei Organisationsprinzipien führt zu einer Reduzierung von vertikaler und horizontaler Arbeitsteilung im Sinne einer Bündelung von planenden, steuernden, ausführenden, administrativen und kontrollierenden Funktionen zu ganzheitlichen Aufgabeninhalten. Vor dem Hintergrund der Autonomie von Fertigungssegmenten ist die Beeinflußbarkeit von Kosten und Leistung von zentraler Bedeutung. Dies macht neben der Integration eine Neuregelung der Arbeitsabläufe, die auf der Basis einer kritischen Analyse der operationalen Zusammenhänge erfolgt, notwendig, wobei als Leitmotiv die Prozeßorientierung dient, der die Erkenntnis zugrunde liegt, daß nur durch bereichsübergreifende Maßnahmen und die Verantwortungsübertragung für einen gesamtheitlichen Prozeß dessen Gestaltung und Effizienz beeinflußt werden kann.[5]

---

1 vgl. Ulrich, H. (1949), S. 113 ff.
2 vgl. Seidel, E./ Jung, R.H./ Redel, W. (1988), S. 156 ff.
3 vgl. Schuhmacher, E. F. (1983), S. 220
4 vgl. Steinle, C. (1978), S. 89 ff.
5 vgl. Striening, H.-D. (1988), S. 166

3.3.2.3. Informationsintegration

Die Reorganisation im Sinne der Fertigungssegmentierung zielt auf eine flußgerechte Gestaltung sowie kundenorientierte Ausrichtung der Wertschöpfungskette ab. Hierbei beinhaltet die Wertschöpfungskette das Kerngeschäft des Unternehmens und umfaßt diejenigen Leistungsprozesse, deren Produkte die Kompetenz des Unternehmens am Markt ausmacht. Entsprechend den Organisationsgrundsätzen

- Übertragung der Komplettverantwortung für ein nachvollziehbares Ergebnis im Rahmen der Wertschöpfungskette,
- ganzheitliche Vorgangsbearbeitung,
- objektorientierte Strukturierung von Aufgaben, Kompetenz und Verantwortung

erfordert das Prinzip der Kundenorientierung ebenso die Einbeziehung und Neugestaltung aller kerngeschäftsrelevanten indirekten Funktionen sowie Informations- und Entscheidungsprozesse. Dies führt zu einer prozessorientierten Strukturierung von Aufbau- und Ablauforganisation, indem Aufgabe, Kompetenz und Verantwortung so zusammengeführt werden, daß ein Geschäftsvorfall oder eine kerngeschäftsrelevante Leistungsprozesskette durch einen Entscheidungsträger oder ein Segment erfolgswirksam beherrscht und gesteuert werden kann. Grundlage für die erfolgswirksame Steuerung von Leistungsprozessen sind situations- und entscheidungsrelevante Informationen. Deshalb bedingt die Delegation von ganzheitlichen Aufgabenkomplexen auch die Delegation von Transparenz über informatorische Zusammenhänge. Da unternehmerischer Erfolg im wesentlichen von Informationsvorsprüngen und deren schneller Umsetzung in Kundennutzen abhängt, wird Information zum Wettbewerbsfaktor und ihre Integration zur Voraussetzung einer auf einem hohen Autonomiegrad basierenden Organisation. Die angestrebte autonome Arbeitsweise der Segmente wird deshalb neben dem Integrationsgrad der Materialflußstrecke und der Funktionsintegration ebenso von der Informationsintegration bestimmt. Wesentlich sind hierbei eine hohe Informationsverfügbarkeit und eine kurze Informationsdurchlaufzeit.[1] Daraus darf jedoch keine zeitraubende Informationsflut für die Entscheidungsträger resultieren, sondern Ziel einer Informationsstrukturierung muß es sein, aus Nachrichten entscheidungsorientierte Informationen im Sinne zweckorientierten Wissens zu generieren. Deshalb erfordert ein effizientes Informationsmanagement, daß es dem Entscheidungsträger diejenigen Informationen nach Inhalt, Qualität, Genauigkeit, Verständlichkeit und Zeitgerechtigkeit zur Verfügung stellt, die ihn in die Lage versetzen, die ihm übertragenen Fach- und Führungsaufgaben autonom, anforderungsgerecht, flexibel, innovationsfördernd und kundennutzenorientiert durchzuführen.[2] Der Grad der Informationsintegration hängt dabei wesentlich vom Entscheidungs- und Verantwortungsbereich ab, der dem Segment übertragen wurde. Dabei gilt der Grundsatz, daß Entscheidungen jeweils an dem Ort getroffen werden, an dem Aufgaben erfüllt oder auftretende Probleme gelöst werden sollen. Fundierte Entscheidungen erfordern entsprechende Informationen und Kompetenzen. Daraus resultiert das Prinzip der Bedingtheit von Information und Verantwortung. Das Prinzip besagt, daß, wer Verantwortung übernehmen soll, der Handlungspielräume und Information bedarf; wer aber Handlungspielräume und Information bekommt, der muß auch Verantwortung übernehmen.[3] Die zunehmende Dezentralisierung von Entscheidungskompetenzen führt dazu, daß die traditionellen hierarchiebetonten Informationswege zugunsten einer netzwerkartigen hierarchiegelösten Kommunikation aufweichen. Die Informationsintegration beinhaltet dabei eine organisatorische und eine technologische Komponente (vgl. Abb.3-8). Die organisatorische Komponente beschreibt die Abgrenzung und Rahmenbedingungen der zu unterstützenden Prozeßketten. Sie fordert den Vorrang der organisatorischen Problemlösung vor dem Technologieeinsatz. Diese Forderung basiert auf den negativen Erfahrungen mit der in der Vergangenheit vorherrschenden Vorgehensweise bei der Gestaltung von Informationssystemen. Für die Gestaltungsaufgabe wurden vorwiegend Systemanalytiker eingesetzt, die keine eigene unternehmerische Führungserfahrung besaßen und sich deshalb an der Ist-Organisation orientierten sowie überwiegend auf Teilbereiche beschränkten, woraus da-

---

1 vgl. Augustin, S./Reminger, B. (1989), S.67
2 vgl. von Eiff, W. (1991), S. 523
3 vgl. Fuchs, J. (1992), S. 30

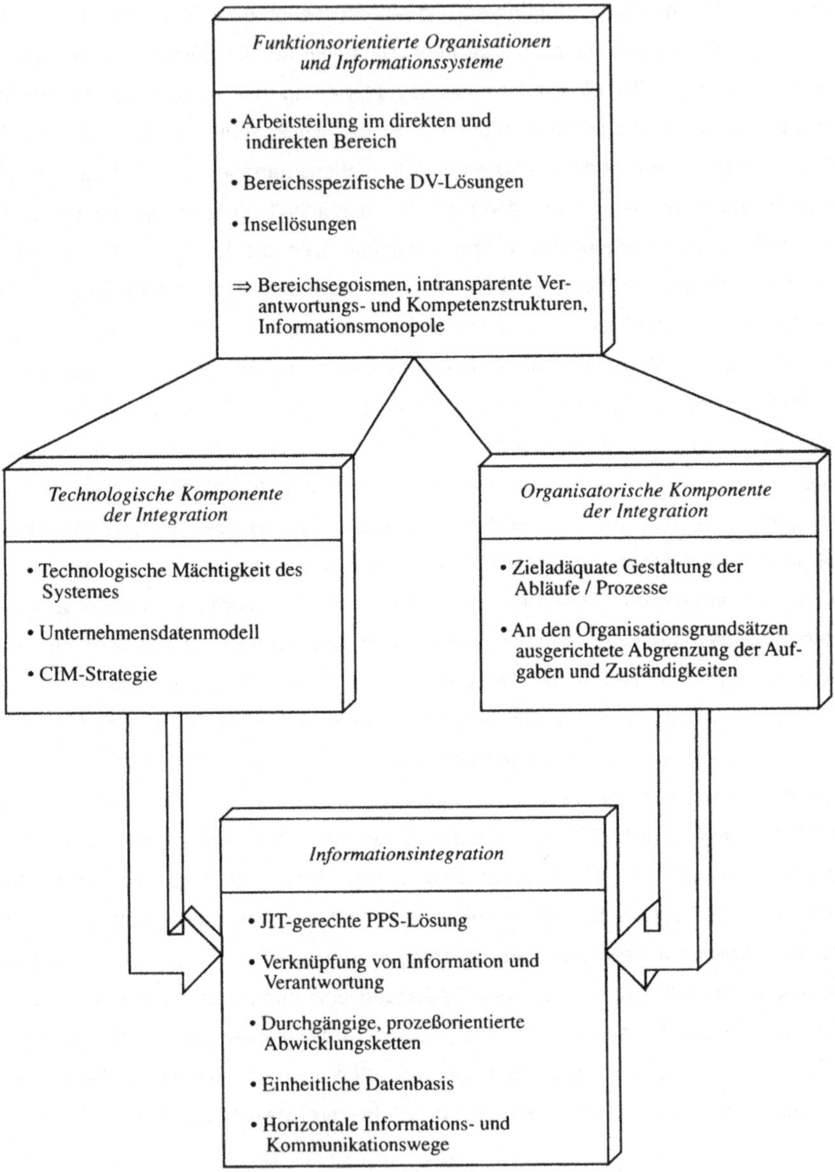

Abb. 3-8: Komponenten der Informationsintegration

tentechnische Lösungen erwuchsen, die zwar zu einer Rationalisierung und Automatisierung von Teilprozessen beitrugen, aber die zugrundeliegende Problematik nicht zu lösen, sondern vielmehr zu zementieren halfen.[1] Darüber hinaus wurde die Herausbildung von Inselstrukturen, Bereichsegoismen, Koordinations- und Abstimmungsbürokratie, intransparente Verantwortungs- und Kompetenzstrukturen sowie der Aufbau von Informationsmonopolen unterstützt. Informationssysteme hielten weitgehend eine künstliche Arbeitsteilung aufrecht, die eine am Leistungsprozeß orientierte Zusammenarbeit der Funktionsbereiche erschwerte. Aus dem Primat der strukturellen Vorbereitung des Technologieeinsatzes ergibt sich der Inhalt der technologischen Komponente.

Die technologische Komponente beinhaltet folglich die funktionale Mächtigkeit, durch die sichergestellt wird, daß das organisatorische Ideal-Konzept technologieunterstützt realisiert werden kann.[2] Deshalb ist für die Gestaltung von Informations- und Kommunikationssystemen, analog der Materialfußgestaltung, die Maxime zu erfüllen: Fluß- anstatt Funktionsoptimierung. Dabei wird die größte Integrationstiefe des Informationsflusses erreicht, wenn einzelne Funktionen sowohl organisatorisch als auch technologisch miteinander verbunden sind.

---

1 vgl. Brandes, W./Sommerlatte, R./Stringer, D./Zillersen, W. (1990), S. 45
2 vgl. von Eiff, W. (1991), S. 545

4. Empirische Analyse des Autonomiegrades von Fertigungssegmenten

4.1. Erhebungsmethode und Charakterisierung der Fallbeispiele[1]

Basis der empirischen Analyse bildet die Auswertung einer Befragung, die von September 1990 bis April 1991 durchgeführt wurde. Diese umfaßte die Analyse von 48 realisierten Fällen der Fertigungssegmentierung. Die Befragung wurde mit Hilfe eines auf den theoretischen Überlegungen in Kap. 3 basierenden Fragebogens durchgeführt, der sich aus einem Mix von offenen und geschlossenen Fragen, der Verwendung von Likert-Skalen, Thurstone-Skalen sowie Polaritätsprofilen zusammensetzte. Diese schriftliche Befragung wurde flankiert durch Interviews, wobei der Fragebogen als Interviewleitfaden diente. Befragt wurden Geschäftsführer, Bereichsleiter, Hauptabteilungsleiter und Abteilungsleiter der jeweiligen Fachabteilungen in Form von 3- bis 6-stündigen Interviews. Neben der Befragung und Besichtigung der Segmente wurden Projektberichte und Präsentationsunterlagen über die Fertigungssegmente ausgewertet. Der Fragebogen ist nach Schwerpunkten strukturiert und untergliedert sich in sechs Teilbereiche. Der erste Teil des Fragebogens bezieht sich auf Unternehmenskenndaten, wie Branchenzugehörigkeit oder Unternehmensgröße und dient zur Einordnung der Fallbeispiele in die empirische Basis. Der zweite Teil beinhaltet Charakteristika der bereits realisierten Fertigungssegmente wie Produktionsprogramm, Marktmerkmale und strategische Ausrichtung. Die Spezifizierung des Fertigungstyps, Anlässe, Ziele, Zeiträume sowie angewandte Prinzipien und Kriterien der Reorganisation runden den zweiten Teil ab. Die organisatorische Gestaltung der Segmente bildet den dritten Teil des Fragebogens. Dabei liegt der Schwerpunkt auf der Analyse der den Autonomiegrad bestimmenden Indikatoren. So werden Umfang der integrierten Materialflußstrecke, Umfang der integrierten betrieblichen Funktionen, Gestaltungskriterien indirekter Bereiche, Schnittstellengestaltung und Segmentgröße analysiert. Die informatorische Gestaltung bildet den vierten Teilbereich des

---

[1] vgl. Wildemann, H. (1992 a), S. 78 ff.; die Analyse des Autonomiegrades von Fertigungssegmenten konnte im Rahmen einer zweiten Befragung zur Fertigungssegmentierung am Lehrstuhl für Betriebswirtschaftslehre mit Schwerpunkt Logistik von Prof. Dr. Horst Wildemann an der TU München durchgeführt werden.

Fragebogens. Von primärem Interesse sind hierbei Gestaltungsmerkmale der Produktionsplanung und -steuerung, der Integrationsgrad des Informationsflusses sowie eingesetzte Planungs- und Steuerungsmethoden. Im fünften Teil steht die personelle Gestaltung im Mittelpunkt. Dabei sollten Maßnahmen zur Arbeitsstrukturierung, Mitarbeiterorientierung, Qualifikationsstruktur, Entwicklung des Meisters sowie Entlohnungs- und Arbeitszeitfragen erfaßt werden. Die wirtschaftlichen Wirkungen sind Gegenstand des sechsten und letzten Teils. Hierbei standen neben den erforderlichen Investitionsaufwendungen Kenngrößen wie Produktivität, Durchlaufzeit, Lieferzeit, Servicegrad, Qualität, Bestände und Motivation der Mitarbeiter im Vordergrund. Um ein möglichst allgemeingültiges branchenunabhängiges Befragungsergebnis zu erzielen, wurden Fallbeispiele aus den unterschiedlichsten Branchen einbezogen. Die untersuchten Fertigungssegmente gehören zu folgenden Branchen:

Maschinenbau	(n = 20)
Elektrotechnik/Elektronik	(n = 14)
Chemie	(n = 5)
Automobilindustrie	(n = 4)
Metallverarbeitung	(n = 2)
Computer/EDV	(n = 2)
Leder	(n = 1)
Gesamt	(n = 48)

Die Auswertung und Aufbereitung des Datenmaterials erfolgte mit Unterstützung von SPSS-Programmen (SPSS = Statistical Package for Social Sciences) und dem Tabellenkalkulationsprogramm Excel 3.0. Die Kennzahlen und Charakteristika der untersuchten Fertigungssegmente sind in Abbildung 4-1 tabellarisch zusammengefaßt.

Lfd. Nr.	Branche	Produkt-spektren	Anzahl Segmente	Umsatz der Segmente	Mitarbeiter-anzahl
1-8	Maschinenbau	Werkzeugmaschinen	8	ø 25 Mio DM	ø 300
9-11	Maschinenbau	Motoren	3	ø 800 Mio DM	keine Angaben
12-13	Maschinenbau	Fördertechnik	2	keine Angaben	keine Angaben
14-20	Maschinenbau	Textilmaschinen	7	keine Angaben	ø 70
21-24	Elektronik	Opto-Halbleiter Transistoren Integrierte Schalt-kreise Leuchtziffern-anzeigen	1 1 1 1	5,4 Mio DM 5 Mio DM 1,6 Mio DM 3,4 Mio DM	52 50 18 32
25-26	Elektronik	Prüftechnik	2	ø 10 Mio DM	ø 50
27-28	Elektronik	Meßgeräte	2	ø 420 Mio DM	ø 900
29-34	Elektronik	Kabelsätze	6	15 - 50 Mio DM	100 - 600
35-39	Chemie	Nagellacke Lippenstifte	5	ø 17 Mio DM	ø 30
40-43	Automobil-industrie	Motoren Komponenten	4	keine Angaben	2400 800 1550 1800
44-45	Metallindustrie	Planetenträger Gelenkgehäuse	2	keine Angaben	ø 15
46-47	Computer / EDV	Lagenfertigung Sinterprozeß	2	ø 100 Mio DM	ø 90
48	Leder	Lederverarbeitung	1	18 Mio DM	50

Abb. 4-1: Charakterisierung der Fallbeispiele

4.2. Merkmalsausprägungen der Fallbeispiele

Die Charakterisierung der untersuchten Fertigungssegmente zeigt, daß sich die empirische Basis aus einem sehr heterogenen Anwendungsfeld zusammensetzt. Deshalb sollen die verdichteten Merkmalsausprägungen der analysierten Fallbeispiele in Abb. 4-2[1] im Überblick dargestellt werden. Es zeigt sich, daß in einem überwiegenden Teil der Segmente (56 %) eine Differenzierungsstrategie verfolgt wird, die mit einer ausgeprägten Kundenorientierung verbunden ist. Dies spiegelt sich auch im Auftragstyp wider, wobei beinahe 80 % überwiegend kundenauftragsorientiert fertigen. Die gezielte Ausrichtung des Produktionsbereichs und hiermit die Umsetzung einer stringenten Segmentierungsstrategie ist somit Grundlage für die konsequente Verfolgung der Differenzierungsstrategie, aber auch der Konzentrationsstrategie. Das Produktspektrum umfaßt in 82 % der Fälle zwischen 1 und 100 Produktgruppen bei bis zu 100 Varianten. Im Hinblick auf die Fertigungsart handelt es sich zu 70 % um eine kleine und mittlere Serienfertigung, wobei die Fertigungstiefe sich in drei Haupttypen aufteilt. 35 % der Segmente weisen einen hohen Eigenfertigungsanteil zwischen 70 % und 100 % aus, während 19 % ein etwa ausgeglichenes Verhältnis zwischen Eigenfertigung und Fremdbezug haben. Dagegen ist bei 46 % der Segmente ein niedriger Eigenfertigungsanteil zwischen 20 % und 30 % und damit eine entsprechende geringe Fertigungstiefe zu beobachten. Hinsichtlich der Fertigungsorganisation dominieren die Gruppen- und Fließfertigung, während sich bezüglich der Betriebsmittelstruktur ein klarer Trend zum Einsatz von Universalmaschinen abzeichnet, die die Komplettbearbeitung von Teilen und Baugruppen unterstützen. Ein Drittel der Segmente weist eine Größe von 30 bis 100 Mitarbeitern auf, während 46 % der Segmente mehr als 100 Mitarbeiter beschäftigen, wobei festzustellen ist, daß in 26 % der Fälle Segmente mit mehr als 500 Mitarbeitern zu beobachten waren. Ferner bleibt festzuhalten, bereitung sierten Integration indirekter Funktionen, in fast 40 % der Fälle zwischen 60 % und 100 % liegt.

---

[1] vgl. Wildemann, H. (1992 a), S. 90

Merkmal	Merkmalsausprägung			
Wettbewerbsstrategie	Kostenführerschaft 17%	Differenzierung 56%	Konzentration 27%	
Typenvielfalt	1 Typ 13,6%	2 bis 10 verschiedene Typen 36,4%	11 bis 100 verschiedene Typen 31,8%	mehr als 100 verschiedene Typen 18,2%
Variantenvielfalt	bis zu 30 verschiedene Varianten 35,7%	31 bis 100 verschiedene Varianten 45,2%	101 bis 1500 verschiedene Varianten 19,1%	
Auftragstyp	programmorientiert 32,7%	überwiegend programmorientiert 0%	überwiegend kunden- auftragsorientiert 10,2%	kundenauftragsorientiert 57,1%
Fertigungstiefe	bis zu 25% Fremdbezug 31,0%	25,1% bis 50% Fremdbezug 7,1%	50,1% bis 75% Fremdbezug 33,3 %	75,1% bis zu 100% Fremdbezug 28,6%
Fertigungsart	Einzelfertigung 14,9%	Serienfertigung 76,2%	Massenfertigung 8,9%	
Fertigungsorganisation	Werkstattfertigung 3%	Gruppenfertigung 52%	Fließfertigung 45%	
Betriebsmittelstruktur	Spezialmaschinen 27,8%	Universalmaschinen und Spezialmaschinen 41,8%	Universalmaschinen 32,4%	
Anzahl der Mitarbeiter	bis zu 30 Mitarbeiter 21,7%	von 31 bis zu 100 Mitarbeiter 32,6%	von 101 bis zu 500 Mitarbeiter 19,6%	mehr als 500 Mitarbeiter 26,1%
Qualifikationsstruktur	0% bis zu 20% Facharbeiter 25,0%	20,1% bis zu 60% Facharbeiter 39,6%	60,1% bis zu 100% Facharbeiter 35,4%	

Abb. 4-2: Merkmalsausprägungen der untersuchten Fertigungssegmente

4.3. Analyse der Einflußgrößen des Autonomiegrades von Fertigungssegmenten

4.3.1. Integrationsgrad der Materialflußstrecke

4.3.1.1. Integrationstypen und Einflußgrößen

Fertigungssegmente umfassen, entsprechend ihrer Definition, mehrere Stufen der logistischen Kette. Gemäß dem Prinzip der Kundenorientierung erfolgt eine produktorientierte Ausrichtung der Wertschöpfungsketten, wobei die Segmente so zu strukturieren sind, daß sie ein Maximum an Wertschöpfung aus eigener Beeinflussungsmöglichkeit erbringen können. Dies erfordert eine Entflechtung der Kapazitäten und Vereinfachung komplexer Abläufe, indem organisatorische Regelkreise implementiert werden, die sich an logistischen, produkt- und auftragsbezogenen Leistungsprozessen orientieren und zu einer integrierten, transparenten und regelfähigen Materialflußorganisation führen. Entscheidend ist, daß Abläufe für alle Beteiligten überschaubar, verständlich, nachvollziehbar und transparent sind, so daß jeder Einzelne unmittelbar seinen Beitrag zur betrieblichen Leistungserstellung erkennen kann. Durch die Realisierung produktorientierter, nach dem Fließprinzip gestalteter, autonomer Einheiten soll den Nachteilen verrichtungsorientierter Organisationsformen, die sich in

- komplexen Produktionsplanungen und Kapazitätsabstimmungen (Koordination),
- einer hohen Anzahl von Transportvorgängen,
- vielfachem Handling,
- langen und stark schwankenden Durchlaufzeiten,
- einer problematischen Ermittlung von Fehlerursachen,
- einer schwierigen Vergleichmäßigung des Materialflusses und Personaleinsatzes,

- unzureichenden Verbesserungsmöglichkeiten infolge mangelnder Standardisierung, Transparenz und Verantwortung,
- Schnittstellen und verteilten Verantwortlichkeiten aufgrund hoher Arbeitsteilung,
- Herausbilden von Bereichsegoismen sowie
- räumlichen und zeitlichen Entkopplungen von Materialflußelementen, die einem durchgängigen Kunden-Lieferantenverhältnis entgegenstehen,

manifestieren[1], entgegengewirkt und den Forderungen hinsichtlich Kunden-, Zeit-, Innovations-, Mitarbeiter- und Wertschöpfungsorientierung Rechnung getragen werden. Als zentrales Schlüsselelement ist die Initiierung unternehmerischer Verantwortung anzusehen, was die Einräumung von Autonomie voraussetzt. Die Übernahme von Verantwortung für ein vereinbartes Ergebnis setzt die Beeinflußbarkeit und somit die Gewährung eines bestimmten Grades an Autonomie bezüglich der zur Erstellung des Ergebnisses notwendigen Leistungsprozesse voraus. Der Leistungsprozeß im Entstehungszyklus eines Produkts ist im wesentlichen durch die entsprechende logistische Kette mit ihren einzelnen Materialflußelementen charakterisiert. Der Integrationsgrad der Materialflußstrecke eines Segments stellt somit eine Maßgröße für die Abhängigkeit des Segments von Leistungen anderer Bereiche aufgrund von internen Leistungsverflechtungen und Ressourceninterdependenzen dar. Der Integrationsgrad eines Segments in Bezug auf die Materialflußstrecke ist dabei umso geringer, je größer die Abhängigkeit und je geringer die Beeinflußbarkeit von Leistungen anderer Bereiche sind, die für das vom Segment vereinbarte und zu verantwortende Ergebnis wesentlich sind. Für die empirische Analyse des Integrationsgrades der Materialflußstrecke standen somit Fragen hinsichtlich Ausprägungsformen des Integrationsgrades, Einflußgrößen, Gestaltungsprinzipien und -kriterien sowie Auswirkungen in Bezug auf die Investitionsstrategie im Vordergrund. Als Analyseinstrument wurde als Referenzmodell die logistische Kette mit seinen Elementen

---

[1] vgl. Suzaki, K. (1989), S. 43 ff.; Schonberger, R.J. (1988), S. 130 ff.

- Wareneingang (Warenannahme, Wareneingangsprüfung, Wareneingangslager),
- Bereitstellung,
- Vor- und Baugruppenfertigung,
- Zwischenlager,
- Montage,
- Prüfung,
- Fertigerzeugnislager,
- Verpackung und
- Versand

angewandt und untersucht, inwieweit die betrachteten Segmente integriert sind, d.h. die Materialflußelemente produktorientiert ausgerichtet und in einem Segment zusammengefaßt sind. Erhoben wurde sowohl die funktionale Wahrnehmung der jeweiligen Aufgabe im Segment, als auch die Aufteilung der Mitarbeiter in Bezug zur Aufgabe in und außerhalb des Segments sowie weiterhin bestehender Schnittstellen. Im Rahmen der empirischen Analyse haben sich fünf Typen herauskristallisiert (vgl Abb. 4-3)[1]:

- Typ A: 27 % der untersuchten Segmente haben alle Stufen der logistischen Kette von Wareneingang über Vorfertigung, Montage, Prüffeld, bis hin zum Versand integriert. Diese Segmente sind bezüglich des Integrationsgrades als autonom zu bezeichnen. Es besteht eine durchgängige Verantwortung und direkte Beeinflußbarkeit des Leistungserstellungsprozesses.
- Typ B: 36 % der Segmente hatten außer den logistischen Funktionen Wareneingang, Fertigerzeugnislager und Versand alle Stufen der logistischen Kette integriert. In diesen Segmenten erstreckt sich die Verantwortung und direkte Beeinflußbarkeit auf den unmittelbaren Wertschöpfungsprozeß. Da sich damit innerhalb der Wertschöpfungskette keine unmittelbaren Schnittstellen

[1] vgl. auch Wildemann, H. (1992 a), S. 144 ff.

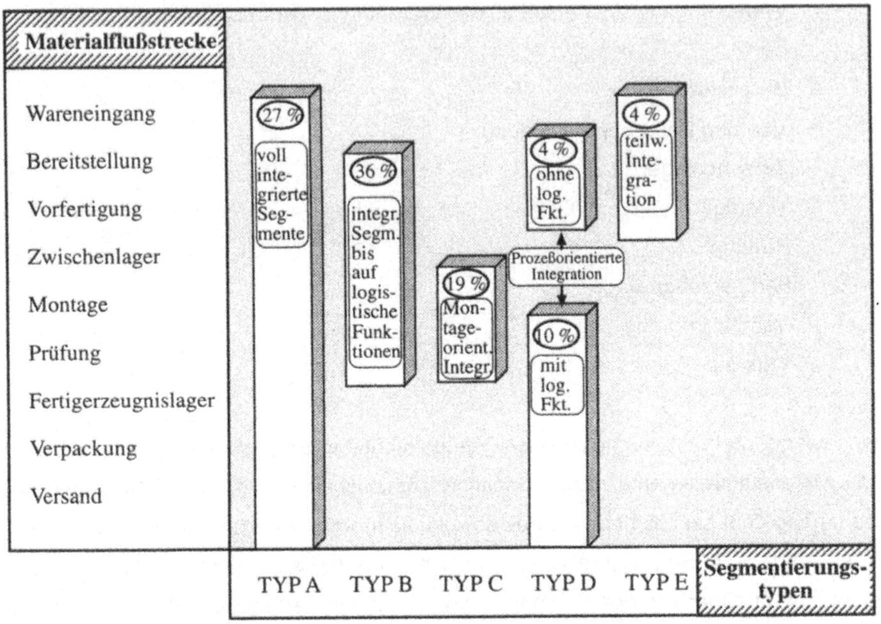

Abb. 4-3: Integrationsgrad der Materialflußstrecke

aufgrund von internen Leistungsverflechtungen oder Ressourceninterdependenzen ergeben, sind diese Segmente bezüglich des Integrationsgrades als weitgehend autonom zu bezeichnen.

- Typ C: Eine montageorientierte Segmentierung lag in 19 % der Fälle vor. Die Integration beschränkte sich im wesentlichen auf die Einbeziehung unmittelbar vor- bzw. nachgelagerter Bereiche der Montage, wie Vormontage, Bereitstellung und Prüffeld. Eine durchgängige Verantwortung sowie direkte Beeinflußbarkeit der Leistungserstellung liegt in der Regel nicht vor, da sich aufgrund der vorgenommenen Strukturierung Schnittstellen in Bezug zur Leistungserstellung ergeben. Die daraus resultierende Notwendigkeit zur Koordination schränkt die Autonomie der Segmente ein. Die Segmente vom Typ C sind deshalb nur als eingeschränkt autonom bezüglich des Integrationsgrades zu bezeichnen.
- Typ D: Der Typ D repräsentiert eine prozeßorientierte Segmentierung, da weder eindeutige Montage- noch Mechanikbereiche vorlagen. Hierbei wurden in 4 % der Fälle keine logistischen Funktionen, in 10 % der Fälle sämtliche logistischen Funktionen in die Segmentverantwortung integriert. Die Segmentierung zielte auf die durchgängige Verantwortung für Produkt, Anlage und Prozeß, so daß der Typ D bezüglich des Integrationsgrades als weitgehend bis eingeschränkt autonom zu bezeichnen ist.
- Typ E: Lediglich in 4 % der Fälle konnte eine teilweise Integration beobachtet werden. Diese beschränkte sich im wesentlichen auf die Integration der Vor- und Baugruppenfertigung mit unmittelbar vor- und nachgelagerten Bereichen, wie Materialbereitstellung und Teilen der Prüftätigkeiten. Es erfolgte jedoch eine produktorientierte Ausrichtung in Verbindung mit der Einführung unternehmerischer Steuerungskriterien (Cost-Center-Prinzip). Realisiert wurde eine Komponentenverantwortung, allerdings

keine durchgängige Produktverantwortung, weshalb die Segmente bezüglich des Integrationsgrades als bedingt autonom einzustufen sind.

Zur Verdeutlichung und Charakterisierung der Integrationstypen und ihrer Einflußtypen wurde eine Gegenüberstellung anhand relevanter Merkmalsausprägungen vorgenommen (vgl. Abb. 4-4 a-c). Im Mittelpunkt der Fertigungssegmentierung steht die Strategie der Kundenorientierung, wobei zwischen zwei strategischen Grundsatzentscheidungen, nämlich Grad der Orientierung an den Kundenbedürfnissen und Grad des Kundenkontaktes zu unterscheiden ist.[1]
Die Operationalisierung dieser zwei strategischen Richtungen orientiert sich an folgenden Überlegungen:

- Ein Segment ist umso mehr auf die Kundenbedürfnisse ausgerichtet. je stärker es seine segmentinternen Zielsetzungen an Zielen orientiert. die aus Kundenbedürfnissen abgeleitet werden.
- Der Grad des Kundenkontaktes muß umso stärker sein, je mehr ein Segment kundenspezifische Problemlösungen erstellt.

Für die Messung der ersten Überlegung wurde auf Ausprägungsformen der Wettbewerbsfaktoren zurückgegriffen. Hierbei sprechen die Betonung der Faktoren Qualität, Service, Produkt- und Ausstoßflexibilität sowie Lieferzeit für eine kundenorientierte Differenzierungsstrategie, während eine Fokussierung von Preis und damit Kosten auf eine Strategie der Kostenführerschaft schließen lassen.[2] Für die zweite Überlegung wurde eine Unterteilung in Kundengruppen vorgenommen. wobei unterstellt wird, daß mit zunehmender Kundenspezifikation der Grad des Kundentaktes und somit die Kundenorientierung steigt. Vergleicht man die fünf Integrationstypen. so zeigt sich, daß Typ A einen besonders hohen Grad an Kundenorientierung mit einer ausgeprägten Differenzierungsstrategie ausweist und der Tendenz zur Konzentrations-

---

1 vgl. Bowen. D.E./Siehl. C./Schneider. B. (1989). S. 79 f.
2 vgl. auch Hayes. R.H./Schmenner. R.W. (1981). S. 87 f.; Hayes. R.H./Wheelwright. St.C.(1984). S. 40 ff.

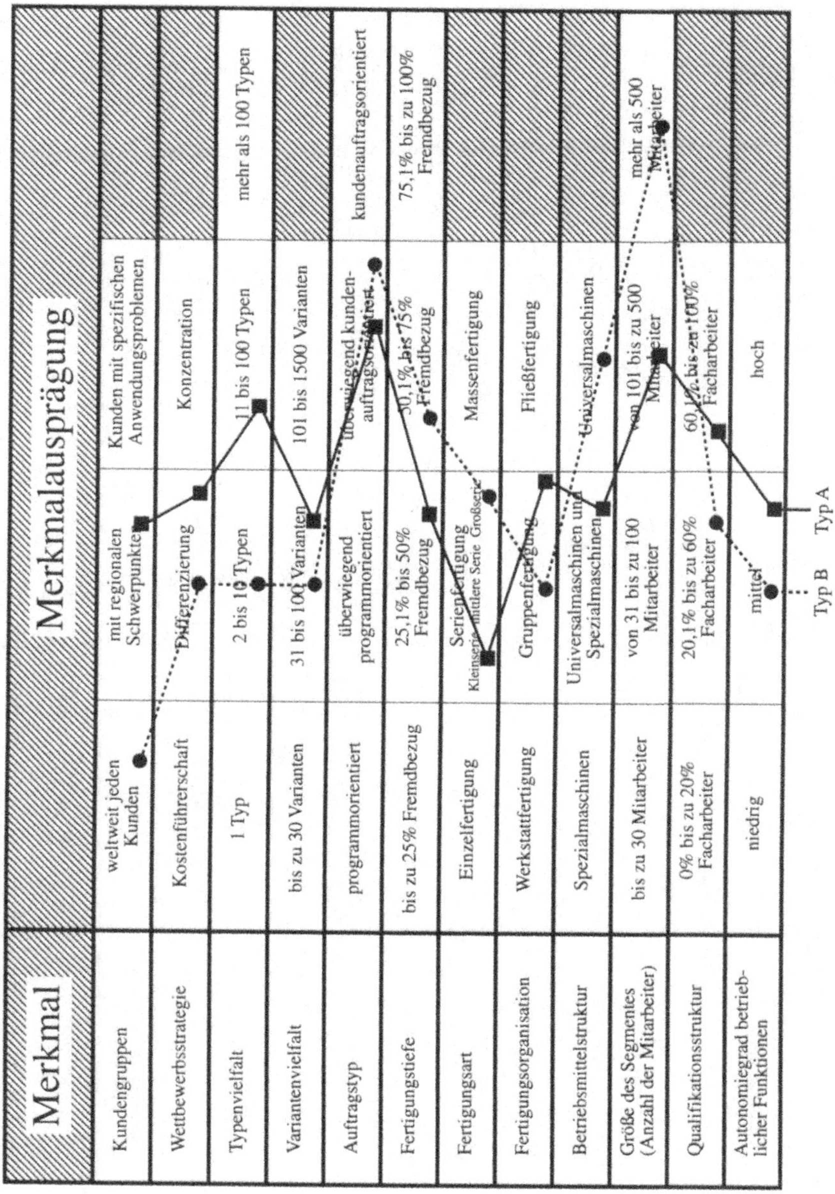

Abb. 4-4a: Merkmalsausprägungen der Integrationstypen

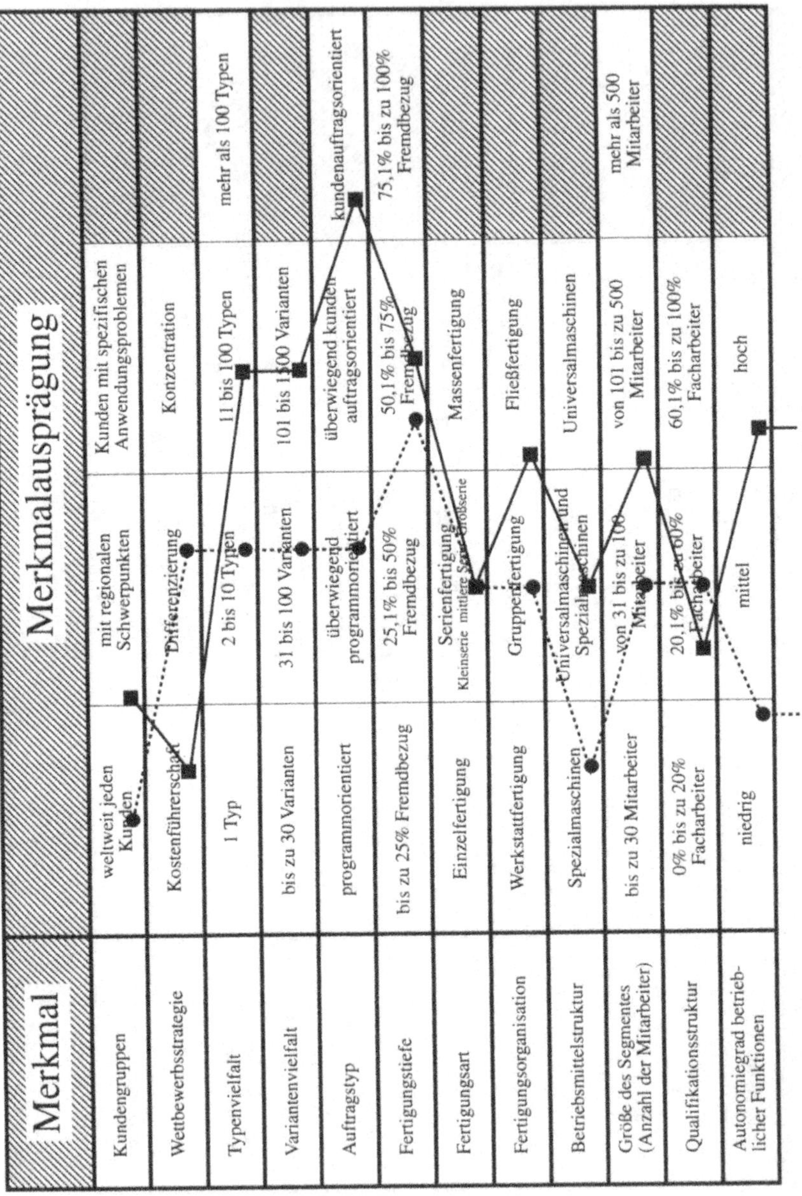

Abb. 4-4b: Merkmalsausprägungen der Integrationstypen

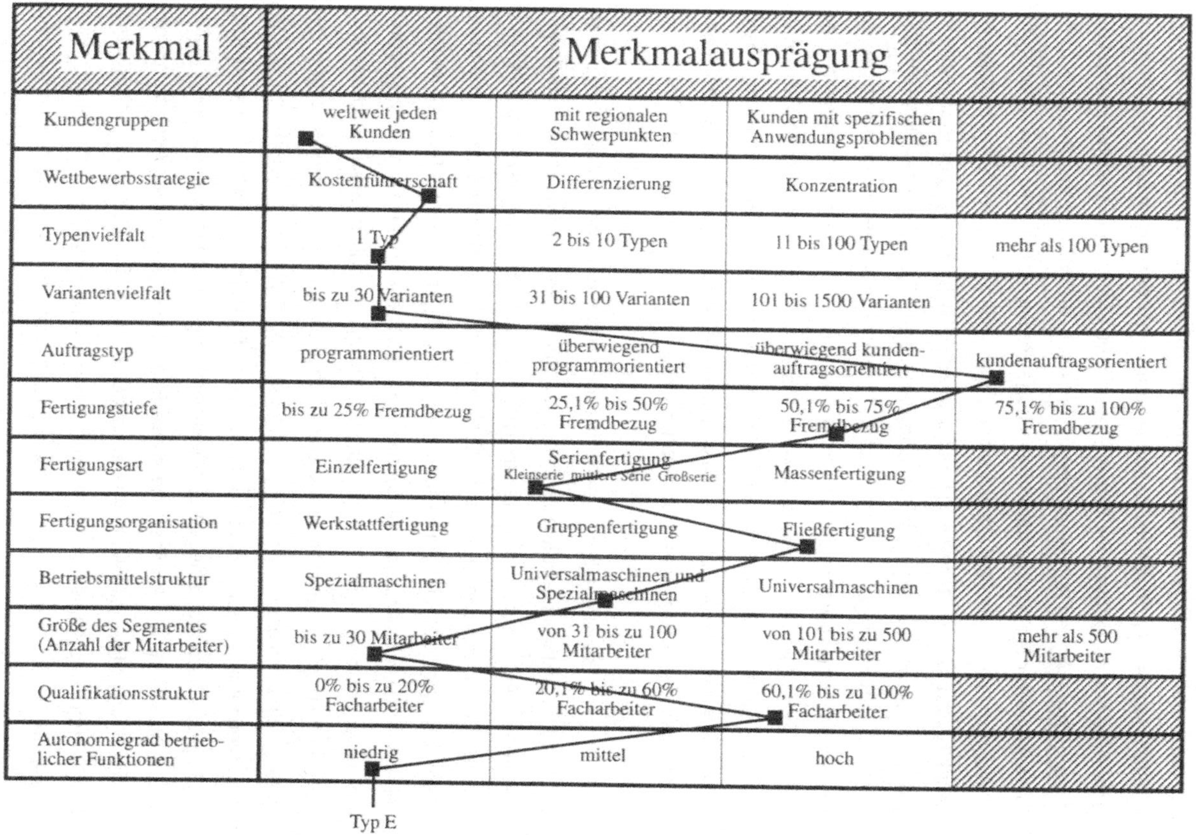

Abb. 4-4c: Merkmalsausprägungen der Integrationstypen

strategie, die vor allem bei denjenigen Segmenten zu beobachten ist, die sich zunehmend kundenspezifischen Problemlösungen widmen. Mit einem hohen Grad der Kundenorientierung korrespondiert bei Typ A eine mittlere bis hohe Produktkomplexität. Die aus dem überwiegend kundenauftragsorientierten Auftragstyp resultierende große Unsicherheit erfordert eine entsprechend hohe Reaktionsfähigkeit und -geschwindigkeit, was sich auch aus der überragenden Bedeutung der Reorganisationsziele Durchlaufzeit- und Schnittstellenreduzierung ablesen läßt. Es handelt sich vorwiegend um eine Kleinserienfertigung mit einem mittleren Fremdbezugsanteil von 25-50%. In der Fertigungsorganisation herrscht Gruppen- und Fließfertigung vor, während die Betriebsmittelstruktur durch einen Mix aus Universal- und Spezialmaschinen gekennzeichnet ist. Die Größe der Segmente des Typs A ist mit 100 bis 500 Mitarbeitern als relativ groß zu bezeichnen, wobei ein hohes Qualifikationsniveau mit einem Facharbeiteranteil von über 60 % zu konstatieren ist. Bezüglich des Autonomiegrades betrieblicher Funktionen weist Typ A einen mittleren Autonomiegrad auf.

Der Integrationstyp B weist neben einer hohen bis mittleren Kundenorientierung auch eine mittlere Produktkomplexität auf, wobei aufgrund des überwiegend kundenauftragsorientierten Auftragstyps eine relativ große Unsicherheit zu bewältigen ist, die sich in einer Dominanz von Durchlauf-, Schnittstellen- und Bestandsreduzierung im Zielsystem niederschlägt. Dabei handelt es sich vorwiegend um eine Großserienfertigung mit einem Fremdbezugsanteil von über 50 %. Dieser hohe Fremdbezugsanteil erfordert eine entsprechende Koordinationsleistung bezüglich des Beschaffungsmarktes, weshalb die vorgelagerten logistischen Funktionen des Einkaufs und der Beschaffung mit sämtlichen Wareneingangsfunktionen zentral organisiert sind. In den zentral ausgerichteten nachgelagerten logistischen Funktionen, wie Fertigwarenlager, Verpackung und Versand, spiegelt sich insbesondere die geringere Kundenorientierung im Vergleich zu Typ A wider, die diese Funktionen gegenüber Auslastungsgesichtspunkten von Mitarbeiter und Betriebsmittel mehr in den Hintergrund treten lassen. Die Fertigungsorganisation wird durch eine Gruppenfertigung dominiert, während die Betriebsmittelstruktur durch den Einsatz von Universalmaschinen geprägt ist. Die Segmente sind mit in der Regel mehr als 500 Mitarbeitern als groß einzustufen, wobei das Qualifikationsniveau mit einem Facharbeiteranteil zwischen 20% und 60% als Mittel einzuordnen ist. Der Autonomiegrad betrieblicher Funktionen des Typs B ist ebenso wie bei Typ A durch einen mittleren Autonomiegrad gekennzeichnet.

Segmente des Integrationstyp C verfolgen überwiegend die Strategie der Kostenführerschaft, wobei es gilt, eine große Produktkomplexität zu beherrschen. Zudem resultiert aus dem kundenauftragsorientierten Auftragstyp eine weitere Zunahme der Komplexität. Eine Beherrschung der Komplexität im Sinne der Erfüllung der Wettbewerbsanforderungen hinsichtlich Qualifikation, Preis, Variantenvielfalt, Service und Innovationsfähigkeit ist bei diesem Typ nicht durchgängig über die gesamte logistische Kette möglich. Dem Prinzip der Kunden- und Produktorientierung versucht man durch eine montageorientierte Integration nahezukommen, indem die Wertschöpfungsstufen, die maßgebend für die Kundenspezifikation sind, entsprechend ausgerichtet werden. Dabei zielt die Schaffung kleiner, überschaubarer Einheiten mit kurzen Regelkreisen darauf ab, Reaktions- und Durchlaufzeiten durch Schnittstellenabbau und Parallelisierung der Produktion zu verkürzen sowie Lagerbestände in dem Maße zu reduzieren, indem es gelingt, Produkte in vergleichbaren Zeiteinheiten zu montieren, wie sie für den den Abruf aus Fertigwarenlagern benötigt werden. Segmente des Typs C sind durch eine geringe Fertigungstiefe gekennzeichnet. Hierbei spiegelt die Strategie der Verringerung der Fertigungstiefe die Notwendigkeit der Vereinbarkeit von logistischer Komplexität und variantenreicher, kundenspezifischer Produktpalette wider.[1] Entsprechend der Ausgestaltung des Lieferantenverhältnisses werden Teile, Baugruppen oder Module direkt dem Segment angeliefert. In diesen Fällen übernimmt das Segment logistische Funktionen des Wareneingangs. Allerdings bleibt eine Zentralfunktion Wareneingang für den Restumfang des Kaufteilespektrums bestehen. Bezüglich der Fertigungsart handelt es sich vorwiegend um eine mittlere Serienfertigung, wobei die Fertigungsorganisation durch eine Fließfertigung geprägt ist. Als sinnvoll können sich gemischte Strukturen erweisen, denen eine Unterteilung in Systeme mit hoher Mengenausbringung ("Rennerlinie") und gleichbleibender Auslastung sowie in flexiblere Subsysteme ("Exotenlinie") für Kapazitätsspitzen und Pro-

---

[1] vgl. Wildemann, H. (1992 c), S. 82

dukte mit geringerer Stückzahl oder stark differenzierenden Arbeitsinhalten. Diese Flexibiltätsvorteile können gleichzeitig für arbeitsorganisatorische Gestaltungsspielräume genutzt werden. Ist eine Rennerlinie beispielsweise in Form der Gruppenmontage strukturiert, so bietet das Gesamtsystem Arbeitsplätze mit unterschiedlichen Qualifikationsanforderungen, die sowohl für höherqualifizierte Mitarbeiter als auch als Ausbildungsstätte für Führungsnachwuchskräfte dienen kann.[1] Die Betriebsmittelstruktur ist daher durch einen Mix aus Universal- und Spezialmaschinen geprägt. Die Segmentgröße liegt in der Regel zwischen 100 und 300 Mitarbeitern, wobei das Qualifikationsniveau durch einen Facharbeiteranteil von durchschnittlich 40 % gekennzeichnet ist. Kleine Einheiten und kurze Regelkreise bedingen zwangsläufig eine Dezentralisierung von Funktionen. Der Integrationstyp C weist in Bezug auf den Autonomiegrad betrieblicher Funktionen einen hohen Autonomiegrad auf. Unter der Zielfunktion eines hohen Qualitätsniveaus bei hoher Variantenanzahl und wettbewerbsfähigen Preisen stellt die Arbeitsorganisation im Montagebereich eine zunehmende Herausforderung dar. Galt lange Zeit das Primat der Technik, die den manuellen Montageanteil reduzierte, Arbeitsinhalte aufgrund der Automatisierung zugunsten indirekter Tätigkeiten verschoben sowie je nach Art der eingesetzten Verkettungs- und Transportmittel erheblichen Einfluß auf Arbeitsablauffolgen, Bewegungsfreiheit und Umrüstflexibilität genommen wurde, so steht im Rahmen der Fertigungssegmentierung die Schaffung von anspruchsvollen Arbeitsaufgaben, einer attraktiven Arbeitsumgebung der mit Entwicklungsmöglichkeiten und der Beteiligung an Entscheidungen im Vordergrund. Deshalb wurde in einem ersten Schritt eine Arbeitsbereicherung des direkten Personals vorgenommen, indem Umfeldaufgaben wie Prüf- und Kontrolltätigkeiten, Materialbereitstellung und Transport, Rüsten und Instandhaltung integriert wurden. Dabei ist es von den Randbedingungen abhängig, in welchem Maße die indirekt-produktiven Bereiche organisatorisch integriert werden. Wesentlich ist jedoch, daß die Restrukturierung der indirekten Bereiche nicht bei der Übertragung einzelner Funktionen auf arbeitsorganisatorischer Ebene stehenbleibt, sondern die ursprüngliche Funktionsteilung insgesamt in Frage gestellt wird und in eine Strategie mündet, die mit einer Reorganisation des Unternehmens einhergehen muß.

---

[1] vgl. Bullinger, H.-J. (1989), S. 152

Der Integrationstyp D ist durch eine mittlere Kundenorientierung und mittlere Produktkomplexität charakterisiert. Dabei wird überwiegend programmorientiert gefertigt, die die Komplexität in Bezug auf zeitliche Unsicherheiten auf ein beherrschbares Maß beschränkt. Die Fertigungstiefe ist mit 25 % - 50 % als relativ gering zu bezeichnen. Produziert wird vorwiegend in mittleren Serien auf Spezialmaschinen. Die Fertigungsorganisation ist durch die Gruppenfertigung geprägt. Die Größe der Segmente liegt zwischen 31 und 100 Mitarbeitern, wobei der Facharbeiteranteil zwischen 20 % und 60 % liegt und somit ein mittleres Qualifikationsniveau zu konstatieren ist. Der Autonomiegrad betrieblicher Funktionen ist als niedrig einzustufen.

Die Segmente des Typs E verfolgen durchweg die Strategie der Kostenführerschaft und sind durch eine geringe Produktkomplexität charakterisiert. Der kundenauftragsorientierte Auftragstyp führt zur Kleinserienproduktion, wobei eine Fertigungstiefe zwischen 25 % und 50 % vorliegt. Die Fertigungsorganisation ist durch die Fließfertigung gekennzeichnet. Die Betriebsmittelstruktur ist durch einen ausgewogenen Mix von Universal- und Spezialmaschinen charakterisiert. Die Größe der Segmente ist mit bis zu 30 Mitarbeitern als klein einzustufen. Dagegen herrscht in den Segmenten ein hohes Qualifikationsniveau vor, das sich in einem Facharbeiteranteil von über 60 % zeigt. Dagegen ist der Autonomiegrad betrieblicher Funktionen als niedrig zu bezeichnen, was zeigt, daß lediglich fertigungsnahe indirekte Funktionen auf direktes Fertigungspersonal übertragen wurden, jedoch eine weitergehende Restrukturierung indirekter Bereiche noch nicht eingeleitet wurde.

Im folgenden sollen die wesentlichen Aspekte, die bei der Integrationsentscheidung der einzelnen Materialflußelemente eine Rolle gespielt haben, diskutiert werden (vgl. Abb. 4-5). Der Wareneingangsbereich mit seinen Funktionen Warenannahme, Wareneingangsprüfung, Wareneingangslager stellt die Schnittstelle zwischen externen

Zulieferanten und innerbetrieblichem Transport, Materialbereitstellung sowie den Segmenten dar. Unter dem Gesichtspunkt der Konzentration auf die Wertschöpfung und Vermeidung von Verschwendung steht bei der Konzeption des Wareneingangsbereichs der Aspekt der Erreichung kurzer Materialdurchlaufzeiten im Vordergrund.

		Warenannahme	WE-Prüfung	WE-Lager	Bereitstellung	Fertigung	Zwischenlager	Montage	Prüfung	FE-Lager	Verpackung	Versand
wesentlich	1	Kurze Materialdurchlaufzeit	Koordinationsaufwand	Kurze Materialdurchlaufzeit	Kurze Materialdurchlaufzeit	Kurze Materialdurchlaufzeit	Bestandssenkung	Kurze Materialdurchlaufzeit	Kurze Informationsdurchlaufzeit	Bestandssenkung	Kurze Materialdurchlaufzeit	Flexibilität
	2	Auslastung der Mitarbeiter	Qualität der Funktionserfüllung	Auslastung der Bearbeitungsmaschinen	Bestandssenkung	Kurze Informationsdurchlaufzeit	Kurze Materialdurchlaufzeit	Flexibilität	Kurze Materialdurchlaufzeit	Kurze Materialdurchlaufzeit	Kurze Informationsdurchlaufzeit	Koordinationsaufwand
	3	Koordinationsaufwand	Qualifikation der Mitarbeiter	Auslastung der Mitarbeiter	Flexibilität	Flexibilität	Kurze Informationsdurchlaufzeit	Koordinationsaufwand	Flexibilität	Koordinationsaufwand	Flexibilität	Kurze Informationsdurchlaufzeit
	4	Kurze Informationsdurchlaufzeit	Kurze Materialdurchlaufzeit	Bestandssenkung	Kurze Informationsdurchlaufzeit	Koordinationsaufwand		Kurze Informationsdurchlaufzeit	Qualifikation der Mitarbeiter	Kostenzuordnung	Koordinationsaufwand	Auslastung der Mitarbeiter
unwesentlich	5	Qualität der Funktionserfüllung	Auslastung der Mitarbeiter	Flexibilität	Auslastung der Mitarbeiter	Qualifikation der Mitarbeiter	Koordinationsaufwand	Qualifikation der Mitarbeiter	Qualität der Funktionserfüllung	Kurze Informationsdurchlaufzeit	Auslastung der Mitarbeiter	Kurze Materialdurchlaufzeit

Abb. 4-5: Aspekte der Integration der Materialflußstrecke

Ziel ist die Implementierung einer differenzierten Beschaffungsstrategie. Hierbei sind die Teile zunächst nach Wertigkeit und gegebenenfalls Volumen (A-, B- und C-Teile) sowie nach den Kriterien der Stetigkeit und Vorhersagbarkeit des Teilebedarfs (XYZ-Analyse) zu ordnen.[1] Nachgeordnete Einflußgrößen bei der Konzeption des Wareneingangsbereichs ergeben sich aus dem Standort, dem Funktionsumfang, der Steuerungsform der Warenanlieferung und den Ausführungsmöglichkeiten der Warenanlieferung. In Bezug auf den Standort kann zwischen externem und internem Standort unterschieden werden, wobei der interne Standort zentral oder dezentral in den Segmenten angeordnet sein kann. Die Anordnung des Standorts extern basiert auf folgenden Überlegungen:

- Fremdvergabe sämtlicher Tätigkeiten, die nicht zum eigentlichen Wertschöpfungsprozess beitragen,
- Übertragung dieser Funktionen auf einen externen Logistikdienstleister,
- Weitergehende Automatisierung von Materialanlieferung und -bereitstellung und
- Minimierung von logistischem Aufwand.

Für einen internen Wareneingang sprechen die geringere Abhängigkeit von Dritten und somit die höchstmögliche Sicherheit bei der Materialversorgung und ein hohes Maß an Flexibilität bei kurzfristigen Änderungen. Hierzu sind jedoch sämtliche mit einem Wareneingang verbundenen Funktionen innerhalb eines Werkes durchzuführen, wobei in diesem Fall auf interne Lagerbereiche in der Regel nicht verzichtet werden kann. Gerade bei der Bestimmung des Funktionsumfanges ist es unter anderem ein Ziel, kosten- und zeitaufwendige Wareneingangsprüfungen zu vermeiden, indem die Qualitätssicherungsfunktionen auf den Lieferanten übertragen werden. Dies ist dem Abnehmer aber nur dann möglich, wenn er sich ein genaues Bild über die Qualitätsfähigkeit des Zulieferers machen kann. Neben verschiedenen Prüfmethoden (Erstmuster, Stichproben) und der Kaufteile-FMEA, die von Zulieferer und Abnehmer partnerschaftlich durchzuführen ist, liefert die Auditierung des Lieferanten in Form eines Sy-

[1] vgl. Wildemann, H. (1984), S. 84 f.

stem-Audits detaillierte Kenntnisse über die Wirksamkeit seines Qualitätssicherungssystems.[1] Zudem wird dem Abnehmer die Einflußnahme auf bestimmte Qualitätssicherungspraktizitäten ermöglicht. Um ein gleichbleibend hohes Qualitätsniveau sicherzustellen, ist die regelmäßige Auditierung des Lieferanten erforderlich. Als Steuerungsform der Materialanlieferung steht das verbrauchs- und bedarfsorientierte Steuerungsprinzip zur Verfügung. Zur Teileauswahl dient die Kombination der ABC-Analyse mit der XYZ-Analyse.[2] So weisen AX-, BX-, AY- und BY-Teile einen mittleren bis hohen Verbrauchs- und Vorhersagewert auf. Sie eignen sich daher besonders gut für eine verbrauchsorientierte Abrufsteuerung, beispielsweise nach dem 2-Behälter-KANBAN-System. Sie sind möglichst exakt zu steuern und einem ständigen Bestandscontrolling zu unterziehen. Dagegen ist bei AZ-, BZ-, CX-, CY- sowie CZ-Teilen der Verbrauchswert oder der Vorhersagewert niedrig. Bei niedrigem Verbrauchswert empfiehlt sich die Bevorratung der Teile als Schüttgüter in Greifkasten nahe am Arbeitsplatz. Die Bestandssteuerung erfolgt über Minimum-/Maximum-Bestände. Teile mit niedriger Vorhersagegenauigkeit bei hohem oder mittlerem Verbrauchswert, sollten eher sporadisch disponiert werden. Zur Vermeidung von Lieferzeitproblemen können Reservierungskonzepte greifen, die auf eine Reservierung von Kapazitäten beim Lieferanten hinauslaufen.[3] Bei der Anlieferungsform kann man zwischen einer gebündelten und ungebündelten Form unterscheiden. Eine ungebündelte Anlieferungsform liegt vor, wenn jeder Lieferant, bzw. ein beauftragter Spediteur, eigenständig anliefert. Die gebündelte Anlieferungsform teilt sich in eine systematische und eine unsystematische Bündelung. Im Rahmen der unsystematischen Bündelung werden Lieferungen eher zufällig nach Kriterien, wie optimale Fahrzeugauslastung oder Routenoptimierung zusammengestellt und meist von Verteilzentren der Speditionen vorgenommen. Dagegen werden bei der systematischen Bündelung Lieferungen nach den Vorgaben des Abnehmers bezüglich Art, Menge und Zeitpunkt, meist von einem Logistikdienstleister, vorgenommen. Zusammenfassend ist festzustellen:

---

1 vgl. Franke, H. (1987), S. 57; Franke, H. (1988), S. 439-453
2 vgl. Wildemann, H. (1988), S. 23 ff.
3 vgl. Wildemann, H. (1992 a), S. 279

- hochwertige, großvolumige oder segmentspezifische Teile sind von einem Lieferanten nach Möglichkeit fertigungsgerecht am Verbauort anzuliefern,
- für Teile mit mittlerer Wertigkeit und segmentübergreifender Verwendung ist die Abwicklung über einen Logistikdienstleister zu erwägen, der verbauortgerecht anliefern kann,
- gleiche Teile, die von einem Lieferanten oder einer von ihm beauftragten Spedition angeliefert werden, erfordern in der Regel die zentrale Wahrnehmung von Wareneingangsfunktionen,
- Schüttgüter und geringwertige Teile können bedarfsorientiert disponiert und über Logistikdienstleister verteilt werden.

Die Wareneingangsfunktion ist gerade vor dem Hintergrund der Strategie der Fertigungstiefenreduzierung für die Autonomie von Fertigungssegmenten nicht zu unterschätzen. Für segmentspezifische und hochwertige Teile ist den Segmenten die Dispostionskompetenz und ein Mitspracherecht bei der Lieferantenauswahl einzuräumen. Ebenso ist der Autonomieaspekt bei der Entscheidung über die Fertigungstiefe zu berücksichtigen. Segmentieren und integrieren des Materialflusses ist nicht automatisch gleichzusetzen mit einer Erhöhung der Fertigungstiefe. Wesentlich ist die Beachtung des Prinzips der Beeinflußbarkeit der zu verantwortenden Leistung und ihrer Bedeutung für das Kerngeschäft und die dazu notwendige Kernkompetenz.

Fertigungs- und Montageprozesse waren in tayloristischem Sinne bislang durch eine funktionsorientierte Spezialisierung gekennzeichnet. So wird die Produktion in der Regel nach dem Werkstattprinzip in verfahrenstechnische Organisationseinheiten (z.B. Stanzerei, Fräserei, Baugruppen-, Vor- und Endmontage) untergliedert. Charakteristisch für derartige Produktionsstrukturen ist die gemeinsame Nutzung von Fertigungskapazitäten durch unterschiedliche Produkte sowie eine starke Leistungsverflechtung innerhalb des Wertschöpfungsprozesses.[1] Diese Merkmale verrichtungsorientierter Produktionskonzepte stehen sowohl einer produktorientierten Optimierung von Durchlaufzeiten und Kosten als auch einer flußgerechten Gestaltung des

---

[1] vgl. auch Eidenmüller, B. (1991), S. 110 ff.;
Frese, E. (1990), S. 91 ff.

Materialflusses entgegen. Zur Erreichung der aus einer hohen Dynamik der Umwelt geforderten Anpassungs- und Reaktionsfähigkeit ist eine enorme Verkürzung der Zeitspanne von Auftragseingang bis zur Auslieferung notwendig. Deshalb wird als Gestaltungsaspekt insbesondere die Verkürzung sowohl der Material- als auch der Informationsdurchlaufzeit hervorgehoben. Ziel ist die Steigerung der Fließgeschwindigkeit innerhalb der gesamten produktorientierten logistischen Kette, wobei als Indikator der Durchlauffaktor herangezogen werden kann, der als Verhältnis von realer Produktionsdurchlaufzeit zu reiner Wertschöpfungszeit definiert ist.[1] Die Implementierung flußorientierter Produktionsstrukturen setzt die Synchronisation von qualitativen und quantitativen Kapazitäten voraus. Die kapazitative Harmonisierung der Kapazitätsquerschnitte stellt gewissermaßen den Idealtyp einer Fließproduktion dar. Durch eine Harmonisierung wird die Angleichung der Prozeßraten sichergestellt, so daß sich Liege- und Wartezeiten zwischen den einzelnen Bearbeitungsstufen vermeiden lassen.[2] Der vollständigen Harmonisierung sind in Stückgutprozessen kaum, in der Verfahrenstechnik jedoch häufig technologische Grenzen gesetzt. Deshalb werden im Vorfertigungsbereich quasi-objektorientierte Fertigungssegmente auf der Basis technologischer Abgrenzungskriterien gebildet, die sich in der Regel aus mehreren Produktionstechnologien zusammensetzen sowie das Fließprinzip auf ein begrenztes Teilespektrum beschränken, das weitestgehend komplett innerhalb dieser Segmente bearbeitet wird. Dabei zeigen sich die technologischen Grenzen meist in Spezialmaschinen mit großen Kapazitätsquerschnitten (Unteilbarkeit der Kapazität), geringer Umrüstflexibilität und geringer Prozeßsicherheiten sowie -beherrschung.[3] Spezialmaschinen mit großen Kapazitätsquerschnitten erfordern in der Regel die zentrale Anordnung sowie entsprechende Koordinationsmechanismen zur Beherrschung der Schnittstellen. Sie können aus Sicht des Segments einen nicht beeinflußbaren Engpaß darstellen, der den maximalen Output festlegt sowie ein hohes Risiko im Hinblick auf einen Ausfall bergen und damit die Autonomie der Segmente sehr stark einschränken. Eine Auflösung der Problematik ist in der Regel mit hohen

---

1 vgl. u.a. Gutenberg, E. (1983), S. 216; Wäscher, D. (1987), S. 304; Wildemann, H. (1992 a), S. 318
2 vgl. hierzu auch Eidenmüller, B. (1991), S. 117
3 vgl. hierzu auch Harmon, R./Peterson, L. (1990), S. 32 f.

Investitionen verbunden, weshalb kurzfristig lediglich ablauforganisatorische Regelungen Anwendung finden. Die Steigerung der Umrüstflexibilität hat neben der rein technischen Dimension, wie z.B. Einführung von speicherprogrammierbaren Steuerungen, Automatisierung des Werkzeug- und Greiferwechsels, vor allem eine arbeitsorganisatorische Dimension, die der konsequenten organisatorischen Trennung von Haupt- und Nebenzeiten im Umrüstablauf folgt. Diese Trennung basiert auf der Devise, alle Tätigkeiten, die nicht alle innerhalb der Anlage ausgeführt werden müssen, außerhalb zu erledigen. Durch sachliche und zeitliche Entkopplung von vorbereitenden Tätigkeiten, wie Werkzeugvoreinstellung und -justierung, aber auch nachbereitender Tätigkeiten, wie Werkzeugrücktransport vom eigentlichen Rüstvorgang, dem Werkzeugwechsel, können auf diese Weise bereits ein erheblicher Anteil von rüstbedingten Stillstandszeiten reduziert werden.[1] Folglich kann durch eine weitgehende Umwandlung interner Hauptzeiten in externe Nebenzeiten eine ablauforganisatorische Rationalisierung des Umrüstens erreicht und ein erhebliches Potential in Richtung Kapazitätsharmonisierung erschlossen werden. Daneben resultiert aus der wachsenden technischen Komplexität und Störanfälligkeit ein zunehmender Betreuungs-, Überwachungs- und Instandhaltungsbedarf, der sich ebenso, wie die Umrüstflexibilität in neuartigen Anforderungen hinsichtlich der Arbeitsorganisation widerspiegelt, die die Einführung teamorientierter Organisationsformen auf der Arbeitsorganisationsebene fördern. Ist trotz der diskutierten Maßnahmen kein harmonisierter Materialfluß zu realisieren, so besteht die Notwendigkeit der Entkopplung. Hierzu besteht die Möglichkeit der Installation von Entkopplungsmodulen. Sie sind dadurch gekennzeichnet, daß sie ursachenbezogen definiert, dimensioniert und zugeordnet werden, was bedeutet, daß es notwendig ist zu definieren, welche Art von Störungen zu puffern sind und bis zu welcher Größenordnung diese Störungen zugelassen werden sowie wer die Bestandsverantwortung übernimmt. Als Ablaufprinzip gilt in der Regel das FIFO-Prinzip. Somit ist stets transparent, welchen Grad an Verschwendung das Produktionssystem in sich birgt. Der Bestandspegel, als Ausdruck von noch nicht gelösten Problemen, macht jedem die Notwendigkeit und die Priorität der Problemlösung offensichtlich und setzt die Problemlösungsspirale in Gang.[2] Nicht zuletzt hat sich

---

[1] vgl. hierzu auch Shingo, S. (1981), S. 87 ff.; Wildemann, H. (1992 a), S. 125

[2] vgl. hierzu auch Wildemann, H. (1990), S. 19 f.; Imai, M.: KAIZEN, (1992), S. 21 ff.

die Integration der Materialflußstrecke auch im Fertigungslayout widerzuspiegeln. Ziel ist die Realisierung eines produktorientierten Layouts und somit die Bildung von integrierten Fabriken in der Fabrik. Dabei gilt es unter dem Primat des Fließprinzips, der Komplettbearbeitung sowie der räumlichen Konzentration die Hauptprozesse in der Wertschöpfungskette durch die Bildung von internen Kunden-Lieferanten-Beziehungen unmittelbar miteinander zu verknüpfen.[1] Als besonders vorteilhaft hat sich in der Praxis die Strukturierung als U-förmiges, bzw. mehrfach U-förmiges Layout erwiesen.[2] Neben den Vorteilen, wie Vermeidung unnötiger Transporte durch Minimierung von Wegen, Senkung der Umlaufbestände, Vermeidung von Mehrfachhandlung von Werkstücken und Senkung der Durchlaufzeit bietet diese Form der Layoutgestaltung letztendlich arbeitsorganisatorische Gestaltungsspielräume wie Mehrfachbedienung, aber auch für Gruppenorganisation. Neben der eigentlichen Anordnung der Betriebsmittel hat die fertigungssegmentgerechte Layoutgestaltung zusätzliche Rahmenbedingungen zu beachten. So erfordert ein produktorientiertes Layout die Berücksichtigung dezentraler Puffer oder Entkopplungsmodule sowie definitive Puffer am Arbeitsplatz für Norm- und Kleinteile mit stetigem Verbrauch. Eine produktionssynchrone Anlieferung von Kaufteilen am Verbauort bedarf nicht nur der Dezentraliserung des Wareneingangs, sondern auch der Planung von Anfahrtswegen und Anlieferzonen. Unter dem Aspekt der Autonomie ist eine weitgehend arbeitsplatznahe Lagerung von Fertigungshilfsmitteln und Werkzeugen vorzusehen. Darüber hinaus bedarf es der räumlichen Nähe von das Segment unmittelbar begleitenden indirekten Funktionen. Insgesamt bleibt festzuhalten, daß ein produktorientiertes Layout nicht nur die Voraussetzung für die Vermeidung von Verschwendung schafft, sondern auch einen hohen Autonomiegrad unterstützt.

Ziel jeglicher organisatorischer Maßnahmen in der Produktion in Bezug auf Qualität muß es sein, Fehler von Anfang an zu vermeiden, so daß Nacharbeit überflüssig wird. Dabei wird von dem Grundsatz ausgegangen, daß Qualität nicht erprüft, sondern produziert werden muß und somit die prozessuale Komponente von Qualität in-

---

1 vgl. Suzaki, K. (1989), S. 45

2 vgl. Harmon, R.L./Peterson, L.D. (1990), S. 159

nerhalb des Produktionsprozesses deutlich wird.[1] Vor diesem Hintergrund gewinnen Qualitätssicherungsstrategien, wie die Selbstkontrolle der Qualität, die das Tätigkeitsspektrum durch die Integration von Prüfprozeduren anreichern und die persönliche Qualitätsverantwortung steigern, zunehmend an Bedeutung. Dies führt dazu, daß nicht nur Prüffelder den Segmenten zugeordnet werden, sondern daß die Mitarbeiter in den Segmenten in die Lage versetzt werden, die Ergebnisse ihrer Arbeit selbst zu beurteilen und geeignete Maßnahmen zur Sicherstellung der Qualität zu treffen. Hierzu ist die Verknüpfung von technischen Maßnahmen (Einführung statistischer Prozeßregelung = SPC) und organisatorisch-personellen Maßnahmen (unmittelbare Rückkopplung, Qualifikation, Gruppenorganisation) notwendig, die zu einer optimalen Gesamtlösung führen.

Vor dem Hintergrund einer kundenorientierten Fertigung verliert das Fertigwarenlager an Gewicht, zumal in einem solchen Lager Produkte auf der höchsten Wertschöpfungsstufe gelagert werden und die Erfahrung zeigt, daß letztendlich nur Produkte auf Lager sind, die der Kunde gerade nicht will. Ziel der Fertigungssegmentierung ist es deshalb, die Produktion so auszurichten, daß eine unmittelbare Erfüllung von Kundenwünschen möglich wird. Ausnahmen können die definierte Bevorratung von Exoten oder die befristete Bevorratung zwecks Komplettierung größerer Kundenaufträge sein. Die Bestandsverantwortung ist allerdings in der Regel dem jeweiligen Segment zuzuordnen. Ebenso ist auf die Transparenz bei der Lagerstrukturierung zu achten, die auf die Vermeidung von Zähl- und Umpackvorgängen, die Einrichtung von ABC-Zonen entsprechend der Ausgangshäufigkeit sowie eine Minimierung des Raum- bzw. Flächenbedarfs auszurichten ist.[2]
Die Integration von Verpackung und Versand erhöht vor allem bei einer kundenspezifischen Segmentierung das Flexibilitätspotential durch Senkung des Koordinationsaufwandes und der Infomationsdurchlaufzeiten. Hierzu bietet sich die Integration des Versandes in ein Auftragsabwicklungszentrum an, in dem alle administrativen Prozesse von der Auftragsbearbeitung bis zur Versandabwicklung gebündelt werden. Eine zentrale Versandabwicklung ist dann vorteilhaft, wenn eine Bündelung von Pro-

[1] vgl. Oess, A. (1989), S. 58 ff.
[2] vgl. hierzu Harmon R.L./Peterson, L.D. (1990), S. 181 ff.

dukten zur Komplettierung von Kundenaufträgen notwendig ist. Insgesamt ist im Rahmen der Integration ein stufenweises Vorgehen zu beobachten, wobei der Integrationsgrad deutlich mit der Größe des Segments und dem Grad an Kundenorientierung korreliert.[1] Ausgangspunkt für die Segmentierung bildet im Regelfall die Montage. In der Ausbreitungsphase werden dann sukzessive die mechanischen, bzw. Vorfertigungsbereiche miteinbezogen. Dabei führen in den Vorfertigungsbereichen vor allem entsprechend hohe Kapazitätsanteile zu einer Produktorientierung. Ansonsten werden zunächst für eine Übergangsphase quasi-objektorientierte Fertigungssegmente auf der Grundlage technologischer Abgrenzungskriterien gebildet. Erst in einem letzten Schritt werden logistische Funktionen in die Segmente integriert.

4.3.1.2. Gestaltungsprinzipien und -kriterien

Die empirische Analyse zeigt, daß alle der Fertigungssegmentierung zugrundeliegenden Gestaltungsprinzipien für die einzelnen Integrationstypen von Bedeutung sind.[2] Es bleibt aber zu prüfen, welches Gewicht die einzelnen Gestaltungsprinzipien für die jeweiligen Integrationstypen haben und welche Gestaltungskriterien im Rahmen der Strukturierung eine Rolle gespielt haben (vgl. Abb. 4-6 a-e). Der Integrationstyp A verfolgt eine ausgeprägte Differenzierungsstrategie, wobei hohe Qualität in den untersuchten Segmenten mit Differenzierungsstrategie eine Wettbewerbspriorität darstellt. Die Effizienz dieser Strategie wird durch Ergebnisse aus der PIMS-Datenbank bestätigt, wonach das Anbieten hoher Qualität den sichersten Weg darstellt, Marktanteile aufzubauen und zu verteidigen sowie Synergieeffekte derart zu erzielen, daß Innovationen bei Produkten mit überlegener Qualitätsposition erfolgreicher sind als bei qualitativ minderwertigen Produkten.[3] Deshalb ist es nur folgerichtig, wenn im Rahmen der Fertigungssegmentierung dem Qualitätsaspekt ein besonderes Augen-

1 vgl. Wildemann, H. (1992 a), S. 145
2 zur Beschreibung der Gestaltungsprinzipien der Fertigungssegmentierung vergleiche Kapitel 2
3 vgl. Meyer, J. (1987), S. 105-127

Gestaltungsprinzipien

Gestaltungsprinzipien \ Bedeutung (gering 1 2 3 – mittel 4 5 – hoch 6 7)	Wert	Standardabweichung
Selbstkontrolle der Qualität	5,7	0,9
Teamorientierung	5,3	0,9
Flußoptimierung	5,1	1,3
Konzentration der Betriebsmittel mit variablem Layout	5,0	0,7
Selbststeuernde Regelkreise	5,0	1,4
Komplettbearbeitung von Teilen und Baugruppen	5,0	1,6
Kleine Kapazitätsquerschnitte	4,3	0,9
Entkopplung von Mensch und Maschine	2,5	0,5

Gestaltungskriterien

Gestaltungskriterien \ Bedeutung (gering 1 2 3 – mittel 4 5 – hoch 6 7)	Wert	Standardabweichung
Fertigungsablauf	6,0	0,6
Produkttypen	5,7	0,5
Losgrößen	5,5	1,2
Stückzahl / Volumen	4,8	1,7
Wettbewerbsfaktoren	4,7	1,4
Produktmix	4,4	1,2
Absatzstruktur	3,4	2,0

Abb. 4-6a: Gestaltungsprinzipien und -kriterien Typ A

Gestaltungsprinzipien

Gestaltungsprinzipien / Bedeutung (gering 1 2 3 – mittel 4 5 – hoch 6 7)	Bedeutung	Standardabweichung
Flußoptimierung	6,7	0,5
Selbststeuernde Regelkreise	6,7	0,5
Selbstkontrolle der Qualität	6,7	0,5
Teamorientierung	6,5	0,9
Komplettbearbeitung von Teilen und Baugruppen	5,5	1,3
Entkopplung von Mensch und Maschine	4,7	1,3
Konzentration der Betriebsmittel mit variablem Layout	4,7	1,6
Kleine Kapazitätsquerschnitte	3,8	1,2

Gestaltungskriterien

Gestaltungskriterien / Bedeutung (gering 1 2 3 – mittel 4 5 – hoch 6 7)	Bedeutung	Standardabweichung
Wettbewerbsfaktoren	5,7	1,5
Fertigungsablauf	5,4	2,0
Losgrößen	5,0	1,6
Stückzahl / Volumen	4,3	1,4
Produkttypen	4,0	1,7
Absatzstruktur	3,8	1,8
Produktmix	3,0	1,5

Abb. 4-6b: Gestaltungsprinzipien und -kriterien Typ B

Gestaltungsprinzipien

Gestaltungsprinzipien \ Bedeutung (gering 1 2 3 – mittel 4 5 – hoch 6 7)	Bedeutung	Standardabweichung
Flußoptimierung	7,0	0
Komplettbearbeitung von Teilen und Baugruppen	6,8	0,3
Selbststeuernde Regelkreise	6,8	0,3
Konzentration der Betriebsmittel mit variablem Layout	5,5	1,3
Teamorientierung	5,4	0,7
Selbstkontrolle der Qualität	5,2	0,6
Kleine Kapazitätsquerschnitte	4,7	0,7
Entkopplung von Mensch und Maschine	2,9	0,3

Gestaltungskriterien

Gestaltungskriterien \ Bedeutung (gering 1 2 3 – mittel 4 5 – hoch 6 7)	Bedeutung	Standardabweichung
Fertigungsablauf	7,0	0
Produktmix	6,8	0,7
Produkttypen	6,1	0,3
Losgrößen	6,0	0
Stückzahl / Volumen	5,3	0,7
Wettbewerbsfaktoren	5,0	0
Absatzstruktur	3,6	0,7

Abb. 4-6c: Gestaltungsprinzipien und -kriterien Typ C

Gestaltungsprinzipien

Gestaltungsprinzipien \ Bedeutung	gering – mittel – hoch (1 2 3 4 5 6 7)	Standardabweichung
Komplettbearbeitung von Teilen und Baugruppen	7,0	0
Selbstkontrolle der Qualität	6,4	0,9
Teamorientierung	6,2	1,4
Selbststeuernde Regelkreise	6,1	1,4
Konzentration der Betriebsmittel mit variablem Layout	6,0	0
Kleine Kapazitätsquerschnitte	5,7	0,4
Flußoptimierung	4,9	1,9
Entkopplung von Mensch und Maschine	1,9	1,4

Gestaltungskriterien

Gestaltungskriterien \ Bedeutung	gering – mittel – hoch (1 2 3 4 5 6 7)	Standardabweichung
Fertigungsablauf	7,0	0
Produkttypen	6,7	0,5
Losgrößen	6,1	1,2
Stückzahl / Volumen	5,7	0,5
Produktmix	3,0	1,7
Wettbewerbsfaktoren	2,4	1,9
Absatzstruktur	1,9	1,2

Abb. 4-6d: Gestaltungsprinzipien und -kriterien Typ D

Gestaltungsprinzipien

Gestaltungsprinzipien \ Bedeutung	Bedeutung (gering 1 2 3 – mittel 4 5 – hoch 6 7)	Standardabweichung
Flußoptimierung	7,0	0,4
Komplettbearbeitung von Teilen und Baugruppen	6,3	0,3
Konzentration der Betriebsmittel mit variablem Layout	6,3	0,3
Selbstkontrolle der Qualität	6,2	0,2
Teamorientierung	6,2	0,2
Kleine Kapazitätsquerschnitte	6,1	0,1
Entkopplung von Mensch und Maschine	6,0	0
Selbststeuernde Regelkreise	4,0	0

Gestaltungskriterien

Gestaltungskriterien \ Bedeutung	Bedeutung (gering 1 2 3 – mittel 4 5 – hoch 6 7)	Standardabweichung
Fertigungsablauf	7,0	0
Stückzahl / Volumen	6,4	0,4
Losgrößen	6,0	0
Produktmix	5,3	0,3
Absatzstruktur	5,3	0,5
Produkttypen	4,5	0,3
Wettbewerbsfaktoren	4,2	0,2

Abb. 4-6e: Gestaltungsprinzipien und -kriterien Typ E

merk gewidmet wird. Als Qualitätssicherungsstrategie stand hierbei die Anhebung des Leistungsergebnisses durch motivatorische Verstärkungseffekte (Selbstkontrolle) und strukturelle Änderungen der Verantwortungsbereiche (Qualitätsverantwortung) im Vordergrund. Dem Prinzip der Selbstkontrolle der Qualität liegt die Erkenntnis zugrunde, daß im allgemeinen die Behebung fehlerhafter Teile am Entstehungsort am kostengünstigsten vollzogen werden kann.[1] Unterstützt wird dieses Prinzip durch die Teamorientierung, die die Verantwortung für Produkt und Prozeß gesamthaft auf eine Gruppe überträgt, die im Sinne von Kunden-Lieferanten-Beziehungen in die gesamte Fertigungsorganisation eingebunden sind und somit ein Regelkreissystem mit negativen Rückkopplungsmechanismen bilden, das die Addition von Fehlern über den gesamten Fertigungsprozeß verhindert, da jedes Team an der Lieferung nur einwandfreier Leistungen interessiert ist. Als drittes wesentliches Gestaltungsprinzip stand beim Typ A die Flußoptimierung im Vordergrund (vgl. Abb. 4-6 a). Somit korrespondieren beim Integrationstyp A die mit der Reorganisation verbundenen Zielsetzungen mit den primär relevanten Gestaltungsprinzipien. Im Rahmen der Abgrenzungskriterien stand vor allem der Fertigungsablauf und die Abgrenzung von Produkttypen im Vordergrund. Bei der von Materialflußuntersuchungen und -planungen abgeleiteten und fertigungsablauforientierten Gestaltung werden Bearbeitungssequenzen gebildet und die wichtigsten Bearbeitungsfolgen zu Arbeitsganggruppen zusammengefaßt.[2]
Im Gegensatz zur Teilefamilienbildung, die weitestgehend nach fertigungstechnischen Gesichtspunkten auf der Einzelteilebene oder Arbeitsgangebene erfolgt, erfordert die Fertigungssegmentierung weitergehende Strukturierungsprinzipien, die der geforderten Produktorientierung gerecht werden. Dem Integrationstyp A liegt als Kriterium die Abgrenzung nach Produkttypen zugrunde. Die fertigungsablauforientierte Gestaltung zielt dann auf die weitestgehende Realisierung des Fließprinzips für die jeweiligen Typen.

Die Gestaltungsprinzipien der Flußoptimierung, der Bildung selbststeuernder Regelkreise und der Selbstkontrolle der Qualität sind beim Integrationstyp B dominierend (vgl. Abb. 4-6 b). Auch der Typ B ist durch eine Differenzierungsstrategie geprägt, so

---

[1] vgl. Wildemann, H. (1992 a), S. 305
[2] vgl. Heinz, K./Burkhardt, M. (1985), S. 733-739

daß die Qualität in den anzuwendenden Gestaltungsprinzipien Berücksichtigung finden muß. In Bestätigung zu den für den Integrationstyp A aufgestellten Thesen erlangt auch hier das Prinzip der Selbstkontrolle in Verbindung mit der Teamorientierung große Bedeutung. Um den Anforderungen hinsichtlich Reaktionsfähigkeit und -geschwindigkeit, die aus dem überwiegend kundenauftragsorientierten Auftragstyp resultieren, gerecht zu werden, kommt das Prinzip der Flußoptimierung zum Tragen. Als flankierendes Gestaltungsprinzip zur Flußoptimierung ist insbesondere vor dem Hintergrund einer überwiegenden Großserienfertigung das Prinzip der selbststeuernden Regelkreise zu sehen. Nach Fließprinzipien gestaltete Segmente ziehen zwangsläufig neue Steuerungskonzepte nach sich, die eine Vereinfachung der Informations- und Koordinationsaufgaben zum Ziel haben und auf generellen Regelungen basieren, die eigenverantwortlich strikt einzuhalten sind[1]. Mit selbststeuernden Regelkreisen können somit Materialfluß und Informationsfluß optimiert werden und zu einer zunehmenden Transparenz des betrieblichen Geschehens beitragen.[2] Als Abgrenzungskriterien stehen neben dem Fertigungsablauf die Ausrichtung nach spezifischen Wettbewerbsfaktoren im Vordergrund.

Der Integrationstyp C verfolgt eine Kostenführerschaftsstrategie. Das Gestaltungsprinzip der Flußoptimierung unterstützt diese Strategie insofern, als sich dadurch Bestandsreduzierungen und damit eine Senkung der Kapitalbindungskosten als auch geringere Aufwendungen für Informationen zur Koordination der Abläufe (Koordinationskosten) realisieren lassen. Verstärkt wird dieser Aspekt durch die Einführung selbststeuernder Regelkreise. Durch das Gestaltungsprinzip der Komplettbearbeitung von Teilen und Baugruppen soll der aufgrund der kundenspezifischen Auftragsfertigung notwendige Grad an Kundenorientierung erreicht werden, der im wesentlichen durch eine hohe Komplexitität und strikte zeitliche Anforderungen nicht durchgängig über die gesamte logistische Kette möglich ist, zumindest im Montagebereich realisiert werden. Ferner trägt die Komplettbearbeitung von Teilen und Baugruppen zu einer Reduzierung von Übergangs- und Lieferzeiten und damit der gesamten Durchlaufzeit bei. Außerdem läßt sich durch die Übertragung der Verantwortung für die

---

1 vgl. Wildemann, H. (1992 a), S. 301 f.

2 vgl. Hohmann, R./Sokianos, N. (1985), S. 62

komplette Bearbeitung der Gesamtsteuerungsaufwand senken, da Dispositions- und Steuerungsaufgaben von den Segmentmitarbeitern autonom durchgeführt werden können. Als Abgrenzungskriterien kommen neben dem Fertigungsablauf insbesondere der zur Komplettbearbeitung erforderliche Produktmix als auch abgrenzbare Produkttypen zur Anwendung (vgl. Abb. 4-6 c).

Dominantes Gestaltungsprinzip des Integrationstypen D ist die Komplettbearbeitung von Teilen und Baugruppen. Aufgrund der vorherrschenden Prozeßtechnologie tritt die Bedeutung der Flußoptimierung in den Hintergrund. Vielmehr wird versucht, durch eine sinnvolle Unterteilung des Fertigungsprozesses Produktionsabschnitte zu bestimmen, für die Teams verantwortlich sind. Dafür werden ihnen im Sinne des Prinzips der Komplettbearbeitung auch bisher ausgegliederte Funktionen, Hilfsmittel und Werkzeuge zugeordnet, so daß die Segmente die volle Verantwortung für Anlagen, Prozesse, Liniensteuerung, Beschaffung und Einsatz von Programmaterialien, Optimierung der Prozesse im Sinne eines kontinuierlichen Verbesserungsprozesses und letztendlich für die gesamte Produktionsqualität und die Kosten. Als weitere Gestaltungsprinzipien erlangen die Selbstkontrolle der Qualität und die Teamorientierung Bedeutung, was wiederum auf den hohen Stellenwert der Qualität zurückzuführen ist (vgl. Abb. 4-6 d). Die Teamorientierung ist aber auch zum einen eine Antwort auf den technologischen Wandel, der es erfordert, als Erster mit innovativen Ideen auf den Markt zu kommen, neue Produkte zu entwickeln, und während deren Produktion abläuft, bereits die nächste Produktgeneration ins Auge zu fassen. Die daraus resultierenden kürzeren Produktlebenszyklen verlangen schnellere Reaktionszeiten. Für die Mitarbeiter werden die Aufgaben vielschichtiger und anspruchsvoller. Gefordert ist der hoch motivierte und gut ausgebildete Mitarbeiter, der Aufgaben und Produkt gut kennt, um den Prozeß zu regeln und zu überwachen sowie auftretende Störungen selbständig zu beseitigen. Zum anderen reflektiert die Teamorientierung auch einen zu beobachtenden Wertewandel, der die Bedürfnisse der Mitarbeiter nach mehr Kommunikation und Kooperation sowie noch interessanterer Arbeitsinhalte gerecht wird. Damit wird es möglich, durch Anwendung der Gestaltungsprinzipien und -kriterien der Fertigungssegmentierung auch in einer durch kontinuierliche Prozesse gekennzeichneten Produktion die Nachteile einer hohen Arbeitsteilung mit vielen Schnittstellen, langen Durchlaufzeiten und einer unklaren Kompetenzverteilung aufzuheben und positive Ergebnisse im Hinblick auf den Fertigungsfluß und die Qualität der Produkte zu erzielen.

Den Integrationstyp E repräsentieren Segmente, die nur eine teilweise Integration durchgeführt haben, durch eine kundenauftragsorientierte Kleinserienfertigung charakterisiert sind und die Strategie der Kostenführerschaft verfolgen. Um der Strategie der Kostenführerschaft gerecht zu werden, werden relativ kleine Segmente, die nach Fertigungsablauf und Stückzahl abgegrenzt werden, gebildet. Als Gestaltungsprinzip kommen insbesondere die Flußoptimierung, die Komplettbearbeitung von Teilen und Baugruppen und die Konzentration der Betriebsmittel mit variablem Layout zur Anwendung (vgl. Abb. 4-6 e). Die ablauforientierte räumliche Konzentration der Betriebsmittel führt zur Entstehung von Produktionslinien, die durch das Fließprinzip und die Komplettbearbeitung charakterisiert sind. Im Gegensatz zu einer Werkstattfertigung wird auf diese Weise der Informationsaustausch sowie der Materialtransport zwischen den Bearbeitungsstellen vereinfacht und beschleunigt. Durch die Einführung des Holprinzips wird zusätzlich die Anzahl der Steuerungsimpulse drastisch reduziert und ein negativer Rückkopplungsmechanismus installiert. Es besteht ein enger optischer und akustischer Kontakt zwischen den Mitarbeitern, der die Störanfälligkeit verringert und Handlingskosten einsparen hilft. Die Verwirklichung eines variablen Layouts schafft zusätzliche Flexibilität, da auch bei wechselnden Produktionsprogrammen ohne hohe Kosten eine optimale Ausrichtung der Maschinenanordnung erfolgen kann. Grenzen ergeben sich lediglich aus Handhabungsgesichtspunkten (z.B. Gewicht der Materialien) oder vorhandenen räumlichen Distanzen zwischen Bearbeitungsstellen.[1] Darüber hinaus schafft die enge räumliche Anordnung der Betriebsmittel die Voraussetzung für die Einführung der Gruppenorganisation mit einem selbständigen Arbeitsplatzwechsel. Fertigungsnahe indirekte Funktionen lassen sich daher integrieren und in räumlicher Nähe zur Produktion ansiedeln, um kurze Wege im Tagesgeschäft zu ermöglichen.

---

[1] vgl. Wildemann, H. (1992 a), S. 299

Zusammenfassend zeigt sich, daß die Flußoptimierung das dominierende Gestaltungsprinzip im Rahmen der Fertigungssegmentierung ist. Um eine Flußoptimierung zu erreichen, sind Segmente zu schaffen, die entsprechend dem Fertigungsablauf abgegrenzt sind. Dabei gilt jedoch nicht, Teilefamilien zu identifizieren, sondern entsprechend dem übergeordneten Prinzip der Produktorientierung tragfähige Produkttypen mit spezifischen erfolgskritischen Wettbewerbsfaktoren abzugrenzen. In den Mittelpunkt der Reorganisationsmaßnahmen wird der Mitarbeiter gerückt, was an der hohen Bedeutung der Gestaltungsprinzipien der Selbstkontrolle der Qualität, durch das dem Mitarbeiter die Qualitätsverantwortung übertragen wird und der Teamorientierung ablesen läßt. Durch die Prinzipen der Komplettbearbeitung von Teilen und Baugruppen sowie der Konzentration der Betriebsmittel mit variablem Layout werden die vorangegangenen Prinzipien noch unterstützt. In der Implementierung selbsteuernder Regelkreise spiegelt sich der Grundsatz der Redelegation von Kompetenz und Verantwortung wider. Zum anderen beinhalten selbsteuernde Regelkreise einen negativen Rückkopplungsmechanismus, der zur Stabilität von Systemen einen wesentlichen Beitrag leisten kann.[1] Von relativ untergeordneter Bedeutung bleiben das Prinzip der kleinen Kapazitätsquerschnitte und das Prinzip der Entkopplung von Mensch und Maschine. Trotzdem sind diese Prinzipien bei keiner Reorganisation zu vernachlässigen, da zum einen kleine Kapazitätsquerschnitte die Voraussetzung für eine Harmonisierung der Kapazitäten und damit zur Realisierung des Fließprinzips schaffen sowie zum anderen eine gewisse Entkopplung von Mensch und Maschine als Notwendigkeit zu betrachten, um eine Anreicherung der Aufgabeninhalte durch Übertragung indirekter Funktionen zu ermöglichen.

Eine Reorganisation im Sinne der Fertigungssegmentierung ist insgesamt durch die Anwendung sämtlicher Gestaltungsprinzipien charakterisiert, wobei in Abhängigkeit von vorhandenen internen Voraussetzungen und der externen Situation die Gestaltungsprinzipien mit einer unterschiedlichen Gewichtung zur Anwendung kommen.

---

[1] vgl. Vester, F. (1983), S. 61

4.3.1.3. Technologieplanung und Investitionsschwerpunkte

Die im Rahmen der Fertigungssegmentierung angestrebte Vereinfachung der betrieblichen Abläufe ist nicht allein über betriebliche Reorganisationsmaßnahmen abzudecken, sondern ist durch eine gezielte Investitionsstrategie zu ergänzen. So erfordert z.B. die Realisierung des Fließprinzips und die Entflechtung der Kapazitäten Betriebsmittel mit kleinen Kapazitätsquerschnitten. Hinzu kommt die Forderung nach einer höheren Flexibilität, wobei unter Flexibilität die Fähigkeit verstanden werden soll, sich an veränderte Umweltbedingungen anzupassen und damit dazu dient, auf der einen Seite Marktrisiken auszugleichen, aber auch, auf der anderen Seite, die Möglichkeit eröffnet, zusätzliche Chancen zu nutzen, die sich im Wettbewerb bieten.[1] Um dieser Forderung gerecht zu werden, bedarf es der Installation flexibler Betriebsmittel an entsprechenden Schlüsselstellen im Segment. Aber nicht nur neue Anforderungen hinsichtlich der Betriebsmittelausstattung sind in der Investitionsstrategie zu berücksichtigen. Auch aufgrund der einem Segment zu gewährenden Autonomie resultiert die Notwendigkeit, in der Investitionsstrategie die Umfeldorganisation miteinzubeziehen. So werden Investitionen hinsichtlich der Ausstattung der Segmente mit Werkzeugen, Fertigungshilfsmitteln, Hilfsmitteln bezüglich Instandhaltung, Rüsten und Qualitätssicherung erforderlich. Die informatorische Einbindung der Segmente im Sinne einer Prozeßorientierung und einer verstärkten horizontalen Kommunikation verfolgt das Ziel, Schnittstellen zu minimieren sowie den Informationsfluß sicherer und schneller zu machen.[2] Dazu bedarf es der Implementierung und Integration moderner Informations- und Kommunikationssysteme, die zum Teil Gegenstand einer entsprechenden Technologieplanung sein müssen.

Im Hinblick auf die Investitionsschwerpunkte liegt der Schwerpunkt beim Integrationstyp A bezüglich der Betriebsmittelstruktur auf der Anschaffung neuer Anlagen mit kleineren Kapazitätsquerschnitten. (vgl. Abb. 4-7). Ebenso weist der Integrationstyp B einen hohen Anteil von Investionen in neue Anlagen mit kleinen Kapazitätsquerschnit-

---

[1] vgl. Reichwald, R./Behrbohm, P. (1983), S. 831-853;
Wildemann, H. (1986), S. 92

[2] vgl. Wildemann, H. (1992 a), S. 107 ff.

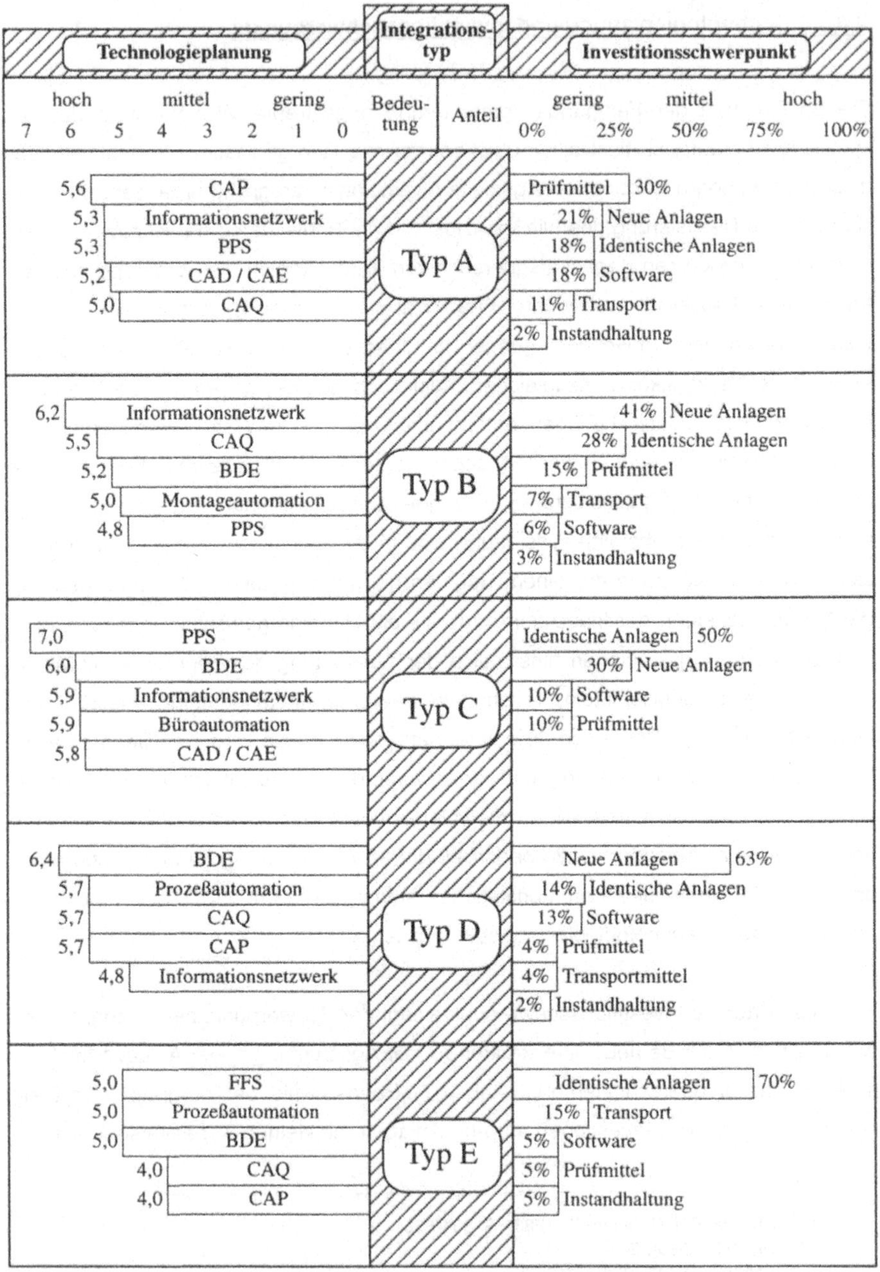

Abb 4-7: Technologieplanung und Investitionsschwerpunkte

ten auf (41 %). In beiden Fällen handelt es sich um die am weitestgehenden integrierten Segmente. Durch eine gezielte Investionsstrategie wurde dabei die Segmentierungsstrategie unterstützt. Darüber hinaus zeichnet sich insbesondere der Integrationstyp A durch entsprechend hohe Investionen in Prüfmittel aus (30 %). Dieser Anteil korrespondiert mit der aus der ausgerägten Differenzierungsstrategie resultierenden Qualitätsstrategie. Ihren Niederschlag findet diese Strategie ebenso wie die zusätzlich zu berücksichtigenden zeitlichen Anforderungen in der Technologieplanung. Dabei liegt der Schwerpunkt auf der Installation von Informationsnetzwerken und modernen Produktionsplanungs- und Steuerungssystemen. Die Einführung statistischer Prozeßregelung (SPC) und selbststeuernder Regelkreise, die einen sicheren und schnellen Datenaustausch erforderlich machen, werden erst durch diese modernen Kommunikationssysteme ermöglicht. Ähnliche Schwerpunkte im Rahmen der Technologieplanung sind auch für den Integrationstyp B zu konstatieren. Daraus läßt sich die These formulieren, daß mit zunehmendem Integrationsgrad der logistischen Kette die Bedeutung der informatorischen Integration zur Erschließung der Erfolgspotentiale zunimmt. Dies bedeutet, daß die größten Wirkungspotentiale durch eine synchronisierte Integration von Informations- und Materialfluß erreicht werden.[1]

Die Integrationstypen, die einer Kostenführerschaftsstrategie folgen (Typ C und E), verfolgen dagegen eine andere Investitionsstrategie. Hier liegt der Schwerpunkt eindeutig in der Investition in neue Anlagen mit zum Teil größerer Kapazität, um Effekte der Mengendegression auszunutzen. Weitere Schwerpunkte in der Technologieplanung bilden beim Typ C Produktionsplanungs- und Steuerungssysteme (PPS), unterstützt durch detaillierte Betriebsdatenerfassung (BDE). Die daraus resultierende umfassende Datenbasis soll nicht nur zur exakten Planung und Steuerung dienen, sondern durch gezielte Aufbereitung in modernen Datenbanksystemen zum Aufbau eines segmentübergreifenden Informationsnetzwerkes beitragen. Die Technologieplanung des Integrationstyps E weist auf eine intensive Automatisierungsstrategie hin. Aufgrund der Kostenführerschaftsstrategie ist von dem Segment vor allem eine hohe Produktivität und Zuverlässigkeit sicherzustellen. Deshalb ist neben der Durchgängigkeit der Daten von der Konstruktion bis zur Fertigung, zur Erlangung einer hohen Effi-

---

[1] vgl. hierzu auch Wildemann, H. (1991), S. 45 ff.

zienz, ein Fertigungssystem, wie z.B. FFS, erforderlich, das bei entsprechenden Stückzahlen die notwendige Stückkostendegression realisiert. Deshalb bewirkt die Steigerung des Automatisierungsgrades bei Flexiblen Fertigungssystemen (FFS) eine hohe Einsparung an Personalkosten, aber auch einen überproportionalen Anstieg des Kapitaleinsatzes.[1] Deshalb wird die zeitliche Nutzung bei kapitalintensiven hochautomatisierten Betriebsmitteln zum kritischen Faktor für die Wirtschaftlichkeit. Die jährliche Nutzungszeit läßt sich durch Entkopplung von Mensch und Maschine (z.B. Loslösung von Arbeitszeit, Wegfall von Unterbrechungszeiten) erheblich steigern.[2] Daneben ist eine hohe Anlagenverfügbarkeit sicherzustellen, die neben einer Automatisierung der Produktüberwachung auch eine Automatisierung des Materialflusses miteinschließt.[3] Das wird beim Integrationstyp E durch einen hohen Anteil an Investitionen in den innerbetrieblichen Transport bestätigt. Der Integrationstyp D verfolgt die Investitionsstrategie, durch Beschaffung neuer Anlagen mit kleinen Kapazitätsquerschnitten das Fließprinzip zu realisieren. Im Rahmen der vom Markt geforderten Innovations- und Reaktionsfähigkeit wird eine weitere Prozeßautomatisierung angestrebt. Die Beherrschung dieser Technologien erfordert neben hochqualifizierten Mitarbeitern die Bereitstellung der für eine schnelle Diagnostizierung und Beseitigung von Störungen notwendigen Infomationen, weshalb die Betriebsdatenerfassung eine wesentliche Rolle in der Technologieplanung spielt. Zusammenfassend zeigt sich, daß Investitionen in neue Anlagen mit kleinen Kapazitätsquerschnitten eine wesentliche Voraussetzung für einen hohen Integrationsgrad sind. Darüber hinaus erfordert ein hoher Integrationsgrad neben der vorangegangenen Vereinfachung der Abläufe die informatorische Berücksichtigung in der Technologieplanung unter Nutzung moderner Informations- und Kommunikationssysteme (CIM-Technologien). Die jeweils verfolgten Wettbewerbsstrategien schlagen sich auch in der Investitionsstrategie und Technologieplanung nieder. So sind im Rahmen der Differenzierungsstrategie besondere Anforderungen im Hinblick auf Anpassungs- und Innovationsfähigkeit bei gleichzeitig hoher Qualität zu erfüllen. Dies schlägt sich insbesondere in der technologischen Abdeckung der Prozeßketten für CAD/CAM/CAE und CAQ nieder. Die PPS als

---

1 vgl. Jakob, W. (1985), S. 95
2 vgl. Hammer, H.(1984), S. 66
3 vgl. Wildemann, H. (1986), S. 100

wesentliches Bindeglied in der gesamten Auftragsplanung ist als Integrationsobjekt von besonderer Bedeutung. Die Kostenführerschaftsstrategie verlangt auf der anderen Seite eine hohe Produktivität und Zuverlässigkeit, die zum einen durch eine durchgängige datentechnische Integration zu unterstützen ist. Somit sind die mit der Fertigungssegmentierung gesetzten Zielsetzungen nur zu erreichen, wenn neben der konsequenten Umsetzung der Reorganisationsmaßnahmen eine Unterstützung durch eine gezielte Technologieplanung und Investitionsstrategie erfolgt.

4.3.2. Funktionsintegration

4.3.2.1. Überblick

Eine zweite, neben dem Integrationsgrad der Materialflußstrecke wesentliche Einflußgröße des Autonomiegrades von Fertigungssegmenten bildet die sogenannte Funktionsintegration. Indirekte Funktionen tragen nicht unmittelbar zur Wertschöpfung bei, sind jedoch an der Schaffung von Voraussetzungen und Rahmenbedingungen, die zur Ausführung der direkten Funktionen notwendig sind, maßgeblich beteiligt.[1] Sie sind Ausdruck der auf tayloristischen Prinzipien beruhenden Trennung von Planung, Ausführung und Kontrolle. Die daraus resultierende Arbeitsteilung und Spezialisierung entwickelte im Laufe der Zeit eine Eigendynamik, die indirekte Funktionen zu einem wesentlichen Kostentreiber werden ließ. Zum anderen ergaben sich aus der tiefen funktionalen Gliederung eine große Anzahl von Schnittstellen mit unklaren Kompetenzverteilungen und abnehmendem Bezug zum Kunden. Somit führte die zunehmende Arbeitsteilung und Spezialisierung zu einer Zunahme der strukturellen Komplexität der Organisation und der damit verbundenen Nachteile im Hinblick auf die Anpassungsfähigkeit mit steigendem Koordinationsbedarf, aber auch bezüglich einer eingeschränkten Kompatibilität von Spezialistenwissen und den damit einhergehenden Kooperationsbarrieren. Strukturelle Komplexität schränkt damit die Autonomie

[1] vgl. Thomas, W. (1989), S. 161

von Organisationseinheiten ein. Die sich aus den Marktanforderungen ergebende Notwendigkeit, die Prinzipien der Kunden- und Produktorientierung in der gesamten Organisation zu verankern, wie es das Konzept der Fertigungssegmentierung anstrebt, führt zu einer Reintegration indirekter Funktionen in den Wertschöpfungsbereich und damit zu ganzheitlichen Aufgabenzusammenhängen und zu einer an durchgängigen Prozeßketten orientierten Ablauforganisation. Dabei tangiert die Funktionsintegration alle drei Gestaltungsebenen der Autonomie.[1] Die Arbeitsorganisationsebene insofern, als zusammenhängende Aufgabeninhalte sowohl horizontal als auch vertikal mit dem Ziel integriert werden, dem einzelnen Mitarbeiter oder der Gruppe eigenverantwortliches Handeln im Rahmen des erweiterten Handlungsspielraums zu ermöglichen. Dabei gilt es auch, den notwendigen Service auf der Werkstattebene (shop floor) wirkungsvoll zu gestalten, um damit die Voraussetzung für einen kontinuierlichen Verbesserungsprozeß zu schaffen. Für die Betriebsebene ist die Funktionsintegration von Bedeutung, da der Umfang der Integration indirekter Funktionen in das Segment ein wesentlicher Bestimmungsfaktor für den Leistungsbeeinflussungsgrad des Segments darstellt. Darüber hinaus stellt die Funktionsintegration auf Betriebsebene, d.h. die organisatorische Verankerung von Service-Funktionen im Segment, eine Erweiterung des Handlungsspielraums der Segmente dar und bildet damit eine Voraussetzung für unternehmerisches Handeln. Für die Unternehmensebene bedeutet die Funktionsintegration die Delegation von Verantwortung. Es ist festzulegen, wann und inwieweit die Autonomie der Segmente eingeschränkt werden darf. Ein wesentlicher Punkt ist hierbei die Sicherstellung des Know-How-Transfers durch ein effizientes Netzwerkmanagement in Verbindung mit einer Stärkung der horizontalen Kommunikation, um damit eine Voraussetzung für das Lernen der Organisation zu schaffen.

Für die empirische Analyse wurden die indirekten Funktionen in übergeordnete, fertigungsbegleitende, vorbereitende und nachgelagerte indirekte Funktionen unterteilt. Die Analyse orientierte sich dabei an drei Fragekomplexen:

---

[1] vgl. Kapitel 3.2.

- Welche indirekten Funktionen werden primär in die Segmente verlagert ?
- Welche organisatorischen Auswirkungen hat die Funktionsintegration ?
- Welche Autonomie wird den Segmenten bezüglich indirekter Funktionen zugestanden ?

In einem ersten Schritt wurde die Verlagerung indirekter Funktionen in die Segmente untersucht. (vgl. Abb. 4-8)[1]. Hierbei zeigt sich, daß der Schwerpunkt eindeutig bei der Verlagerung fertigungsbegleitender indirekter Funktionen liegt, worin sich die Zielsetzung der Funktionsintegration widerspiegelt: Konzentration sämtlicher Aktivitäten auf den Wertschöpfungsprozeß und Ausrichtung aller Service-Bereiche an den Bedürfnissen der wertschöpfenden Tätigkeiten unter der Prämisse, jegliche Art von Verschwendung zu vermeiden.[2] Die verfolgte Einführungsstrategie der Funktionsintegration korrespondiert primär mit Maßnahmen der Arbeitsstrukturierung und der Einführung der Gruppenorganisation. Diesem Ansatz liegt der folgende Erkenntnisprozeß zugrunde: Zum einen ist zu beobachten, daß Anlagen und Maschinen weltweit verfügbar und einsetzbar sind. Wettbewerbsvorteile kann deshalb nur der erzielen, der diese Anlagen und Maschinen intelligenter im Sinne der Befriedigung von Kundenwünschen nutzt, als die Mitbewerber. Zum anderen erfordert das Wettbewerbsumfeld aufgrund kürzerer Produktlebenszyklen und gestiegener Kundenansprüche bezüglich Qualität, Lieferzeit und Service ein hohes Maß an Flexibilität industrieller Fertigung. Damit bedarf es aber einer Strategie der Organisationsentwicklung, die das notwendige Wissen und Know-How rechtzeitig bereitstellt, um technologische Innovationen und organisatorische Veränderungen optimal nutzen zu können. Diese Organisationsentwicklung zielt darauf ab, neben dem Kunden auch den Mitarbeiter in den Mittelpunkt zu stellen und aus Betroffenen Beteiligte zu machen sowie den Mitarbeitern zu gestatten, ihr schöpferisches Potential am Arbeitsplatz einzubringen und damit dem Entwicklungstrend zu mehr Selbstverwirklichung, Selbständigkeit, Unabhängigkeit und Freiheit entgegenzukommen. Folglich tangiert die Integration fertigungsbegleitender indirekter Funktionen primär zunächst die Autonomie auf der Ar-

[1] vgl. Wildemann, H. (1992 a), S. 97
[2] vgl. hierzu auch Forstmann, H./Schäffner, L. (1991), S. 179

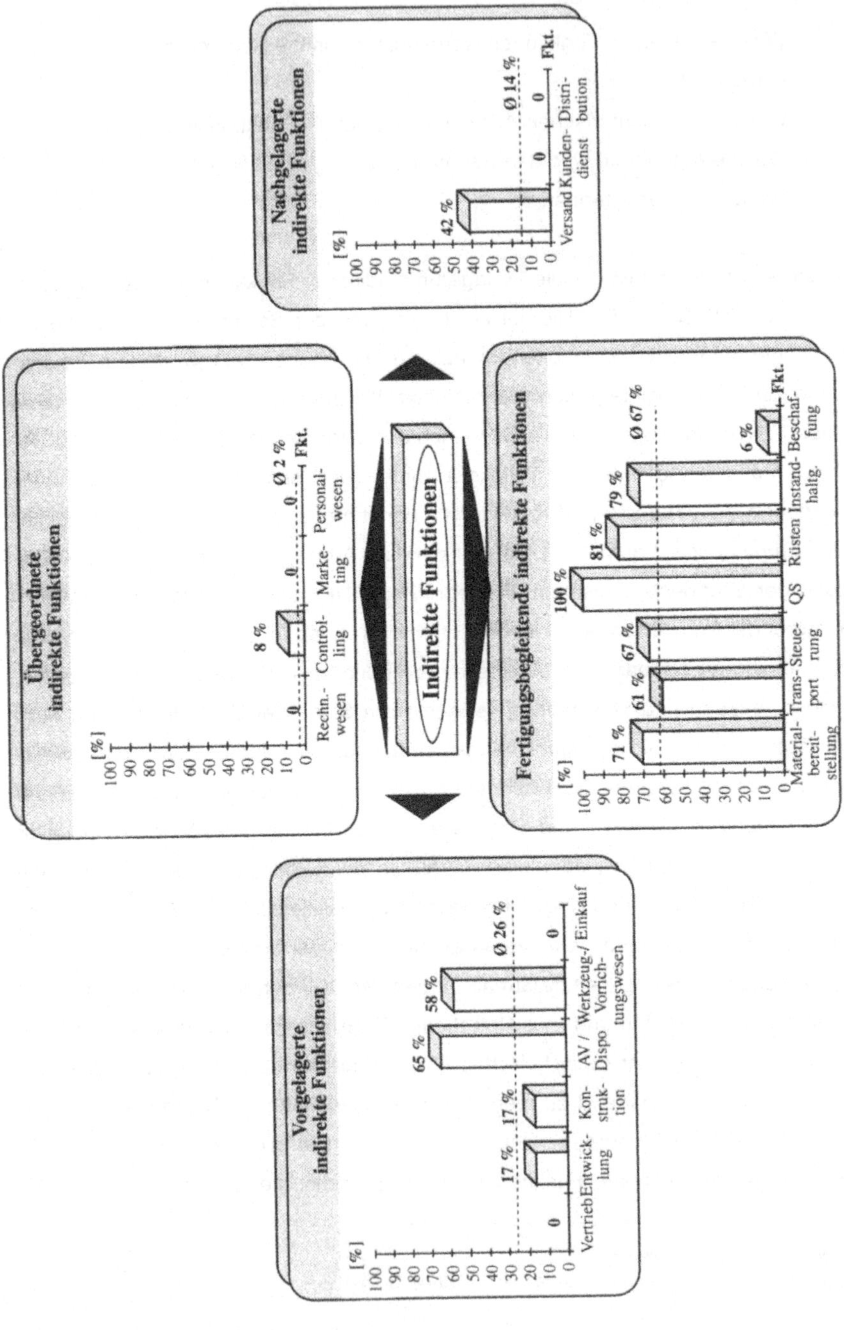

Abb. 4-8: Funktionsintegration

beitsorganisationsebene. Erst in einer zweiten Stufe der Einführungsphase erfolgt eine Neugestaltung von indirekten Bereichen und Änderungen hinsichtlich der Ablauforganisation sowie einer Umgestaltung des Kompetenzgefüges, was letztendlich in entscheidendem Maße die Autonomie von Fertigungssegmenten prägt. Damit zielt eine Reorganisation im Sinne der Fertigungssegmentierung darauf ab, in der Organisation Prozesse zu implementieren, die eine eigenständige, kontinuierliche Problemlösungsfähigkeit generieren. Neben den fertigungsbegleitenden indirekten Funktionen werden insbesondere vorgelagerte indirekte Funktionen integriert. Dabei handelt es sich im wesentlichen um die Reintegration von der Fertigung vorgeschalteten planerischen Tätigkeiten, wobei die Integration meist durch eine Neugestaltung der entsprechenden Bereiche begleitet wird. In gleicher Weise können nachgelagerte indirekte Funktionen betrachtet werden. So können durch die Integration von Dispositions-, Steuerungs- und Versandfunktionen zu durchgängigen Abwicklungsketten Synergieeffekte in Form schneller Reaktionszeiten erwartet werden. Übergeordnete indirekte Funktionen weisen eine gewisse Distanz zum eigentlichen Kerngeschäft auf. Eine Integration wird folglich nur bei den Funktionen angestrebt, die für das unternehmerische Handeln im Segment als notwendig erachtet werden. Bevor der Autonomiegrad indirekter Funktionen näher untersucht wird, sollen die verlagerten indirekten Funktionen und deren organisatorische Auswirkungen näher betrachtet werden.

4.3.2.2. Fertigungsbegleitende indirekte Funktionen

Fertigungsbegleitende indirekte Funktionen weisen einen direkten Bezug zum Wertschöpfungsprozeß aus. Sie wirken unmittelbar unterstützend auf die Leistungserstellung. Darüber hinaus kann ihre Relevanz für das Kerngeschäft als hoch eingestuft werden. Fertigungsbegleitende indirekte Funktionen standen deshalb bislang stets im Mittelpunkt arbeitsorganisatorischer Gestaltungsmaßnahmen.

a) Qualitätssicherung

Schwerpunkt im Rahmen der Verlagerung fertigungsbegleitender indirekter Funktionen in Fertigungssegmente bilden Funktionen der Qualitätssicherung. Darin spiegelt sich die zunehmende Bedeutung der Qualität als Wettbewerbsfaktor wieder. Qualität wird insbesondere dann zum wirkungsvollen Differenzierungs- und schwer imitierbaren Erfolgsfaktor, wenn es gelingt, hohe Qualität auf allen Wertschöpfungsstufen sicherzustellen und eine Organisationsstruktur zu entwickeln, die auf ständige Verbesserung und Innovation ausgerichtet ist. Um dies zu erreichen, ist ein anderes Qualitätsverständnis notwendig. Aus dem bisherigen Verständnis von Qualität, innerhalb dessen Qualität als die Abwesenheit von Fehlern aufgefaßt wird, war es aufgrund des derart globalen Qualitätziels kaum möglich, Handlungsregularien im Sinne eines kontinuierlichen Verbesserungsprozesses zu entwickeln. Dagegen ermöglicht die Definition von Qualität als die Erfüllung der Anforderung des Kunden eine Differenzierung und Operationalisierung der Qualitätszielsetzung.[1] Hierzu ist die Erfassung von Qualitätsansprüchen, die vom Kunden wahrgenommen und als bedeutsam angesehen werden, sowie die Umsetzung dieser marktbezogenen Qualitätsanforderungen in interne Führungsgrößen für die Produkt- und Prozeßqualität notwendig.[2] Ziel ist dabei nicht mehr die Einhaltung eines hohen Produktstandards bei Minimierung der Qualitätssicherungskosten, sondern die Erfüllung eines hohen Standards bei Minimierung der Fehlerfolgekosten. Damit erfolgt eine Strukturverschiebung der Qualitätssicherungskosten weg von laufenden Prüfkosten, hin zu präventiven Fehlervermeidungskosten.[3] Diese Argumentation führt zu einem für die kundenorientierte Produktion grundlegenden Qualitätsverständnis: Die richtigen Dinge tun und die Dinge gleichzeitig richtig tun - und zwar gleich beim ersten Mal.[4] Um diesen Anforderungen gerecht zu werden, bedarf es eines integrierten Qualitätssicherungssystems für die gesamte Innovations- und Wertschöpfungskette, das es vor dem Hintergrund des Autonomie-

---

1 vgl. Wildemann, H. (1992 d), S. 20
2 vgl. hierzu u.a. Oess, A. (1991), S. 33 ff.; Dögl, R. (1986), S. 100 ff.; Garving, D.A. (1988), S. 49 ff.
3 vgl. Wildemann, H. (1992 d), S. 28
4 vgl. Mollenhauer, M./Ring, Th. (1990), S. 119

modells zu gestalten gilt. Dabei hat ein integriertes Qualitätssicherungssystem organistorische und technische Aktivitäten zu umfassen, welche zur Sicherung einer geforderten Produktqualität unter wirtschaftlichen Gesichtspunkten erforderlich sind:[1]

- Innerhalb der Qualitätsplanung ist die Zielsetzung der Qualitätssicherung festzulegen. Die Bestimmung der Qualitätsziele, basierend auf detaillierten Marktanalysen, Kundenbefragungen und Tests, führt zur Festlegung interner Führungs- und Steuerungsgrößen sowie deren Verwirklichung durch Erstellung von Prüfplänen. Darüber hinaus dienen Analysen von Schadensfällen sowie regelmäßige Produkt-, Prozeß- und Verfahrensaudits zu weitergehenden Erkenntnissen über den zeitlichen Qualitätsverlauf und die Qualitätsfähigkeit. Die zwingend notwendige Dokumentation der Ereignisse erlaubt einen permanenten Soll-Ist-Vergleich, gibt Aufschluß über den Zielerreichungsgrad und erleichtert die schnelle Definition von Maßnahmen.
- Die Qualitätsprüfung hat zur Aufgabe, erreichte Qualitätsmerkmale zu messen und mit den Sollvorgaben zu vergleichen. Dabei wird über Gut-, Ausschuß- oder Nacharbeitsteile entschieden und erforderliche Maßnahmen werden eingeleitet. Die Dokumentation der Prüfergebnisse dient der statistischen Auswertung bezüglich der Qualitätsentwicklung und Schwachstellenidentifizierung sowie als Grundlage für die Prüfplanung.[2]
- Bei der Qualitätsförderung und -steuerung werden die Ergebnisse der Qualitätsprüfung weitergehend analysiert und zu Informationen für alle innovativen und produzierenden Bereiche aufbereitet. Die Hauptaufgabe der Qualitätsförderung besteht in der Information und Motivation der Mitarbeiter durch Ausbildung und Information über den aktuellen Qualitätsstandard sowie den Erfolg von Qualitätsmaßnahmen.[3] Die Qualitätssteuerung hat dafür Sorge zu tragen, daß eine Korrektur von Konstruktion und Fertigungsbedingungen im Hinblick auf Fehlerart, Fehlerort und Fehlerursache erfolgt.

---

[1] vgl. DQG (Deutsche Gesellschaft für Qualität) (1976), S. 89 ff.; Mechlinger, R. (1982), S. 55-64

[2] vgl. Petrick, K/Reichlen, H. (1988), S. 51-63

[3] vgl. Vocht, R. (1980), S. 915-935

- Im Rahmen der Qualitätskostenüberwachung gilt es, Kosten, die für den Verbrauch von Gütern und Dienstleistungen im Rahmen der Planung, Prüfung, Steuerung und Förderung der Qualität verursacht wurden, diesen Maßnahmen zuzuordnen und zu kontrollieren.[1] Es ist eine Kostengliederung zu wählen, die Fehler nicht als Über- oder Unterschreitung von vorgegebenen Bandbreiten an zulässige Ausprägungen (Toleranzen) definiert, sondern eine kundenorientierte Qualitätsbetrachtung fördert, indem die eigentlichen Ursachen-Wirkungs-Beziehungen, die als Ansatzpunkte für präventive Qualitätssicherungsmaßnahmen dienen, verursachungsgerecht abgebildet werden. Deshalb ist der von Wildemann vorgeschlagene Einteilung der Qualitätskosten in Kosten der Abweichung, unter denen Fehlleistungsaufwand oder auch Nichtkonformitätskosten verstanden werden, und Kosten der Übereinstimmung, unter die Konformitätskosten und präventive Maßnahmen fallen, zu folgen.[2]

Für die Ausgestaltung der beschriebenen Aufgaben vor dem Hintergrund der Autonomieüberlegungen sind vier Qualitätssicherungsstrategien zu berücksichtigen, die die Umsetzung der beschriebenen Aufgaben unterstützen:[3]

- Übernahme der Kontrolle durch automatisierte Einrichtungen im Produktionsprozeß und damit Sicherstellung einer gleichbleibenden Wiederholhäufigkeit im Prozeß: Qualitätssicherung durch Automatisierung.
- Motivationssteigerung der Mitarbeiter zur Hebung des Qualitätsstandards: Qualitätssicherung durch Selbstkontrolle.
- Konzentration der Kontrolle auf Prozeßparameter: Qualitätssicherung durch Prozeßkontrolle.
- Optimierung der Prozeßparameter bei laufender Produktion: Qualitätssicherung durch begleitendes Prozeßdesign in Umfeldkontrolle.

---

1 vgl. Gesekus, J. (1980), S. 903-915
2 vgl. hierzu insbesondere Wildemann, H. (1992e), S. 761-782
3 vgl. Wildemann, H. (1992 a), S. 209

Wie die empirische Analyse zeigt, wird in ca. 50 % der untersuchten Segmente die Strategie Qualitätssicherung durch Selbstkontrolle verfolgt (vgl. Abb. 4-9).[1] Dahinter verbirgt sich zum einen, daß bei zunehmender Komplexität der Arbeitsinhalte und einer erhöhten Variantenvielfalt der Versuch, alle Risiken der Produktion durch Prüfungen abdecken zu können, zum Scheitern verurteilt ist, und zum anderen, daß die Trennung zwischen Ausführung der Tätigkeit und Kontrolle des Arbeitsergebnisses auf die Mitarbeiter in hohem Maße demotivierend wirkt. Für die Einführung der Selbstkontrolle gilt es Rahmenbedingungen zu schaffen, die eine eindeutige Festlegung der kundengerechten Spezifikation bezüglich des Arbeitsergebnisses, die Herstellung vollkommener Transparenz der Eingriffsmöglichkeiten zum Erreichen dieses Ergebnisses sowie die Sicherstellung einer "Eigensicherheit" der Arbeitsvorrichtungen, also robuste, störungs- und fehlbedienungssichere Prozesse beinhalten.[2] Um den Mitarbeiter in die Lage zu versetzen, das Ergebnis seiner Arbeit selbst zu beurteilen und geeignete Maßnahmen zur Sicherstellung der Qualität zu treffen, sind ihm die notwendigen Hilfsmittel und Informationen zur Verfügung zu stellen. So wird durch den Einsatz von SPC (Statistical Process Control) die unmittelbare Verknüpfung von Information und Verantwortung ermöglicht, das dem Mitarbeiter vor Ort die unmittelbare Reaktion auf Unregelmäßigkeiten erlaubt.[3] Durch die in 41 % der Fälle zu beobachtende Strategie der Qualitätssicherung durch Automatisierung versucht man der steigenden Komplexität der Produkte und damit verbundenen größeren Prüfumfängen und schwieriger zu beurteilenden Bewertungsmerkmalen gerecht zu werden. Als Vorteile haben sich insbesondere Flexibilität der Programmeinstellung, schnelle Reaktion bei Fehlererkennung, Fehlerstatistik, Auswertungsmöglichkeit, hohe Verfügbarkeit durch Selbstüberwachung sowie schnellere und kostengünstigere Ausführung von monotonen, zeitlich wiederkehrenden Kontrollvorgängen erwiesen.[4] Im Gegensatz zur automatisierten Qualitätskontrolle konzentriert sich die Strategie der Qualitätssicherung durch Prozeßkontrolle, die in 25 % der Fälle zur Anwendung kam, auf den Prozeß selbst. Hierbei ist es erforderlich, einen Prozeß vor Fertigungs-

---

1 vgl. Wildemann, H. (1992 a), S. 215
2 vgl. Danzer, H. (1990), S. 85 ff.; Hansen, W. (1988), S. 815-827
3 vgl. auch Drucker, P.F. (1991), S. 10
4 vgl. Wildemann, H. (1992 d), S. 32

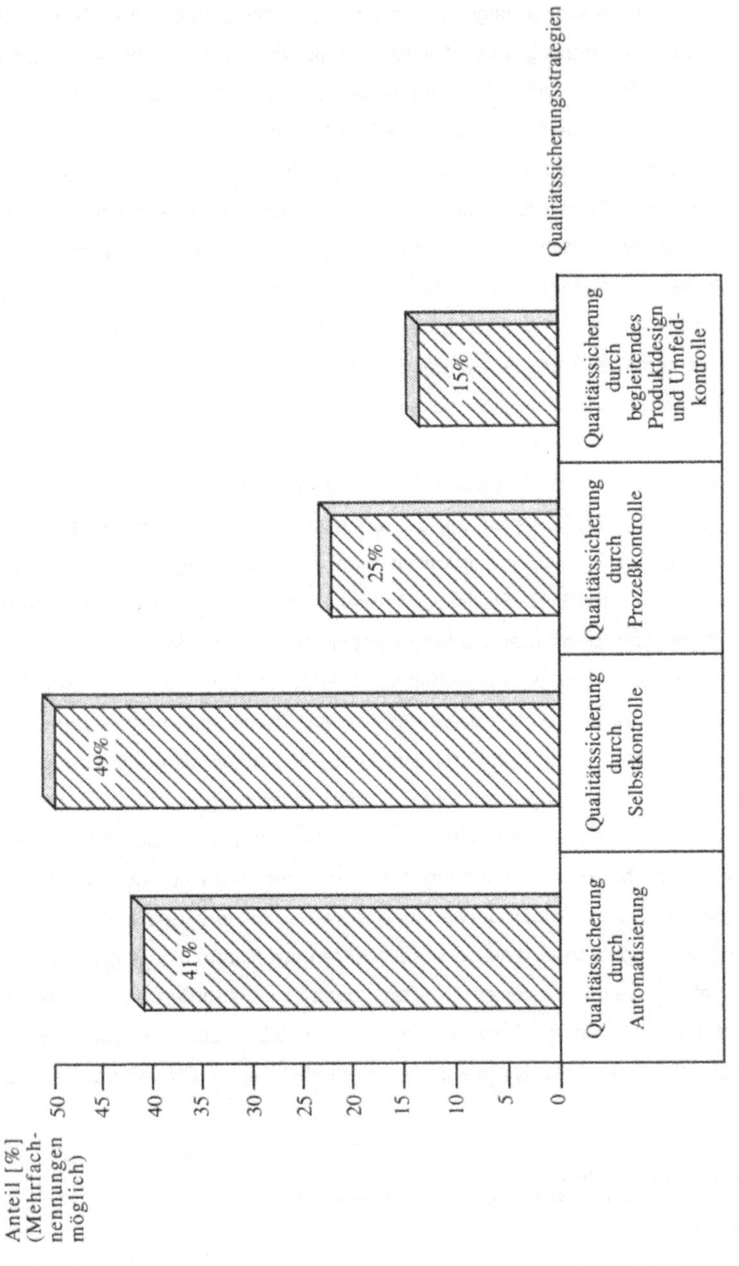

Abb.4-9: Qualitätssicherungsstrategien

beginn auf seine Fähigkeit zur Erzeugung des geforderten Qualitätsniveaus zu überprüfen und während der Fertigung laufend zu überwachen, wobei Methoden, wie die Taguchi-Methode, Maschinenfähigkeitsuntersuchungen, Prozeßfähigkeitsuntersuchungen und die Führung von Qualitätsregelkarten zur Anwendung kommen.[1] In 15% der analysierten Segmente wird ebenfalls die Strategie der Qualitätssicherung durch begleitendes Prozeßdesign und Umfeldkontrolle eingesetzt. Hierbei handelt es sich um die konsequente Umsetzung des Gedankens, Qualitätssicherungsaktivitäten so weit wie möglich in Richtung des Ursprungs der Innovationskette auszudehnen. Dabei wird aus dem laufenden Prozeß eine unmittelbare Rückkopplung in die Entwicklungsphase durchgeführt, wodurch eine kontinuierliche Verbesserung von Produkt und Prozeß ermöglicht wird.[2] Faßt man die Grundintention aller vier Strategien zusammen, so ist festzuhalten, daß Prävention zunehmend an Bedeutung gewinnt. Prävention und Autonomie können jedoch als sich ergänzende Gestaltungsprinzipien angesehen werden. Im Extremfall bedeutet Prävention, im Planungsstadium Produkt und Prozeß "fehlerfrei" zu gestalten. Wäre dies tatsächlich möglich, so würde die Qualitätssicherung die Autonomie von Segmenten nicht tangieren, da sie dazu nicht notwendig wäre (es wäre jedoch die Beeinflussung des Planungsprozesses zu beleuchten). Verläßt man jedoch diese Extremposition, so erfordert Prävention neben entsprechender Methodenunterstützung eine andere Verhaltensweise aller Mitarbeiter. Diese Verhaltensänderung läßt sich durch eine situationsadäquate Gestaltung von Autonomie insbesondere auf der Arbeitsorganisationsebene erreichen.

Um die Wirksamkeit der eingesetzten Qualitätssicherungsstrategien zu gewährleisten, muß der Strategiemix mit den Aufgaben des integrierten Qualitätssicherungssystems und deren organisatorischer Verankerung in der Unternehmensorganisation korrespondieren. Hierbei zeigt die empirische Analyse, daß Aufgaben der Qualitätsprüfung dezentral wahrgenommen werden, während Qualitätsplanung, Qualitätsförderung und damit -steuerung sowie die Qualitätskostenüberwachung überwiegend zentral angesiedelt werden (vgl. Abb. 4-10).[3] Trotz der Aufhebung der Trennung von

---

[1] vgl. Preising, M. (1986), S. D1-33; Schweitzer, W./Baumgartner, C. (1992), S. 79-100; Schweitzer, W./Baumgartner, C. (1989)

[2] vgl. Wildemann, H. (1992 d), S. 35

[3] vgl hierzu auch Wildemann, H. (1992 a), S. 219

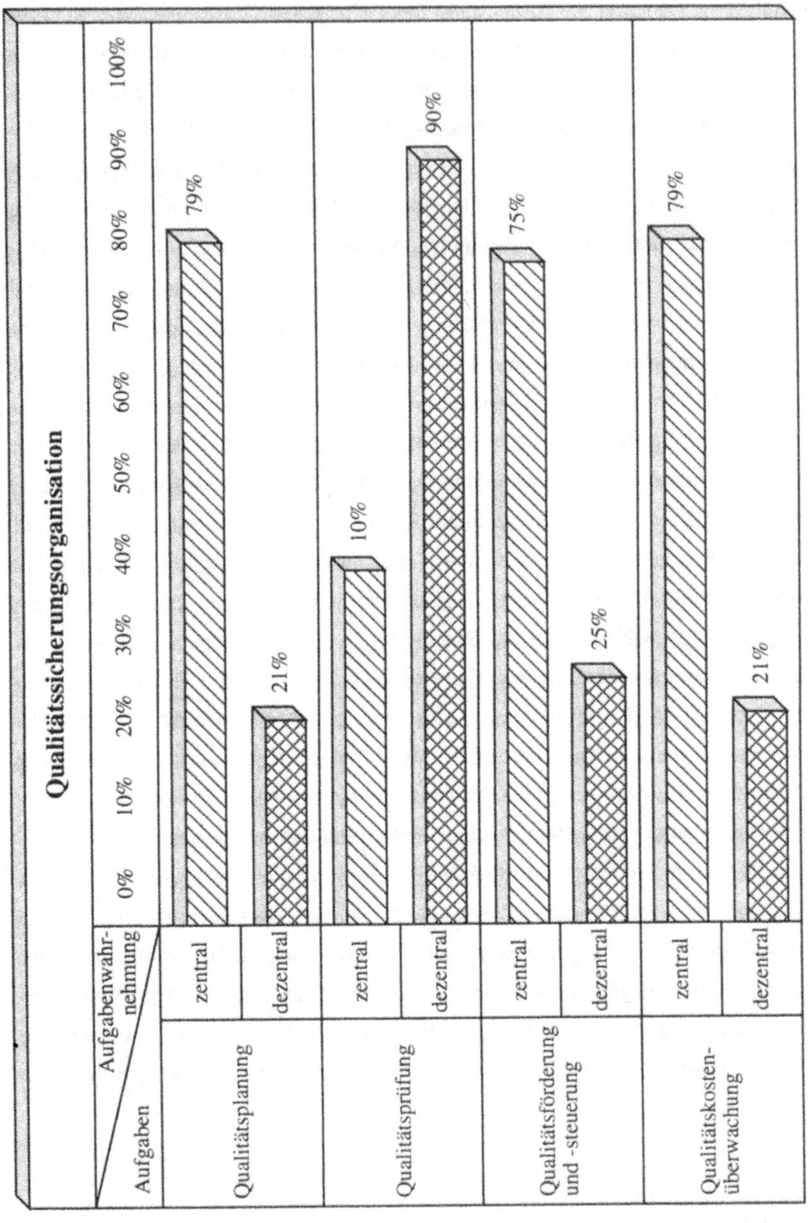

Abb. 4-10: Qualitätssicherungsorganisation

ausführenden und kontrollierenden Tätigkeiten mit der Reintegration prüfender Tätigkeiten in die Produktion verbleibt eine zentrale Service-Einheit Qualitätssicherung. Diese verliert allerdings zusehends ihren Charakter als Kontrollinstanz und entwickelt sich zum Partner und Dienstleister der Produktion, der als Analysierer und Berater mit hoher fachlicher Kompetenz dem Segmentmanagement stets mit intelligenten Serviceleistungen zur Verfügung steht. Somit ergeben sich für eine zentrale Qualitätssicherung folgende Schwerpunkte:

- Entwicklung, Einführung und Überwachung von Systemen, Methoden und Verfahren,
- Förderung der Motivation und des Qualitätsdenkens,
- Bereitstellung von Fachwissen,
- Durchführung von Produkt-, Prozeß- und Verfahrensaudits zur Sicherung der Qualität und des eigentlichen Qualitätssicherungsprozesses.

Insgesamt trägt diese Konzeption zur Realisierung eines Total Quality Managements bei, indem es folgende Bausteine integriert:[1]

- Identität von Durchführung einer Aufgabe und Verantwortung für das Ergebnis aufgrund der weitestgehenden Einführung der Selbstprüfung und Verzicht auf ein unabhängiges Inspektionswesen.
- Prozeßorientierung als Organisationsprinzip mit der Abkehr von funktionsorientierten Organisationsformen hin zu, für durchgängige Teilstrecken der Wertschöpfungskette verantwortliche, Prozeßmanager sowie Anwendung prozeßorientierter Problemlösungsmethoden wie Ishikawa-Diagramm, SPC oder Prozeß-FMEA.
- Prävention als Maßgabe für den optimalen Einsatzzeitpunkt qualitätssichernder Maßnahmen.

---

[1] vgl. Mollenhauer, M./Ring, Th. (1990), S. 121 ff.; Wildemann, H. (1992 d), S. 37 ff.

- Durchgängige Kundenorientierung, wobei als Kunde alle externen Empfänger von Unternehmensleistungen wie Konsumenten, Absatzpartner und Nichtkunden, alle Ersteller von Vorleistungen wie Lieferanten, Dienstleister und Tochterunternehmen, sowie alle internen Empfänger von Leistungen, wie andere Funktionsbereiche, Mitarbeiter und Vorgesetzte, betrachtet werden. Dieses Prinzip verhindert nicht nur ein Absinken des Qualitätsniveaus, sondern ist als wesentliche Antriebskraft für ein ständiges Verbessern der Qualitätsmerkmale im Sinne der Kundenbedürfnisse zu sehen.

b) Rüsten

Der Herausforderung, einer zunehmenden Produktvielfalt bei kürzer werdenden Produktlebenszyklen und zunehmenden Kundenanforderungen hinsichtlich Lieferzeit, Service und Qualität gerecht zu werden, die sich hinter dem Prinzip der Kundenorientierung verbirgt, erfordert erhebliche Anstrengungen im Hinblick auf eine Senkung der Durchlaufzeiten und Bestände. Dabei kommt der Reduzierung von Losgrößen eine besondere Bedeutung zu. Unter Anwendung von Losgrößenrechnungen versuchte man bislang, zwischen den Kosten der Umstellung und den Lagerkosten ein Optimum zu finden, das im Minimum der kumulierten Stückkostenkurve für das Umrüsten (degressiv fallend) und dem Lagern (linear steigend) liegt.[1] Diese Betrachtungsweise führt in der Regel zum einen dazu, möglichst viele Teile bei einem einmaligen Rüstvorgang zu fertigen und damit zu entsprechend großen Losgrößen, und zum anderen das Rüsten als notwendigen Bestandteil in der Produktion zu betrachten, ohne den eigentlichen Vorgang näher zu problematisieren. So ist auch erklärbar, daß sich Rationalisierungsbemühungen in der Vergangenheit weniger auf den eigentlichen Rüstvorgang konzentrierten, als vielmehr auf eine Verkürzung der Hauptzeiten. Rüsten wurde als Einmalaufwand betrachtet, dem eine Vielzahl von gleichen Bearbeitungsgängen folgten. Damit wurde aber auch der Rüstvorgang als Arbeitsinhalt aus dem Tätigkeitsspektrum des ausführenden Personals eliminiert und auf spezielle Einrichter oder Rüsteinheiten übertragen. Daraus resultierte zum einen die Implementierung von zusätzlichen Schnittstellen, zum anderen auch eine weitere Aufgabensplit-

---

[1] vgl. Zwehl, W. (1984), Sp. 1163-1182

terung der Verantwortung für eine Anlage. Die Reduzierung der Hauptzeiten ohne Reduzierung von Rüstzeiten hat aber damit größere Losgrößen zur Folge, was sich insgesamt wiederum negativ auf die Gesamtdurchlaufzeit und damit einhergehend die Reaktionsfähigkeit sowie auf das Bestandsniveau auswirkte. Rüsten tangiert in einer prozessualen Betrachtungsweise nicht nur die Autonomie bezüglich indirekter Funktionen, sondern auch mittelbar die autonome Gestaltung des Integrationsgrades der Materialflußstrecke (vgl. Kap. 4.3.1.). Eine stärkere Problematisierung des Rüstvorgangs erfordert vor allem, das Rüsten als Bestandteil des betrieblichen Ablaufs und damit als repetitives Element anzusehen: gelingt es nämlich, die Unterbrechungsdauer des Rüstens zwischen den Arbeitsgängen gegen Null gehen zu lassen, so können bei Harmonisierung der Kapazitäten auch bei einer wechselnden Produktion durchgängige Materialflüsse erreicht werden.[1] Um dieser Zielsetzung gerecht zu werden, sind Maßnahmen im organisatorischen, konstruktiven, dispositiven sowie technologischen Bereich erforderlich. Grundlage einer effizienten Rüstzeitverkürzung bildet die Unterscheidung von externen und internen Umrüstzeiten sowie die Umwandlung von internen in externe Umrüsttätigkeiten.[2] Hierbei versteht man unter internen Umrüsttätigkeiten Tätigkeiten, die den Umrüstvorgang im engeren Sinn (z.B. Einbau und Ausbau, Justierung, Probelauf) umfassen und den Stillstand der Maschine erfordern, während externe Umrüsttätigkeiten vorbereitende und nachbereitende Tätigkeiten (z.B: Vorbereiten von Werkzeugen und Spannmitteln, Werkzeugtransport) beinhalten (Umrüstvorgang im weiteren Sinne), die auch bei laufender Maschine ausgeführt werden können. Deshalb ist in einem ersten Schritt der gesamte Umrüstvorgang zu analysieren und die Zeiten zu ermitteln, die für die einzelnen Teilschritte des Vorgangs benötigt werden. Daraus sind Maßnahmen abzuleiten, die zum Ziel haben, die internen Rüstzeiten zu Lasten der externen so klein wie möglich werden zu lassen. Durch die Reduzierung und Umwandlung von internen in externe Rüstzeiten gewinnen externe Rüstzeiten zunehmend an Gewicht. Damit ist in einem weiteren Schritt eine Reduzierung externer Rüstzeiten anzustreben, wobei als Schlüsselfaktor die Arbeitsplatzorganisation anzusehen ist. Hierzu gehören die eindeutige Zu- und Anordnung von Werkzeugen, Gesenken und Haltevorrichtungen durch farblich ge-

---

[1] vgl. Wildemann, H. (1992 a), S. 152

[2] vgl. Shingo, Sh. (1992), S.78 ff.; Suzaki, K. (1989), S. 32 ff.

kennzeichnete Fächer, Behälter und Hinweisschilder ebenso wie die maschinennahe Lagerung von Spezialwerkzeugen und -vorrichtungen. Organistorische Maßnahmen unterstützen die drei Elemente der Rüstzeitverkürzung:

- die Umwandlung interner in externe Umrüstzeiten durch Analyse der Rüstzeiten, Visualisierung der Problematik und Umsetzung in Arbeits- und Rüstpläne sowie Ausbildung der Mitarbeiter;
- die Reduzierung von internen Rüstzeiten durch Parallelisierung von Arbeitsabläufen und damit Steigerung der Arbeitsintensität sowie Aufstellen von Rüstmatrizen zur Ableitung optimaler Rüstfolgen und regelmäßig wiederkehrender Zykluszeiten;
- die Reduzierung externer Rüstzeiten durch Maßnahmen der Arbeitsorganisation und Bereitstellung von Checklisten zur Überprüfung der für den eigentlichen Rüstvorgang benötigten Werkzeuge und Hilfsmittel auf Vollständigkeit und Funktionstauglichkeit.

Gemeinsames Kennzeichen der organisatorischen Maßnahmen ist die Gestaltung von Autonomie auf der Arbeitsorganisationsebene. Durch Ausweitung des Handlungsspielraums und systematische Gestaltung der Unterstützungsmaßnahmen wird die Verantwortung auf die Arbeitsorganisationsebene verlagert. Flankierend bieten konstruktive Maßnahmen eine wirksame Möglichkeit, Rüstzeiten zu verringern, da gerade in dem frühen Zeitpunkt der Produktgestaltung, aber auch der Vorrichtungskonstruktion der Einfluß auf die späteren Produktionsmöglichkeiten besonders hoch ist. Dispositive Maßnahmen heben auf eine effiziente Rüstplanung ab, die für häufig wiederkehrende Objekte abgestimmte Planungs- und Steuerungskonzepte entwickelt und im Rahmen zyklischer Auflegungstermine eine präzisere Material-, Werkzeug- und Kapazitätsbereitstellung ermöglichen.[1] Dagegen zielen technologische Maßnahmen vorwiegend auf die Reduzierung des Rüstaufwands durch Automatisierung von Einstell- und Einrichtungsvorgängen und beziehen sich somit auf Haupt- und Nebenfunktionen.[2] Konstruktive, dispositive und technologische Maßnahmen sind als flan-

---

1 vgl. Wildemann, H. (1987), S. 14

2 vgl. Wildemann, H. (1987), S. 15

kierende Elemente zur Neugestaltung von Rüsttätigkeiten zu betrachten. Wesentlich ist die aus einer prozessualen Betrachtung des Rüstens resultierende autonome Gestaltung auf der Arbeitsorganisationsebene. Die Analyse der Fallbeispiele spiegelt die Bedeutung des Rüstens für den Aufbau von Flexibilitätspotentialen insbesondere unter Beücksichtigung einer unter Autonomiegesichtspunkten gestalteten Arbeitsorganisation wider. In 81% der Fälle wurden Rüsttätigkeiten in die Segmente verlagert, damit Schnittstellen abgebaut und die Problematik des Rüstens durch crossfunktionale Teams einer Lösung zugeführt. Eine wesentliche Rolle spielte die Involvierung des Fertigungspersonals, das durch eine Reintegration von Rüsttätigkeiten in den ausführenden Bereich möglich wurde. Damit einher geht eine Weiterbildung des Personals, die zu einer Erhöhung des Ausbildungsstandes für Rüstaufgaben führt.

c) Instandhaltung

Die Bedeutung der Instandhaltung hat zuletzt stark zugenommen, da Lieferbereitschaft, Liefertermineinhaltung und Qualität als die aktuellen produktbezogenen Zielgrößen eines Untenehmens in zunehmendem Maße von der erreichten Verfügbarkeit und Zuverlässigkeit der Produktionsanlagen determiniert werden. Dies gewinnt insbesondere vor dem Hintergrund eines zunehmenden Mechanisierungs-, Automatisierungs- und Verkettungsgrades von Anlagen und der damit verbundenen steigenden Komplexität von Instandhaltungsaufgaben eine größere Bedeutung. Aufgrund der hiermit einhergehenden steigenden Instandhaltungskosten ist es erforderlich, eine ganzheitliche Betrachtung der betrieblichen Funktion Instandhaltung vorzunehmen und zu klären, welche Leistungen diesen Aufwendungen entgegenstehen. Dabei ist Instandhaltung als eine lebenslaufbegleitende Funktion der Produktionsanlagen anzusehen und hiermit als Qualitätssicherung des Produktionsfaktors Maschine zu betrachten.[1] Die generelle Zielsetzung der Instandhaltung lautet dann Gewährleistung von Sicherheit, definierter Anlagenverfügbarkeit und Produktionsqualität bei minimalen Gesamtkosten der Instandhaltung.[2] Um dieses Ziel der Instandhaltung zu errei-

---

1 vgl. Jankow, R. (1992), S. 89

2 vgl. Biedermann, H. (1991), S. 196

chen, stehen abnutzungshemmende und abnutzungsbeseitigende Maßnahmen, welche dem Abbau des Abnutzungsvorrates während der Verwendungszeit von Produktionsanlagen entgegenwirken, zur Verfügung:[1]

- Wartung, die die Wahrung des Sollzustands und damit der Prävention dient, damit der Abbau des Abnutzungsvorrates während der nutzbaren Lebenszeit durch geeignete Maßnahmen so gering wie möglich gehalten wird;
- Inspektion, die zur Feststellung und Beurteilung des Istzustandes dient und damit ein frühzeitiges Erkennen, wie und warum der Abbau fortschreitet, erlaubt;
- Instandsetzung, die die Wiederherstellung des Sollzustandes einer Produktionsanlage beinhaltet und somit einen eingetretenen Abbau des Abnutzungsvorrates wieder ausgleichen soll.

Diese Maßnahmen erfahren in Abhängigkeit von der verfolgten Instandhaltungsstrategie, die wiederum von den Einsatzbedingungen, der Bedeutung der Produktionsanlage im Gesamtsystem des Unternehmens und den technologischen Gegebenheiten abhängt, unterschiedliche Ausprägungen in ihrer terminlichen und ereignisbezogenen Abfolge. Bislang wurden als Instandhaltungsstrategien die ausfallbedingte Strategie, periodisch vorbeugende Strategie, vorbeugende Strategie durch Vorhaltung von Reserven und zustandsabhängige Strategie diskutiert.[2] Dabei ist es jedoch, unabhängig von der verfolgten Strategie bzw. dem Strategiemix, von entscheidender Bedeutung, welche organisatorische Verankerung die Instandhaltung erfährt. Hierzu ist eine ähnliche Betrachtungsweise zu wählen, wie sie im Rahmen der Qualitätssicherung angewandt wurde, die Qualität unmittelbar an der Quelle und nicht erst an späteren Prüf- und Kontrollplätzen überprüft. Für die Instandhaltung bedeutet dies die Eliminierung der Verlustquellen Anlagenstörung, Werkzeugwechsel, Kurzstörungen, erhöhte Taktzeiten, fehlerhafte Teile sowie Ausschuß unmittelbar am Entstehungsort. Dadurch kommt dem Maschinenbediener eine wesentliche Rolle zu, weil er bereits Pro-

---

1 vgl. Kalaitzis, D. (1987), S. 11 ff.

2 vgl. u.a. Schulte, W. (1988), S. 74 ff.; Jankow,R. (1992),S. 89; AWF (Hrsg.) (1988), S. 378

bleme wahrnehmen kann, bevor folgenschwere Maschinenausfälle auftreten können. Dies führt zu einer Erweiterung des Verantwortungsbereichs des Maschinenführers nicht nur für die zu produzierende Menge und Qualität, sondern auch für die Anlagenverfügbarkeit bzw. Funktionsfähigkeit des Prozesses. Dieser Ansatz führt zum Konzept der "Total Productive Maintainance" (TPM), das alle Mitarbeiter, über Anlagenbediener, Gruppen und Servicebereiche, zu autonomen Regelkreisen in produktive Instandhaltungsarbeiten und damit in einen Verbesserungsprozeß miteinbezieht. Dabei wird die Zielsetzung verfolgt, durch

- Minimierung von Unterbrechungszeiten aufgrund von Schäden, Umrüsten, Einregeln,
- Minimierung der Leerlaufverluste,
- Maximierung der Produktionsmenge je Zeiteinheit
- Minimierung der Produktionsverluste durch Ausschuß und Anlauf sowie
- Maximierung der Betriebsstunden

das Produktionssystem in allen Teilbereichen effektiv zu machen und damit Anlagen besser und intelligenter zu nutzen als der Mitbewerber. Charakterisiert wird der TPM-Ansatz durch folgende Bausteine:[1]

- eigenständige Wartung durch die Mitarbeiter der Fertigung
- Systematische Wartung durch die Service-Einheit
- 5-S-Programm als Basisprogramm für TPM:[2]
  "Seiri" = Ordnung schaffen
  "Seiton" = Organisation, d.h. jeden Gegenstand am richtigen Platz aufbewahren
  "Seiso" = Sauberkeit
  "Seiketsu"= Standardisieren
  "Shitsuke"= Training und Disziplin
- Ausbildung und Training.

---

[1] o.V. Unterlagen TPM-Seminar, Tokyo Mai 1991, S. 5 ff.

[2] vgl. hierzu auch Imai, M. (1992), S. 275 f.

Dieser Ansatz führt organisatorisch zu einer Verlagerung von Instandhaltungstätigkeiten in den Produktionsbereich, was durch die empirische Analyse auch bestätigt wurde (vgl. Abb. 4-11).[1]
Damit verbunden ist eine Erweiterung der Aufgaben- und Verantwortungsbereiche des Produktionsmitarbeiters durch

- Bedienen und Führen der gesamten Anlage,
- Erstellen, Aktualisieren und Archivieren der Prozeßdaten,
- Diagnose und Beseitigung von Anlagefehlern,
- vorbeugende Wartung,
- Sauberkeit, Reinigung der Anlage,
- Funktionstests bei Neu- und Wiederanläufen,
- Reparatur- und Ersatzteilabwicklung für ein definitiertes Spektrum sowie
- aktive Unterstützung bei Großstörungen, Umbauten und Inbetriebnahmen.[2]

Neben dieser Verlagerung von Instandhaltungsaufgaben, die zu einer umfassenden Anlagenverantwortung führt und durch die Gruppenorganisation unterstützt wird, erfolgt eine Neuausrichtung der Instandhaltungsinstanz zum kompetenten Dienstleister für die Segmente, die folgende Aufgabenschwerpunkte beinhalten kann:

- Weiterentwicklung einer systematischen vorbeugenden Wartung,
- Verbesserung der Wartungsmethoden,
- Vermeidung von Wartung,
- Schulung und Einweisung von Mitarbeitern,
- Beobachtung von Groß- und Systemstörungen,
- vorbeugende Systemwartung,
- Reparatur- und Ersatzteilwesen,

---

1 vgl. hierzu auch Wildemann, H. (1992 a), S. 153, der die prozessuale Verteilung der Komponenten der Instandhaltung untersuchte.

2 vgl. Possienke, H./Götz, E. (1992), S. 112-116

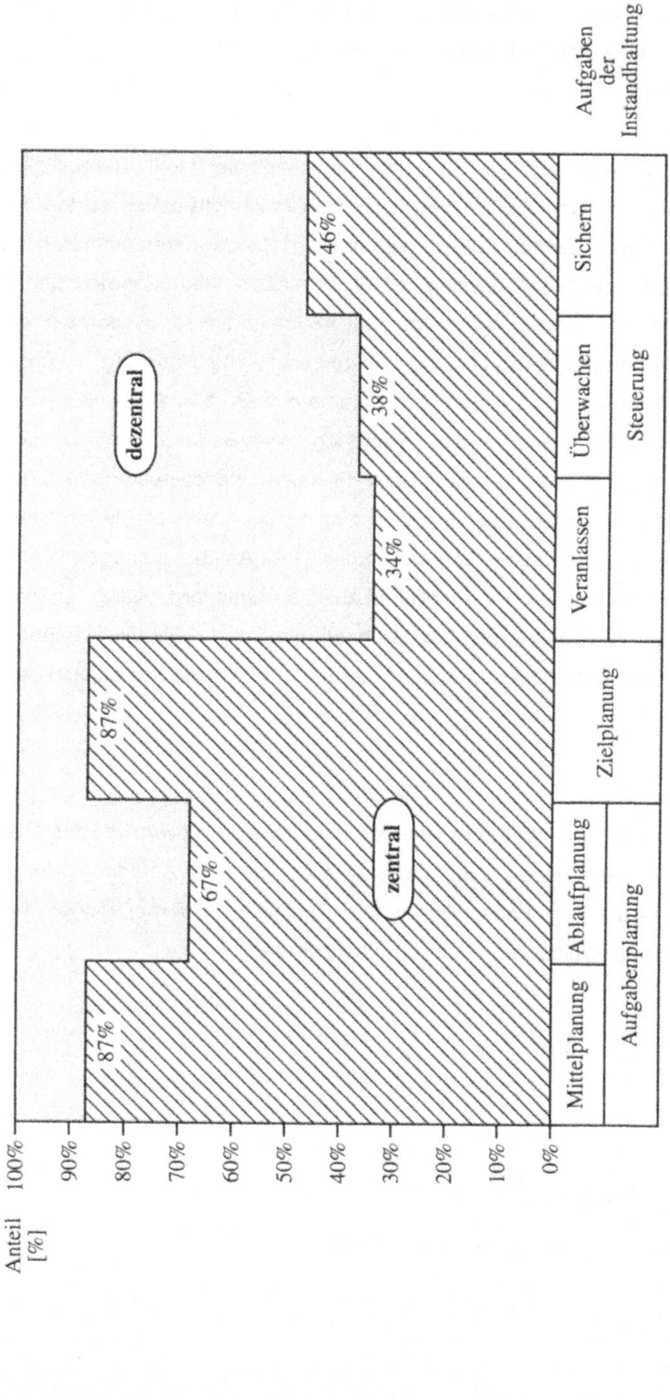

Abb. 4-11: Organisation der Instandhaltung

- Erstellung von Anforderungsprofilen unter Berücksichtigung der Arbeitsorganisation für Planung, Konstruktion und Lieferung sowie
- Lieferantenmarketing.

Wesentlich für die Integration von Instandhaltungstätigkeiten ist die Bereitstellung von Informationen und Hilfsmitteln, die dem verantwortlichen Mitarbeiter auch in die Lage versetzt, die ihm zugedachten Aufgaben zu erfüllen. Hierzu wirken unterstützend Diagnosesysteme, Fremddiagnosesystem mit Wissensbasis, Methodendatenbanken, Simulationsmöglichkeiten zur Prognose präventiver Instandsetzung, optimale Meldesysteme, Modularisierung der Technologie, datentechnische Kopplung, insbesondere zur Qualitätssicherung und anderen Funktionsbereichen (z.B. PPS), EDV-Unterstützung bei der Servicetechnologie und Entsorgung sowie Bedien- und Visualisierungsmöglichkeiten.[1] Der Einsatz diagnostischer Systeme und computerunterstützter Instandhaltungsplanung führt aber nur dann zum Erfolg, wenn alle Mitarbeiter durch kreative Beteiligung zur Optimierung der betrieblichen Abläufe beitragen können und somit eine Automatisierung unzulänglicher Abläufe verhindern. Hierzu ist eine enge Zusammenarbeit zwischen Bedienern, Gruppen und Service-Einheiten ebenso wichtig, wie die permanente Weiterentwicklung der Fertigkeiten und Fähigkeiten der Mitarbeiter.

d) Materialbereitstellung

Die Organisation der innerbetrieblichen Materialbereitstellung wird vor allem von den angewandten Produktionstechniken und -verfahren sowie der Anordnung der betrieblichen Standorte der Fertigungsstellen (Layout) bestimmt.[2] Hierbei können drei Strategien der Materialbereitstellung unterschieden werden:[3]

---

1 vgl. Kornwachs, K. (1991), S. 333 f.
2 vgl. Ihde, G.B. (1984), Sp. 1213
3 vgl. Bullinger, H.-J. (Hrsg.) (1986), S. 176 ff.; insbesondere auch Wildemann, H. (1992 a), S. 275 ff.

- bedarfsgesteuerte, auftragsbezogene Bereitstellung: Basis bildet ein vorgegebener Produktionsplan, aus dem die jeweilige Auftragsmenge abgeleitet, aus einem Lager kommissioniert und komplett mit entsprechendem Steuerungsaufwand am Verbauort angeliefert wird;
- verbrauchsgesteuerte auftragsbezogene Bereitstellung: ausgehend von einem Produktionsplan wird auftragsbezogen kommissioniert. Das vorkommissionierte Material wird jedoch in einem Pufferlager, aber nicht direkt am Arbeitsplatz, zentral oder dezentral für jede Linie angeordnet. Dies ist zum Beispiel durch Entkopplung von mechanischen Fertigungen und Montage bei nicht vollständiger Synchronisation möglich;
- verbrauchsgesteuerte auftragsneutrale Bereitstellung: Auslöser für die Bereitstellung ist ein definierter Verbrauch am jeweiligen Arbeitsplatz. Hierbei kann beispielsweise ein 2-Behälter-Kreislauf-System, indem stets ein voller gegen einen leeren Behälter getauscht wird oder KANBAN-Karten als Transport- und Produktionsauftrag eingeführt werden.

Wesentliches Grundprinzip der Materialbereitstellung im Rahmen der Fertigungssegmentierung ist die Ungleichbehandlung von Teilen und Materialien.[1] Daraus leitet sich eine differenzierte Materialbereitstellungsstrategie (Strategiemix) ab, die auf einer ABC- bzw. Pareto-Analyse basiert. Als Differenzierungskriterien kommen Wertigkeit, Volumen und Haltbarkeit zur Anwendung. Im Sinne der Vermeidung von Verschwendung wird für Teile mit hoher Wertigkeit, Volumen oder geringer Haltbarkeit eine möglichst verbrauchssynchrone Bereitstellung angestrebt. Ein weiterer Einfluß geht von der mit der Fertigungssegmentierung verbundenen produktorientierten Konzentration und Synchronisation der Betriebsmittel sowie der Einführung des Kunden-Lieferanten-Prinzips in Verbindung mit dem Holprinzip einher. Dahinter verbirgt sich der Grundsatz, daß eine produktorientiert gestaltete Wertschöpfungskette möglichst schnittstellenfrei zu organisieren ist und die Gesamtverantwortung für die logi-

---

[1] vgl. Wildemann, H. (1992 a), S. 277

stische Kette und damit auch die interne Materialbereitstellung den Segmenten zu übertragen ist. Dies führt zu einer Integration der Materialbereitstellungsfunktion in die Segmente, wie sie in 71 % der analysierten Fälle realisiert worden ist.

e) Steuerung

Ein mit der Fertigungssegmentierung einhergehendes Steuerungskonzept, das sowohl für die Steuerung innerhalb des Segments als auch zur Koordination verschiedener Segmente geeignet ist, ist das Prinzip der selbststeuernden Regelkreise.[1] Dieses Prinzip beinhaltet drei Aspekte:

- nach dem Prinzip der Selbststeuerung gibt es nur noch Rahmenvorgaben, auf denen aufbauend sich die Gruppen/Segmente selbst organisieren und ihre eigenen Lösungen erarbeiten;[2]
- das Prinzip des autonomen Regelkreises fordert die Zusammenfassung von Verantwortung und Zuständigkeit für die Planung, Durchführung und Kontrolle eines Bereichs, wobei ein Abbau von zentralistisch orientierten Führungsstellen und eine Reintegration von Entscheidungs- und Ausführungskompetenzen in dezentrale Einheiten zu erfolgen hat;[3]
- das Prinzip der negativen Rückkopplung, wodurch die Selbststeuerung durch den Aufbau stabilisierender Regelkreise ermöglicht wird, da durch eine gegenteilige Entwicklung der beeinflußten Größe einer ungehemmten Selbstverstärkung entgegengewirkt wird.[4]

Durch dieses Steuerungskonzept werden Informations- und Koordinationsaufgaben vereinfacht, Information und Kompetenz am Ort ihres Bedarfs zusammengefaßt, wodurch die Notwendigkeit einer Vielzahl zentraler Steuerungsanweisungen entfällt. Mit dem Einsatz des Holprinzips wird eine kontinuierliche Produktion ohne koordinierende Eingriffe übergeordneter Steuerungsinstanzen erreicht. Der Informationsfluß wird

---

1 vgl. Wildemann, H. (1992 a), S. 231
2 vgl. Keller, G./Kern, S. (1990), S. 232
3 vgl. Keller, G./Kern, S. (1990), S. 232
4 vgl. Vester, F. (1991), S. 84

durch Belege (KANBANS), Behälter, akustische Signale oder elektronische Medien unterstützt. Die damit verbundenen reorganisatorischen Maßnahmen führen zur Verlagerung von Steuerungsfunktionen von einer bisher eher zentralistisch organisierten Werkstattsteuerung hin zu einer mehr dezentralen bzw. modularen Organisationsform. Dies bedeutet insbesondere die Wahrnehmung von steuernden Funktionen wie

- Fertigungsfortschrittsüberwachung.
- Arbeitsverteilung, Reihenfolgeplanung und Belegungsfeinplanung,
- Kapazitätenüberwachung,
- Ausschußüberwachung und Selbstkontrolle,
- Terminüberwachung,
- Auftragsübernahme,
- Bestandsverantwortung, -überwachung und Bedarfsermittlung sowie
- Feinsteuerung

durch die Meister, Gruppen und Mitarbeiter. Eine Verlagerung von Steuerungsfunktionen in die Segmente, die bei 67 % der untersuchten Segmente durchgeführt wurde, soll vor allem Unzulänglichkeiten zentralisierter Systeme im Hinblick auf Distanz zwischen Plan und Realität, inkonsistente Informationsflüsse und einer hohen Belastung des Führungspersonals bei komplexen Koordinationsaufgaben entgegengewirkt werden.[1] Die Integration von Steuerungsfunktionen in die Segmente führt zu einer Verkürzung von Informationswegen und damit einer Erhöhung der Reaktionsfähigkeit bei Qualitätsabweichungen, Störungen und Änderungen. Darüber hinaus wird eine konsequente Nutzung der Fachkenntnisse der Mitarbeiter in der Produktion, z.B. im Hinblick auf die tatsächliche Dauer von Arbeitsgängen, detaillierte Kenntnisse über Kapazitäten und Qualitätsstandards, angestrebt, die sowohl einen motivierenden Einfluß auf die Mitarbeiter haben, als auch eine termin-, kosten- und qualitätsgerechte Fertigung begünstigen.

---

[1] zu den Nachteilen zentraler PPS-Systeme vergleiche auch Schick, J. (1990), S. 468

f) Transport

Als Konsequenz der im Rahmen der Fertigungssegmentierung verfolgten produktorientierten Layoutgestaltung werden Transportaktivitäten, die bislang abteilungsübergreifend durchzuführen waren, vielfach zu segmentinternen Tätigkeiten. Ziel ist dabei die weitestgehende Vermeidung von Transport- und Handlingaufwendungen, da jegliche Transportbewegungen als Verschwendung anzusehen sind.[1] Für die nicht zu eliminierenden Transportaktivitäten ist eine möglichst effiziente Transportorganisation zu implementieren, die im Einklang mit den für Materialbereitstellung und Steuerung, die Autonomie der Segmente unterstützenden Prinzipien, stehen. Der Transportanstoß als Impuls für die Ausübung von Transporttätigkeiten kann sowohl autonom vom Segment, einem Lager, als auch von einer übergeordneten Steuerungsinstanz ausgehen. Geht der Anstoß von einer übergeordneten Steuerungsinstanz aus, so vermindert dies den Autonomiegrad des Segments, da die Entscheidung nicht unmittelbar am Ort des Geschehens gefällt wird. Desweiteren ist zu unterscheiden, ob die Aufgabe der Materialbeförderung autonom vom Fertigungssegment oder von einer zentralen Transportabteilung ausgeübt wird. Das Bringprinzip integriert die Kompetenz für Transportaufgaben in der Regel in eine zentrale Lagerbewirtschaftung, während das Holprinzip sie den Produktionsmitarbeitern zuordnet. Sind Mitarbeiter des Lagerwesens für den Transport zuständig, liegt nur dann ein hoher Autonomiegrad vor, wenn diese dem Segment räumlich und disziplinarisch zugeordnet sind. Den autonomen Transport kann neben dem Fertigungspersonal auch ein organisatorisch eingegliederter Transportmitarbeiter übernehmen. Die Beschaffenheit der Transportgüter sowie die eingesetzte Fertigungstechnologie bestimmen Art, Kapazität und örtliche Gebundenheit der Transportmittel. Bei örtlich gebundenen Transportmitteln, die bei geringen Losgrößen bevorzugt eingesetzt werden, besteht zudem die Möglichkeit, diese nicht autonom über einen festen Fahrplan zu steuern.[2] Die Fertigungssegmentierung unterstützt aufgrund der räumlichen Konzentration die Einführung von automatisierten Transportvorrichtungen. Aber auch der Fertigungstyp übt einen wesentlichen Einfluß auf die Art der Transportmittel aus. So ist bei Kleinserien- und Einzelfertigung der Investitionsaufwand für eine vollständige Automatisierung

---

[1] Shingo, Sh. (1992), S. 163

[2] vgl. Kern, W. (1980), S. 256

aufgrund der diskontinuierlichen Auslastung in der Regel nicht gerechtfertigt, was die Fertigungssegmentierung auch nicht zwingend fordert, da durch Verlagerung und Eliminierung von Transporttätigkeiten die laufenden Transportkosten sinken. Nimmt ein Segment eigenständig Transportaufgaben wahr, so geht damit eine Verbesserung der Verfügbarkeit der Transportmittel einher. Die permanente Anwesenheit von für den Transport zuständigen Mitarbeitern und Transportmitteln vermeidet Verzögerungen in der Materialbereitstellung und führt zu kurzen Transportzeiten. Demgegenüber wird eingewandt, daß der ausschließliche Einsatz von Transportmitteln in einem Segment eine verminderte Auslastung zur Folge hat und damit nur eine zentrale Transportabteilung zur Senkungen der Transportkosten durch eine verbesserte Auslastung beitragen kann. Dieses Argument ist allerdings nur bei ortsungebundenen Transportmitteln gültig. Weichen die Transportwege einzelner Fertigungseinheiten kaum voneinander ab, können die Transportzeiten ebenfalls minimiert werden.[1] Insgesamt führt die mit der Fertigungssegmentierung verbundene produktorientierte Layoutgestaltung zu einer Verkürzung der Transportwege, Minimierung der Schnittstellen und Integration von Transportaufgaben in die Segmente, was sich letztendlich in einer zu beobachtenden Senkung der Transportkosten um bis zu 40 % niederschlägt. Unterscheidet man hinsichtlich der Transportorganisation, ob der Anstoß über einen zentralen Auftrag, den jeweiligen Meister der Fertigung oder über die generelle Regel der Holpflicht erfolgt, so zeigt sich, daß innerhalb der Segmente eine weitgehende Autonomisierung entweder durch Einführung des Holprinzips oder durch die Steuerung über den Meister durchgeführt wird, während für die Transportorganisation zwischen Segmenten in nahezu 50 % der Fälle nach wie vor ein zentraler Auftrag notwendig ist (vgl. Abb. 4-12).[2] Folglich werden segmentinterne Transporte auch in der Regel eigenverantwortlich von den Segmenten durchgeführt, während segmentübergreifende Transportvorgänge weitestgehend einer zentralen Transportabteilung obliegen.

---

[1] vgl. Grochla, E. (1978), S. 188 f.
[2] vgl. auch Wildemann, H. (1992 a), S. 155

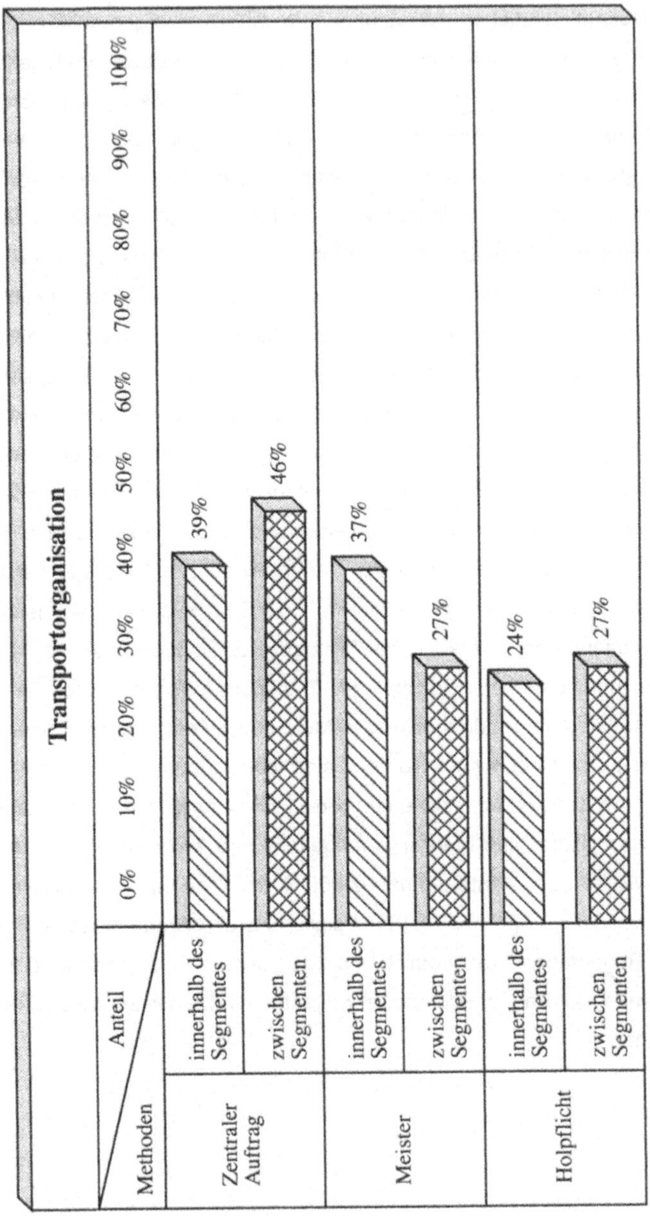

Abb. 4-12: Transportorganisation

g) Beschaffung

Nicht nur innerbetriebliche Transportvorgänge und Materialströme wirken auf die Autonomie von Fertigungssegmenten. Bei zunehmender Verringerung der Fertigungstiefe und einer Strategie der Lieferantenentwicklung hin zum Systemlieferanten gewinnt die Gestaltung von Lieferantenbeziehungen und Anlieferorganisationen eine entscheidende Bedeutung (vgl. auch Kap. 4.3.1.). Die Fremdvergabe und Lieferantenauswahl erfordern, vor dem Hintergrund unternehmerisch agierender Segmente, die Einbeziehung von Mitbestimmungsrechten der betroffenen Segmente. Für die empirische Untersuchung wurde eine Trennung zwischen Einkaufs- und Beschaffungsfunktionen vorgenommen, die dem Einkauf strategische und organisatorische Aufgaben sowie der Beschaffung die Kompetenz und Verantwortung für die mengen- und zeitmäßig korrekte Materialbereitstellung und damit für Bestellgrößen, Bestellzeitpunkt und Bestellanstoß zugeordnet.[1] Das Konzept der produktionssynchronen Beschaffung[2] unterstützt eine derartige Dezentralisierung der Aufgabengebiete der Beschaffung. Der Abruf der Beschaffungsgüter erfolgt autonom durch den Verbrauchsort. Bestellgrößen und -zeitpunkt müssen nicht detailliert in einer Vorlauffunktion ermittelt werden. Die produktionssynchrone Beschaffung führt über das erweiterte Regelkreissystem vom Produzenten zum Lieferanten zu einer Erleichterung der Koordination der Schnittstelle zwischen Unternehmen und Beschaffungsmarkt. Erfolgt die Anlieferung des Materials direkt an den Verbauort, so ist die Eliminierung eines Eingangslagers und damit die Senkung von Pufferbeständen, Transport- und Handlingsaufwendungen möglich. Die Realisierung erfordert die Beachtung des Grundsatzes:

Lagereinheit = Transporteinheit = Verbrauchseinheit.[3]

---

[1] eine ähnliche Abrenzung nehmen auch Kupsch, P-U./Lindner, Th. (1983), S. 305, vor.

[2] zu dem Themengebiet "Produktionssynchrone Beschaffung" vergleiche insbesondere Wildemann, H. (1988)

[3] vgl. Wildemann, H. (1988), S. 93-95

Ebenso wie für die interne Materialbereitstellung gilt auch für die Beschaffung das Prinzip der Ungleichbehandlung von Teilen und Baugruppen. Demnach ist das Konzept der produktionssynchronen Beschaffung insbesondere auf hochwertige Teile mit weitestgehend stetigem Verbrauch anzuwenden.[1] Darüber hinaus sind Maßnahmen im Hinblick auf Materialfluß, Anlieferungsorganisation, Speditionskonzept, Informationsfluß (Rahmengebung, Abrufsystematik), Qualifikationsfähigkeit (Lieferantenbewertung, Auditierung) und Vertragsgestaltung zu ergreifen. In 6 % der untersuchten Fälle konnte eine dezentrale Ausgestaltung der Beschaffungsfunktion im Sinne einer autonomen Beschaffungsabwicklung beobachtet werden.

4.3.2.3. Vorgelagerte indirekte Funktionen

Vorgelagerte indirekte Funktionen können auch als produkt- und prozeßbestimmende Funktionen aufgefaßt werden. Von diesen werden alle relevanten Daten des Produktes und rund 90 % der späteren Gesamtkosten festgelegt, so daß diese Bereiche als Ursprung für Qualität und Preis-/Leistungsverhältnis eines Produktes sowie für die Effizienz der Fertigung angesehen werden können.[2] Im Rahmen der Strategie der Kundenorientierung gewinnen diese Funktionen darüber hinaus zur Erzielung von Zeit- und Effizienzvorteilen eine größere Bedeutung.

a) Arbeitsvorbereitung/Disposition

Innerhalb der zu betrachtenden vorgelagerten indirekten Funktionen bildet die Arbeitsvorbereitung das Bindeglied zwischen Wertschöpfungs- und Innovationsprozeß, zwischen Konstruktion und Fertigung und umfaßt die Gesamtheit aller Maßnahmen, einschließlich der Erstellung der erforderlichen Unterlagen und Betriebsmittel, die die Fertigung in die Lage versetzen, die Produkte mit einem Minimum an Aufwand zu erstellen.[3] Die Arbeitsvorbereitung wird in die Bereiche der Arbeitsplanung und Ar-

---

1 vgl. Wildemann, H.(1988), S. 22 ff.

2 vgl. Vajna, S. (1991), S. 57

3 vgl. hierzu Bühner, R. (1986), S. 538

beitssteuerung untergliedert, wobei die Arbeitsplanung alle einmalig auftretenden Planungsmaßnahmen umfaßt, welche unter Berücksichtigung der Wirtschaftlichkeit die fertigungsgerechte Gestaltung der Produkte und die ablaufgerechte Gestaltung einer Dienstleistung sichern, während die Arbeitssteuerung Maßnahmen beinhaltet, die für eine der Arbeitsplanung entsprechende Auftragsabwicklung erforderlich sind.[1] Die Arbeitsplanung beinhaltet produktspezifische Aufgaben wie Erzeugnisplanung, Ablauf-, Arbeitsmittel-, Arbeitszeit-, Arbeitsstätten-, Bedarfsplanung je Einheit, Fristen-, Arbeitskostenplanung und Steuerdatenplanung, die sich wiederum in lang-, mittel- und kurzfristige Planung unterteilen lassen.[2] Unter Arbeitssteuerung werden Aufgaben der Programm-/Auftragsplanung, Auftragsbearbeitung, Disposition, Terminierung, Bereitstellung, Arbeitsverteilung, Arbeitsfortschrittüberwachung und Wirtschaftlichkeitsüberwachung subsumiert.[3] Die Arbeitsvorbereitung ist folglich von der auf tayloristischen Prinzipien beruhenden Arbeitsteilung in zweifacher Weise betroffen. Zum einen entstand aus der Trennung zwischen Planung und Ausführung die Notwendigkeit der Bildung einer Einheit Arbeitsvorbereitung. Zum anderen wurde in der internen Strukturierung (horizontale Arbeitsteilung) der Arbeitsvorbereitung eine weitergehende funktionale Zerlegung der Arbeitsaufgaben vorgenommen, die diametral einer produkt- und prozeßorientierten Gestaltung entgegenstehen. Resultat war eine zunehmende Zersplitterung der Verantwortung und die damit verbundene Beseitigung eines unmittelbaren Rückkopplungsmechanismus zur Implementierung eines kontinuierlichen Verbesserungsprozesses sowie sinkende Zeiteffizienz durch lange Reaktionszeiten. Die Aufgaben der Arbeitssteuerung, wie Terminierung, Bereitstellung, Arbeitsverteilung und Arbeitsfortschrittsüberwachung wurden bereits unter dem Aspekt der fertigungsbegleitenden indirekten Funktionen behandelt und die Integrationspotentiale entsprechend aufgezeigt. Dabei wird die Dualität der Arbeitsvorbereitung, die sich in einer organisatorischen und technischen Komponente widerspiegelt, sichtbar. Die organisatorische Komponente beinhaltet die Reintegration von Aufgaben der Arbeitsvorbereitung des Kurzfristbereichs, der Steuerung, in die Produktion. Es verbleibt die Notwendigkeit der Festlegung von Rahmendaten und Eckwer-

[1] vgl. Wiendahl, H.-P. (1991), S. 22 f.
[2] vgl. Wiendahl, H.-P. (1991), S. 24; Engroff, B. (1989), S.391 f.
[3] vgl. Wiendahl, H.-P. (1991), S. 24

ten, die den Handlungsspielraum der Segmente festlegen. Dies erfolgt durch Vereinbarung von Terminen und Zielwerten. Für die Autonomie der Segmente ist entscheidend, inwieweit ihre Kompetenz in Bezug auf den zeitlichen, örtlichen und mengenmäßigen Einsatz von Material, Betriebsmittel und Personal reichen, ihnen folglich dispositive Funktionen übertragen werden. Die weitgehende Übertragung dispositiver Funktionen an die Fertigung erfordert jedoch zum einen die Abkehr von stufenweisen und deterministisch ausgelegten Planungs- und Steuerungsalgorithmen hin zu die Stochastik des Unternehmensgeschehens berücksichtigenden Mechanismen der Selbstregelung und zum anderen die Überwindung sequentieller Planungsverfahren durch eine Reorganisation nach produkt- und prozeßorientierten Gesichtspunkten. Dabei sind Aufgaben im Sinne einer produktorientierten ganzheitlichen Vorgangsbearbeitung zu strukturieren und in die Segmente zu verlagern. Unterstützend kann hierbei die technische Komponente wirken, die durch einen zunehmenden Einsatz von DV-Werkzeugen in der Unterlagenverwaltung, Änderungsplanung und Arbeitsplanerstellung charakterisiert wird und über den Einsatz von CIM-Komponenten wie CAD, CAM, CAE zu einer engeren Verbindung mit der Konstruktion und PPS führen kann. So wird beispielsweise durch die Weiterentwicklung im Hard- und Softwarebereich die Dezentralisierung der NC-Programmierung durch eine Reduzierung der Tätigkeiten und Schnittstellen, wirtschaftlich vorteilhaft.[1] Organisatorisch kann die dezentrale NC-Programmierung in einer Art Rotationssystem verankert werden, indem jeweils abwechselnd ein Mitarbeiter aus der Gruppe Programmiertätigkeiten wahrnimmt, wodurch sowohl ein effizientes Programmieren als auch der unmittelbare Rückfluß von praktischem Erfahrungswissen aus dem täglichen Umgang mit Maschine, Materialien und Werkzeugen möglich wird.[2] Die Reintegration von Aufgaben der Arbeitsvorbereitung/Disposition in die Segmente führt aber nur partiell zu arbeitsorganisatorischen Konsequenzen im Sinne einer Aufgabenanreicherung, sondern hat eine Neudefinition der Schnittstellen, Methoden und Verfahrensweisen sowohl in der Innovationsprozeßkette als auch in der Auftragsabwicklungskette zur Folge. Daraus erwächst die Notwendigkeit der Abgrenzung und Gestaltung eines produktionsnahen, segmentinternen Services und eines segmentübergreifenden Servicebereichs. Die

---

1 vgl. Ammon, R. (1989), S. 327 f.

2 vgl. Manske, F. (1988), S. 16

Bedeutung von Arbeitsvorbereitung/Disposition für die Autonomie von Fertigungssegmenten, insbesondere vor dem Hintergrund der Kostenbeeinflußbarkeit durch das Segment spiegelt sich in der Empirie wider, bei der in 65 % der Fälle eine Neugestaltung von Arbeitsvorbereitung/Disposition zu konstatieren war.

b) Werkzeug-/Vorrichtungswesen

Der Grundgedanke der Autonomie von Fertigungssegmenten erfordert die Bereitstellung aller für die Erfüllung der Aufgabe notwendigen Ressourcen im Segment. Damit ist auch die Einbeziehung des Werkzeug-/Vorrichtungswesens in die Reorganisation im Rahmen der Fertigungssegmentierung notwendig. In 58 % der analysierten Segmente wurde eine Verlagerung von Aufgaben des Werkzeug- und Vorrichtungswesens vorgenommen. Dabei umfaßt das Werkzeug- und Vorrichtungswesen alle Aufgaben, die in irgendeiner Weise die Werkzeuge im Rahmen der Produktion betreffen und ist somit als Querschnittsfunktion im Unternehmen aufzufassen.[1] Die Integration von Werkzeug- und Vorrichtungswesen in die Segmente erfordert eine gesamtheitliche Betrachtungsweise der Hauptfunktionsbereiche[2] Werkzeugplanung, Werkzeugbewirtschaftung, Werkzeugdispostion, Werkzeugversorgung und Werkzeugeinsatz, wobei technologische, organisatorische sowie informationstechnische Ansätze zu berücksichtigen sind. Die technologischen Ansätze zielen auf eine Begrenzung der Werkzeugvielfalt durch werkzeuggerechte Konstruktion, Standardisierung von Geometrieelementen, Änderung von Bearbeitungsvorschriften, Erhöhung der Prozeßfähigkeit der Werkzeuge durch neue Materialien und Verfahren, Standardisierung der Werkzeugaufnahmen, Konzipierung modularer Werkzeugsysteme, Automatisierung des Werkzeugflusses und Werkzeughandhabung sowie Werkzeugvoreinstellung.[3] Formulieren die technologischen Ansätze insbesondere Anforderungen an die Werkzeugplanung, so beinhalten die organisatorischen Ansätze dagegen die prozeßorientierte Gestaltung des Werkzeug- und Vorrichtungswesens zur optimalen Nutzung der zur Verfügung stehenden Ressourcen. Neben der Vorhaltung segmentspe-

---

[1] vgl. Lamkemeier, U./Dittmer, H./Petersen, W. (1989), S. 388-391

[2] zur Unterscheidung der Hauptfunktionsbereiche und ihre detaillierte Beschreibung vergleiche: Zirbs, H. (1990), S. 15-29

[3] vgl. Warnecke, G./Romberg, A./Hornscheid, R. (1991), S. 93 f.

zifischer Grundwerkzeugkästen fördert die Bildung maschinenspezifischer Grundwerkzeugkästen, Standardvorrichtungen und Baukastenvorrichtungen die Integration von Werkzeug- und Vorrichtungswesen in die Segmente. Die Autonomisierung der Segmente im Hinblick auf das Werkzeug- und Vorrichtungswesen ermöglicht die

- Nutzung des Erfahrungswissens der Mitarbeiter vor Ort zur Optimierung der Werkzeuge;
- Bildung klarer Verantwortlichkeiten und somit die Auflösung von horizontaler Arbeitsteilung für Werkzeugeinsatz, -versorgung, -disposition und -bewirtschaftung;
- Reduzierung von Transport- und Handlingaufwendungen;
- Erhöhung der Reaktionsfähigkeit bei Störungen;
- Vermeidung von Störungen, insbesondere von Störungen, die aus der Werkzeugvoreinstellung resultieren;
- Erhöhung der Wahrscheinlichkeit der wahren Ursachenbeseitigung bei Störungen;
- Optimierung von Werkzeugfluß-, -beständen, -verbrauch und -durchlaufzeiten.

Eine wesentliche Unterstützung für die Dezentralisierung des Werkzeug- und Vorrichtungswesens können die informationstechnischen Ansätze leisten. Diese bieten vor allem sowohl quantitativ als auch qualitativ verbesserte Zugriffsmöglichkeiten auf Werkzeugdaten im Rahmen eines Werkzeugverwaltungssystems, das durch die Anwendung leistungsfähiger Datenbank- und Entwicklungswerkzeuge, wie 4GL, Data Dictionary, Maskengenerator und Reportgenerator auch betriebsspezifische Ausgestaltungsmöglichkeiten zuläßt.[1] Damit führt ein derart gestaltetes Werkzeugverwaltungssystem zu einer einheitlichen Datenbasis und erleichtert die dezentrale Wahrnehmung von Funktionen des Werkzeug- und Vorrichtungswesens, wie Werkzeugeinsatzsteuerung, - disposition, -bewirtschaftung und - auswahl.

---

[1] vgl. Warnecke, G./Romberg, A./Hornscheid, R.(1991), S. 95; bei den beispielhaft aufgeführten Werkzeugen handelt es sich um moderne Programmsprachen bzw. -instrumente zur Datenbankentwicklung

c) Entwicklung und Konstruktion

Im Gegensatz zum Werkzeug- und Vorrichtungswesen ist die Entwicklung und Konstruktion nicht der Wertschöpfungskette, sondern der Innovationskette zuzuordnen. Entwicklung und Konstruktion sind der Arbeitsvorbereitung unmittelbar vorgelagerte planerische Tätigkeiten, wobei Entwicklung-Planung-Fertigung als eine Prozeßkette betrachtet werden kann.[1] In dieser Prozeßkette wird aber nicht nur ein Großteil der Herstellkosten festgelegt, sondern diese Prozeßkette wird vor dem Hintergrund der zunehmenden Bedeutung des Faktors Zeit zum wesentlichen Bestimmungsfaktor für den wirtschaftlichen Erfolg eines Unternehmens, da sich hierin die Fähigkeit widerspiegelt, technologischen Wandel schnell und kundengerecht umzusetzen. Die Strategie der Kundenorientierung erfordert deshalb zwingend die Einbeziehung der Innovationskette in die Reorganisationsmaßnahmen, die zum einen die Produktentwicklung zu einem Teil der Fertigung und die ständige Verbesserung der Fertigung zu einem Teil der Produktentwicklung werden läßt sowie zum anderen die Kundenzufriedenheit nicht nur als externes Ziel auffaßt,sondern als systemimmanenten, integrierten Katalysator für unternehmerische Innovation betrachtet. Um diesen Anforderungen gerecht zu werden, genügt nicht allein die Einführung neuer rechnergestützter Produktions- und Planungsmittel. Vielmehr sind diese als flankierende Maßnahmen anzusehen, die die organisatorischen Veränderungen und Anwendung neuer Methoden unterstützen. Als organisatorischer Ansatz wurde in 17% der Fälle eine Integration von Entwicklungs- und Konstruktionskompetenz in die Segmente beobachtet. Hierbei handelt es sich überwiegend um Komponentenhersteller, die mit ihren Abnehmern Entwicklungspartnerschaften eingegangen sind, sich somit durch ein umfassendes Produkt- und Prozeß-Know-How auszeichnen und damit erhebliche Wettbewerbsvorteile erzielen. Ein weiterer organisatorischer Ansatz beinhaltet die Anpassung der Organisation des Entwicklungsprozesses an die Produkt- und Fertigungsstruktur mit dem Ziel, durch eine organisatorische Neugestaltung der Schnittstellen und Einführung von Projektmanagement-Methoden Reibungsverluste zu minimieren, einen durchgängigen Informationsfluß zu schaffen, eine marktnahe, kundenorientierte Entwicklung sicherzustellen, Liegezeiten auf dem kritischen Pfad zu minimieren,

---

[1] vgl. Bomm, H. (1991), S. 46-51

Iterationsschleifen zu verringern, Koordinations- und Abstimmungsaufwand zu senken und die Plangenauigkeit zu erhöhen. Methodisch wird dieser organisatorische Ansatz durch das Konzept des Simultaneous Engineering unterstützt, das die konsequente Parallelisierung und Synchronisierung von Produkt- und Produktionsmittelentwicklung fordert.[1] Darüber hinaus kann Simultaneous Engineering als Integrationskonzept aufgefaßt werden, das durch eine ganzheitliche Betrachtungsweise die Effizienz der Produktentwicklung steigert und die reine prozeß-, bzw. ablauforganisatorische Betrachtungsweise um produkt- und systemorientierte Gesichtspunkte erweitert.[2] Simultaneous Engineering erfordert durch die Umwandlung des sequentiell ablaufenden Prozesses der Produktionsentwicklung in eine zeitparallele Vorgehensweise, die frühzeitige Einbeziehung aller Fachbereiche und umfaßt damit

- die zeitoptimierte Strukturierung und Parallelisierung von Entwicklungsschritten,
- die ergebnisorientierte Planung und Steuerung der Projekte und frühzeitige Einbindung der beteiligten Bereiche,
- die Synchronisation der Produkt- und Produktionsmittelentwicklung,
- die methodische Planung und Gestaltung neuer Produkte und
- die Berücksichtigung der Wechselbeziehungen zwischen Organisation und Technik durch optimierte Abstimmung von Produkt und Prozeß.[3]

Simultaneous Engineering fördert die Teamarbeit durch die Bildung multifunktionaler Teams. Nicht selten wird im Sinne der Komplettverantwortung der Teamleiter bzw. das Team auch für die Realisierung der Planungsergebnisse verantwortlich gemacht. Die Methoden zur Neugestaltung der Innovationskette unterstützen die autonome Gestaltung der Segmente durch die Ausdehnung der Einwirkungsmöglichkeiten der Segmente nicht nur auf kurzfristige Maßnahmen bezüglich der Wertschöpfungskette, sondern auch im Hinblick auf kosten-, zeit- und qualitätsbestimmende Parameter in der Innovationskette. Begleitend und aufbauend auf den organisatorischen Verände-

---

[1] vgl. Eversheim, W. (1989), S. 6
[2] vgl. Warschut, H./Wasserloos, G. (1991), S. 24
[3] vgl. Eidenmüller, B. (1991),S. 112; Bullinger, H.-J.(1991),S. 12

rungen fördern geeignete Methoden zur präventiven Qualitätssicherung (z.B. Konstruktions-, Prozeß- FMEA, Taguchi) und DV-Integration (z.B. Informations- und Dokumentationssysteme, CAD/ CAM-Verfahrensketten) eine fertigungsgerechte Produktgestaltung, vermeiden nachträgliche Produktänderungen und führen gleichzeitig zu einer Erhöhung der Anpassungsfähigkeit und -geschwindigkeit.[1]

4.3.2.4. Nachgelagerte indirekte Funktionen

Nachgelagerte indirekte Funktionen dienen der Verwertung der aus dem Wertschöpfungs- und Innovationsprozeß hervorgegangenen Produkte. Eine unmittelbare Beziehung stellt hierbei der Versand dar. Er bildet das direkte Bindeglied zwischen Wertschöpfungsprozeß und Absatzmarkt. Deshalb wurde der Versand als letztes Element der internen logistischen Kette bereits im vorhergehenden Kapitel im Rahmen des Integrationsgrades der logistischen Kette kurz behandelt. Versandfunktionen leisten jedoch keine direkten Beitrag zur Wertschöpfung und sind folglich als indirekte Funktionen zu betrachten. Hierbei ist festzustellen, daß in 42 % der untersuchten Segmente eine Integration von Versandfunktionen in die Segmente zu beobachten war, wobei diese Funktionen mit Steuerungs- und Auftragsabwicklungsfunktionen zu prozeßorientierten Verfahrensketten zusammengefaßt wurden, um eine möglichst kundennahe Produktion und montage-synchrone Belieferung sicherzustellen. Eine Verlagerung von Funktionen des Kundendienstes oder Distribution war nicht festzustellen. Distributionsfunktionen werden häufig von Dienstleistern wahrgenommen, wobei branchenspezifisch unterschiedliche Distributionskonzepte Anwendung finden, die jedoch zunehmend zu Distributionsnetzwerken mit einer unmittelbaren Kopplung von Hersteller-Händler-Kunde ausgebaut werden. Dagegen werden Kundendienstfunktionen zentral im Unternehmen wahrgenommen. Die zunehmende Bedeutung des

[1] vgl. hierzu umfassend Wildemann , H. (1992 d), S. 25 ff. Wildemann, H. (1992f).

After-Sales-Service im Rahmen der Kundenorientierung führen auch in diesem Bereich weg von einem reinen "Reparaturdienstverhalten" hin zum Aufbau einer strategischen und dauerhaften Kundenbeziehung und -betreuung.

4.3.2.5. Übergeordnete indirekte Funktionen

Übergeordnete indirekte Funktionen beinhalten strategische, koordinierende und reine dienstleistungsorientierte Aufgaben für die Segmente. Sie haben mittelbare Bedeutung für den Wertschöpfungs- und Innovationsprozeß und damit für das Kerngeschäft. Für die Autonomie von Segmenten sind übergeordnete indirekte Funktionen insofern von Bedeutung, da mit überzogenem Regelungsverhalten und Eingriffen in Detailoperationen eine Einschränkung des unternehmerischen Handlungsspielraums der Segmente einhergeht. Die Wahrnehmung von Aufgaben übergeordneter indirekter Funktionen sollte deshalb an die Erbringung eines Nutzenbeitrags für die Segmente geknüpft sein. Dies kann zum einen die Wahrnehmung der einheitlichen Leitung und Erschließung von strategischen Erfolgspotentialen für das Gesamtunternehmen sein, als auch zum anderen die Sicherstellung des Know-How-Transfers und Ressoucenverfügbarkeit im Netzwerk des Unternehmens. Darüber hinaus kann die unternehmensweite Wahrnehmung von Dienstleistungsfunktionen Synergieeffekte bewirken. In den analysierten Fällen konnten lediglich bei 8 % der Segmente eine Verlagerung von Controlling-Funktionen in die Segmente beobachtet werden. Dabei wurden die Controlling-Funktionen als wesentlich für das eigenverantwortliche unternehmerische Handeln im Segment angesehen und in ein Gesamt-Controlling-Konzept des Unternehmens eingebunden, das auf dem Cost- und Profit-Center-Prinzip basiert. Die mit der Fertigungssegmentierung einhergehende Autonomisierung bedeutet deshalb für die übergeordneten indirekten Funktionen nicht notwendigerweise die Integration in den Innovations- und Wertschöpfungsprozeß, sondern führt primär zu einer Veränderung des Rollenverständnisses und Begrenzung der Eigendynamik durch Einführung marktwirtschaftlicher Prinzipien nach dem Kunden-Lieferanten-Konzept auch für Dienstleistungsfunktionen.

4.3.2.6. Autonomiegrad indirekter Funktionen

Beschränkte sich der erste Schritt der empirischen Analyse der Funktionsintegration auf das Ausmaß der Verlagerung von indirekten Funktionen und organisatorischer Gestaltungsansätze, so ist im zweiten Schritt mit Hilfe des Autonomiegrades die organisatorische Ausgestaltung im Segment zu untersuchen. Hierzu wurde für die Messung des Autonomiegrades eine Skalierung vorgenommen, die von

- der autonomen Aufgabenwahrnehmung über
- informatorische Verflechtungen,
- personelle Verflechtungen mit der Unterscheidung in
  * räumlich-disziplinarische Integration
  * räumlich-funktionale Integration und
  * vertragliche Gestaltung (Rahmenvereinbarung) bis hin zur
- zentralen Aufgabenwahrnehmung

reicht, wobei ein linear abnehmender Autonomiegrad unterstellt wurde. Einen sehr hohen Autonomiegrad weisen dabei die Funktionen Steuerung, Transport und Materialbereitstellung auf (vgl. Abb. 4-13).[1] Hierbei sind weitestgehend nur informatorische Verflechtungen zu konstatieren, die sich in der Regel in Rahmenvorgaben und Eckwerten widerspiegeln. Für die Funktionen Werkzeug-/Vorrichtungswesen, Rüsten, Qualitätssicherung und Instandhaltung ist trotz einer relativ häufigen und intensiven Verlagerung von Funktionen nur ein mittlerer Autonomiegrad festzustellen. Dies ist überwiegend darauf zurückzuführen, daß auf Spezialisten, Spezialwerkzeuge und -vorrichtungen, Labors usw. zurückgegriffen werden muß und damit weiterhin starke personelle Verflechtungen bestehen, die sich vorwiegend in einer räumlich-funktionalen Integration widerspiegeln und durch weiterhin zentrale Abteilungen mit disziplinarischem und fachlichem Weisungsrecht gekennzeichnet sind. Darüber hinaus weisen

[1] vgl. Wildemann, H. (1992 a), S. 158 f.

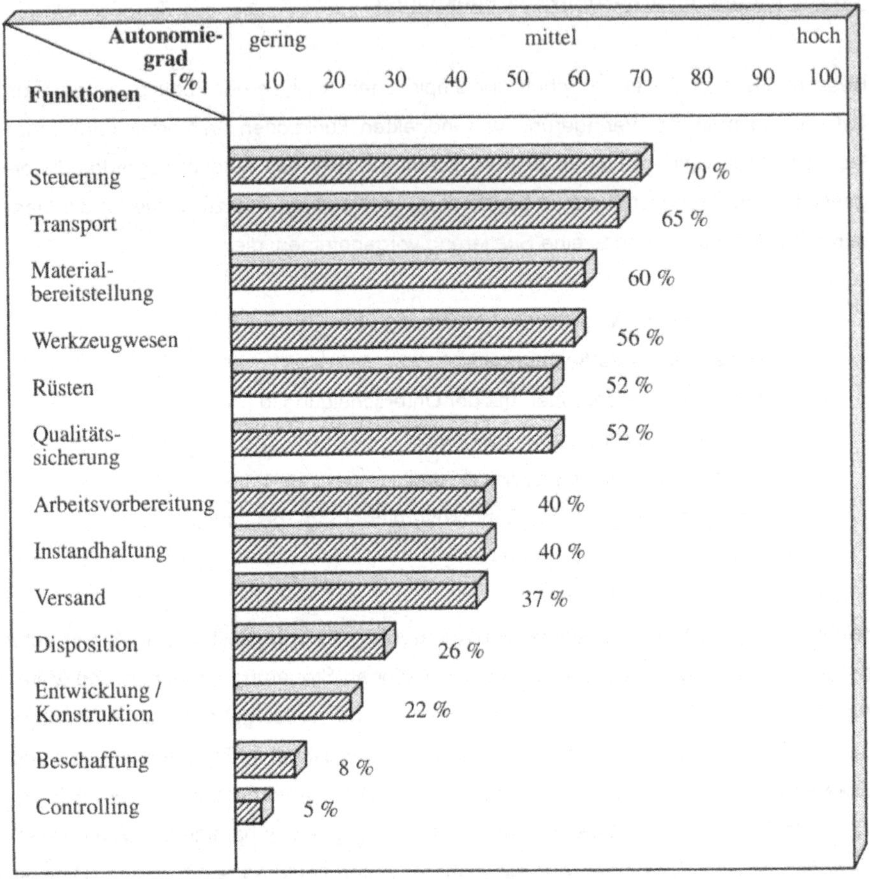

Abb. 4-13: Autonomiegrad indirekter Funktionen

Arbeitsvorbereitung und Versand einen mittleren Autonomiegrad auf, der sich aus der prozeßorientierten Neugestaltung der jeweiligen Funktion erklären läßt. Für die Funktionen Disposition, Entwicklung/Konstruktion, Beschaffung und Controlling ist ein niedriger Autonomiegrad zu konstatieren. Dieser resultiert aus der Übertragung von Teilfunktionen, deren Kompetenzen durch ein weitreichendes fachliches Weisungsrecht der Zentralstellen eingeschränkt wird. Neben der autonomen Gestaltung indirekter Funktionen zeigt sich auch, daß die Objektorientierung als vorherrschendes Organisationsprinzip zunehmend an Bedeutung gewinnt (vgl. Abb.4-14).[1] So herrscht in Funktionen mit hohem Autonomiegrad nach der Segmentierung die objektorientierte Organisation vor. Aber auch in Funktionen mit geringer Verlagerungsquote und niedrigem Autonomiegrad, wie Beschaffung, Controlling, Entwicklung/Konstruktion, was sich letztendlich in einer starken Zentralfunktion widerspiegelt, sind organisatorische Änderungen in Richtung einer stärkeren Objektorientierung festzustellen. Als Planungs- und Steuerungsinstrument der indirekten Funktionen kommt dem Prinzip der Fokussierung auf die Wertschöpfung durch den Aufbau von internen Kunden-Lieferanten-Beziehungen eine stärkere Bedeutung zu, die dem Gedanken Rechnung tragen, den indirekten Funktionen, vor dem Hintergrund strategischer Rahmenziele des Gesamtunternehmens, Spielräume unternehmerischen Handelns einzuräumen.[2] Als Spielregeln gelten hierbei, daß das Kunden-Lieferanten-Verhältnis durch eine eindeutige partnerschaftliche Leistungsvereinbarung mit definierter Leistungsabnahme nach Leistungserstellung gekennzeichnet ist, die bei Abweichung von der Vereinbarung, insbesondere im Hinblick auf Kosten- und Qualitätsmerkmale, zu unmittelbaren Konsequenzen führen, sowie die Kostenumlage durch marktorientierte Leistungsverrechnung ersetzen.[3] Die strategischen Rahmenziele des Unternehmens und die daraus abgeleiteten Abteilungsziele und Spielregeln bilden dabei den Handlungsrahmen für das erstrebte unternehmerische Handeln auch in den indirekten Funktionen.

[1] vgl. Wildemann, H.(1992 a), S. 161
[2] vgl. auch Grob, R./Haffner, H. (1990), S. 303 f.
[3] vgl. Wildemann, H.(1992 b), S. 29

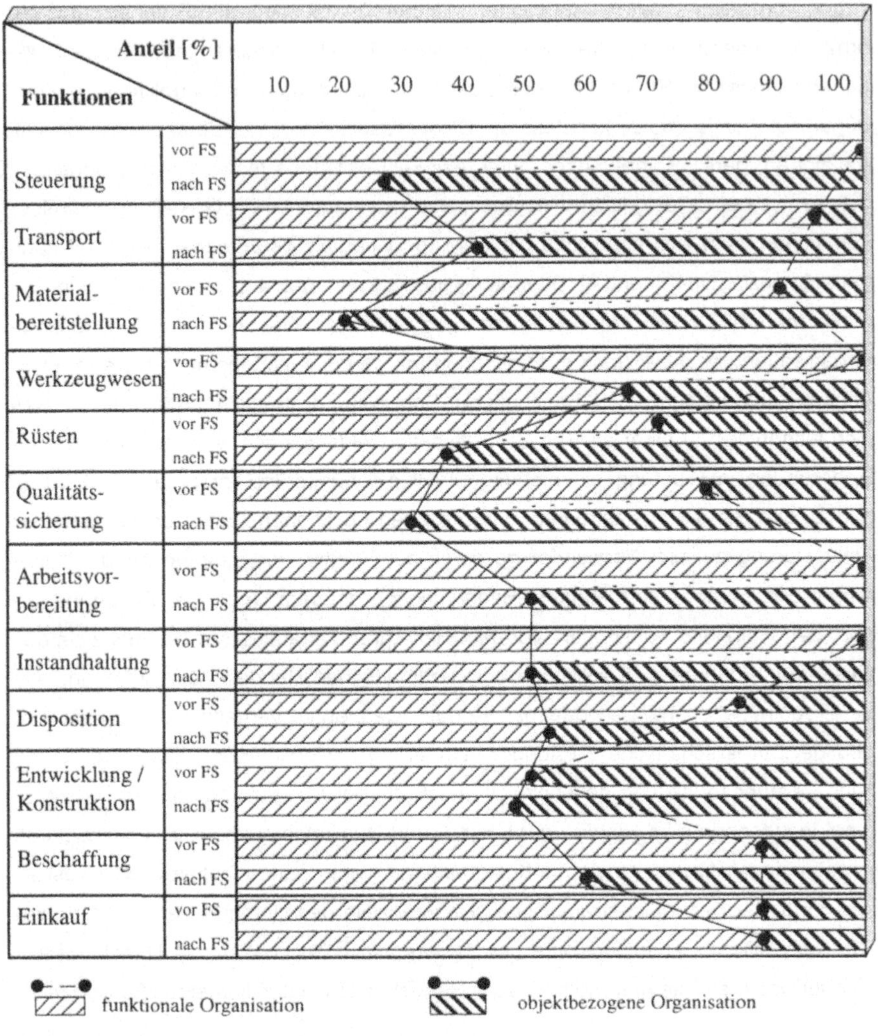

Abb. 4-14: Organisation betrieblicher Funktionen

4.3.3. Informationsintegration

Als dritte Determinante des Autonomiegrades von Fertigungssegmenten soll nun im folgenden die Informationsintegration betrachtet werden, da eine Reorganisation im Sinne der Fertigungssegmentierung das gesamte Wirksystem eines Unternehmens zu berücksichtigen hat. Dabei wird Information, vor dem Hintergrund einer zunehmenden Informationsdichte, der erforderlichen Reaktionsfähigkeit und -schnelligkeit sowie zur Verhaltenssteuerung im Sinne unternehmerischen Denkens über alle Hierarchiestufen hinweg, zu einem strategischen Erfolgsfaktor, wobei sich die Gestaltung von Informationsflüssen zunehmend an den Kriterien Informationsverfügbarkeit und Informationsdurchlaufzeit auszurichten hat.[1] Analog zur Unterscheidung von Wertschöpfungs- und Innovationsprozeß können auch die korrespondierenden Informationsflüsse unterschieden werden. So bildet der, der Wertschöpfungskette gegenläufige, Informationsfluß die Abwicklung des Kundenauftrags vom Auftragseingang bis zur Produktauslieferung ab. Hierzu werden umfangreiche Produktionsplanungs- und Steuerungssysteme (PPS-Systeme) eingesetzt. Diese PPS-Prozeßketten sind durch ihren Wiederholungscharakter gekennzeichnet.[2] Im Gegensatz dazu bildet der, die Innovationskette begleitende, Informationsfluß den Prozeß von der Produktidee bis zur Markteinführung bzw. Serienproduktion ab, wobei als Hilfsmittel zunehmend Computer-Aided (CA-)-Technologien, wie CAD, CAM, an Bedeutung gewinnen. Diese sogenannten CAX-Ketten sind durch einen einmaligen Durchlauf charakterisiert.[3]
Den Schwerpunkt der empirischen Analyse bildet die PPS-Prozeßkette, da von der Planungs- und Steuerungsphilosophie, die der Gestaltung dieser Prozeßkette zugrunde gelegt wird, ein wesentlicher Einfluß auf die Autonomie von Fertigungssegmenten ausgeübt wird.[4] Die PPS-Prozeßkette läßt sich in zwei Teilbereiche untergliedern: die Produktionsplanung und die Produktionssteuerung. Unter der Produktionsplanung wird die Entwicklung einer gedanklichen Ordnung verstanden, durch die

---

[1] vgl. hierzu auch: Augustin, S./Reminger, B. (1989), S. 67
[2] vgl. Urban, G. (1990), S. 394
[3] vgl. Urban, G.(1990), S. 395
[4] Der Einfluß der Innovationskette und die damit verbundenen Gestaltungsaspekte wurden im wesentlichen bereits als organisatorische Ansatzpunkte der Funktionsintegration in Kapitel 4.3.2. behandelt. Zur Bedeutung der CA-Technologie im Rahmen der Fertigungssegmentierung vergleiche Kapitel 4.3.1.3.

ein effizientes Zusammenwirken von Produktionsfaktoren zur Schaffung von Produkten unter Berücksichtigung arbeitswissenschaftlicher und technologischer Erkenntnisse sowie wirtschaflticher Ziele möglich wird.[1] Daran schließt sich die Produktionssteuerung an, deren Aufgabe in der Durchführung und Kontrolle der in der Produktionsplanung getroffenen Entscheidungen besteht.[2] Hierbei sind für die Ausgestaltung der beiden Teilbereiche verschiedene Funktionsbausteine charakteristisch. So beinhaltet die Produktionsplanung die Produktionsprogrammplanung, Mengenplanung sowie Termin- und Kapazitätsplanung während die Produktionssteuerung im wesentlichen aus der Auftragssteuerung besteht und, als verbindendes Element zur problem- und systembezogenen Sammlung, Speicherung und Aktualisierung von Daten zwischen den einzelnen Funktionsbausteinen als eine einheitliche Datenverwaltung angesehen wird.[3] PPS-Systeme sind bislang durch ein Sukzessiv- oder Stufenplanungskonzept gekennzeichnet, das von der Determiniertheit des Unternehmens ausgeht und das stochastische Elemente im Fertigungsablauf vernachlässigt. Die Planungs- und Steuerungsphilosophie ist weitestgehend zentralistisch geprägt. Dies bedeutet einen strikten vertikalen Informationsfluß mit Anweisungsbefugnis von oben nach unten und Berichtspflicht von unten nach oben. Auftretende Störgrößen, die sowohl organisatorischer Art (Fehlteile, fehlendes Werkzeug, Vorrichtungen, Arbeitsinformationen) als auch technischer Art (Maschinenausfall, Qualitätsmängel) sein können, führen zu zentralen Korrekturaktivitäten, die sowohl im Hinblick auf Reaktionszeit und Güte der Entscheidung, als auch auf die Autonomie negative Auswirkungen haben. Deshalb wurde in der empirischen Analyse in einem ersten Schritt der Einfluß der Fertigungssegmentierung auf den Aufwand bezüglich zentral wahrzunehmender Funktionsbausteine der Produktionsplanung und -steuerung untersucht (vgl. Abb. 4-15).[4] Hierbei wird der im Rahmen der Funktionsintegration beschriebene Trend zur Verlagerung von Steuerungsaktivitäten in die Segmente bestätigt, demzufolge die organisatorische Dezentralisierung durch informatorische Gestaltungsmaßnahmen zu begleiten ist. Durch die Verlagerung von relativ nahe am Realisationszeitpunkt und

---

1 vgl. Laßmann, G. (1975), Sp. 3102
2 vgl. Wagner, H. (1975), Sp. 3121
3 vgl. Hackstein, R. (1984), S. 5; Ellinger, Th./Wildemann, H. (1978), S. 57 ff.
4 vgl. Wildemann, H. (1992 a), S. 246

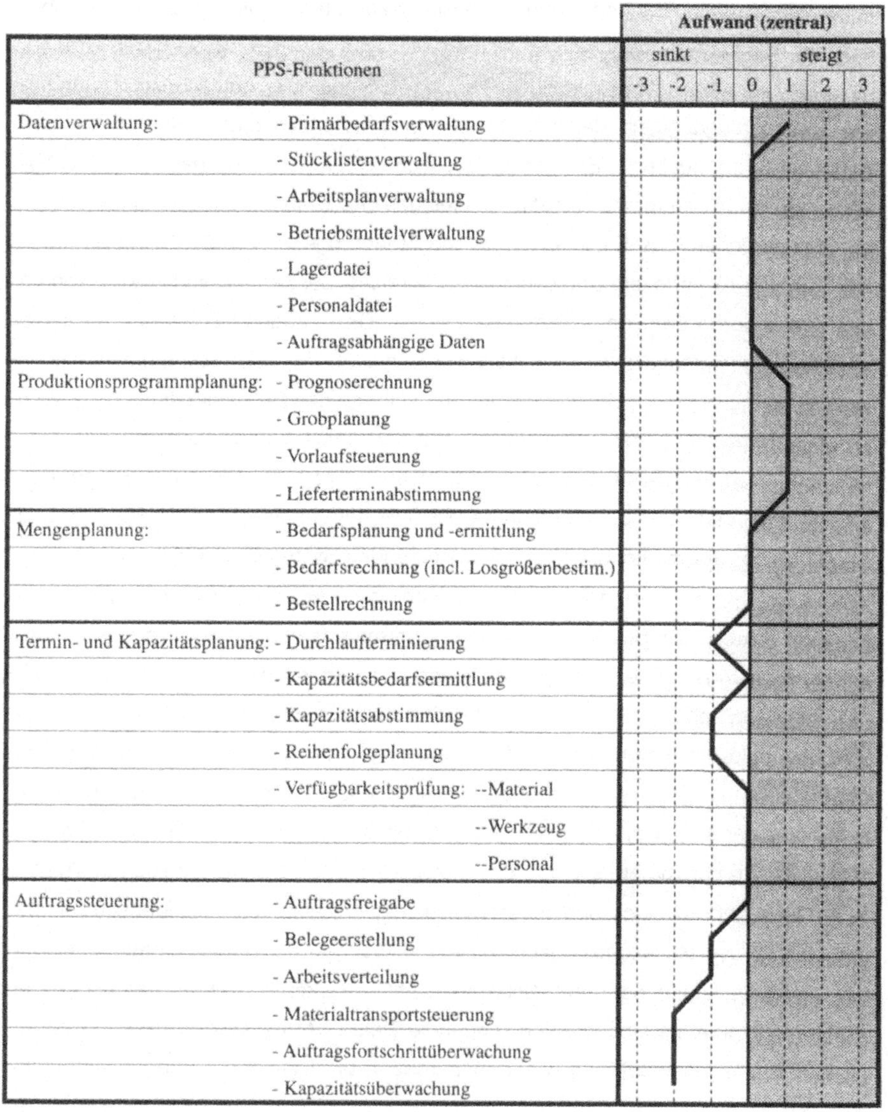

Abb. 4-15: Auswirkungen der Fertigungssegmentierung auf die Produktionsplanung und -steuerung

damit zeitkritischen Planungs- und Steuerungsaktivitäten in den Verantwortungsbereich der Segmente, erfolgt eine Entlastung der zentralen PPS, wobei deren Gewicht bezüglich der mittel- und langfristigen Planung im Sinne einer guten Grobplanung sowie einer durchgängigen, den horizontalen Informationsaustausch unterstützenden Datenverwaltung zunimmt. Es stellt sich jedoch die Frage, ob vorhandene PPS-Systeme als Grundlage für die Schaffung eines geeigneten Informationsstrukturkonzeptes dienen können, das Entscheidungs- und Steuerungshierarchien dergestalt abbildet, daß zum einen lokale Entscheidungen bereichsübergreifend vorbereitet werden und zum anderen dem Entscheidungsträger vor Ort genügend Spielraum für seine Entscheidungen gelassen wird. Deshalb wurde in einem zweiten Schritt untersucht, inwieweit die mit der Fertigungssegmentierung einhergehende Objektorientierung auch zu einer Entflechtung der Informationsflüsse und damit Veränderungen im Verfahrensmodus von PPS-Systemen geführt hat. Dabei zeigte sich, daß nur in 2% der Fälle keine Einbindung der Segmente in das PPS-System erfolgte, d.h. die Planung und Steuerung der Segmente losgelöst von bestehenden Systemen betrieben wurde (vgl. Abb. 4-16).[1] In 56% der Fälle erfolgte die Einbindung der Segmente in den Informationsfluß ohne Veränderung des bisherigen Verfahrensmodus. Dies bedeutet, daß mit der Fertigungssegmentierung keine Veränderungen im Hinblick auf die Planungs- und Steuerungsphilosophie des Informationsflusses erfolgten. Allerdings wurde in 42% der Fälle die Einführung von Fertigungssegmenten auf die Einbindung in das PPS-System mit einer entsprechenden Veränderung im Verfahrensmodus begleitet. Dabei orientierte sich die Änderung des Verfahrensmodus an der Anwendung von Prinzipien aus der Kybernetik, wie die Implementierung von Regelkreisen in Verbindung mit negativen Rückkopplungsmechanismen.[2] Hiebei wird der Mensch zur Sicherstellung des Rückkopplungsprozesses, sozusagen als Regler eines Regelkreises, sowie als Reaktions- und Flexibilitätspotential stärker in die Entscheidungs- und Steuerungshierarchie eingebunden, wobei die Ziele einer logistikgerechten, kybernetischen Produktionssteuerung wie Transparenz in produkt- und auftragsorientiertem

---

[1] vgl. Wildemann, H. (1992 a), S. 226

[2] vgl. hierzu detailliert: Hamacher, W./Pape, D. (1991), S. 48 ff.; Komorek, Ch. (1991), S. 9 ff.

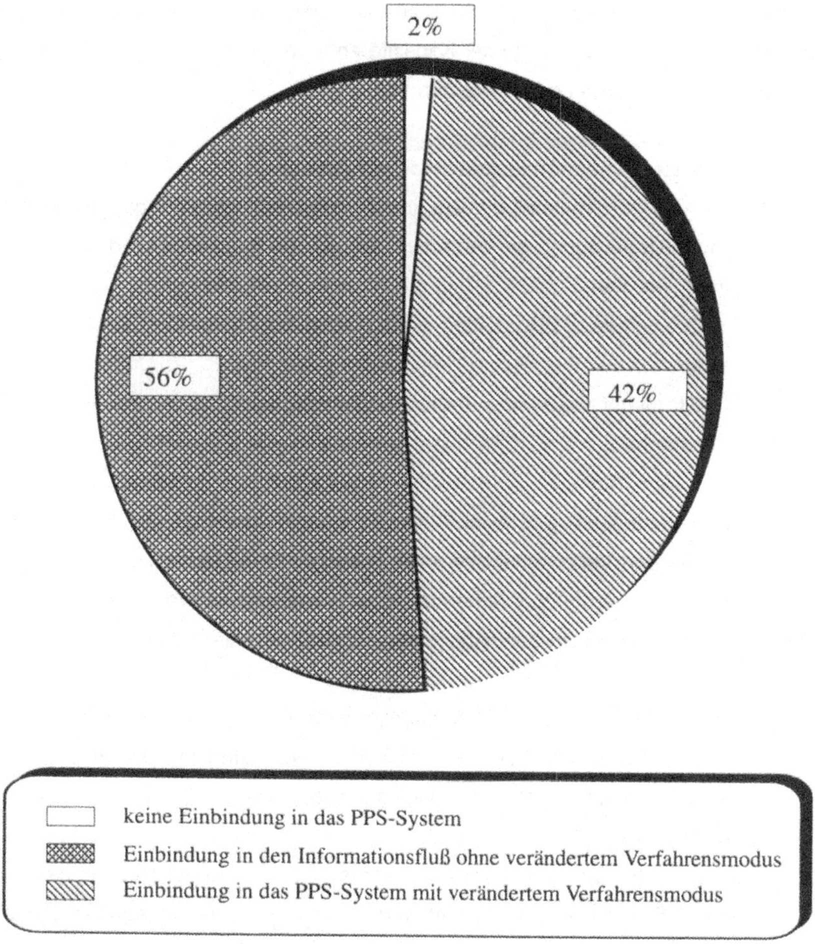

Abb. 4-16: Integrationsgrad in das PPS-System

Materialfluß, differenzierte Teile- und Auftragssteuerung, zeitnahe Ausregelung von Störungen, effiziente Auslastung der Kapazitäten sowie Senkung von Durchlaufzeiten und Beständen[1] dadurch erreicht werden, daß

- die benötigten Informationen sofort verfügbar sind,
- Zeit- und Informationsverluste infolge ganzheitlicher Vorgangsbearbeitung und die Übertragung der Verantwortung auf die Segmente und Gruppen vermindert werden,
- Entscheidungen dort getroffen werden, wo die höchste Kompetenz dafür vorhanden ist,
- die Mitarbeiter wegen der Transparenz selbst die Erfolge ihres Handelns erleben können.

Somit bleibt festzuhalten, daß in 56 % der Fälle die Autonomie der Segmente aufgrund der fehlenden Verfahrensänderungen in den PPS-Systemen eingeschränkt ist. Als Gründe hierfür werden zum einen der hohe Änderungsaufwand bei bestehenden PPS-Lösungen angesehen, der insbesondere daraus resultiert, daß

- ein möglicher Mix aus konventioneller zentraler PPS und einer Autonomisierung von Disposition und Steuerung in Verbindung mit einem dezentralen Rechnereinsatz zu informationstechnischen Insellösungen mit entsprechender Schnittstellenproblematik führen;[2]
- die Durchgängigkeit von Produktionsplanung und -steuerung, wie sie als Ziel von PPS-Systemen angestrebt wird, sowohl von dem Angebot an Standardsoftware als auch von eigenentwickelten Systemen bisher kaum realisiert worden ist;[3]

---

[1] zu den Zielen einer kybernetischen Produktionssteuerung vergleiche Pawellek, G./Best, D. (1992), S. 92

[2] vgl. Maßberg, W./Habich, M. (1985), S. 160

[3] vgl. Scheer, A.-W. (1987), S. 27

- die Möglichkeit zur Datenverdichtung auf Fertigungssegmentbasis aufgrund der zentralistisch geprägten Planungs- und Steuerungssystematik bis auf Arbeitsgangebene nicht besteht.

Zum anderen ist die fehlende Einbindung der Segmente in die PPS bei verändertem Verfahrensmodus darauf zurückzuführen, daß neuere Methoden zur Produktionsplanung und -steuerung wie belastungsorientierte Auftragsfreigabe (BOA), Fortschrittszahlen, Optimized Production Technology (OPT), Manufacturing Ressource Planning (MRP II), Leitstände und KANBAN bislang noch kaum Berücksichtigung in bestehenden PPS-Systemen gefunden haben (vgl. Abb. 4-17).[1]
Die Entwicklung der belastungsorientierten Auftragsfreigabe geht auf die Beobachtung zurück, daß Reduzierungen der Werkstattbestände überproportionale Rückgänge der Durchlaufzeiten zur Folge haben können.[2] Daraus wurde die Forderung abgeleitet, daß der Bestand am Arbeitsplatz als Steuerungsgröße zu verwenden ist, wobei für die strukturellen Zusammenhänge der Arbeitsplätze das sogenannte Trichtermodell der Werkstattfertigung entwickelt wurde, bei dem der Trichterauslaß die verfügbare Kapazität, der Trichterinhalt den jeweiligen Bestand an Aufträgen und die Verbindungskanäle den Durchfluß der Aufträge darstellen.[3] Als Kenngrößen dienen somit Belastung, Leistung, Bestand und Durchlaufzeiten, deren Zusammenwirken durch Arbeitsinhalt-Zeit-Funktionen veranschaulicht werden kann. Dabei wird die Beziehung hergeleitet, daß sich die mittlere Durchlaufzeit aus dem Verhältnis von mittlerem Bestand zu mittlerer Leistung ergibt und demzufolge die mittlere Durchlaufzeit direkt proportional dem mittleren Bestand ist.[4] Diese grundlegende Beziehung führt zum Prinzip der Belastungssteuerung, in dem Belastung, Leistung, Bestand und Durchlaufzeit mit Hilfe einer Belastungsschranke geplant werden, die als variabler Steuerungsparameter aufzufassen ist, der den maximal zulässigen Arbeitsvorrat in Prozent der Kapazität der Planperiode anzeigt und durch den, über das Bestands-

---

[1] vgl. Wildemann, H. (1992 a), S. 228
[2] vgl. Mertens, P./Heigl, M. (1984), S. 10
[3] vgl. Kettner, H./Bechte, W. (1981), S. 462
[4] vgl. Wiendahl, H.-P. (1983), S. 90

	Funktions- und Methodenunterstützung	Bewertung
Funktionen	Grunddatenverwaltung (Datenbanksystem)	●
	Auftragsbearbeitung	●
	Primärbedarfsplanung	●
	Materialwirtschaft	●
	Kapazitätswirtschaft	◒
	Abgleich	◒
	Auftragsfreigabe	●
	Feinterminierung	◒
	BDE	◒
Methoden	BOA	○
	KANBAN	◒
	MRP II	○
	Fortschrittszahlen	◒
	OPT	○

Legende:	volle Funktionserfüllung	●
	teilweise Funktionserfüllung	◒
	keine Unterstützung	○

Abb. 4-17: Funktionsumfang des PPS-Systems

Leistungs-Verhältnis, die mittlere Durchlaufzeit beeinflußt werden kann.[1] Voraussetzungen für die Anwendung der BOA sind bekannte Liefertermine, Verfügbarkeit von Material, Werkzeug und Vorrichtungen, bekannte verplanbare Kapazitäten sowie ein leistungsfähiges Rückmeldesystem, so daß stets ein Überblick über vorhandene Belastungen durch freigegebene und angearbeitete Aufträge besteht.[2] Die belastungsorientierte Auftragsfreigabe (BOA) hat ihren Schwerpunkt bei Betrachtung aller PPS-Funktionsbausteine in der Terminplanung und Auftragsfreigabe. Von der zugrundeliegenden Planungs- und Steuerungsphilosophie ist sie zunächst auf eine vorhandene Fertigungsstruktur nach dem Prinzip der Werkstattfertigung ausgerichtet, in der die einzelnen Arbeitsplätze zentral gesteuert werden. Das Grundprinzip der belastungsorientierten Auftragsfreigabe läßt jedoch eine Erweiterung dieses eingeschränkten Betrachtungswinkels zu, indem in den Arbeitsinhalt-Zeit-Funktionen als Planungsobjekt nicht mehr der einzelne Arbeitsplatz betrachtet wird, sondern eine größere Fertigungseinheit. Darüber hinaus läßt die Definition der Terminschranke beliebige Betrachtungszeiträume zu. Daher kann das Instrument der belastungsorientierten Auftragsfreigabe auch als Methode zur Planung und Steuerung von Fertigungssegmenten herangezogen werden, da es in seiner erweiterten Perspektive als Planungsinstrument die Güte der Grobplanung und damit die verbesserte Vorgabe von verbindlichen Eckwerten verbessert und den Segmenten Handlungsspielräume im Bereich der Feinsteuerung eröffnet. Die empirische Analyse zeigt, daß die BOA häufig als segmentinternes Planungs- und Steuerungsinstrument aber auch umfassend bzw. in Bezug zu einzelnen Kapazitätseinheiten zum Einsatz kommt (vgl. Abb. 4-18).[3]

Einen weiteren Ansatzpunkt in der PPS stellt das Fortschrittszahlenkonzept dar. Grundgedanke des Fortschrittszahlenkonzepts ist, den Fertigungsprozeß in Bereiche zu gliedern, die anhand der ausgebrachten Stückzahl (Fortschrittszahl) gesteuert werden können.[4] In einem Koordinatensystem werden über die Zeitachse alle Bedarfe und Mengenleistungen kumulativ aufgetragen.[5] Die Fortschrittszahlen stellen

---

[1] vgl. Ulfers, H.-A. (1984), S. 73
[2] vgl. Kettner, H./Bechte, W., S. 463
[3] vgl. Wildemann, H. (1992 a), S. 225
[4] vgl. Baku, K./Meyer, B. E. (1982), S. 477
[5] vgl. Heinemeyer, W. (19849, S. 102

PPS-Ansätze \ Einsatzbereich	umfassend	generell segment-intern	zwischen Segment-schnittstellen	Steuerung Material-transport	einzelne Kapazitäts-einheiten/ -bereiche
MRP und konventionelle Betriebsauftragsteuerung	●	◒	◔	◔	◔
MRP II	◒	◔	◔	○	◔
OPT	○	◔	○	○	◔
KANBAN	○	◒	●	●	◔
BOA	◔	◒	○	○	◔
Fortschrittszahlen	◔	○	○	○	◔
Leitstände	◔	◒	◔	◔	◒

Legende:
- kommt nicht zum Einsatz ○
- kommt selten zum Einsatz ◔
- kommt häufig zum Einsatz ◒
- kommt sehr häufig zum Einsatz ●

Abb. 4-18: Einsatzbereich von PPS-Methoden

also Mengen-Zeit-Relationen dar, wobei der Sollzustand des Produktionsfortschritts aus der Planung dem jeweils erreichten Ist-Zustand gegenübergestellt wird.[1] Ist zu einem bestimmten Stichtag der Istwert größer als der Sollwert, so kann der Bestand abgelesen werden; ist der Istwert kleiner als der Sollwert, so erkennt man den Zeitverzug, die sogenannte "Blockverschiebezeit". Vorteil des Fortschrittszahlenkonzeptes ist, daß jederzeit ein schneller und aktueller Überblick über Abrufentwicklung, Fertigungsstand, Einkaufsdisposition oder Auslieferungsstand ermöglicht wird. Des weiteren existiert so für jede Abteilung die gleiche Datenbasis. Jedoch ist die Effizienz des Systems von einem möglichst kurzfristigen Betriebsdatenerfassungs- und Rückmeldesystems abhängig.[2] Das Fortschrittszahlensystem hat im Rahmen der PPS-Funktionsbausteine seinen Schwerpunkt in der Mengenplanung. Eine Terminplanung und Auftragsfreigabe erfolgt nur insoweit, als durch die Vorgabe von Fortschrittszahlen über die Zeit Ecktermine für die betriebliche Leistungserstellung gesetzt werden. Es erfolgt jedoch keine zentrale Kapazitätsterminierung mit zeitlicher Zuordnung von Aufträgen zu Kapazitätseinheiten. Somit kann die gesamte Feinsteuerung im Rahmen des Fortschrittszahlensystems zur dezentralen Regelung in die Segmente verlagert werden und ein die Autonomie von Fertigungssegmenten unterstützendes PPS-System implementiert werden. Dabei zeigte die empirische Analyse, daß das Fortschrittszahlensystem sowohl umfassend als auch in Bezug zu einzelnen Kapazitätseinheiten zum Einsatz kommt.

Ausgangsüberlegung des Optimized Production Technology (OPT)-Systems ist, daß auftretende Engpässe einen wesentlichen Einfluß auf die Höhe des Materialdurchsatzes innerhalb der Produktion haben und deshalb identifiziert sowie den Ausgangspunkt der Planung bilden müssen. Die These, die dabei vertreten wird, lautet, daß die optimale Aussteuerung und Auslastung der Engpässe einer optimalen Steuerung des Gesamtsystems entspricht.[3] Das OPT-System stellt ein modulares Softwarekonzept dar, das insbesondere eine Terminplanung beinhaltet, die eine zentrale Kapazitätsterminierung für den Engpaß sowie davon ausgehend eine Rückwärtstermi-

---

1 vgl. Heinemeyer, W. (1984), S. 103
2 vgl. Baku, K./Meyer, B. E. (1982), S. 477
3 vgl. Jacobs, F. (1984), S. 32

nierung für Aufträge in den vorgelagerten und eine Vorwärtsterminierung für Aufträge in den nachgelagerten Fertigungsbereichen enthält. Die Auftragsfreigabe erfolgt zentral. Für den Engpaß erfolgt eine laufende zentrale Feinsteuerung. Für die vor- und nachgelagerten Bereiche bestehen in gewissen Grenzen Handlungsspielräume. Die Einsatzbereiche von OPT im Rahmen der empirischen Analyse beschränken sich auf eine generelle segmentinterne Anwendung und ergänzend für einzelne Kapazitätseinheiten (Engpässe).

MRP II stellt eine Weiterentwicklung des konventionellen Material-Requirements-Planning-System (MRP-System) zu einem umfassenden Manufacturing-Ressource-Planning-System dar, das die Planungs- und Steuerungsproblematik in den Gesamtzusammenhang der logistischen Kette einbettet, und zugleich dem Gedanken der hierarchischen Planung, beginnend mit der strategischen Planung über die Erstellung von Masterplänen bis hin zu Produktionsplänen, Rechnung trägt und damit einen geschlossenen Regelkreis darstellt.[1] Die Planungs- und Steuerungsphilosophie von MRP II ist nach wie vor zentralistisch ausgelegt. Vorteilhaft ist jedoch eine durchgängige, einheitliche Datenbasis sowie die Abdeckung aller Funktionsbausteine eines PPS-Systems. Wie die empirische Analyse zeigt, wird der Einsatzbereich von MRP II überwiegend als unternehmensumfassend, aber auch generell segmentintern zur Koordination der Segmentschnittstellen und einzelner Kapazitätseinheiten gesehen.

Ein weiteres Instrument zur Produktionsplanungs- und -steuerung stellen graphikunterstützte Leitstandsysteme dar.[2] Dabei sind Leitstände nicht als zentralisierte Systeme zu konzipieren. Vielmehr ist durch ein mehrstufiges vernetztes Leitstandsystem die jeweilige Funktionserfüllung der Ebene (Werk, Segment, Gruppe) durch die geeignete Bereitstellung von Informationen, wie zum Beispiel Musterarbeitsplänen, Stücklisten, Beständen, und Hilfsmittel wie Simulationsmöglichkeiten, Dispositions-

---

1 vgl. Fox, K. A. (1984), S. 44; Ettkin, L. P./Jahnig, D. G. (1986), S. 50-59; Kamenetzky, R. D. (1985), S. 45; Merkel, H. (1986), S. 35-41

2 Als Beispiele vergleiche: Koke, F. (1989), S. 212-239; Wächter, R. (1989), S. 175-209

verfahren sicherzustellen. Im Rahmen der empirischen Analyse ließen sich als Einsatzmöglichkeiten für Leitstände die generelle segmentinterne Anwendung als auch die Anwendung in einzelnen Kapazitätseinheiten beobachten. Dabei kann das Leitstandkonzept aber auch neuere Ansätze, wie sie hier diskutiert werden, anforderungsgerecht integrieren.

Im Gegensatz zu den bisher beschriebenen Ansätzen, die auf gegebenen Fertigungsstrukturen aufbauen und durch eine verbesserte Planungs- und Steuerungssystematik eine Verbesserung des Betriebsgeschehens zu erreichen suchen, zielt der KANBAN-Ansatz auf eine effizientere Gestaltung der Abläufe in der Produktion selbst, wobei die Steuerung des kurzfristigen aktuellen Produktions- und Materialflußgeschehens in die Ebene der Leistungserstellung übertragen wird. Dabei wird postuliert, daß Bestände Probleme im Produktionsprozeß verdecken, so daß durch Senkung der Bestände Fehler aufgedeckt und beseitigt werden können.[1] Dies initiiert einen Prozeß, der zu einer kontinuierlichen Verbesserung führt. Ziel ist es, eine JIT-Produktion, d.h. das richtige Produkt zum richten Zeitpunkt in der richtigen Menge und Qualität am richtigen Ort zur Verfügung zu stellen, und damit eine Reduzierung des Materialbestandes bei gleichzeitig hoher Termintreue zu erreichen.[2] Als grundlegendes Prinzip ist hierbei die Holpflicht anzusehen. Die Holpflicht steht im Gegensatz zum gebräuchlichen Prinzip der Bringschuld, bei der jede Abteilung aufgrund eines Auftrages einer zentralen Produktionssteuerung eine bestimmte Menge und Art von Leistungen zu einem bestimmten Zeitpunkt zur Verfügung zu stellen hat.[3] Über die gesamte logistische Kette betrachtet entwickelt sich so der Informationsfluß vom Kunden zum Lieferanten kaskadenartig, dem entgegengesetzt auf dem gleichen Weg, aber zeitlich nachgelagert, der Materialfluß folgt. Zur Sicherstellung eines reibungslosen Ablaufs sind generelle organisatorische Regelungen einzuführen und einzuhalten:[4]

---

1 vgl. Wildemann, H. (1984), S. 27
2 vgl. Monden, Y. (1981), S. 36
3 vgl. Wildemann, H. (1984), S. 34
4 vgl. Wildemann, H. (1984), S. 35

- die Verbraucher dürfen nicht mehr und nicht zu früh das benötigte Material anfordern,
- die Erzeuger dürfen nicht zu viel und keine fehlerhaften Erzeugnisse herstellen,
- die Produktionssteuerung soll für eine gleichmäßige Auslastung der Produktionsbereiche sorgen und eine geringe Anzahl von KANBAN-Karten in die Regelkreise einschleusen (Dimensionierung der Regelkreise).

Durch das KANBAN-System werden Regelkreise implementiert, die eine unmittelbare negative Rückkopplung zulassen und damit die Voraussetzung für eine Selbstorganisation schaffen. Das KANBAN-System ist im wesentlichen ein Steuerungssystem, das die Feinsteuerungskompetenz ausschließlich in die Leistungserstellungsebene verlagert. Die empirische Analyse bestätigt den verbreiteten Einsatz des KANBAN-Systems, das sowohl zur Steuerung des Materialtransports als auch zur Koordinierung zwischen Segmentschnittstellen im Sinne des Kunden-/Lieferanten-Prinzips (horizontale Selbstabstimmung), aber auch als generelles segmentinternes Steuerungsinstrument Anwendung findet. Es bleibt jedoch festzuhalten, daß keiner der vorgestellten Ansätze in vollem Umfang die PPS-Funktionsbausteine abdecken kann, so daß konventionelle MRP-Systeme nach wie vor die Grundlage bestehender Produktionsplanungs- und -steuerungsphilosophien bilden. Die ungenügende Abdeckung zur Funktionserfüllung neuerer Ansätze in bestehenden PPS-Systemen hat insbesondere zu Problemen in Hinblick auf die Anpassung des vorhandenen PPS-Systems an Autonomieanforderungen, die Schnittstellengestaltung, Datengenauigkeit und die Entwicklung geeigneter Planungs- und Steuerungsmethoden für den Produktionsablauf im Segment geführt, die darauf schließen lassen, daß das Potential das sich aus der Autonomisierung in Verbindung mit der Fertigungssegmentierung ergibt, noch keine entsprechende Beachtung in der Informationsflußgestaltung gefunden hat und damit auch noch nicht ausgeschöpft ist.

4.4. Zusammenfassende Beurteilung der empirischen Analyse

Die zugrundgelegte empirische Basis setzt sich aus unterschiedlichen Branchen zusammen, so daß branchenunabhängige Ergebnisse erzielt werden konnten. Es wurde ein durch Indikatoren gekennzeichneter Autonomiegrad untersucht, der nicht als absolut aufgefaßt, sondern als variable Größe definiert wurde, so daß es auch nicht eine für alle Unternehmen gültige optimale Handlungsalternative geben kann, sondern lediglich situationsbezogen angemessene. Deshalb wurden für die einzelnen Indikatoren auftretende Ausprägungsformen analysiert und möglichen Typen zugeordnet. Dabei wurden die verschiedenen Gestaltungsmöglichkeiten diskutiert und aufgezeigt. Faßt man die drei definierten Indikatoren des Autonomiegrades von Fertigungssegmenten:

- Integrationsgrad der logistischen Kette,
- Funktionsintegration und
- Informationsintegration

zusammen, so zeigt sich, daß ein überwiegender Teil der Segmente durch einen insgesamt mittleren Autonomiegrad gekennzeichnet ist (vgl. Abb. 4-19). Segmente mit einem hohen Autonomiegrad bezüglich der logistischen Kette (Typ A, B) weisen in der Regel einen mittleren Autonomiegrad bezüglich der indirekten Funktionen auf, wobei der Schwerpunkt eindeutig bei den fertigungsbegleitenden indirekten Funktionen liegt. Im Bereich der Informationsintegration sind diese Segmente weit fortgeschritten und zeichnen sich durch

- eine weitgehende Integration der Segmente in die PPS mit geändertem Verfahrensablauf;
- eine Methodenunterstützung von neueren Ansätzen der PPS, insbesondere KANBAN;

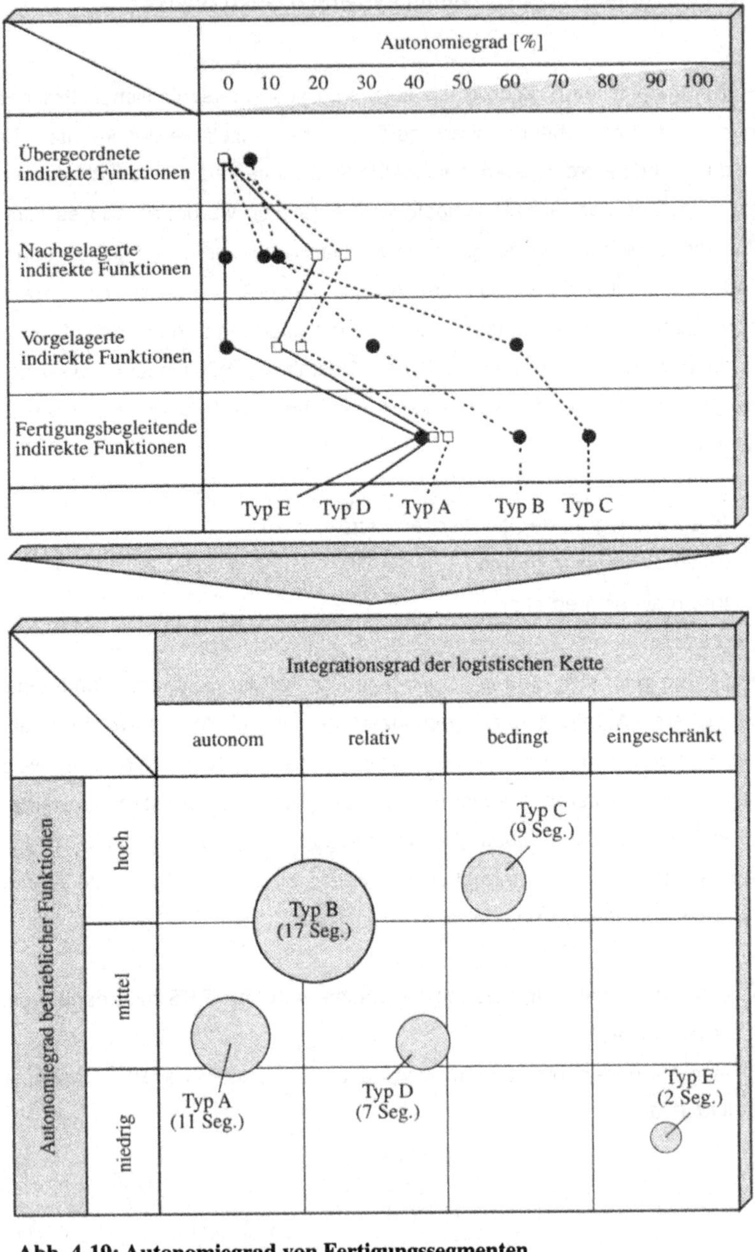

Abb. 4-19: Autonomiegrad von Fertigungssegmenten

- einen ausgeprägten Methodenmix, in dem beispielsweise MRP II als umfassendes PPS-System eingesetzt wird, BOA generell segmentintern, wobei der Materialtransport und einzelne Kapazitätseinheiten über KANBAN gesteuert werden; insbesondere beim Typ B konnte eine Kombination von KANBAN mit Fortschrittszahlen beobachtet werden;

aus. Die prozeßorientierte Segmentierung (Typ D) zeichnet sich ebenso wie Typ A und B, durch einen mittleren Autonomiegrad bezüglich der indirekten Funktionen aus. Hierbei haben vor allem die vorgelagerten indirekten Funktionen nicht die entscheidende Bedeutung für die Integration, was auf nach wie vor stark zentralisierte Planungsabteilungen schließen läßt, um das komplexe Know-How über die eingesetzten technologien zu bündeln. Die Informationsintegration ist für diesen Typ von geringer Bedeutung, was sich in der Nichtberücksichtigung der Fertigungssegmentierung im bisherigen PPS-Verfahrensablauf niederschlägt. Deshalb wird auch keine Methodenunterstützung angeboten, obwohl teilweise KANBAN-Anwendungen zu beobachten waren. In den meisten Fällen werden jedoch konventionelle MRP-Systeme umfassend eingesetzt, so daß bezüglich der Informationsintegration ein negativer Einfluß auf den Autonomiegrad zu konstatieren ist. Einen hohen Autonomiegrad bezüglich der indirekten Funktionen, jedoch einen eingeschränkten Autonomiegrad in Bezug auf den Integrationsgrad der logistischen Kette weisen die Segmente des Typs C auf. Hierbei hebt sich insbesondere die ausgeprägte Integration vorgelagerter indirekter Funktionen ab, die in unmittelbarem Zusammenhang mit dem Grad an Kundenorientierung und der damit verbundenen Komplexität dieser Segmente zu sehen sind. Dabei bekommt die Informationsintegration eine ebenso große Bedeutung. Neue Methoden, die Autonomisierung der Segmente fördernd, kommen zum Einsatz und werden durch bestehende PPS-Lösungen unterstützt. So wurde als Steuerungsinstrument überwiegend das KANBAN-System eingeführt, das durch den geeigneten Einsatz von Leitstandkonzepten und der BOA zur Koordination der Ecktermine und Rahmenvorgaben unterstützt wurde. Ein insgesamt niedriger Autonomiegrad konnte für den Typ E beobachtet werden, der durch einen niedrigen Autonomiegrad bezüglich des Leistungserstellungsprozesses und der indirekten Funktionen charakterisiert ist. Lediglich in Bezug auf die fertigungsbegleitenden indirekten Funktionen konnte ein mittlerer, aber insgesamt niedrigerer Autonomiegrad als bei den anderen Typen festgestellt werden. Die Informationsintegration hat für diesen Typ eine mittlere Bedeutung, was sich in einer teilweisen Integration der Segmente in den bisherigen Verfahrensablauf der PPS und partiellen Unterstützung und Anwendung neuer Methoden zeigt. Hierbei kommt überwiegend das KANBAN-System in Verbindung mit der BOA zur Anwendung. Es zeigt sich, daß eine lediglich partielle Segmentierung zu einem insgesamt niedrigen Autonomiegrad führt.

Insgesamt belegt die empirische Analyse, daß die Fertigungssegmentierung nicht allein ein Organisationsprinzip zur Veränderung der Fertigungsstruktur ist, sondern durch die Ausweitung der Betrachtungsperspektive im Sinne der Autonomie zu einer Veränderung der gesamten Organisationsstruktur führt.

5. Simulative Analyse des Autonomiegrades von Fertigungssegmenten

5.1. Simulation als Planungshilfsmittel

Die zunehmenden Anforderungen aus dem Marktgeschehen, wie kürzere Produktlebenszyklen, Qualität, Varianten und Kosten, lassen herkömmliche Planungsmethoden zur Fertigungssegmentierung obsolent erscheinen. Zur Sicherung der Wettbewerbsfähigkeit wird die Reorganisation, wie die empirische Analyse zeigte, zu einer permanenten und dynamischen Unternehmensaufgabe. Zur Bewältigung dieser Aufgabe ist ein tiefgreifendes Systemverständnis der zu planenden und betreibenden Systeme und Prozesse notwendig. Vor diesem Hintergrund gewinnt die Simulationstechnik immer stärkere Bedeutung. Der Begriff Simulation wurde mit zunehmender Entwicklung des Verfahrens zum terminus technicus, wobei eine einheitliche Definition des Begriffs nicht gegeben ist. Im folgenden wird die wohl gebräuchlichste Definition der VDI-Richtlinie 3633 zugrundegelegt. Danach versteht man unter Simulation die "Nachbildung eines dynamischen Prozesses in einem Modell, um zu Erkenntnissen zu gelangen, die auf die Wirklichkeit übertragbar sind".[1] Somit ist unter Simulation kein eigenständiges Berechnungs- oder Optimierungsverfahren zu verstehen, sondern ein Modellexperiment, wobei der zu untersuchende Prozeß in einem abstrakten Rechnermodell nachgebildet wird.[2] Ziel der Nachbildung ist es, eine hohe Kongruenz im dynamischen Verhalten von Modell und realem System zu erreichen.[3] Die Art der gewünschten Erkenntnisse bestimmt die Art des Simulationsmodells.[4] Diese Erkenntnisse erlangt man, indem das Simulationsmodell mit einer erwarteten oder vorliegenden Systemlast (Randbedingungen des Systems, Parametereinstellungen) beaufschlagt und über einen bestimmten Zeitraum mit den programmierten Regeln betrieben wird.[5] Innerhalb definierter Zeitintervalle werden die erreichten Systemzustände analysiert. Dies erfolgt anhand von das Planungsziel charakterisieren-

---

[1] VDI (Hrsg.) (1983), S. 2
[2] vgl. Eversheim, W./Thome, H.G. (1987), S. 333-338
[3] vgl. Eversheim, W./Thome, H.G. (1987), S. 333
[4] vgl. Jünemann, R. (1989), S. 581
[5] vgl. Jünemann, R. (1989), S. 582

der Werte mit Hilfe von systembeschreibenden Statistiken. Voraussetzung für die Modellbildung ist das "Verstehen" des zu simulierenden Systems, das Erkennen der Einflußfaktoren und ihrer Wechselbeziehungen und das Erfassen der Relevanz dieser Einflußgrößen für die zu verfolgenden Ziele.[1] Das Modell ist ein Abbild des realen Systems, das aber nur die wesentlichen Kennzeichen beinhaltet, folglich ein vereinfachtes Abbild der Wirklichkeit. Im Rahmen der Modellbildung ist ein geeigneter Kompromiß zwischen Einfachheit und Genauigkeit zu finden, da ab einer gewissen Komplexität des Modells die Aussagekraft aufgrund mangelnder Transparenz und Interpretierbarkeit abnimmt.[2] Ein weiterer wichtiger Faktor in Bezug auf die Aussagekraft eines Modells ist die Qualität der eingegebenen Daten.

Beim Einsatz eines Simulationssystems zur Modellierung von Fertigungsstrukturen ist eine vollständige Beschreibung der Fertigungsstruktur weder möglich noch notwendig. Vielmehr muß ein Rechnermodell, das der Beschreibung einer Fertigungsstruktur dient, folgenden Anforderungen genügen, um die Abbildung realitätsnaher Aussagen über mögliche Auswirkungen von Strukturierungsmaßnahmen zuzulassen:[3]

- Abbildung unterschiedlicher Systemkomponenten und Teilsysteme, wie Bearbeitungsstationen, Transportsysteme, Werkzeuge, Werkstücke und Werkstückträger;
- Abbildung von Systemkomponenten in unterschiedlichem Detaillierungsgrad, wie die Abbildung von Bearbeitungsstationen durch die Verweildauer an der Station oder die Abbildung durch die Bewegungsvorgänge;
- Abbildung unterschiedlicher Zuordnungsrelationen zwischen den Systemkomponenten, wie Zuordnungen zwischen Lager und Arbeitsstationen, Transportsystemen und Arbeitsplätzen;
- Abbildung unterschiedlicher Kontrollfunktionen und Entscheidungsregeln für Auftragsdurchlauf, Fertigungs- und Transportmittelsteuerung.

---

1 vgl. Komarniki: J.(Hrsg.) (1980), S. 56
2 vgl. Grimm, D. (1973), S. 37
3 vgl. Zülch G./Grobel, T. (1990), S. 179

Gilt es, Fragestellungen hinsichtlich neuer organisatorischer und personeller Gestaltungsprinzipien zu beantworten, muß die Simulationsanwendung gewährleisten, daß

- die Trennung von personellen und maschinellen Funktionen,
- eine frei wählbare Zuordnung von Funktionen zu Personen,
- die Berücksichtigung des Leistungsverhaltens der eingesetzten Personen,
- die Simulation schichtabhängiger Personalbesetzungen und
- die Abbildung unterschiedlicher Arbeitsablaufprinzipien

möglich ist.[1] Die Entwicklung am Hard- und Softwaremarkt hat zu einer großen Anzahl existierender Simulationssysteme geführt, die sich in zwei Klassen einteilen lassen:[2]

- Systeme, bei denen die Modellbildung durch Parametrierung erfolgt: Diese Systeme bestehen aus einem Satz vorgefertigter Bausteine, die Anlagenkomponenten, bewegliche Objekte und teilweise auch Steuerungs- und Statistikfunktionen enthalten. Aus diesen Bausteinen wird ein ablauffähiges Modell konstruiert, das durch Parametrierung an die jeweilige Aufgabenstellung angepaßt wird; vorteilhaft bei diesen Programmen ist die leichte Erlernbarkeit und Modellierung, da meist keine oder nur geringe Programmierkenntnisse erforderlich sind; allerdings haben diese Systeme, wegen des Zuschnitts auf spezielle Fertigungsstrukturen, z.B. FFS, einen begrenzten Anwendungsbereich;

- Systeme, bei denen die Modellbildung durch Programmierung erfolgt: Diese zweite Klasse von Simulatoren stellt besondere Sprachkonstrukte zur Verfügung, die vom Anwender zu einem ablauffähigen Simulationsprogramm zusammengefügt werden; wegen der Verwendung des gesamten Sprachumfangs einer Simulationssprache ergibt sich ein entsprechend weitgefaßter

---

1 vgl. Zülch, G. (1989), S. 298

2 vgl. Berndt, W./Weissenborn, H. (1988), S. 80;
Schmidt, B. (1987), S. 254 f.; Lorenz, P. (1988), S. 256

Anwendungsbereich dieser Simulation, die aber vom Anwender die Kenntnis einer Programmiersprache und eines komplexen Programmsystems verlangt.

Die Kombination von möglichen Ausprägungsformen von Komponenten eines Simulationsmodells und deren unterschiedliche Detaillierung in Abhängigkeit von der zu behandelnden Problemstellung haben zu einer Vielzahl von Simulationsmodellen geführt. In Bezug zu Fragestellungen, die im Rahmen der Fertigungssegmentierung auftreten können, können Einsatzgebiete hinsichtlich Fertigungsstrukturplanung, Fertigungsablaufplanung, Layoutplanung, Auslegungsplanung, Materialflußplanung, Simulation in PPS-Systemen, unterschieden werden, in denen die Simulation jeweils ein wichtiges Planungshilfsmittel darstellt.[1]

5.2. Ein Simulationsmodell zur Analyse des Autonomiegrades von Fertigungssegmenten

5.2.1. Darstellung der Modell- und Datenstrukturen

Für die simulative Analyse der Gestaltung des Autonomiegrades von Fertigungssegmenten wurde ein eigenes Simulationsprogramm entwickelt, das es erlaubt, die Determinanten der Autonomie: Integrationsgrad der Materialflußstrecke, Funktionsintegration und Informationsintegration und ihre in der theoretischen und empirischen Analyse dargelegten Einflußgrößen in einem Rechnermodell abzubilden sowie das dynamische Verhalten mit den Auswirkungen unterschiedlicher Autonomiegrade auf ein produktionswirtschaftliche Zielsystem zu testen. Als Programmiersprache wurde Turbo Pascal 5.0 bzw. 6.0 angewandt. Dabei hat das Simulationsmodell den pla-

---

1 Der Verfasser hat in einer Marktstudie hierzu 135 Simulationssysteme und -modelle analysiert.

nungs- und prozeßintegrierten Anforderungen, die an eine Simulationsanwendung gestellt werden, gerecht zu werden.[1] Daneben erfordert die Analyse des Autonomiegrades von Fertigungssegmenten, analog der empirischen Analyse, die

- Abbildung der gesamten logistischen Kette vom Lieferanten über die Fertigung und Bevorratungsebene bis zum Kunden,
- die Modellierung des Informationsflusses zur Koordination der Materialflußelemente,
- Abbildung von Personalstrukturen und indirekten Funktionen.

Für die Analyse dynamischer Modelle werden in der Simulationstechnik stetige oder diskrete Systeme eingesetzt. Bei der Untersuchung von Fertigungsstrukturen, deren Zustandsänderungen überwiegend unstetig erfolgen, gilt es, diskrete Systeme anzuwenden. Darüber hinaus kann ein System deterministisch, wenn die Ereignisse eindeutig durch die Eingangsgrößen bestimmt werden, oder stochastisch gestaltet werden, indem die Möglichkeit eröffnet wird, auch von Zufallsvariablen beeinflußte Aktivitäten zu erfassen. Bei dem vorliegenden Simulationsmodell handelt es sich um ein diskretes System mit stochastischen Elementen, das eine weitgefaßte, die Einflußgrößen des Autonomiegrades berücksichtigende Modellstruktur besitzt, die sich durch ein flexibles und universell einsetzbares Anwendungskonzept auszeichnet. Das Simulationsmodell setzt sich aus Eingabeteil, Simulationsteil und Auswertungsteil zusammen (vgl. Abb. 5-1).

Im Gegensatz zu allgemeinen Simulationssprachen, bei denen die Modellerstellung durch eine Programmierung des Untersuchungsobjekts bereits vorgenommen wird, umfaßt der Eingabeteil neben der Erfassung der Basis- und Modelldaten auch die Funktion der Modellgenerierung. Hierbei erfolgt die Eingabesteuerung über benutzerfreundliche Pulldown-Menues. Die Übertragung des zu untersuchenden Objektes in ein Rechnermodell wird durch die Bereitstellung eines Modulkonzepts unterstützt. Die ausgewählten Module sind in sich strukturierbar, wobei die anwenderspezifische An-

---

[1] vgl. Kap. 5.1.

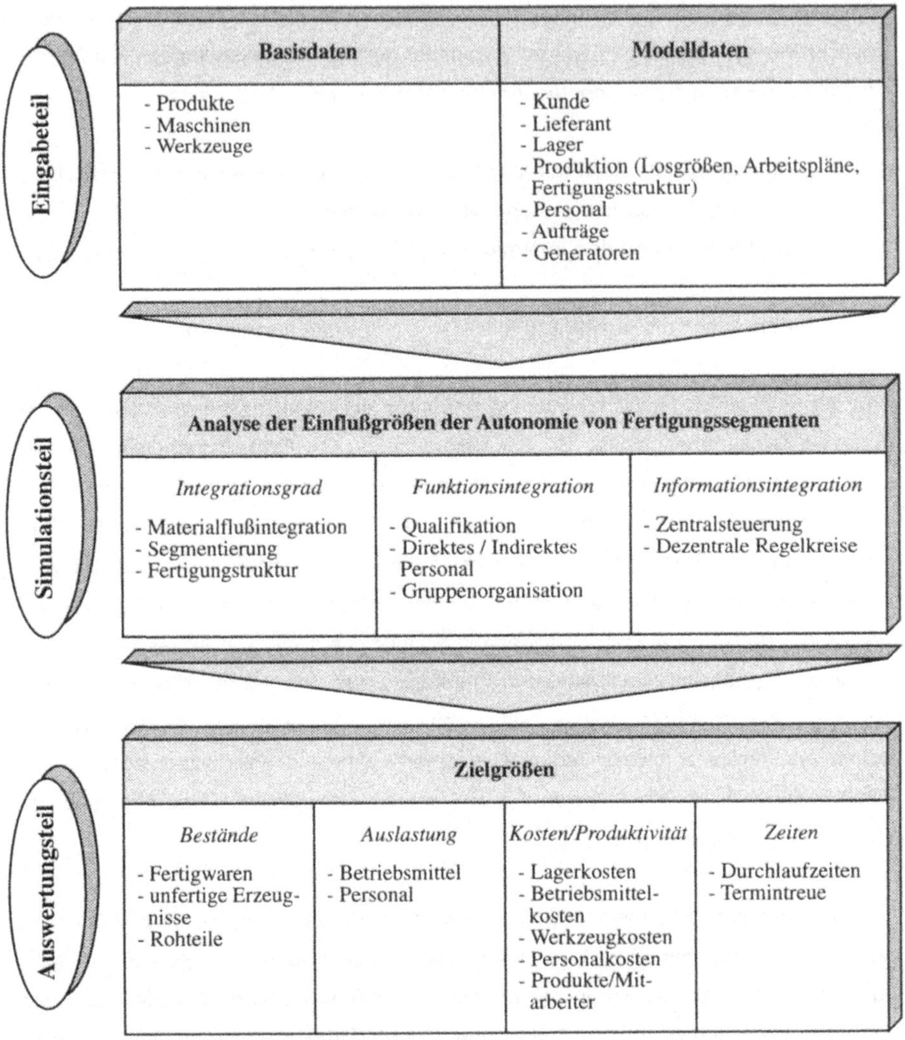

Abb. 5-1: Aufbau des Simulationsprogrammes SILC

passung und Ausgestaltung durch Parameterveränderungen erfolgt. Das implementierte Modulkonzept eröffnet für die Formulierung der Modellstruktur ein weites Gestaltungsfeld und erfordert keine Programmierkenntnisse. Darüber hinaus erleichtert die Anwendung von Modulen nicht nur die Modellformulierung, sondern begünstigt die rechnerinterne Realisierung durch dynamische Datenstrukturen. Die Modellstruktur enthält eine Unterscheidung zwischen Basis- und Modelldaten, wobei die Basisdaten sich aus Produkten, Maschinen und Werkzeugen zusammensetzen, während die Modelldaten aus Personal, Produktion, Lieferant, Lager, Kunde, Generatoren und Aufträgen bestehen.

Im Rahmen der Definition von Produkten ist zwischen Kauf- und Herstellteilen zu unterscheiden. Kaufteile werden von einem externen Lieferanten bezogen, während Herstellteile das verkaufsfähige Produktprogramm repräsentieren. Die Definition der Produktdaten umfaßt:

- Teilenummer und Bezeichnung,
- Kennzeichnung und Klassifizierung,
- Interner Preis und
- Kennzeichnung der Produkteinheit.

Die Definition der Maschinendaten charakterisiert die maschinelle Ausstattung. Hierbei sind festzulegen:

- Maschinennummer und Bezeichnung,
- verfügbare Maschinenkapazität (Arbeitszeit),
- Anzahl vorhandener gleicher Maschinen,
- Ausfallzeit,
- fixe Maschinenkosten pro Jahr,
- variable Maschinenkosten,
- Auswahlstrategie für Aufträge, wobei folgende Strategien möglich sind:

FIFO — First In First Out
Die Aufträge werden in der Reihenfolge ihres Eintreffens bearbeitet;

SLIP — Die Aufträge werden nach der Schlupfzeitregel ausgewählt, d.h. es kommt der Autrag zur Ausführung, dessen vorgesehener Fertigstellungstermin unter Berücksichtigung der Bearbeitungszeit am nächsten liegt;

KOZ1 — Kürzeste Operationszeit
Es wird der Auftrag bearbeitet, dessen Restbearbeitungszeit (ohne Rüstzeiten) am kürzesten ist;

KOZ2 — Es wird der Auftrag ausgeführt, dessen Restbearbeitungszeit (einschließlich der Rüstzeiten) am kürzesten ist;

LOZ1 — Längste Operationszeit
Es wird der Auftrag ausgeführt, dessen Restbearbeitungszeit (ohne Rüstzeiten) am längsten ist;

LOZ2 — Es wird der Auftrag bearbeitet, dessen Restbearbeitungszeit (einschließlich der Rüstzeiten) am längsten ist.

- Entkopplungsgrad, der den Aktivitätsanteil der Maschine charakterisiert, der keine personelle Bedienung erfordert.

Ähnlich der maschinellen Ausstattung erfordert die Definition der Werkzeugdaten die Festlegung von

- Werkzeugnummer und Bezeichnung,
- Anzahl der vorhandenen gleichen Werkzeuge,
- fixe Werkzeugkosten und
- variable Werkzeugkosten.

Die Definition der Modelldaten beinhaltet die Spezifizierung der Module, wobei auf die parametrisierten Basisdaten zurückgegriffen wird. Das Modul Personal enthält die Definition von

- Personalnummer und Bezeichnung,
- Lohnkosten pro Stunden,
- Anzahl der Mitarbeiter,
- Arbeitszeit pro Schicht und
- Qualifikationsstruktur.

Die Qualifikationsstruktur ist mit Hilfe einer Qualifikationsmatrix festzulegen. Dabei wird der Mitarbeiter standardmäßig vorgegebenen Tätigkeiten zugeordnet, wobei zwischen direkten Tätigkeiten der Maschinenbedienung und indirekten Tätigkeiten des Rüstens, Instandhaltens, Qualitätssicherns, Transportierens und der Materialbereitstellung unterschieden wird. Die Anwendung der Qualifikationsmatrix erlaubt somit sowohl die Modellierung von Maßnahmen der Arbeitsstrukturierung, die sich in job enlargement, job enrichment, job rotation und gruppenorientierter Arbeitsformen (vgl. Kap. 3.2.) niederschlagen, als auch die Gestaltung fertigungsbegleitender indirekter Funktionen.

Das Modul Produktion charakterisiert den Wertschöpfungsprozeß. Als Darstellungsmittel dienen Arbeitspläne, die wiederum bis zu zehn Arbeitsschritte beinhalten können. Die Beschreibung der Bearbeitungsreihenfolgen erfolgt anhand der Auswahl von Maschinen und Werkzeugen, die in den Basisdaten definiert wurden. Durch Vergabe von Rüst- und Bearbeitungszeiten wird die Durchführungszeit eines jeden Auftrags auf jeder Bearbeitungsstufe wiedergegeben. Die Berücksichtigung von stochastischen Elementen und Restriktionen erfolgt über Ausschußraten, Ausfallquoten und Maschinenkapazitäten, die die Einsatzzeit je Tag bestimmen. Die festzulegende Losgröße dient sowohl der Bestimmung des Auftragsumfanges als auch der Berechung der durch die Ausführung des Arbeitsplanes entstandenen Kosten, wobei auf variable und fixe Maschinen- und Werkzeugkosten zurückgegriffen wird. Darüber hinaus erfolgt über die Arbeitspläne die Festlegung und Steuerung des Personalbedarfs mit zugehöriger Qualifikationsstruktur.

Die Bedingtheit von Material- und Informationsfluß, insbesondere vor dem Hintergrund der die Autonomie beeinflussenden Informationsintegration, erfordert eine entsprechende Berücksichtigung in der Modellierung. Deshalb wurde das Produktionsmodul, neben den erforderlichen Bearbeitungs- und Verwaltungsfunktionen, die eine Modellierung von unterschiedlichen Fertigungsstrukturen, wie eine nach dem Verrichtungsprinzip gestalteten Werkstattfertigung bis hin zu nach dem Objektprinzip gestaltete Fertigungssegmenten, ermöglichen, zusätzlich durch mehrere Planungs- und Steuerungsfunktionen ausgestattet. Durch die Definition von Bearbeitungsstrategien (Maschinendaten) ist die Beeinflussung der Auftragsreihenfolge möglich. Ferner kann festgelegt werden, ob die Fertigung die Materialver- und -entsorgung autonom regelt oder ob die Materialbereitstellung durch eine zentrale Stelle gesteuert werden soll. Darüber hinaus besteht die Möglichkeit, die Produktion über ein zentrales PPS-System zu steuern oder über selbststeuernde Regelkreise im Sinne eines Kunden-/Lieferantenprinzips. Das Lagermodul dient der Abbildung der Bevorratungsebenen, wobei Mengen-, Zeit-, und Wertgrößen für jedes Lagerprodukt festzulegen sind. Die Mengengrößen beschreiben die maximale Kapazität des Lagers, den Anfangsbestand und Meldebestände, die zur Auslösung von Steuerungsmaßnahmen herangezogen werden. Zeitgrößen umfassen Ein- und Auslagerungszeiten zur zeitlichen Beschreibung der Lageraktivitäten. Kostengrößen enthalten neben dem Preis des Lagerprodukts, die Kosten für Ein- und Auslagerungen sowie einen Lagerkostensatz. Neben der Berücksichtigung von Charakterisierungs- und Bewertungsgrößen wurde das Lager mit Eigenschaften ausgestattet, die verschiedene Verhaltensstrukturen ermöglichen. Dies erfolgt über die Funktion der Lagerbestandskontrolle, deren Steuergröße eine definierte Bestandshöhe ist, wobei die Unter- bzw. Überschreitung zur Auslösung verschiedener Aktionen führt. So kann es sich beispielsweise um eine Auslieferung, Nachbestellung oder einen Produktionsauftrag handeln. Kann aufgrund von Kapazitätsrestriktionen ein Auftrag der Ein- bzw. Auslagerung nicht erfüllt werden, so wird dieser in eine Warteschlange eingereiht und bis zur möglichen Erfüllung vollständig zurückgestellt. Die Lagerbestandskontrolle erlaubt durch Festlegung von Meldebestandshöhen neben einer zentralen Steuerung auch die Realisierung dezentraler Steuerungsmechanismen.

Das Lieferantenmodul definiert die zu beziehenden Rohteile und die dazugehörigen Lieferanten. Der Materialfluß wird durch die Einheit des Kaufteils und die maximale Menge charakterisiert. Als Zeitgröße beschreibt die Reaktionszeit des Lieferanten zur Erfüllung eines Auftrags den Beschaffungsvorgang. Als Kostengröße findet eine Wertgröße Berücksichtigung, unter die alle Beschaffungskosten subsumiert werden können. Aufgabe des Lieferantenmoduls ist es, die angeforderte Menge nach Ablauf der zugeordneten Reaktionszeit am Bestimmungsort bereitzustellen. Treten mehrere Abrufe zeitgleich auf, so werden sie entsprechend ihrer Ablieferungszeitpunkte in eine Warteschlange eingereiht, die nach dem FIFO-Prinzip abgearbeitet wird. Dabei wird unterstellt, daß der Lieferant stets lieferbereit ist und produktbezogene Lieferausfälle nicht bestehen.

Das Kundenmodul charakterisiert den Kunden als letztes Glied in der logistischen Kette, von dem die Produktvarianten und -mengen bestimmenden Impulse ausgehen. Das Kundenmodul ordnet die Herstellteile bestimmten Abnehmern zu. Dabei sind Abnahmemenge und Reaktionszeit festzulegen. Der Produktpreis geht als Wertgröße ein. Im Kundenmodul erfolgt die eigenständige Verwaltung und Bearbeitung von Aufträgen, wobei die Übernahme von Ablieferungsmengen anhand der Reaktionszeit geregelt wird.

Nach der Parametrierung der einzelnen Module sind diese zu einem Modell zu integrieren. Verknüpfungsmittel stellen hierbei Aufträge (Informationsfluß) und Produktbewegungen (Materialfluß) dar. Aufträge bilden temporäre Elemente im Modell. Sie bestimmen den Zeitpunkt, an dem ein Ereignis stattfinden soll und legen somit den Simulationsablauf fest. Aufträge können vom Benutzer entweder detailliert über gewünschte Auftragsmengen und Ausführungstermine vorgegeben werden, wobei zwischen Produktions-, Transport- und Generatorenaufträgen zu unterscheiden ist, oder es können generierte Aufträge erfolgen. Dabei handelt es sich entweder um Aufträge im Sinne einer dezentralen Steuerung, die aufgrund eines bestimmten Systemzustandes erzeugt werden, wie beispielsweise Transportaufträge zur dezentralen Materialbereitstellung, aber auch Produktionsaufträge bei Realisierung des Kunden-/Lieferantenprinzips sowie autonome Rüst-, Instandhaltungs- und Qualitätssicherungsaufgaben, oder um reine Generatorenaufträge. Mit dem Instrument des Generators können Einzelaufträge und ganze Auftragsfolgen während des Simulationslaufs generiert werden. Durch entsprechende Festlegung der Steuerparameter kann bestimmt werden, wie oft der Generator ausgeführt, wieviele Aufträge je Aufruf erzeugt und in welchen Abständen diese bekannt werden sollen. Der vorgestellte Eingabeteil ermöglicht eine übersichtliche Implementierung von Modellstrukturen, wobei parallel zur Datenerfassung ständig eine Überprüfung der Modelldaten vorgenommen wird. Fehlende Modellelemente, die bei der Modellierung angesprochen, aber noch nicht definiert wurden, werden identifiziert und angezeigt. Dies gilt insbesondere bei der Einbeziehung der Basisdaten (Produkte, Maschinen, Werkzeuge), die in andere Datenbereiche übernommen werden, wie beispielsweise bei der Definition des Personalmoduls, indem die Konsistenz zwischen Personal- und Qualifikationsstruktur sowie maschineller Ausstattung überprüft wird.

Der Simulationsteil bildet den Kern des Programmsystems, wobei die Durchführung der Simulation in mehreren Phasen erfolgt. In einer Überprüfphase wird eine umfassende Prüfung des gesamten Modells durchgeführt. Hierzu werden alle im Modell vorkommenden Module und deren Verknüpfungen zueinander analysiert. Fehlende Modelldaten oder ungültige Modulverweise werden durch eindeutige Meldungen angezeigt. Werden syntaktische Fehler gefunden, die eine Simulationsdurchführung nicht erlauben, so wird die Programmausführung an dieser Stelle abgebrochen und dem Anwender die Möglichkeit gegeben, Korrekturen am Modell vorzunehmen. Die Simulationsphase wird im wesentlichen durch die Steuerung des zeitlichen Ablaufs charakterisiert. Dabei wird im vorliegenden Simulationsmodell SILC eine ereignisorienierte Ablaufsteuerung realisiert. Bei zeitdiskreten Modellen bewirkt ein Ereignis einen Zustandsübergang, wobei die Zeiten, zu denen die Zustandsänderungen auftreten sollen, als Charakteristika der Modellaktivitäten betrachtet werden. Hierzu bezieht man alle Ereignisse, die im Modell auftreten, in die Steuerung ein und schreitet von einem zum anderen fort. Dies macht es jedoch erforderlich, den Ereignissen den Zeitpunkt ihrer Ausführung vorab zuzuordnen und über den gesamten Simulationsablauf eine Liste aller aktuellen und zukünftigen Ereignisse zu führen. Neuauftretende Aktionen werden fortlaufend in diese Liste aufgenommen. Aktionen, für die keine weitere Bearbeitung mehr vorgesehen bzw. momentan möglich ist, werden aus ihr entfernt. Der Ablauf der Modellzeit wird durch eine Variable festgehalten, die am Anfang der Simulation auf Null gesetzt wird. Nach Simulationsdurchführung enthält sie die Zahl der Zeiteinheiten, die seit Beginn der Simulation verstrichen sind. Bei der Abarbeitung der Ereignisse wird die Modellzeit immer um den Zeitabschnitt, der zwischen zwei aufeinander folgenden Ereignissen liegt, fortgeschrieben. Mit der Überprüfung der Modellstruktur werden gleichzeitig die Einträge der Auftragsliste unter Berücksichtigung des Ereigniszeitpunkts in eine Bearbeitungsliste übernommen. Die Folge der Einträge kann beispielsweise das Ergebnis einer realen Systembeobachtung sein. Im allgemeinen reichen diese Vorgaben aber als Initiierung der Simulation nur dafür aus, einen Ausgangszustand zu schaffen und Bearbeitungsvorgänge einzuleiten. Der Verlauf der Simulation wird meist dadurch bestimmt, daß die benötigten Transaktionen durch das System erzeugt werden. Somit lassen sich Aufträge als "Auslöser" einstufen, die einen Prozeß einleiten, bei dem ein Ereignis den Ausführungszeitpunkt seines Nachfolgers festlegt. Bei der Behandlung der Ereignisse kann es während des Simulationslaufes durchaus vorkommen, daß zwei oder mehrere Aktionen zeitgleich eintreten und zwischen ihnen kausale Zusammenhänge bestehen. Dies ist in dem Fall unproblematisch, wenn die gleichzeitig eintretenden Ereignisse unabhängig voneinander sind. Andernfalls ist zu prüfen, welche vorrangig bedient und welche zurückgestellt werden müssen. Die Bestimmung der Ausführungsreihenfolge wird durch Steuerungsstrategien, die auf Prioritäten abstellen, festgelegt. Im Modell muß nicht überall anhand des gleichen Auswahlverfahrens entschieden werden, wo die Bearbeitung durchgeführt werden soll. Es können durchaus unterschiedliche Strategien an verschiedenen Stellen des Modells erwünscht sein. Erlaubt der Modellzustand nicht die Ausführung des Ereignisses zum vorgesehenen Zeitpunkt, so wird es stillgelegt. Eine weitere Bearbeitung erfolgt erst, wenn sich die Umstände, die es blockieren, geändert haben. Die Verwaltung der Transaktionen wird jeweils von dem angesprochenen Modul durchgeführt, durch welches das Ereignis in eine Warteliste eingereiht wird. Bei jedem Wechsel des Modellzustandes wird die Warteliste des aktuellen Moduls dahingehend geprüft, ob die Bearbeitung eines der blockierten Ereignisse möglich ist.

An die Simulationsphase schließt sich Generierung der Auswertungsdaten an. Hierzu werden zwei Datensammlungsverfahren eingesetzt. Für die graphische Aufbereitung, insbesondere bei der dynamischen Darstellung eines Modellausschnittes (z.B. Lagerbewegungen, Maschinenzustände, Personalauslastung), werden alle Zustandsänderungen mit Zeitangaben versehen und in einer Datei gesammelt, um nach dem Simulationslauf eine graphische Prozeßverfolgung der Modellereignisse im ausgewählten Zeit- und Teilbereich des Modells zu ermöglichen. Da dieses Verfahren nur die temporären Zustände in der Modellentwicklung berücksichtigt, erfolgt ferner die Sammlung der Modelldaten über den gesamten Simulationslauf. Hierfür werden Zähler eingesetzt, die die Grundlage für die meisten Statistiken bilden. Einige dokumentieren die Pegel des Systems (z.B. Bestandhöhe), andere werden zum Aufsummieren eines Gesamtbetrages (z.B. kumulierte Bestände) benutzt. Meist genügt es aber nicht, nur absolute Werte für den Zustand eines Modellelements auszuweisen. Häufig wird die Messung der Nutzung und Belastung eines solchen Elements gefordert. Dazu werden alle Zeitintervalle, in denen dieser Zustand geherrscht hat, zu einem Zählerinhalt addiert und am Ende der Simulation durch die erreichte Summe dividiert.

Die Auswertung der Modellergebnisse erfolgt im letzten Schritt des Simulationslaufs. In ihm werden alle Daten, die während der Simulation gesammelt wurden, aufbereitet und modulbezogen analysiert. Durch eine differenzierte Zuordnung lassen sich verschiedene Relationen herstellen. Diese Auswertung erlaubt nur, Aussagen über Zustandsänderungen zu treffen, die während der Simulation stattgefunden haben. Eine zeitliche Zuordnung ist nicht gegeben, weshalb das zweite Verfahren eine statische Betrachtung der Modellausführung darstellt. Das im Rahmen der Generierungsphase der Auswertungsdaten am Ende des Simulationslaufs gebildete Datengerüst beinhaltet die Eingangsdaten für den Auswertungsteil. Dieser Auswertungsteil setzt sich aus produktionswirtschaftlichen Zielgrößen zusammen und umfaßt:

- Bestandsdaten für Kaufteile, unfertige Erzeugnisse in der Produktion und fertige Produkte,
- Lagerbewegungsanalysen,
- maschinenbezogene Analysen hinsichtlich Auslastung,
- Lieferantendaten über gelieferte Kaufteile und Materialkosten,

- Kundendaten über verkaufte Produkte und Umsätze,
- personenbezogene Daten über Einsatzzeiten und geforderte Qualifikation,
- zeitbezogene Daten im Hinblick auf Durchlaufzeit und Termintreue,
- kostenbezogene Daten im Hinblick auf betriebsinterne Kosten (Lager-, Betriebsmittel-, Werkzeug- und Personalkosten).

Anhand von Tabellen und Statistiken werden die Modellergebnisse für die gesamte Simulation beschrieben. Die Auflistung der gesammelten Daten erfolgt für jedes Modul getrennt. Hierbei werden die charakteristischen Mengen-, Zeit- und Wertgrößen ausgewiesen. Die Zusammenfassung der Ergebnisse erlaubt bei mehreren Simulationsläufen Veränderungen des Modellverhaltens anhand der Parametervariation schnell zu lokalisieren und die Auswirkungen auf andere Modellgrößen sichtbar zu machen. Aus den Listen für unterschiedliche Modellstrukturen lassen sich ferner signifikante Aussagen ableiten. Die tabellarische Auswertungsform kann aber nur eine Gesamtbetrachtung eines Simulationsablaufes darstellen. Eine gezielte Analyse der Teilbereiche in zeitlicher Hinsicht ist nicht möglich. Für die Bestandsentwicklung der Bevorratungsebene kann aufgrund der Datenverdichtung beispielsweise nur über die Anzahl der Ein- und Auslagerungsaktivitäten eine Aussage getroffen werden, nicht jedoch über ihre zeitliche Abfolge. Genügt dem Anwender die tabellarische Aufbereitungsform der Daten für seine Analyse nicht oder spiegeln die Zahlenreihen die Dynamik des Modells nur ungenügend wider, so stellt das vorliegende Simulationssystem eine graphische Ergebnispräsentation zur Verfügung. Durch die graphische Aufbereitung der erzielten Simulationsergebnisse kann das Modellverhalten anschaulich dargestellt werden. Für die statische Darstellungsform, welche im wesentlichen die statistischen Ergebnisse in Graphiken umwandelt, wurden Kuchendiagramme und Histogramme gewählt. Ferner besteht die Möglichkeit, auch das dynamische Verhalten ausgewählter Modellbereiche anhand von Funktionsabläufen nachzubilden. Im Gegensatz zur gesamtheitlichen statistischen Betrachtung des Simulationslaufes können mit Hilfe der dynamischen Darstellung Zeitausschnitte der durchgeführten Simulation herausgegriffen werden. Somit lassen sich die Zeitpunkte, an denen Zustandsänderungen stattgefunden haben, exakt wiedergeben. Die dynamische Darstellungsweise erlaubt aber nicht nur die Zustandsänderungen für einen Modellbereich anzuzeigen, sondern auch eine Gegenüberstellung zeitgleicher Ereignisfolgen. Besonders für die Veranschaulichung von Maschinen- und Personalauslastungen der durch die Arbeitspläne bedingten Restriktionen scheint diese Auswertungsform sinnvoll zu sein.

5.2.2. Charakterisierung des Grundmodells

Die simulative Analyse der Einflußgrößen des Autonomiegrades von Fertigungssegmenten soll im folgenden anhand eines Fallbeispiels erfolgen. Dabei bildet ein Grundmodell den Ausgangspunkt, von dem aus schrittweise die Analyse vorgenommen wird. Dieses Grundmodell ist durch eine nach dem Verrichtungsprinzip gestaltete Fertigungsstruktur gekennzeichnet (vgl. Abb. 5-2)[1]. Dabei werden fünf Produkte in einem vierstufigen Wertschöpfungsprozeß hergestellt. Die maschinelle Ausstattung umfaßt 16 Maschinentypen mit einer Kapazität von 16 Stunden. Folglich wird eine 2-schichtige Fahrweise unterstellt, was im Simulationsablauf bedeutet, daß ein Auftrag nach Ablauf dieses Zeitraums gestoppt und am nächsten Tag wieder fortgesetzt wird. Die Maschinenkosten zeichnen sich durch eine mittlere Fixkostenbelastung sowie mittlere bis hohe variable Maschinenkostensätze aus. Darüber hinaus werden einheitlich Instandhaltungsarbeiten und Ausfallraten von 10 % der verfügbaren Maschinenkapazität pro Tag zugrundegelegt. Als Bearbeitungsstrategie gilt das FIFO-Prinzip. Die Werkzeugausstattung umfaßt 20 Werkzeugtypen mit niedrigen bis mittleren fixen bzw. variablen Werkzeugkostensätzen. Der Wertschöpfungsprozeß ist durch fünf Arbeitspläne charakterisiert. Dabei ergibt sich ein hoher Grad an internen Leistungsverflechtungen. So zeichnet sich Maschine 10 durch 3 Verknüpfungen, Maschine 8 und 11 durch jeweils 2 Verknüpfungen aus. Das Bestehen von Interdependenzen ist mit der Notwendigkeit zu Umrüstvorgängen verknüpft. Hierbei entsteht bei

---

[1] Die Modellparameter des Grundmodells sind im Anhang in der Liste GRUND1.LS1 wiedergegeben

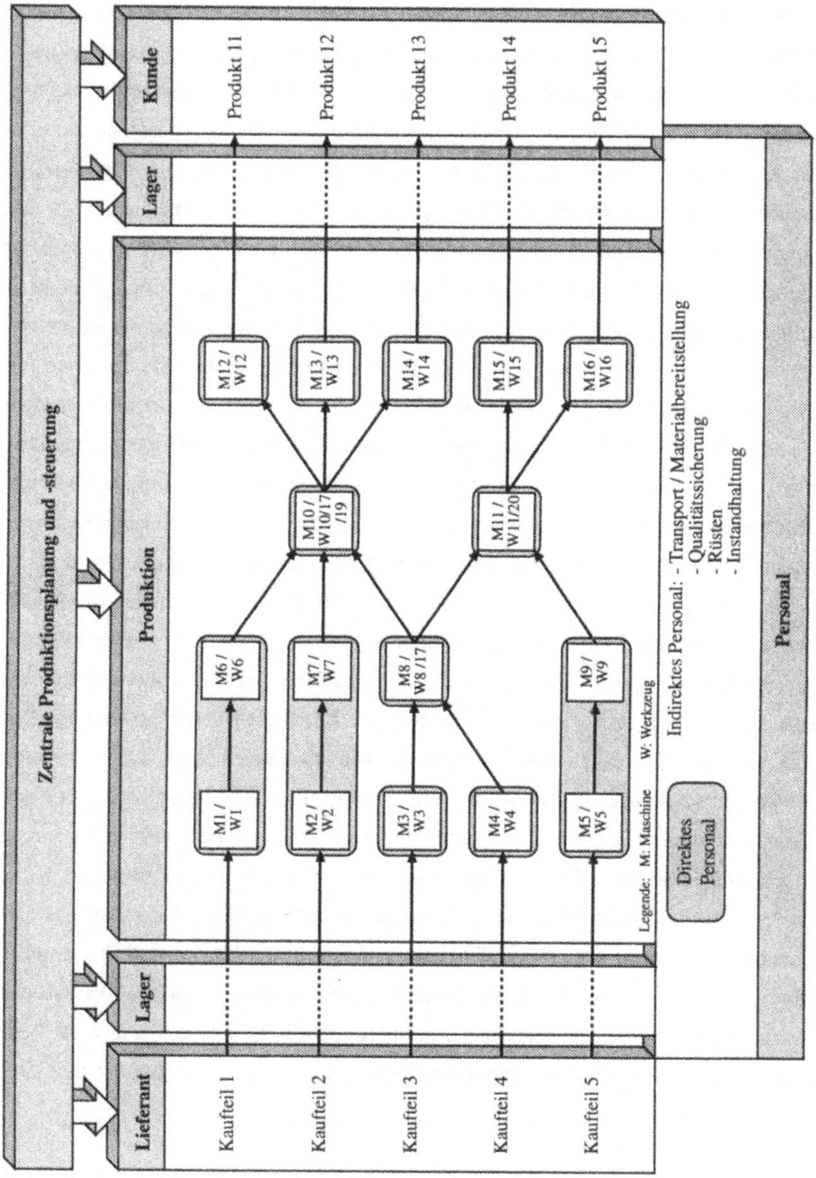

Abb. 5-2: Grundmodell

Maschine 10 für die Arbeitspläne 1, 2, 3 mit 100, 120 bzw. 50 Min. ein relativ hoher Rüstaufwand, während der Rüstaufwand an den übrigen Maschinen als niedrig einzustufen ist. Die Bearbeitungszeiten liegen zwischen 5 und 25 Minuten je Auftrag und Arbeitsgang. Es handelt sich um eine Losgrößenfertigung, wobei die definierten Losgrößen zwischen 500 und 1000 Einheiten liegen. Darüber hinaus wird je Bearbeitungsstufe ein Anteil für Qualitätssicherungsaktivitäten und Nacharbeit von 5 % des Fertigungsloses unterstellt. Das stochastische Element wird mit Hilfe statistischer Verteilungen[1] realisiert, die Bearbeitungs-, Rüst-, Instandhaltungs- und Qualitätssicherungsaktivitäten beeinflussen. Im Modell wird eine Gleichverteilung mit einem Variationskoeffizienten von +/- 5% festgelegt. Die Personalstruktur ist durch einen hohen Grad an Spezialisierung gekennzeichnet. So werden Qualitätssicherungsaufgaben ausschließlich von Mitarbeitern einer Qualitätssicherungsabteilung durchgeführt. Gleiches gilt für Transport- und Materialbereitstellungsaktivitäten. Instandhaltungs- und Rüsttätigkeiten werden in der Regel von speziellen Teams wahrgenommen. In Ausnahmefällen (z.B. an Maschine 3 und 4) führt der Maschinenbediener Instandhaltungs- und Rüstaufgaben durch. Im allgemeinen handelt es sich um Einmaschinenbedienung. Nur in drei Fällen (1/6, 2/7, 5/9) wurden Maßnahmen der Arbeitsstrukturierung ergriffen, die zu einer Zweimaschinenbedienung (job enlargement) führten. Insgesamt ist der Einsatz von 38 Mitarbeitern im 2-Schicht-Betrieb notwendig. Das Entlohnungssystem ist durch vier Entlohnungsstufen gekennzeichnet, wobei mit steigender Multifunktionalität ein steigendes Lohnniveau festgeschrieben wird. Die Fertigung wird von einem Lieferanten mit fünf Hauptteilen versorgt, wobei die Liefermenge je Teil zwischen 500 und 1000 Einheiten liegt sowie die Auftragszeit zwischen 1 und 2 Tagen schwankt. Die fünf Produkttypen werden jeweils von einem Kunden nachgefragt, wobei ein stetiges Nachfrageverhalten im Hinblick auf Menge und Zeit zugrunde gelegt wird. So fragen die Kunden alle 10 bzw. 12 Tage jeweils 300 Einheiten nach, wobei als interne administrative Auftragsbearbeitungszeit 0,5 und 0,75 Tage unterstellt werden. Aufgrund von differenzierenden Los- und Zeitgrößen ist eine Ent-

[1] In SILC sind standardmäßig 25 Verteilungen vordefiniert, wobei zwischen den Typen der Gleichverteilung, Normalverteilung und Dreiecksverteilung zu unterscheiden ist. Im Programmausdruck der Modellparameter werden jeweils alle Verteilungen angegeben, wobei die Gewählte sich in den relevanten Modulen ablesen läßt.

kopplung der Fertigung von Absatz- und Beschaffungsmarkt notwendig. So wird ein Lager für Rohteile mit 5 Lagerbereichen definiert, deren Anfangsbestand jeweils 1200 Einheiten und deren maximale Lagerkapazität 3000 beträgt. Als Lagerstrategie ist ein Bestellpunktsystem vorgesehen. Bei Unterschreitung eines Meldebestandes von 500 Einheiten wird ein Bestellvorgang ausgelöst, wobei teilespezifisch zwischen 500 und 1000 Einheiten nachbestellt werden und eine interne Bestellvorgangsbearbeitungszeit von einem Tag unterstellt wird. Zeitlich sind für Ein- und Auslagerungsaktivitäten jeweils ein halber Tag veranschlagt, wobei als Handlingskosten 10 % des Gesamtwertes der Lieferung angesetzt werden. Die Lagerkosten, die beispielsweise für Zins- und Verwaltungskosten der Bestandshaltung pro Jahr entstehen, werden mit einer Rate von 25 % taxiert. Ebenso wird ein Fertigwarenlager mit fünf Lagerbereichen definiert, wobei als Anfangsbestand 1000 Einheiten festgelegt werden. Die übrigen Parameter werden analog dem Rohteilelager definiert. Der Informationsfluß ist durch ein zentralistisch ausgerichtetes Produktionsplanungs- und steuerungssystem charakterisiert. Alle Produktions- und Transportaufträge werden zentral geplant, eingesteuert und überwacht. Ziel ist hierbei, die einzelnen Arbeitsgänge und Aufträge so zu beaufschlagen, daß einerseits möglichst kleine Durchlaufzeiten erreicht werden und andererseits die Fertigungskapazitäten möglichst hoch und gleichmäßig ausgelastet werden. Dies führt in der Regel zur Bildung großer Lose, die sinkende Rüst- und steigende Nutzungszeiten nach sich ziehen. Gleichzeitig wird eine optimale Nutzung der kapitalintensiven Anlagen bei Minimierung der Bestell- und Einrichtekosten angestrebt. Um der Kundennachfrage gerecht zu werden, werden generatorgesteuerte Produktionsaufträge mit Hilfe von geplanten Durchlaufzeiten eingeplant. So werden die Aufträge produktspezifisch 7 bzw. 13 mal alle 25, 30, 32 oder 15 Tage eingesteuert. Dies erfordert zugleich die zentrale Steuerung der Transportvorgänge. Auch diese erfolgt über eine Generatorsteuerung, wobei die zentrale Planung eine 9 bzw. 10-malige Aktivierung alle 20 bzw. 12 Tage festgelegt wird. Ebenso wird die Beauftragung der Lieferanten über die zentrale Planung überwacht. In Abgleich mit dem Bestellpunktverfahren ist eine generatorgesteuerte zentrale Liefeantenbeauftragung vorgesehen, die teilespezifisch 9 bzw. 11 mal alle 20, 30 und 15 Teile eine Belieferung vorsieht.

Dieses Grundmodell dient nun im folgenden zur simulativen Analyse der Einflußgrößen des Autonomiegrades von Fertigungssegmenten. Hierbei sollen durch stufenweise Anwendung von Gestaltungsmaßnahmen zur Erhöhung der Autonomie die jeweiligen Auswirkungen auf das produktionswirtschaftliche Zielsystem untersucht werden. Als Vergleichsergebnisse dienen jeweils die Simulationsergebnisse des Grundmodells.[1]

5.2.3. Simulative Analyse der Einflußgrößen des Autonomiegrades

5.2.3.. Integrationsgrad der Materialflußstrecke

Die Fertigungssegmentierung zielt als Organisationsprinzip auf eine produktorientierte Gestaltung des Materialflusses. Dabei wird unter Anwendung der Gestaltungsprinzipien der Flußoptimierung, Komplettbearbeitung von Teilen und Baugruppen, Konzentration der Betriebsmittel mit variablem Layout und Realisierung kleiner Kapazitätsquerschnitte versucht, eine durchgängige Produktverantwortung zu implementieren. Eine durchgängige Produktverantwortung setzt einen entsprechend hohen Leistungsbeeinflussungsgrad in Bezug zum Wertschöpfungsprozeß voraus. Der Leistungsbeeinflussungsgrad korreliert mit der Höhe des Autonomiegrades im Hinblick auf den Integrationsgrad der Materialflußstrecke. Deshalb erfordert eine durchgängige Produktverantwortung einen entsprechenden Integrationsgrad der Materialflußstrecken zur Erhöhung der Autonomie (vgl. Kap. 3.3.2.1 und 4.3.1.). Das Grundmodell ist durch einen hohen Grad an Leistungsverflechtungen charakterisiert, der einer durchgängigen Produktverantwortung diametral entgegensteht. Deshalb wurde in einem ersten Schritt eine Segmentierung durchgeführt, die diese Leistungsverflechtungen aufhebt und zu fünf produktorientierten Segmenten, die jeweils alle vier Bearbeitungsstufen enthalten, führt (vgl. Abb. 5-3).[2] Hierzu war eine Investitionsstrategie notwendig, die vier neue Maschinen mit jeweils kleineren Kapazitätsquerschnitten

---

[1] Die Simulationsergebnisse des Grundmodells sind im Anhang in der Liste GRUND1.LS2 wiedergegeben.

[2] Die Darstellung der Modellparameter findet sich im Anhang GRUND2.LS1

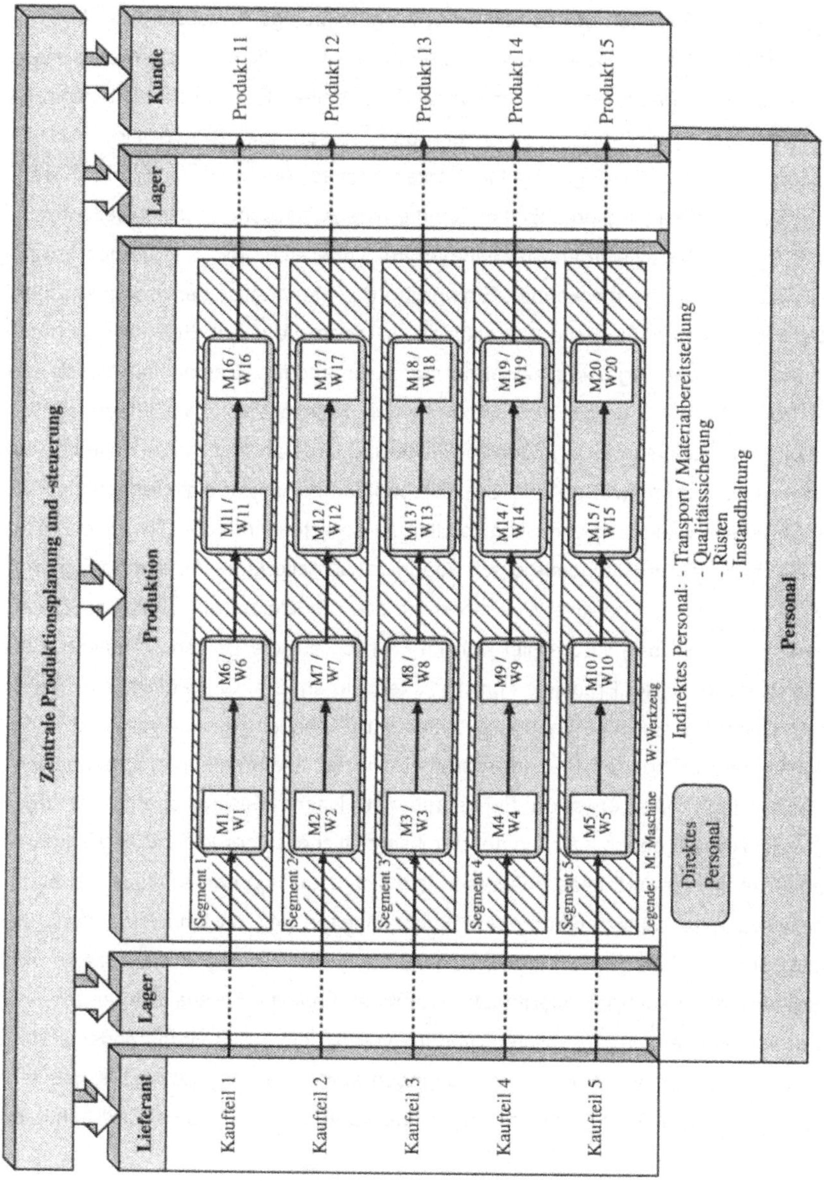

Abb. 5-3: Segmentierungsmodell

und geringeren Rüstzeiten beinhaltete, die eine geringfügige Anpassung der Losgrößen ermöglicht. Werkzeuginvestitionen waren nicht erforderlich. Für die Modellanalyse wurde das Nachfrageverhalten der Kunden beibehalten. Ebenso blieb die zentrale Produktionsplanung und -steuerung unverändert, so daß nach wie vor eine zentrale Terminierung der Arbeitsgänge und Lieferanten erfolgte. Aufgrund der Strukturveränderungen in der Fertigungsorganisation konnte eine Anpassung in der Arbeitsorganisation erfolgen. Hierzu wurden Maßnahmen im Sinne eines job enlargement ergriffen, die zu einer flächendeckenden Einführung der Mehrmaschinenbedienung führten. So bedient jeder Mitarbeiter 2 Maschinen in jedem Segment. Ein Austausch der Mitarbeiter über die Segmente hinaus ist nicht vorgesehen. Beibehalten wurde die strikte Trennung zwischen direkten und indirekten Tätigkeiten. So wird nach wie vor Transport/Materialbereitstellung, Qualitätssicherung, Rüsten und Instandhaltung von zentralen Abteilungen durchgeführt. Die Personalbemessung erfolgte jedoch so, daß keine Wartezeiten aufgrund von Schnittstellen zu erwarten sind. Die Simulation zeigt, daß die Erhöhung der Autonomie durch adäquate Gestaltung des Integrationsgrades der Materialflußstrecke positive Wirkungen auf das produktionswirtschaftliche Zielsystem hat (vgl. Abb. 5-4).[1] So ergibt sich im Hinblick auf die Bestandssituation, daß sich die Bestände in der Produktion um 18 % reduzieren. Die Kaufteilbestände verändern sich nicht, da die Beauftragungssystematik beibehalten wurde. Erst die Berücksichtigung der veränderten Planungsparameter in der Lieferantenbeauftragung lassen positive Ergebnisse erwarten. Bei bestehender Nachfragesituation und Abgangsgeschwindigkeit ist jedoch ein erhöhter durchschnittlicher Lagerbestand an Fertigprodukten zu konstatieren. Dieses Phänomen läßt sich allerdings damit erklären, daß die Segmentierung zu deutlich niedrigeren Durchlaufzeiten (-47 %) führt, sich damit die Zugangsraten im Fertigwarenlager erhöhen, die nicht mit den Abgangsraten der Nachfragesituation korrespondieren. Darüber hinaus resultieren aus den langen und stark schwankenden Durchlaufzeiten (Varianz von 55 Tagen) im Grundmodell Lieferengpässe, die zu hohen Terminüberschreitungen führten. So beträgt die kleinste Terminüberschreitung 7 Tage, während die größte 60 Tage betrug. Dies führt somit zu

[1] Die Modellergebnisse sind im Anhang GRUND2.LS2 aufgelistet

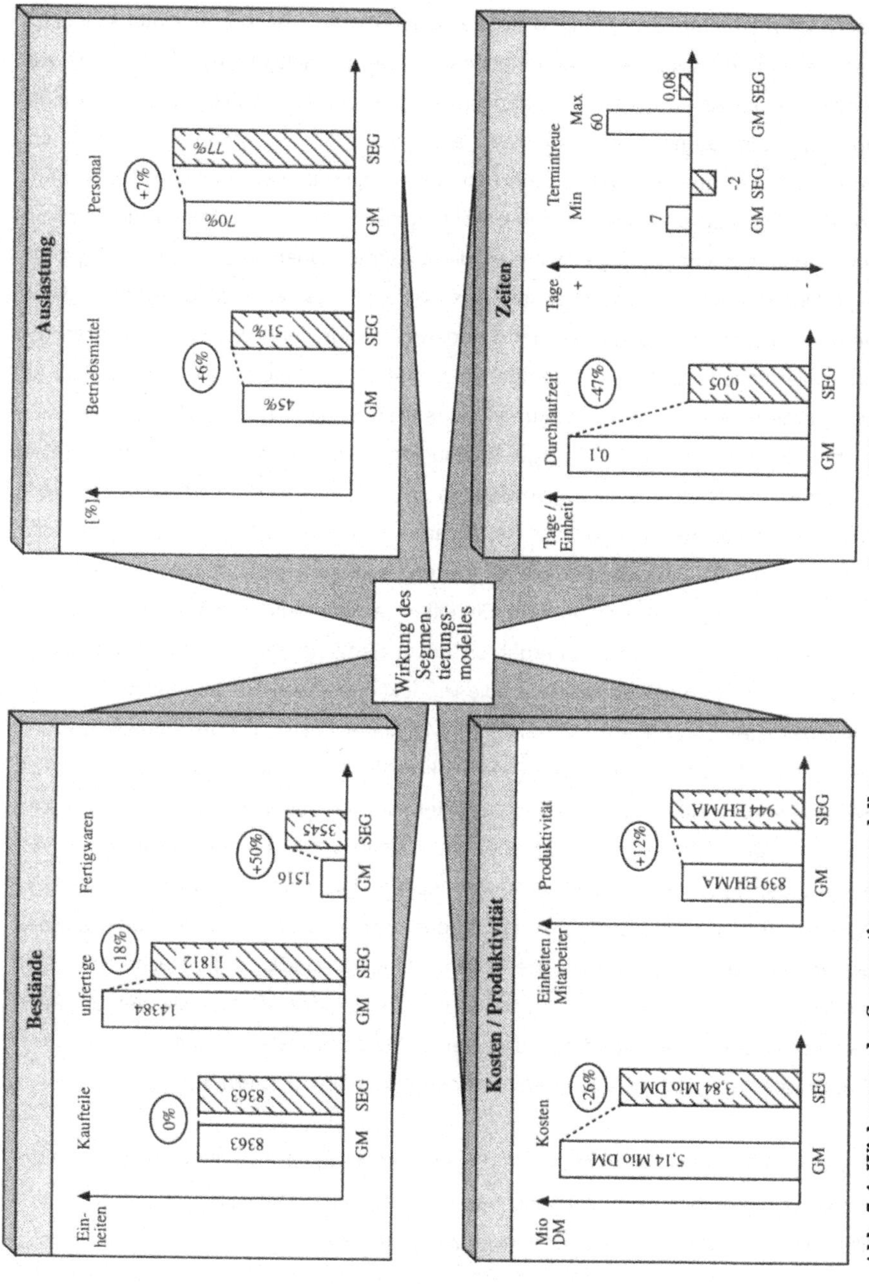

Legende: GM: Grundmodell SEG: Segmentierungsmodell

Abb. 5-4: Wirkungen des Segmentierungsmodelles

einem permanenten Lieferengpaß im Fertigwarenlager, der sich in durchschnittlich niedrigeren Fertigwarenbeständen manifestiert, die allerdings in ihrer Reichweite weder mit der Zugangs- noch der Abgangsrate korrespondieren. Das Segmentierungsmodell führt im Gegensatz hierzu neben einer wesentlichen Verringerung der Durchlaufzeit (-47 %) und Reduzierung der Schwankungsbreite der Durchlaufzeit (Varianz kleiner 2 Tage) zu einer drastischen Erhöhung der Termintreue. So beträgt die maximale Unterschreitung 2 Tage, während die maximale Überschreitung 0,08 Tage beträgt. Der Fertigwarenbestand ist somit als Entkopplungsmenge aufgrund stark divergierender Produktionslosgrößen und Kundennachfragemengen zu interpretieren. Es bleibt allerdings festzuhalten, daß ebenso wie beim Grundmodell ein Auftrag nicht erfüllt werden kann. Positive Wirkungen des Segmentierungsmodells ergeben sich auch im Hinblick auf Auslastungsgesichtspunkte. Insgesamt ergab sich eine um 6 % höhere Betriebsmittelauslastung sowie eine um 7 % höhere Personalauslastung, Die Produktivität konnte, bezogen auf die gesamte Mitarbeiterzahl, um 12 % gesteigert werden, wobei im Grundmodell 839 Einheiten pro Mitarbeiter gefertigt wurden, während im Segmentierungsmodell 944 Einheiten je Mitarbeiter produziert wurden. Im Hinblick auf die Kostensituation ergab sich eine Senkung der gesamten Produktionskosten um 26 %. Hierbei setzen sich die Produktionskosten aus Lagerkosten (Lagerhaltungskosten und Lageraktivitätskosten, Maschinenkosten (fix und variabel), Werkzeugkosten (fix und variabel) und Personalkosten (direkte und indirekte) zusammen. Separat werden die Materialkosten betrachtet, die sich aus angelieferter Menge multipliziert mit dem Preis ergeben. Ergeben sich bezüglich der Materialkosten keine Veränderungen gegenüber dem Grundmodell, so sind für die übrigen Kostenarten erhebliche Änderungen festzustellen. Aufgrund der diskutierten Situation im Fertigwarenlager ergeben sich insgesamt höhere Lagerkosten, während sich die Maschinenkosten um 35 %, die Werkzeugkosten um 10 % und die gesamten Personalkosten um 22 % reduzieren. Dabei verringern sich die direkten Personalkosten um 34 %, während im Gegensatz dazu die indirekten Personalkosten sich um 12 % erhöhten.

Bei gesamtheitlicher Betrachtung der Ergebnisse ist durch eine Erhöhung der Autonomie infolge einer Erhöhung des Integrationsgrades der Materialflußstrecke eine Verbesserung der Wettbewerbsfähigkeit zu konstatieren.

5.2.3.2. Funktionsintegration

Neben dem Integrationsgrad der Materialflußstrecke ist als weitere Einflußgröße des Autonomiegrades von Fertigungssegmenten die Funktionsintegration zu betrachten. Dabei wird die These zugrundegelegt, daß eine durchgängige Produktverantwortung nicht nur einen entsprechenden Leistungsbeeinflussungsgrad, sondern auch einen adäquaten Kostenbeeinflussungsgrad voraussetzt. Damit erfordert die autonome Gestaltung von Fertigungssegmenten nicht nur die eindimensionale Erweiterung des Handlungsspielraums im Sinne der Ausdehnung des Tätigkeitsfeldes, sondern eine zweidimensionale Gestaltung durch die gleichzeitige Erweiterung des Tätigkeits- und Entscheidungsfeldes. Als wesentliche Gestaltungsdimension sind dabei die indirekten Bereiche zu betrachten (vgl. Kap 3.3.2.2.). Deshalb wird in einem zweiten Schritt ein Modell für eine Funktionsintegration analysiert. Hierbei wird eine Einschränkung auf die fertigungsbegleitenden indirekten Funktionen vorgenommen, die sich auch in der empirischen Analyse als Integrationsschwerpunkt herausgestellt haben (vgl. Kap 4.3.2.). Für die Bildung des Gruppenmodell-Funktionsintegration wurden die indirekten Funktionen

- Transport/Materialbereitstellung,
- Qualitätssicherung,
- Rüsten und
- Instandhaltung

unter Anwendung der Gruppenorganisation integriert (vgl. Abb. 5-5)[1]. Danach wurden produktverantwortliche Gruppen unter Berücksichtigung der Arbeitsstrukturierungsprinzipien des job enlargement und job enrichment gebildet. Die zugrundegelegte Qualifikationsstruktur erlaubt in den Gruppen ein selbstabgestimmtes job rotati-

[1] Die Auflistung der geänderten Modellparameter findet sich im Anhang GRUND4.LS1

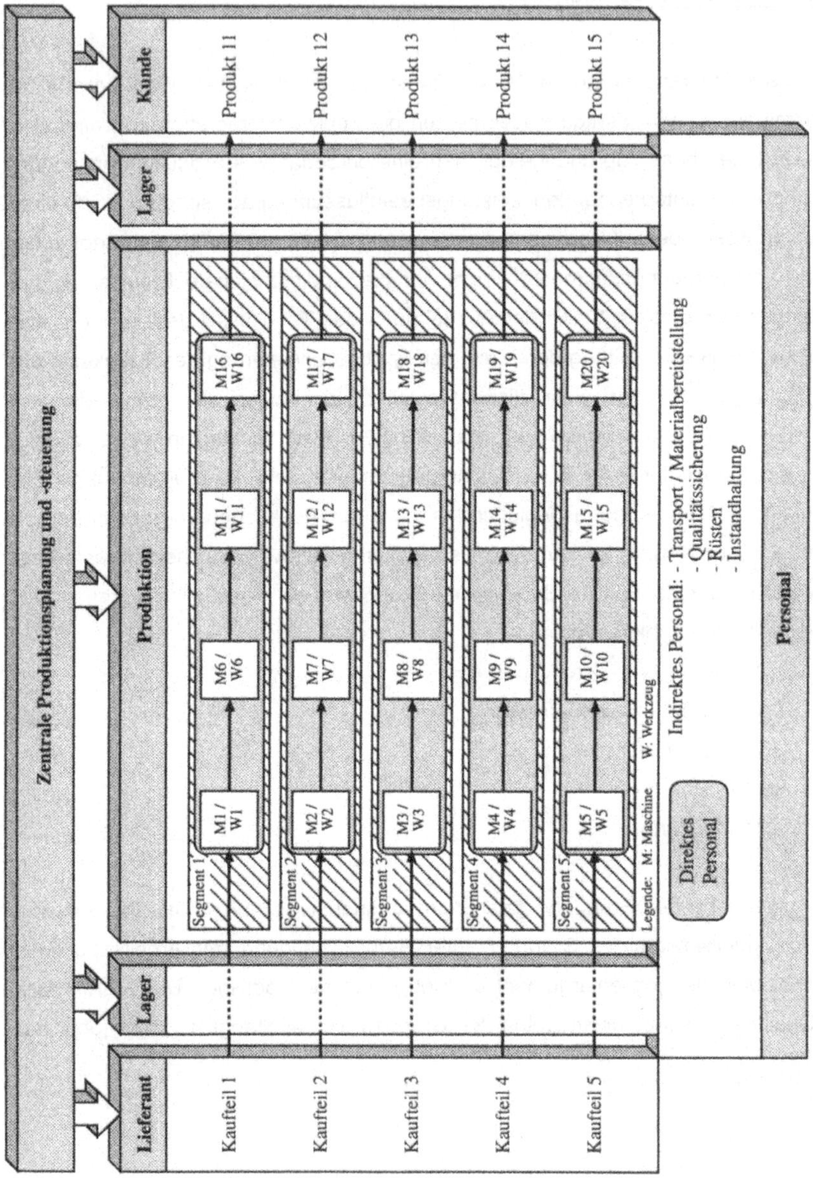

Abb. 5-5: Gruppenmodell - Funktionsintegration

on. Die Entlohnung wurde auf ein einheitliches qualifikationsorientiertes Niveau ausgerichtet. Die übrigen Modellparameter wurden von dem Segmentierungsmodell übernommen.
Die Ergebnisanalyse zeigt, daß die mit der Segmentierung erzielten Wirkungen auf das produktionswirtschaftliche Zielsystem verstärkt werden können (vgl. Abb. 5-6).[1] So ergibt sich insbesondere unter Auslastungsgesichtspunkten eine Erhöhung des Personalauslastungsgrades gegenüber dem Grundmodell um 25 %. Die Produktivität konnte um 50 % gesteigert werden, wobei im Gruppenmodell-Funktionsintegration 1678 Einheiten pro Mitarbeiter gefertigt wurden, während dieser Wert im Grundmodell bei 839 Einheiten pro Mitarbeiter lag. In Bezug auf die Produktionskosten konnte eine Verbesserung um 36 % erzielt werden. Hierbei schlagen sich insbesondere eine Reduzierung der Personalkosten um 42 % von 3,07 Mio DM auf 1,74 Mio DM nieder.

Eine Funktionsintegration in Verbindung mit der Gruppenorganisation ist auch im Grundmodell möglich. Aufgrund der verrichtungsorientierten Fertigungsorganisation ist jedoch keine produktorientierte Gruppenbildung zu erzielen. Trotzdem lassen sich auch hier Verbesserungen erreichen. Bei der Ausschöpfung aller Arbeitsstrukturierungsmaßnahmen lassen sich die Personalkosten um 28 % reduzieren, wobei eine Produktivitätssteigerung von 40 % erreicht werden kann. Daraus läßt sich wiederum die These ableiten, daß eine produktorientierte Gruppenbildung, die auf einer entsprechend den Segmentierungsprinzipien gestalteten Fertigungsorganisation aufsetzt, ein höheres Potential erschließt als eine auf bestehenden Fertigungsstrukturen fußende Gruppenorganisation.
Insgesamt führt folglich eine Erhöhung des Autonomiegrades durch Funktionsintegration zu einer erhöhten Erschließung der Wettbewerbspotentiale, die mit einem adäquaten Integrationsgrad der Materialflußstrecke eingeleitet wurden.

[1] Die wesentlichen Auswirkungen sind im Anhang GRUND4.LS2 aufgelistet

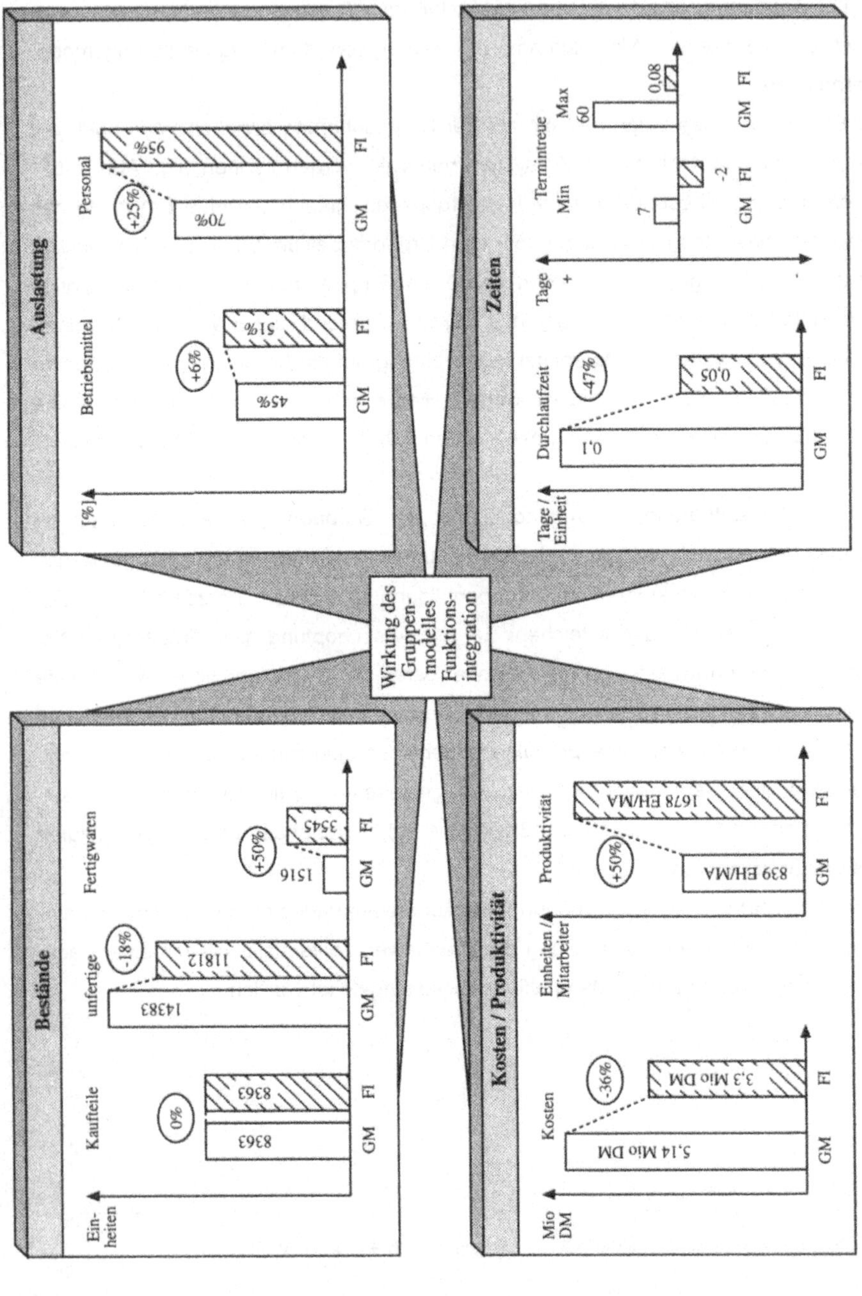

Abb. 5-6: Wirkungen des Gruppenmodelles - Funktionsintegration

5.2.3.3. Informationsintegration

Als dritte Einflußgröße des Autonomiegrades ist die Informationsintegration zu analysieren. Autonomie setzt nicht nur entsprechende Leistungsbeeinflussungsgrade und Kostenbeeinflussungsgrade voraus. Autonomes Handeln im Sinne der Kundenorientierung bedarf auch der Bereitstellung der notwendigen Information (vgl. Kap 3.3.2.3.).

Wurde in den bislang diskutierten Modellen eine zentrale Produktionsplanung und -steuerung vorausgesetzt, die eine detaillierte Planung und Steuerung bis auf Arbeitsgangebene vornahm, soll im Autonomiemodell diese Vorgehensweise zugunsten vertikal vernetzter, selbststeuernder Regelkreise aufgegeben werden (vgl. Abb. 5-7).[1] Diesem Gedankengang liegt die Implementierung des internen Kundenprinzips in Verbindung mit dem KANBAN-Prinzip zugrunde (vgl. Kap. 4.3.3.). Das Autonomiemodell beschränkt sich folglich auf die Betrachtung des zum Wertschöpfungsprozeß unmittelbar komplementären Informationsflusses. Dabei wurde eine weitere Anpassung vorgenommen, indem zum einen der Lieferant in den dezentralen Steuerungsmechanismus miteinbezogen wurde, und zum anderen die Segmente unmittelbar an den Kundenabruf gekoppelt wurden. So ist der Lieferant mit seinem Teilespektrum im Sinne einer produktionssynchronen Beschaffung unmittelbar an die Segmente angebunden. Die Disposition und der Abruf der Kaufteile erfolgt autonom durch die Segmente. Eine Kopplung von Kundenabruf und Segmentauftrag wurde dergestalt vorgenommen, daß die Reichweite im Fertigwarenlager mit der Zugangs- und Abgangsrate korreliert. Darüber hinaus erfolgte soweit wie möglich eine Anpassung der Losgrößen. Innerhalb der Segmente wurden selbststeuernde Regelkreise mit negativem Rückkopplungsmechanismen implementiert, die derart gestaltet wurden, daß eine autonome Steuerung über den Bestandspegel in Verbindung mit der Durchlaufzeit realisiert wird. Die übrigen Modellparameter wurden aus dem Segmenierungs- bzw. Grundmodell-Funktionsintegration übernommen.

---

[1] Eine Auflistung der Modellparameter findet sich im Anhang GRUND8.LS1

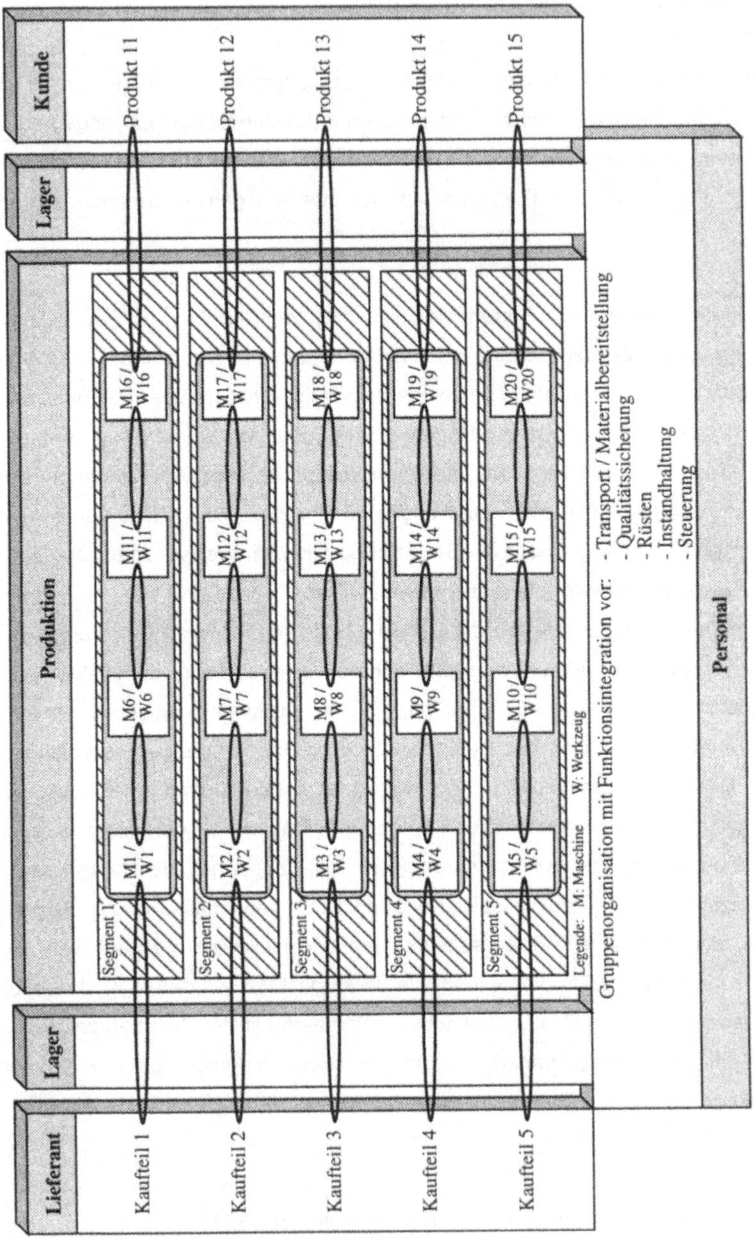

Abb. 5-7: Autonomiemodell

Die Ergebnisanalyse zeigt, daß sich erhebliche Potentiale, bezogen auf das produktionswirtschaftliche Zielsystem ergeben (vgl. Abb. 5-8).[1] Im Hinblick auf die Bestandssituation sind Reduzierungen der Kaufteilebestände um 55 % und Beständen in der Produktion um 58 % zu konstatieren. Das Fertigwarenlager weist demgegenüber nach wie vor durchschnittlich höhere Bestände gegenüber dem Grundmodell aus. Dies läßt sich wie beim Segmentierungsmodell mit dem permanenten Lieferengpaß im Grundmodell begründen. Gegenüber dem Segmentierungsmodell konnte der Bestand an Fertigprodukten um 13 % gesenkt werden. Darüber hinaus konnte die Termintreue über die im Segmentierungsmodell erzielten Ergebnisse hinaus noch verbessert werden. So konnte eine 100 %ige Termintreue erzielt werden. Alle Aufträge konnten fristgerecht ausgeliefert werden. Dies ist insbesondere auf die drastische Reduzierung der Durchlaufzeit um 79 % zurückzuführen, die letztendlich dazu führte, daß alle Aufträge "relativ" zu früh im Fertigwarenlager ankamen. Die dabei erzielte Stabilisierung der Durchlaufzeiten kann somit unmittelbar in eine weitere Parameteroptimierung im Hinblick auf Losgrößen und Meldebestand genutzt werden. Hierzu bedarf es allerdings im vorliegenden Modell weitgehender Optimierungen im Hinblick auf Rüst- und Ausfallzeiten. Unter Auslastungsgesichtspunkten führt die Informationsintegration insbesondere zu einer weiteren Verbesserung der Betriebsmittelauslastung (+10 %). Die Produktivität konnte von 839 Einheiten pro Mitarbeiter auf nunmehr 1756 Einheiten je Mitarbeiter um 53 % gesteigert werden. Die Produktionskosten blieben gegenüber dem Gruppenmodell- Funktionsintegration unverändert bei 3,3 Mio. DM und weisen damit gegenüber dem Grundmodell eine Verbesserung um 36 % auf. Eine Reduzierung ergab sich allerdings bei den Materialkosten um 15 %.

Die Informationsintegration in der diskutierten Form ist auch auf das Grundmodell anwendbar. Allerdings treten hierbei erhebliche Probleme an den Schnittstellen aufgrund von Leistungsverflechtungen auf. Verbesserungen ergeben sich im Hinblick auf Bestände und Durchlaufzeiten, die jedoch durch Probleme bezüglich der Termintreue überkompensiert werden. Grund hierfür ist, daß Engässe in Verbindung mit Leistungsverflechtungen zu einer exponentiellen Zunahme des Störpotentials führen, die

---

[1] Eine Auflistung der Modellergebnisse findet sich darüber hinaus im Anhang GRUND8.LS2

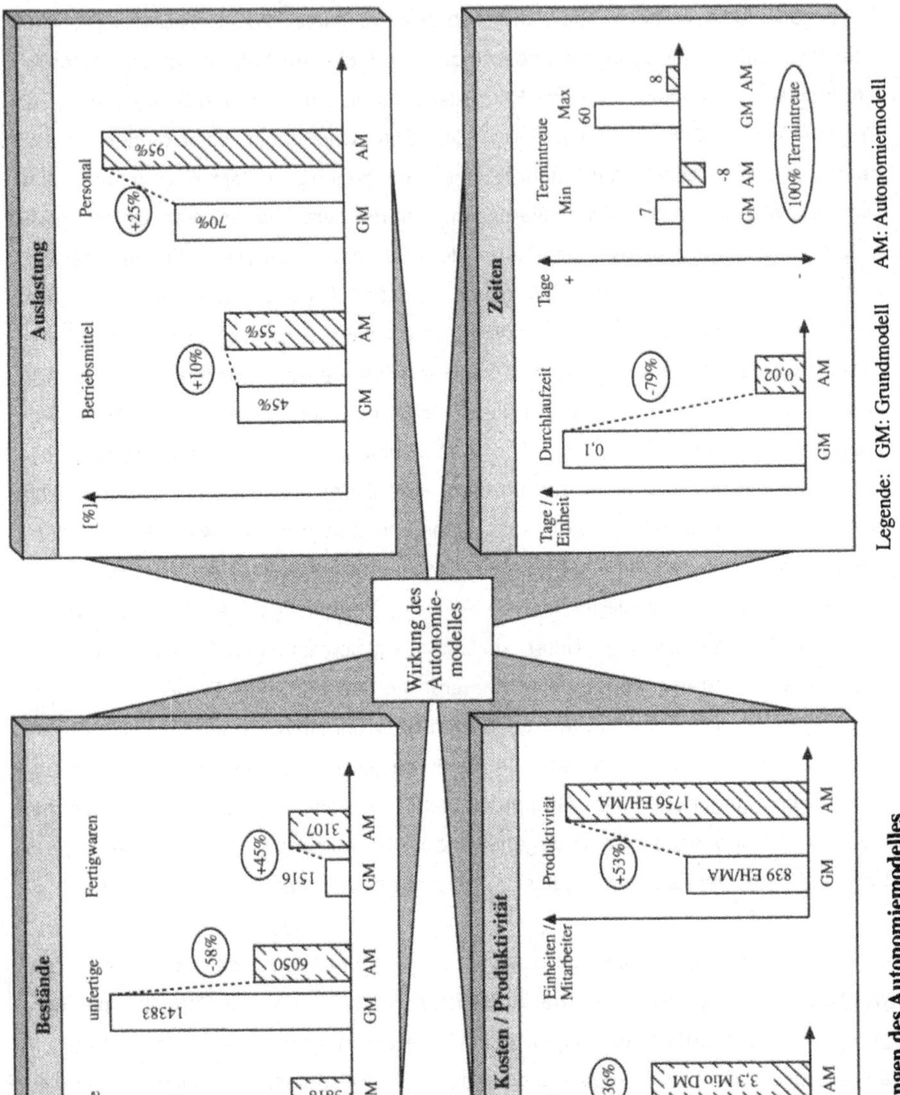

Abb. 5-8: Wirkungen des Autonomiemodelles

durch selbststeuernde Regelkreise mit negativen Rückkopplungsmechanismen nicht beherrscht werden können. Es ist daher die These zu vertreten, daß eine Informationsintegration ihr volles Wirkungspotential erst durch die Schaffung struktureller Voraussetzungen im Sinne der Segmentierung entfalten kann. Dagegen unterstützt die Informationsintegration das Wirkungspotential, das mit der Segmentierung eingeleitet wurde.

5.3. Zusammenfassende Beurteilung der Simulationsergebnisse

Die Simulation gewinnt vor dem Hintergrund einer dynamischen Umwelt und dem damit einhergehenden Zwang zur permanenten Reorganisation als Planungshilfsmittel eine zunehmende Bedeutung. In Bezug auf die aufgeworfene Fragestellung der Gestaltung der Einflußgrößen der Autonomie von Fertigungssegmenten konnte beispielhaft die positive Wirkung der einzelnen Determinanten der Autonomie nachgewiesen werden (vgl. Abb. 5-9). Dabei wurde ein Simulationsprogramm entwickelt, das die Determinanten einer Modellanalyse zugänglich macht. Hierzu waren gewisse Einschränkungen und Abstraktionsschritte notwendig. So wurde auf die Einbeziehung von fertigungsvorgelagerten (mit Ausnahme des Werkzeugwesens), fertigungsnachgelagerten und fertigungsübergeordneten indirekten Bereichen zugunsten einer beherrschbaren Modellkomplexität verzichtet. Darüber hinaus wurden Informationsflüsse im Rahmen der Innovationskette und im administrativen Bereich (mit Ausnahme von Dispositions- und Auftragsbearbeitungszeiten) aus der Betrachtung ausgeklammert. Trotzdem erlaubt das vorliegende Simulationsmodell aussagekräftige Analysen bezüglich der autonomen Gestaltung von Fertigungssegmenten. So konnte gezeigt werden, daß

- sich eine Erhöhung des Integrationsgrades der Materialflußstrecke im Sinne der Segmentierung positiv auf das produktionswirtschaftliche Zielsystem auswirkt;

Produktionswirtschaftliche Ziele / Determinanten des Autonomiegrades	Bestände			Auslastung		Kosten	Produktivität	Zeiten	
	Rohteile	unfertige Erzeugnisse	Fertigwaren	Betriebsmittel	Personal			Durchlaufzeit	Termintreue
Integrationsgrad der Materialflußstrecke	○	◒	○	◒	◒	◒	◒	●	◒
Funktionsintegration	○	◒	○	◒	●	◒	●	●	◒
Informationsintegration	●	●	◒	◒	●	◒	●	●	●

○ keine Auswirkungen
◒ positive Auswirkungen
● stark positive Auswirkungen

Abb. 5-9: Wirkungsanalyse der Determinanten der Autonomie

- eine Funktionsintegration in Verbindung mit der Gruppenorganisation bei einer segmentierten Fertigungsorganisation ein höheres Potential erwarten läßt als bei herkömmlichen verrichtungsorientierten Fertigungsstrukturen;
- die Informationsintegration im Sinne der Implementierung selbststeuernder Regelkreise mit negativen Rückkopplungsmechanismen zur vollen Entfaltung des Wirkungspotentials der strukturellen Vorbereitung im Sinne einer Segmentierung bedarf;
- die Auflösung von Leistungsverflechtungen in Verbindung mit der Schaffung kleiner Kapazitätsquerschnitte nicht zwangsläufig zu einer Erhöhung der Maschinenkosten führt;
- die Integration logistischer Funktionen im Sinne einer produktionssynchronen Beschaffung in Verbindung mit einem Direktabruf durch die Segmente zu einer Senkung der Materialkosten führt;
- ein dezentrales Werkzeugwesen nicht zwangsläufig die Werkzeugkosten erhöht;
- ein insgesamt hoher Autonomiegrad ein erhebliches Effizienzsteigerungspotential in sich birgt.

Insgesamt konnte die Modellanalyse mit Hilfe der Simulation zeigen, daß über die Gestaltung der Autonomie von Fertigungssegmenten kunden-, zeit-, innovations-, wertschöpfungs- und mitarbeiterorientierte Organisationsformen geschaffen werden können, die wesentlich zum Erhalt und Ausbau der Wettbewerbsfähigkeit beitragen.

6. Gestaltungsaspekte des Autonomiegrades von Fertigungssegmenten

6.1. Führung und Koordination

Die Fertigungssegmentierung geht einher mit der Bildung kleiner autonomer Einheiten, die markt- und kundennah schnell und flexibel reagieren können. Voraussetzung hierfür sind schnelle Entscheidungswege und eindeutige Befugnisse an der Schnittstelle zum Kunden, wozu wiederum Information und Kompetenz notwendig sind. Deshalb beschränken sich die Strukturierungsprinzipien der Fertigungssegmentierung nicht allein auf die strikte Ausrichtung auf produktionswirtschaftliche Ziele, wie Durchlaufzeiten, Bestände, Kosten und Kapazitätsauslastung, sondern erfordern eine Ausweitung des Betrachtungsfeldes auch auf die personelle Komponente und damit die Berücksichtigung von Prinzipien der Verhaltenssteuerung in Organisationen, die durch die Einräumung von Autonomie gekennzeichnet sind. Daher bedingt die Gestaltung von Autonomie auf der Betriebs- und Arbeitsorganisationsebene eine autonomiegerechte Gestaltung auf der Unternehmensebene und somit einen Wandel in den Führungs- und Koordinationsmechanismen eines Unternehmens. Dieser Wandel ist gekennzeichnet durch die Abkehr vom einseitig verstandenen Prinzip der Delegation, das der obersten Hierarchieebene die Setzung von Zielen und detaillierten Vorgaben vorbehält, während die nächste Ebene für die Kontrolle der Aufgabenerfüllung verantwortlich ist und den tieferen Ebenen ausschließlich die Ausführung obliegt. Dies bedeutet auch eine Abkehr vom Prinzip des hierarchieorientierten Führens und Folgens, das auf der einseitigen Weisungsbefugnis von oben nach unten sowie der Informationspflicht von unten nach oben basiert und das Informationsvorsprung als Führungsinstrument und Machtmittel einsetzt. Das führt weg von Koordinationsmechanismen, wie zentrale Lenkung, Programmierung, Standardisierung, Normung und Formalisierung von Arbeitsgängen, die durch intensive Fremd- und Mehrfachkontrollen gekennzeichnet sind. Vielmehr erfordert die Autonomie von Fertigungssegmenten die Übertragung weitestgehender Entscheidungskompetenz für die Ressourcen, die zur Erfüllung der gestellten Aufgabe notwendig sind, in die Segmente und führt letztendlich zu einer Neugestaltung der Entscheidungskaskade, die dem Segment, entsprechend der Auswirkung der Entscheidung im Segment oder Unternehmensverbund entsprechende Einflußmöglichkeiten, die vom Entscheidungsrecht, Vetorecht, Abstimmungspflicht, Mitspracherecht bis zur Informationspflicht reichen, gewährleistet.[1] Dies führt insbesondere dazu, daß Koordinationsmechanismen nicht mehr durch eine entsprechend hohe Regelungsdichte gekennzeichnet sind, sondern sich vermehrt durch marktwirtschaftliche Prinzipien auszeichnen, die unternehmerische Handlungsspielräume eröffnen, weg von einer zentralen Weisungskultur führen und Formen der dezentralen Selbstorganisation unterstützen. Führung wird dadurch immer mehr zur lateralen Kooperation und Dienstleistung, die die Rahmenbedingungen und Spielregeln für die Stärkung des unternehmerischen Elements in Organisationen zu schaffen hat.[2] Hierzu ist neben der konstitutiven Entscheidung für eine Reorganisation im Sinne der Fertigungssegmentierung die Einführung von Koordinationsmechanismen, die sich an

- den Prinzipien der Zielvereinbarung und Budgetierung,
- dem internen Kundenprinzip sowie
- Netzwerkstrukturen

orientiert, für eine autonomiegerechte Gestaltung notwendig. Zielvereinbarungen und Budgets gewährleisten einerseits ein hohes Leistungsniveau der Organisation und räumen andererseits den Segmenten einen hohen Autonomiegrad ein, so daß sie als intrinsischer Ansatz zur Motivation aufgefaßt werden können, wobei folgende Gestaltungsfaktoren zu berücksichtigen sind:[3]

- in der Budgetgestaltung sollten sich die für die Beurteilung des Erfolgs relevanten Zielgrößen widerspiegeln, die jedoch nicht durch einen unnötig hohen Detaillierungsgrad den Handlungsspielraum wieder einengen dürfen;
- Festlegung von Korridoren, in denen sich Budgetabweichungen bewegen dürfen;

---

1 vgl. auch Wildemann, H. (1992 a), S. 292
2 vgl. auch Fuchs,J. (1990), S. 141 f.
3 vgl. Eisenführ, F. (1992), Sp. 371 f.

- Durchführung von möglichst zeitnahen Soll-Ist-Vergleichen, um die Relevanz von Budgets zu gewährleisten;
- das Beurteilungs- und Anreizsystem sollte nur solche Ergebnisse berücksichtigen, die der Budgetverantwortliche aufgrund seiner Kompetenz hinreichend beeinflussen kann;
- das budgetäre Anreizsystem sollte so weit wie möglich die Präferenzen des Budgetgebers widerspiegeln;
- der Umfang einer budgetorientierten Ausrichtung von Leistungsbeurteilung und Anreizsystem ist vom Korrelationsgrad zwischen Verhalten und Erfolg abhängig;
- Folgebudgets sollten weder einmalige Einflüsse noch außerordentliche Leistungen berücksichtigen, sondern sich an permanent wirksamen Verbesserungen orientieren.

Für die Festlegung von Zielvereinbarungen und Bestimmung von Budgets werden zunehmend Verfahren diskutiert, die der Markt- und Kundenorientierung stärker gerecht werden. Zu nennen sind hierbei insbesondere das Reverse Engineering und das Benchmarking. Das von Wildemann propagierte Reverse Engineering kehrt dabei den bislang in Verkäufermärkten geltenden Planungsansatz, daß sich der Preis aus den Kosten plus einem definierten Gewinnaufschlag ergibt, um, indem der erzielbare Gewinn sich aus der Differenz aus vom Markt festgelegtem Preis und vom Unternehmen beeinflußbaren Kosten ergibt.[1] Dieser Ansatz führt zu Ableitung marktinduzierter Zielgrößen für Kosten, Qualität und Zeit und ist damit als Ausgangspunkt einer ganzheitlichen Kundenorientierung zu sehen. Eine sinnvolle Ergänzung zu diesem Aspekt bietet das Benchmarking. Dabei ist Benchmarking als kontinuierlicher Prozeß, bei dem Produkte, Dienstleistungen und insbesondere Prozesse und Methoden betrieblicher Funktionen über mehrere Unternehmen hinweg verglichen werden, zu sehen.[2] Ziel ist die Offenlegung von Unterschieden zu anderen Unternehmen, die Identifikation ihrer Ursachen, das Aufzeigen von Möglichkeiten zur Verbesserung sowie die Ableitung wettbewerbsorientierter Zielvorgaben. Der Vergleich bezieht alle Unterneh-

---

1 vgl. Wildemann, H. (1990 a)
2 vgl. Horvath, P./Hester, R. N. (1992), S. 5

men mit ein, die die jeweilige Unternehmensaktivität in hervorragender Weise beherrschen, so daß der Vergleich stets zum "Best of class" erfolgt.[1] Beide Ansätze können auch die Grundlage für das interne Kundenprinzip sein, das alle Empfänger von Leistungen als Kunden deklariert, und damit horizontale Selbstabstimmungsmechanismen unterstützt sowie die Steuerung von Leistungvergabe und Leistungsnahme über marktorientierte Preise ermöglicht. Markt- und wettbewerbsorientierte Zielvereinbarung und Budgetierung reichen jedoch in, durch Autonomie gekennzeichneten Organisationsstrukturen, zur Sicherung der Wettbewerbsfähigkeit nicht aus.

Daneben gewinnt die Entwicklung der Netzwerkfähigkeit im Sinne der Evolution des Unternehmens und der Ausschöpfung von Synergiepotentialen eine entscheidende Bedeutung. Netzwerkfähigkeit beinhaltet die Zusammenarbeit über fachlich-funktionale und hierarchische Grenzen hinweg und erfordert die Förderung und den Ausbau von horizontalen Informations- und Kommunikationsstrukturen. Netzwerke wirken hierbei wie ein Nervensystem, das die einzelnen autonomen Organisationseinheiten miteinander verbindet (vgl. Abb. 6-1). Dabei ist eine Förderung von offenen Kommunikationsprozessen und Konfliktbewältigungsmechanismen zur Erreichung von Konsens und Überzeugung notwendig, da bereichsübergreifendes Handeln und Denken nicht per Anordnung und Formalismus erreicht werden kann. Gestaltungsobjekte im Rahmen der Entwicklung der Netzwerkfähigkeit sind zum einen Information als Grundlage zur Wissensvermehrung ("organizational learning") und zum anderen technologisches und organisatorisches Know-How zur Ausschöpfung von Synergiepotentialen. Information ist hierbei als Faktor zu betrachten, der sich durch Austausch vermehren läßt und deshalb instrumental für das Entstehen eines unternehmensweiten Netzwerkes sowie der Wissens- und Erfahrungsakkumulation in einem Unternehmen ist. Netzwerkstrukturen bilden eine wesentliche Voraussetzung für die Innovations- und Lernfähigkeit eines Unternehmens. Die Implementierung von Netzwerkstrukturen ist als grundlegend für ein evolutionäres Führungsverständnis anzusehen, das im wesentlichen durch das Management des Wandels und des Wissens gekennzeichnet ist. Netzwerke weisen eine interne und eine externe Variante auf. In ihrer externen Variante schließen Netzwerke Lieferanten und andere verbundene Unterneh-

---

[1] vgl. Camp, R. C. (1989), S. 13

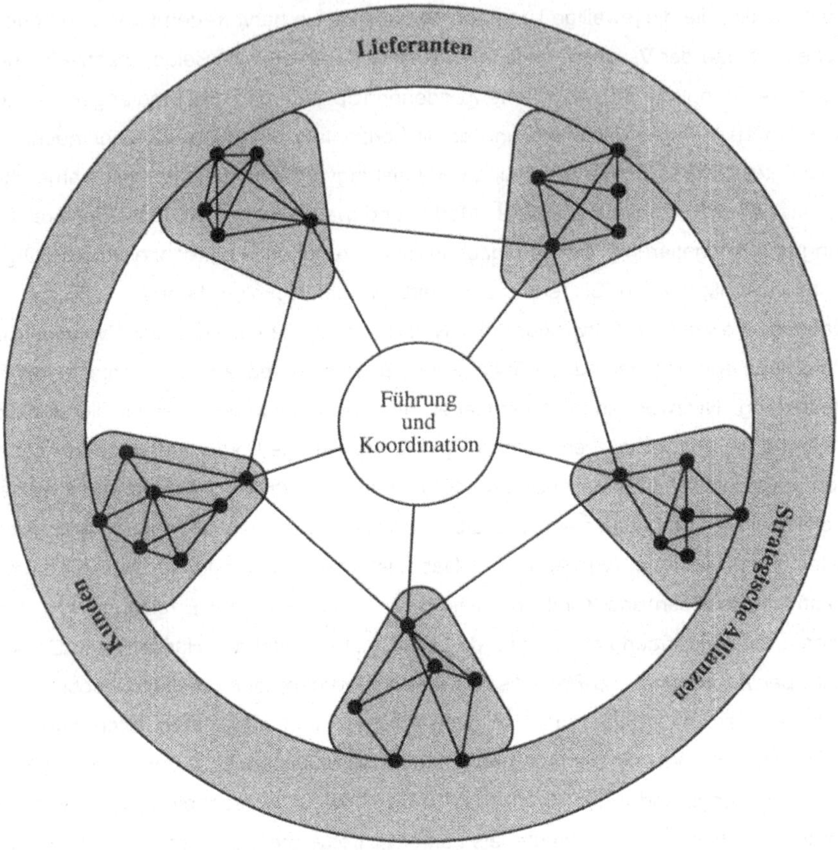

Abb. 6-1: Entwicklung von Netzwerkstrukturen

men, wie strategische Allianzen, mit ein. Eine vieldiskutierte Form sind dabei die Keiretsu der Japaner, wie sie bei Firmen wie Toyota, Nissan oder Hitachi anzutreffen sind.[1] Die interne Netzwerkbildung ist durch

- horizontale Informations- und Kommunikationsstrukturen,
- ein offenes Kommunikationsklima,
- offene Konfliktbewältigung
- Job Rotation und
- interdisziplinäre und interinstitutionelle Projektarbeit

zu unterstützen. Darüber hinaus bietet sich die Bildung von Audit-Teams an, die sich aus Führungskräften und Linienmitgliedern der jeweiligen Segmente und Einheiten zusammensetzen und denen die Aufgabe zufällt, Innovationen zu identifizieren, zu transferieren sowie Anwendungen zu überwachen und somit die Grundlage für einen Know-How-Transfer und Wissensaustausch zu schaffen, ohne auf die Nutzung von Spezialisierungsvorteilen bei der eigentlichen Nutzung zu verzichten.[2]

Autonomie führt somit dazu, daß Führung weniger über eine unmittelbare und direkte Lenkung des Verhaltens erfolgt, sondern vielmehr mittelbar durch ein Organisieren eines Kommunikationsprozesses über strategische Diskussions- und Definitionsprozesse. Damit einher geht eine Entlastung der Unternehmensführung von operativen Aufgaben und der Eröffnung von Möglichkeiten zur stärkeren Ausrichtung auf die strategische Planung, in deren Mittelpunkt die Aufgabe steht, in der Vielfalt von Einflüssen, Veränderungen, Chancen und Risiken einen für das Unternehmen erfolgversprechenden Weg zu finden und als Vision in das Unternehmen hinein zu kommunizieren und die Menschen im Unternehmen zu motivieren, im Interesse der Verwirklichung der Vision zusammenzuarbeiten. Zusammenfassend beinhaltet Führung und Koordination in von Autonomie gekennzeichneten Organisationsstrukturen folgende Aufgabenschwerpunkte:

---

[1] vgl. dazu Sydow, J. (1991), S. 238 ff.
[2] vgl. zu den Aufgaben von Audit-Teams insbesondere Wildemann, H. (1992 d)

- Entwicklung und Formulierung von Leitbildern und Visionen,
- Entwicklung der Unternehmensstrategie,
- Integration von Strategie, Struktur und Kultur,
- Ressourcenallokation bzgl. Finanzmittel und Managementkapazität,
- Aufbau und Weiterentwicklung von Netzwerken,
- Entwicklung eines "organizational learning" (Wissensmanagement)
- Koordination von Know-How-Transfer bzgl. Technologie und Organisation,
- Mitarbeiterentwicklung im Sinne der Steigerung der Problemlösungsfähigkeit und teamorientierter Verhaltensweisen,
- Realisierung von Synergieeffekten,
- Koordination von Finanz-, Investitions- und Berichtswesen sowie
- Überwachung der Geschäfts- und Ergebnisentwicklung.

Diese Schwerpunktverlagerung des Aufgabenwesens der Unternehmensführung vom operativen Tagesgeschäft hin zu einer strategischen Ausrichtung des Unternehmens im Sinne einer Konzentration auf Auf- und Ausbau der Kernkompetenzen sowie der Steigerung des Unternehmenswerts, findet auch ihren Niederschlag in der organisatorischen Neuausrichtung der Unternehmensführung.[1] Diese organisatorische Neuausrichtung beinhaltet zum einen die organisatorische Neugestaltung zentraler Unternehmensfunktionen, und zum anderen Mechanismen zur Überwindung hierarchieorientierter Verhaltenweisen. Die autonome Gestaltung organisatorischer Einheiten auf der Betriebsebene erfordert die Überwindung von überbetrieblichen Zentralisierungstendenzen, die sich in komplexen und großen Zentralfunktionen und Stäben manifestieren, die schließlich zu Mehrkosten aufgrund nicht bedürfnisgerechter zentraler Leistungen, aufwendigen Koordinations- und Abstimmungserfordernissen, zunehmenden Kommunikations- und Fehlerkosten von Doppel- und Mehrarbeit sowie abnehmendem Bewußtsein für wettbewerbsfähige Kosten-/Leistungsverhältnisse in Zentralfunktionen führen. Deshalb bezieht die Autonomisierung auf Betriebsebene

---

1 Zum Aufbau von Kernkompetenzen vgl. Prahalad, C.K./Hamel, G.: (1991), S. 66-78;
Zur strategischen Führung im Sinne einer Steigerung des Unternehmenswertes vgl. insbesondere Bühner, R. (1990 a), S. 36-41;
Bühner, R. (1990 b)

die Reorganisation von Zentralfunktionen mit ein. Dabei werden alle kerngeschäftsrelevanten Funktionen, wie Forschung, Entwicklung, Konstruktion, Controlling, die für die wettbewerbsfähige Beeinflussung der jeweiligen Erfolgsfaktoren und die Differenzierung gegenüber dem Mitwettbewerber notwendig sind, in die autonomen organisatorischen Einheiten verlagert. Dagegen werden Funktionen, die nicht unmittelbar kerngeschäftsrelevant und für die Führung aus der Einheit des Ganzen heraus sowie für die langfristige Entwicklung des Unternehmens von entscheidender Bedeutung sind, zentral organisiert. Für die organisatorische Ausgestaltung sind Formen anzuwenden, die auch in Zentralfunktionen marktwirtschafltiche Prinzipien zur Anwendung kommen läßt. So besteht die Möglichkeit, Aufgaben der strategischen Führung, zentralen Koordination, Entwicklung der Unternehmenskultur und Netzwerkkompetenz, Sicherung zentraler Finanzhoheit und kontinuierlicher Personalpolitik in einem Management-Center zu bündeln, während zentrale Funktionen mit Dienstleistungscharakter, wie Einkaufsmarketing, Sicherstellung des Know-How-Transfers, Forschung und Entwicklung in eigenständigen Einheiten wie Kompetenz-Center und Service-Center zusammenzufassen sind, die wiederum über Cost- oder Profit-Center-Prinzipien gesteuert werden können.[1] Im Rahmen der Konzernorganisation kann dies zur Bildung von Holding-Strukturen führen, wobei insbesondere die Strukturform einer Management-Holding hervorzuheben ist, die von einer reinen Finanzholding zu unterscheiden ist.[2] Merkmale einer Management-Holding sind zum einen die Trennung zwischen Strategie und Operation, die der Holding-Führung die

- Entwicklung der Unternehmensstrategie,
- Ressourcenallokation,
- Koordination bzgl. Finanz-, Investitions-, Berichtswesen und Know-Transfer,
- Realisierung von Größen- und Synergieeffekten,
- Beratung der autonomen Einheiten,
- Führungskräfteentwicklung sowie
- Überwachung der Geschäfts- und Ergebnisentwicklung

---

[1] vgl. Wildemann, H. (1993), S. 29 f.; Schiltknecht, H. (1992), S. 93 ff.
[2] vgl. Bühner, R. (1991), S. 141 ff.

überträgt, während den autonomen organisatorischen Einheiten die

- Entwicklung und Realisierung der Geschäftsstrategie,
- Wahrnehmung aller Funktionen des Tagesgeschäfts,
- Entwicklung und der Ausbau operativer Kernkompetenzen sowie der
- Ausbau der technologischen und organisatorischen Kompetenz

wahrzunehmen obliegt.[1] Zum anderen führt die Management-Holding zur Identität von Rechts- und Organisationsstruktur, in der die Unternehmensleitung von einer rechtlich selbständigen geschäftsführenden Holding wahrgenommen wird, der wiederum Tochtergesellschaften mit eigener Rechtspersönlichkeit unterstellt sind, wobei die Struktur der Weisungsbeziehungen dem Einliniensystem entspricht sowie die hierarchischen Unterstellungsbeziehungen und die Kapitalverflechtungen zwischen Mutter- und Tochtergesellschaften übereinstimmen und eindeutige Kompetenzzuordnungen ermöglichen.[2] Als Koordinationsinstrumente kommen insbesondere die zentrale Finanzhoheit, Formen der Personalunion, Unternehmensverträge und Koordinationsgremien, wie Gesprächskreise und Komitees zur Anwendung.[3] Insgesamt führt dabei die Autonomisierung organisatorischen Einheiten zu einem dezentralisierten Inhaltsmuster der Hierarchie mit partizipativem und durchgängig teamorientierten Gestaltungsformen, die Organisationen mehr zu offenen Systemen von Teilhabern werden lassen, in denen Vertrauen und unternehmerische Fähigkeiten ein zunehmend wichtigeres Element werden.[4]

---

1 vgl. Bühner, R. (1990 c), S. 300 f.

2 vgl. Bühner, R. (1990 c), S. 301; Bühner, R. (1986 e), S. 2345

3 vgl. Bühner, R. (1991), S. 144

4 vgl. Krüger, W./Reißner, St. (1990), S. 384, der eine Typologisierung von Hierarchien in 4 Typen vornimmt;
Laske, St./Weiskopf, R. (1992), S. 802 f.

6.2. Materialfluß

Im Mittelpunkt der Fertigungssegmentierung steht die durchgängige produktorientierte Gestaltung des Materialflusses. Dies führt zur Bildung von Leistungscentern, die weitestgehend nach dem Flußprinzip gestaltet werden. Hierzu komplementär sind die Gestaltungsprinzipien Komplettbearbeitung der Teile und Baugruppen sowie kleine Kapazitätsquerschnitte mit variablem Layout zu sehen. Wie die empirische und insbesondere simulative Analyse zeigt, sind hieraus positive Wirkungen in Bezug auf das produktionswirtschaftliche Zielsystem zu erwarten. Dabei wirken diese Prinzipien unterstützend für die autonome Gestaltung der Segmente und enthalten somit Elemente, die darüber hinaus das Verhalten beeinflussen (vgl. Abb. 6-2). So liegt der produktorientierten Entflechtung der Kapazitäten die Intention zugrunde, Komplexität auf ein der menschlichen Problemlösungskapazität beherrschbares Maß zu reduzieren und das gesamte Ressourcenpotential auf eine spezifische Produktionsaufgabe zu konzentrieren.[1] Dies ermöglicht eine Konzentration auf technologisches, produktbezogenes und verfahrenstechnisches Know-How und eröffnet Differenzierungsmöglichkeiten im Leistungs- und Kostengefüge, die vom Wettbewerber schwer nachzuahmen sind. Damit erlaubt die Segmentierung die Ausrichtung spezifischer Wertschöpfungsketten an den Markt- und Kundenerfordernissen und Bestimmung eindeutig Verantwortlicher für gesamte Wertschöpfungsketten. Diese Wertschöpfungsverantwortlichkeit muß mit dem Grad der Leistungserstellungsbeeinflußbarkeit übereinstimmen. Idealerweise sind alle für die Leistungserstellung relevanten Kapazitäten in das Leistungscenter integriert. Es handelt sich dann um voll integrierte Wertschöpfungsketten; das Leistungscenter ist bezüglich der Leistungserstellung autonom. Dieser Fall der vollständigen Zuordnung sämtlicher Ressourcen zu einem Segment muß vor dem Hintergrund kostenoptimaler Fertigungsstrukturen überprüft werden. Dabei sind auch Kosten zu berücksichtigen, wie sie durch zusätzlichen Koordinationsaufwand und Flexibilitätseinbußen verursacht werden. Bei der Zuordnung der Betriebsmittel zu den Segmenten sind deshalb folgende Aspekte zu berücksichtigen:

---

[1] vgl. auch Skinner. W (1985). S. 10

Materialfluß / Autonomie	Materialflußkoordination		Materialflußgestaltung
	Steuerung	**Verrechnung**	
Unternehmens-ebene	Zentrale Koordination	- Zielvorgabe - Verrechnungspreisvorgabe - Festlegung von Richtlinien und Methoden	Konstituive Entscheidung für eine Segmentierung
Betriebsebene	- Horizontale Selbstabstimmung - Internes Kundenprinzip - Gegenseitige Auditierung - Visualisierung	- Verrechnungspreisfestlegung - Zielvorgaben - Rahmenvereinbarungen	- Fließprinzip - Konzentration der Betriebsmittel - Realisierung kleiner Kapazitätsquerschnitte - Transport-Behältersystematik - Eliminierung von Lager- und Pufferstufen
Arbeitsorganisations-ebene	- Selbststeuernde Regelkreise - Direktabrufe - Visualisierung	- Zielvorgaben - Rahmenvereinbarungen	- Gruppenorganisation - Verantwortung für Anlage, Menge, Qualität, Termin

Abb. 6-2: Autonomie und Materialfluß

- Technologien, die von mehreren Segmenten genutzt werden und deren Kapazitätsquerschnitt nicht veränderbar ist, wie Lackiererei, werden von allen genutzt. Der Standort solcher Kapazitätseinheiten bzw. die Anordnung der Segmente wird so festgelegt, daß dasjenige mit dem höchsten Transportaufkommen am nächsten positioniert wird. Beispielsweise werden derartige Knotenstellen keinem Segment zugeordnet, sondern bilden eigenständige Einheiten;
- Auf Schlüsseltechnologien, die lediglich einmal vorhanden sind, wird von verschiedenen Seiten zugegriffen; auch hier bietet sich dieselbe Vorgehensweise an; wird das Betriebsmittel überwiegend von einem Segment genutzt, wird es diesem zugeordnet; andere Einheiten, die ebenfalls Zugriff brauchen, werden in der Nähe des entsprechenden Segments angesiedelt;
- Synergieeffekte bleiben bei der Zerlegung in kleine Kapazitätsquerschnitte womöglich ungenutzt; in einem solchen Fall muß zunächst überprüft werden, ob diese entgangenen Synergieeffekte nicht durch Gewinn an Flexibilität, Durchlaufzeitverkürzung, Qualitätserhöhung, Erhöhung der Reaktionsfähigkeit und sinkenden Koordinationsaufwand überkompensiert werden (siehe Beispiel in der simulativen Analyse); erzielt man hierdurch kein positives Ergebnis, sollte die Vorgehensweise bei der Segmentierung überprüft werden und der Versuch angestellt werden, trennschärfere Einheiten zu bilden;
- Der jeweilie Kapazitätsbedarf bei den einzelnen Segmenten ist jeweils zu gering, um eine Anlage auszulasten; in solchen Fällen muß überprüft werden, ob keine kleineren Kapazitätsquerschnitte erreichbar sind; kann ein Segment die Anlage nicht annähernd auslasten, stehen verschiedene Alternativen zur Auswahl:

  * Die Maschine wird dem Segment zugeordnet, das die meiste Kapazität auslastet; andere Segmente haben unter gemeinsamer Abstimmung Zugriff;
  * Der Standort des Betriebsmittels wird zwischen den Segmenten so bestimmt, daß zusammengeschlossene Segmente jeweils in ihrem Materialfluß das Prinzip des kürzesten Weges realisieren können;

* Es wird eine eigene Einheit gebildet, die diese Arbeitsgänge ausführt; das Produkt verläßt also für diesen Bearbeitungsgang das Segment;
* Die Zuordnung der Produkte zu den Segmenten wird nochmals überprüft, ob auf diese Weise keine Auslastung und damit eindeutige Zuordnung erfolgen kann; auch ein Zukauf solcher Teile kann in Erwägung gezogen werden;
* Einige Betriebsmittel sind standortmäßig unflexibel, etwa wegen Fundamenten; sind Anlagen vom Standort her festgelegt, kann entweder das Segment in derselben Halle angesiedelt werden oder die Bearbeitung eine eigene Einheit bilden, die Bearbeitungsgänge gegebenenfalls von mehreren Segmenten durchführt.
* Leistungen, die von Externen bezogen werden müssen, sind nicht unmittelbar zu integrieren. Es ist jedoch durch Konzepte wie der produktionssynchronen Beschaffung und der Sicherung des Mitspracherechts der Segmente bei der Lieferantenauswahl eine Integration des Zulieferanten zu erreichen.

Insgesamt beeinflussen drei Interdependenzarten den Leistungserstellungsbeeinflußbarkeitsgrad des Segments:[1]

- Ressourceninterdependenzen, aufgrund der gemeinsamen Nutzung einer knappen Ressource;
- Innerbetriebliche Leistungsverflechtungen, wenn ein Segment oder Bereich Zwischenprodukte für ein anderes Segment liefert;
- Marktinterdependenzen können insbesondere bei der Ausgestaltung als Profit-Center durch Marktüberschneidungen in Form der Substitutionskonkurrenz oder Nutzung von Synergieeffekten auftreten.

---

1 vgl. Frese, E. (1988), S. 236 f.

Ressourceninterdependenzen und Interdependenzen aufgrund innerbetrieblicher Leistungsverflechtungen können durch Mechanismen der horizontalen Selbstabstimmung weistestgehend gelöst werden. Dabei erfährt die Autonomie der Segmente eine bedingte Einschränkung. Treten insbesondere im Rahmen von Ressourceninterdependenzen Auslastungsgesichtspunkte in den Vordergrund, so erfordert dies in der Regel eine zentrale Koordination mit einer erheblichen Einschränkung der Autonomie der Segmente. Horizontale Selbstabstimmungsmechanismen weisen zwei Komponenten auf: Die Steuerungs- und Verrechnungskomponente. Im Rahmen der Steuerungskomponente ist festzulegen, inwieweit ein Segment Zugriff auf die Kapazitäten eines anderen Segments hat. Hierbei können folgende Regelungen getroffen werden:

- Gilt für ein Segment das Prinzip der Komplettverantwortung, so hat dieses Segment einen priorisierten Zugriff auf die Kapazität der zuliefernden Einheit;
- Wird eine KANBAN-Steuerung implementiert, so ist der Kapazitätszugriff im Rahmen der Systemdimensionierung festgelegt worden; der Abruf erfolgt über selbststeuernde Regelkreise mit negativem Rückkopplungsmechanismus; bei Kapazitätsschwankungen, die eine Systemneudimensionierung erforderlich machen, ist in der Regel eine zentrale Koordination notwendig;
- Wird ein "freier Handel" vereinbart, so erfolgt die Kapazitätsbelegung über Einzelbeauftragung durch die Segmente; Kapazitätsengpässe werden durch einen Preismechanismus gesteuert; besteht keine Rahmenvereinbarung, ist die Autonomie der beauftragenden Segmente erheblich eingeschränkt.

Die Verrechnungskomponente gewinnt bei kosten- bzw. ergebnisverantwortlichen Segmenten aufgrund der Lenkungs- und Gewinnverteilungsfunktion von Verrechnungspreisen eine zunehmende Bedeutung. Dabei ist für die Autonomie der Segmente entscheidend, wer die Verrechnungspreise festlegt, welche Orientierungsbasis für die Festlegung herangezogen wird und welche Mechanismen zur erfolgsorientierten Gestaltung der Verrechnungspreise gelten. Verrechnungspreise können entweder zentral festgelegt oder dezentral durch gemeinsame Planungen festgelegt werden. Dabei ist die Autonomie der Segmente umso größer, je mehr Handlungsspielraum die Segmente bei dezentralen Verhandlungen erhalten. Hierzu gehört auch die Einigung über eine zu geltende Orientierungsbasis. Hier kann zwischen marktorientierten, dualwertorientierten und kostenorientierten Verrechnungspreisen unterschieden werden.[1] Dualwertorientierte und kostenorientierte Verrechnungspreise bedürfen des verstärkten zentralen Eingriffs durch Richtlinienkompetenz und Methodenfestlegung, was letztendlich auch negativ auf die Autonomie der Segmente wirkt. Darüber hinaus verhindern Zurechnungs- und Zuschlagsverfahren die durchgängige marktorientierte Ausrichtung. Dagegen eröffnen marktorientierte Verrechungspreise die konsequente Verwirklichung marktwirtschaftlicher Prinzipien im Unternehmen. Hierzu sind für die dezentralen Verhandlungen zentrale Standards im Rahmen des Benchmarking-Prozesses, eines gegenseitigen Auditierungskonzeptes und einer ständigen Wertanalyse zu entwickeln. Dabei ist sowohl den abnehmenden als auch den liefernden Einheiten die Möglichkeit einzuräumen, sich am unternehmensexternen Markt zu betätigen. Eine besondere Art der Interdependenz kann insbesondere bei der Implementierung von Profit-Centern entstehen: Marktinterdependenzen. Zur Lösung dieser Problematik bieten sich im wesentlichen drei Möglichkeiten an:[2]

- Beschränkung des Einsatzes absatzpolitischer Instrumente bei einzelnen Leistungsparametern aufgrund unternehmenspolitischer Entscheidungen auf bestimmte voneinander abgegrenzte Marktbereiche im Rahmen einer zentralen unternehmerischen Produktlinienpolitik;[3]
- Nutzung von Synergieeffekten, die allerdings eine zentrale Koordination erfordern;
- Zulassung eines freien Wettbewerbs der Leistungscenter.

Marktinterdependenzen erfordern in der Regel eine Einschränkung der Autonomie von Segmenten. Aber nicht nur die Ausgestaltung der Koordinationsmechanismen des Materialflusses determinieren die Autonomie von Segmenten, sondern auch die internen Gestaltungselemente. So führt eine produktorientierte Gestaltung der Wert-

---

1 vgl. Schweitzer, M. (1992), Sp. 2087 f.

2 vgl. Frese, E. (1985), S. 287

3 vgl. Moore, F. G. (1964), S. 30; Hirshleifer, J. (1957), S. 99 f.

schöpfungsketten nicht nur zur Erhöhung der Autonomie auf Betriebsebene, sondern versucht, durch Anwendung des Prinzips der Flußoptimierung sequentielle Interdependenzen zu vermeiden und eine örtlich fortschreitende und zeitlich synchronisierte Abfolge von Werschöpfungsaktivitäten sicherzustellen, die im Sinne einer wertanalytischen Betrachtungsweise im Hinblick auf den Kundennutzen gestaltet werden. Dabei wirken die anzuwendenden Gestaltungsprinzipien wie Konzentration der Betriebsmittel (produktorientiertes Layout), Realisierung kleiner Kapazitätsquerschnitte (Harmonisierung), Eliminierung von Lager- und Pufferstufen und durchgängige Transport- und Behältersystematik insbesondere auch auf die Autonomie auf der Arbeitsorganisationsebene. So begünstigt die Konzentration von Betriebsmitteln und die produktorientierte Gestaltung von Layouts die Einführung von Gruppenorganisationsformen (vgl. hierzu insbesondere die simulative Analyse). Der Handlungsspielraum und Entscheidungsspielraum kann aufgrund von zeitlichen und sachlichen Entkopplungsmöglichkeiten infolge der Fließfertigung erweitert und zum Auf- und Ausbau produkt- und kundenorientierter Kompetenzen genutzt werden. Die Effizienz dieser Vorgehensweise hat insbesondere die Simulation gezeigt. Die Gestaltung des Materialflusses beinhaltet somit insgesamt eine kunden- und wertschöpfungsorientierte Bündelung von Aktivitäten und Kompetenzen, die gleichzeitig die Forderungen hinsichtlich Zeit-, Innovations- und Mitarbeiterorientierung erfüllen.

6.3. Information

Gerade vor dem Hintergrund der Strategie der Kundenorientierung, die sich in kurzfristiger Lieferfähigkeit, Bereitstellung marktgerechter Produkte, kurzen Entscheidungswegen und schneller Reaktionsfähigkeit auf Marktentwicklungen manifestiert, gewinnt Information als komplementäre Gestaltungsdimension an entscheidender Bedeutung. Hierbei lassen sich drei wesentliche Gestaltungsaspekte unterscheiden:

- Steuerungsaspekt der Information, der sich in einem anforderungsgerechten PPS-System widerspiegelt,

- Innovationsaspekt der Information, der eine problem- und kundennahe Informationsverarbeitung sowie den Aspekt des "organizational learning" beinhaltet und
- Strukturaspekt der Information, der der Frage nachgeht, in welcher Weise Informations- und Kommunikationssysteme zu einer überdurchschnittlichen Erfüllung der kritischen Erfolgsfaktoren beitragen können.

Das der Fertigungssegmentierung inhärente Gestaltungsprinzip der Objektorientierung führt, wie die empirische Analyse zeigte, analog dem Materialfluß auch zu einer Entflechtung des Informationsflusses, das die horizontal weitgehend autonomen Organisationseinheiten zu flußorientierten Regelstrecken zusammenfügt und damit auch in vertikaler Hinsicht Autonomie gestaltet. Dies bedarf einer Umgestaltung bislang weitgehend zentralistisch geprägter PPS-Systeme mit den Schwerpunkten Material- und Zeitwirtschaft, im Sinne einer stärkeren Dezentralisierung von PPS-Funktionen, wobei dies eine Schwerpunktverlagerung für zentrale PPS-Funktionen zu einer valideren Grobplanung und Fertigungskoordination bedeutet, die die Auftragsabwicklung transparenter gestaltet und eine effiziente Produktion bei hohem Autonomiegrad unterstützt. Damit einher geht eine Erhöhung der Informationsbereitschaft und Kompetenzdichte in den Segmenten. Als Gestaltungsprinzip, so belegt auch die simulative Analyse, tritt die Regelkreisorientierung in den Vordergrund. Ein Regelkreis setzt sich aus einer Regelstrecke, das heißt, dem Ausführungsteil und einem Regler, in dem die Entscheidungen über Regelungsmaßnahmen getroffen werden, zusammen.[1] Das Regeln erfolgt über Rückkopplungen durch einen Vergleich zwischen realisierter Ist-Größe und geplanter Soll-Vorgabe, wobei der angestrebte Soll-Zustand in Abhängigkeit von der Abweichung über eine Anpassung der Steuerungsparameter erreicht wird. Hierbei ist darauf zu achten, Rückkopplungen in Regelkreisen, das heißt, den Zeitraum, den der Regelkreis benötigt, um den Vergleich zwischen Ist- und Sollwert durchzuführen und eine Änderung der Steuerungsparameter zu realisieren, so gering wie nötig zu gestalten. Ist die Totzeit zu lang, kann der Regelkreis nicht optimal funktionieren, was letztendlich zu segmentexternen Eingriffen

[1] vgl. Mock, A. (1983), S. 27-41

führt, die wiederum die Autonomie der Segmente beeinträchtigen. Die Regelkreisorientierung führt zu einer Dezentralisierung von Steuerungsaufgaben und Kompetenzen, die Entscheidungen vor Ort zulassen und sich in der Implementierung von selbststeuernden Regelkreisen in Verbindung mit dem Holprinzip manifestieren (vgl. simulative Analyse, Kap. 5.2.3.3.), die die Nutzung von Selbstorganisationsmechanismen ermöglichen. Als Regler gewinnt der Mitarbeiter zunehmende Bedeutung, der aufgrund seiner kognitiven Fähigkeiten dem System schnell und flexibel adaptive Fähigkeiten verleihen kann.[1] Dieses System stärkt die Eigenverantwortung der Mitarbeiter vor Ort und erfordert die Anwendung des Prinzips der Bedingtheit von Information und Verantwortung. Dieses Prinzip besagt, daß der, der Verantwortung trägt, auch die dafür notwendigen Informationen zur Verfügung hat, aber auch wenn er über die entsprechenden Informationen verfügt, die daraus resultierende Verantwortung übernimmt. Dieses Prinzip baut auf dem Grundsatz auf, daß Entscheidungen jeweils an dem Ort getroffen werden, an dem Aufgaben erfüllt werden oder Probleme auftreten. Dies führt zu einer gleichmäßigen Informationsdichte und zur Vereinfachung und Reduzierung von Schnittstellen.[2] Deshalb ist es notwendig, den Mitarbeitern freien Zugang zu den Informationen zu verschaffen, die seine Arbeit unmittelbar oder mittelbar berühren. Zu den mittelbaren gehören Fragen der Unternehmenspolitik, andere Teileinheiten des Segments und Kerninformationen über die anderen Segmente des Unternehmens. Diese Kenntnisse fördern in erster Linie die ganzheitliche, zielorientierte Sichtweise des Mitarbeiters. Sie tragen zur intrinsischen Motivation bei, da die anonyme Unbeteiligtheit aufgehoben wird. Unmittelbare Informationen beinhalten die zur qualitativ einwandfreien Aufgabenerfüllung notwendigen Daten. Ihre Vollständigkeit bestimmt, bis zu welchem Grad die Gruppe ihre Aufgaben selbständig ohne Unterstützung des Segmentleiters oder der Zentrale ausführen kann. Dies gilt analog für die Aufgabenerfüllung des Segmentleiters. Ihn unterstützen die mittelbaren Informationen auch bei der Koordination und Zusammenarbeit mit anderen Segmenten und gemeinsamen unternehmenszielbildenden Gesprächen.

---

1 vgl. Komoreck, Ch. (1991), S. 109
2 vgl. auch Lingemann, H. F./Theerkorn, K. (1989), S. 170

Damit wird der Weg frei für Koordinationsmechanismen, die über Standardisierung zu einer horizontalen Selbstabstimmung führen und die die Meldung an eine nächsthöhere Hierarchieebene durch ein Informationsnetzwerk ersetzen, das eine bedarfsgerechte Verteilung der Informationen ermöglicht (vgl. Abb. 6-3).[1] Hierdurch wird der Informationsfluß durch die Frage bestimmt "wer braucht welche Information wann und wo?" und verläuft somit in einer von Autonomie gekennzeichneten Organisation kreisförmig.[2]
Im Gegensatz dazu spricht Frese davon, daß der Autonomiegrad abnimmt, je mehr Informationen weitergeleitet werden müssen, was sich letztlich in der eindimensionalen Diskussion von Zentralisation und Dezentralisation widerspiegelt.[3] Der Grund hiefür liegt darin, daß an den Stellen, an denen die Informationen zusammengetragen werden, die Entscheidungen getroffen werden. Diese gelten dann für die Bereiche, aus denen die Informationen übertragen wurden. In einer weitgehend autonomen Organisation ist die Einstellung zur Weiterleitung von Informationen eine andere. Sie ist kein Kennzeichen von Über- bzw. Unterordung, sondern von gegenseitiger Unterstützung. Jeder bemüht sich darum, alle Informationen dorthin zu leiten, wo sie auf zu treffende Entscheidungen Einfluß nehmen. Dazu kann es auch notwendig sein, daß sie an mehreren Stellen bekannt sind (Informationsredundanz). Dies führt aber zu keiner Doppelarbeit, sondern bildet die Voraussetzung für ein unternehmensumspannendes, koordiniertes und aufeinander abgestimmtes Verhalten, das zur Nutzung von Synergien führt. Das Weiterleiten und Empfangen von Informationen ist somit kennzeichnend für unternehmensübergreifendes, partnerschaftliches Zielstreben. Die Funktionsfähigkeit dieses Systems basiert dabei auf der Verantwortungsübernahme durch alle Mitarbeiter. Bei der von Frese genannten Vorgehensweise ist dagegen der Informationsfluß durch eine Schleifenstruktur gekennzeichnet. Beispielhaft verdeutlicht das Prinzip der Bedingtheit von Information und Verantwortung die Statistische Prozeßregelung (SPC). Ihre Intention ist die stetige Verbesserung der Effizienz und Effektivität des Herstellungsprozesses, was sowohl auf die Steigerung der Qualität,

---

1 vgl. Pawellek, G./Best, D. (1992), S. 92
2 vgl. Drucker, P (1986), S. 186
3 vgl. Kapitel 3.1. und Frese, E. (1988), S. 213

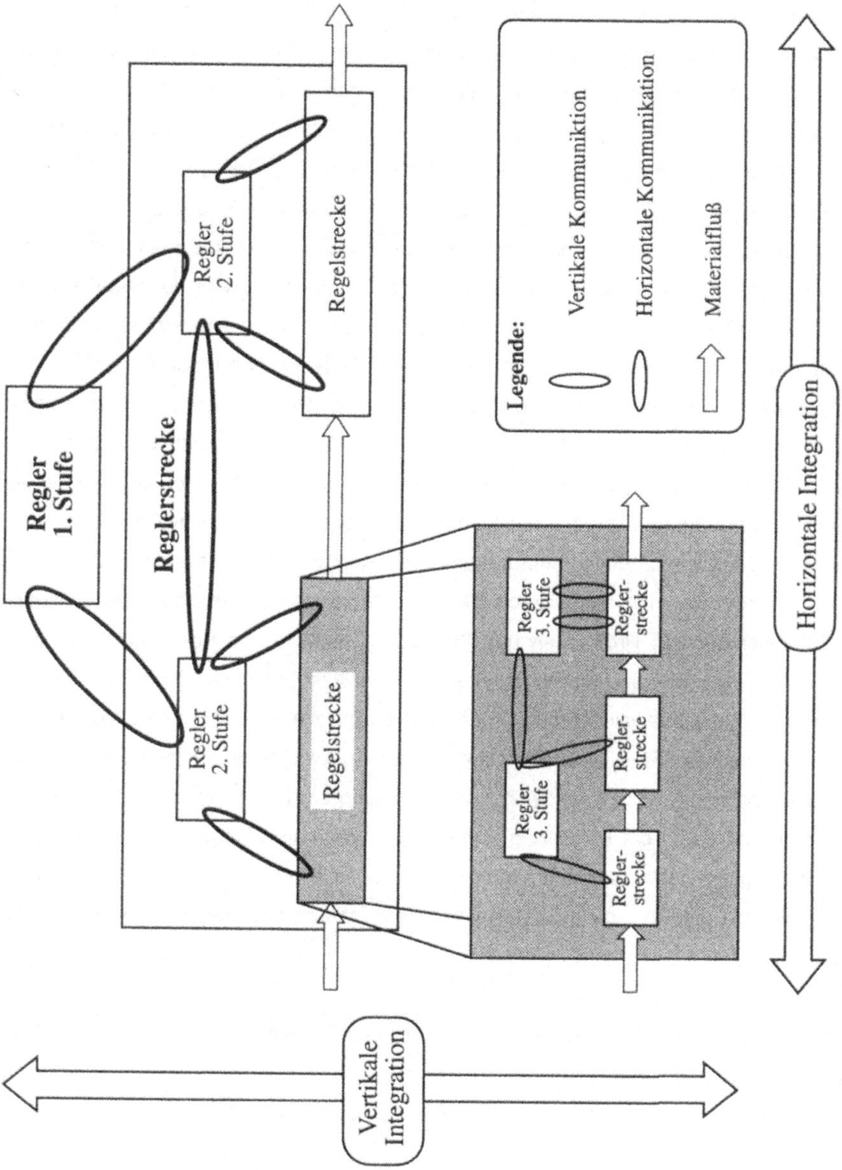

Abb. 6-3: Horizontale und vertikale vernetzte Regelkreise

als auch auf die Senkung der Kosten abzielt.[1] Neu an dieser Philosophie ist, daß die Mitarbeiter selbständig die Kontrollergebnisse auswerten und basierend auf diesen aktuellen, objektiven Daten und den bekannten unternehmenspolitischen Zielen Aktionen und Reaktionen ergreifen. SPC ersetzt somit die bisherigen Kontrollsysteme durch die Verknüpfung von Information und Verantwortung. Fähigkeiten, Kenntnisse und Erfahrungen der Beschäftigten, die bisher weder als stille Reserve erkannt noch aktiviert wurden, werden für das kontinuierliche Streben nach Verbesserungen genutzt. Die statistische Prozeßregelung fördert die Zusammenarbeit der Mitarbeiter in Teams und unterstützt sie, die Unternehmensziele gemeinsam anzustreben und Probleme miteinander zu lösen. Durch dieses erweiterte Aufgabengebiet werden die Kompetenzen und Fertigkeiten erhöht. Das Prinzip der Regelkreisorientierung in Verbindung mit dem Prinzip der Bedingtheit von Information und Verantwortung stärken somit die Innovationsfähigkeit des Unternehmens und fördern ein "organizational learning". Unterstützend hierzu wirken die Implementierung eines Konzepts der Visualisierung und horizontaler Informations- und Kommunikationssysteme. Das Konzept der Visualisierung schafft durch die Transparenz von Zielen und Zielerreichung die Öffentlichkeit von Problemen und Problemlösungen sowie über Qualitäts-, Kosten- und Mengenpläne für die Mitarbeiter und beteiligte Bereiche ein offenes Arbeits- und Informationsklima, die Förderung der Selbstkontrolle und festigt eine Verantwortungsgemeinschaft. Ziele sind die Sicherung eines ausreichenden Informationsstandes, die Einordnung von Teilaktivitäten in den größeren unternehmerischen Gesamtzusammenhang und die Errichtung eines quasi autonomen Regelungssystems, das prozeßwidrige Umstände sofort signalisiert.[2] Als Hilfsmittel können Standardinformationswände dienen, die beispielsweise in jeder Kostenstelle aufgestellt werden und in

- allgemeine Informationen über Unternehmen, Werk, Cost Center, Produkt, Personal und Betriebsmittel,
- Ziele und Ergebnisse des Unternehmens, Cost Centers, Kostenstelle, Gruppe,

---

1 vgl. Clements, R (1988), S. 3 f.
2 vgl. Bösenberg, D./Metzen, H. (1992), S. 213

- Aktivitäten und Maßnahmen

untergliedert werden können. Dabei ist auf Einfachheit, Verständlichkeit und permanente Aktualisierung zu achten. Darüber hinaus ist die Unterstützung durch horizontale Informations- und Kommunikationssysteme notwendig, die das Unternehmen als informationsverarbeitendes System auffassen sowie technischen und logistischen Informationsfluß im Sinne einer Kundennutzen-erzeugenden Wissensmehrung und durchgängigen Abwicklungsketten integrieren.

6.4. Indirekte Bereiche

Die Gestaltung der Autonomie in Fertigungssegmenten erfordert auch die Einbeziehung der komplementären Leistungsbereiche eines Unternehmens. Dabei kehrt sich die Betrachtungsweise um. Die Gestaltung indirekter Bereiche orientiert sich an den Bedürfnissen der Wertschöpfung. Diese Betrachtungsweise ist Ausdruck der Strategie der Kundenorientierung, die es erfordert, alle Aktivitäten und Geschäftsprozesse eines Unternehmens unmittelbar an der Erfüllung der Kundenbedürfnisse auszurichten. Daraus resultiert die Notwendigkeit, im Rahmen der Reorganisationsmaßnahmen die Distanz zwischen Produktion und indirekten Bereichen sowie die ausgeprägte Arbeitsteilung auch in indirekten Funktionen durch Anwendung marktorientierter Gestaltungsprinzipien zu beseitigen. Im Mittelpunkt steht hierbei, so hat die empirische Analyse gezeigt, die Prozeßorganisation. Kennzeichnend für die Prozeßorganisation ist, daß Aktionsträger Segmente sind, in denen Verrichtungen am Objekt durchgeführt werden und die im Sinne einer Input-Output-Beziehung miteinander verkettet sind.[1] Dabei werden quantifizierbare Spielräume definiert (Mengen, Zeiten), die ohne übergeordnete Koordination zwischen den Aktionseinheiten autonom genutzt werden können, wobei Steuerung und Kontrolle sich durch Spezifikation der Anforderungen sowie regelmäßige und unmittelbare Rückkopplung vom Kunden an den

[1] vgl. Urban, G. (1990), S. 392

Lieferanten vollziehen.[1] Erst bei Überforderung dieses Koordinationsmechanismus wird eine übergeordnete Strukturorganisation einbezogen.[2] Die Prozeßorganisation beinhaltet folglich die Abkehr von reaktiven Mechanismen der Steuerung und Kontrolle hin zu adaptiven Verfahren der Regelung, die den Segmenten einen hohen Autonomiegrad verleihen und Mechanismen der Selbstorganisation aktivieren. Die Operationalisierung der Prozeßorganisation im Hinblick auf die Reorganisation indirekter Bereiche bedeutet zum einen die Gestaltung der Integrationsschritte und zum anderen die Implementierung marktgerechter Koordinationsmechanismen. Die Integrationsschritte leiten sich aus der Kerngeschäftsrelevanz ab und führen zu einer stufenweisen Integrationsstrategie (vgl. Abb. 6-4). Im Sinne der Wertschöpfungsorientierung sind die Funktionen in die Wertschöpfung zu reintegrieren, die die Effizienz der Fertigungsprozesses erhöhen und die Autonomie auf Arbeitsorganisationsebene nachhaltig bestimmen. Dies führt zu einer Integration von Aufgaben in die Gruppe, die diese für eine effiziente Aufgabenerfüllung und Zielerreichung im Rahmen ihrer Verantwortung für Anlage (Prozeß), Qualität und Menge benötigen. Dabei belegt insbesondere die simulative Analyse, daß zunächst fertigungsbegleitende indirekte Funktionen durch

- Einführung von Total Productive Maintenance, das die Übertragung der permanenten Reinigung und Wartung, Übernahme kleiner Reparaturarbeiten und Einleitung von Verbesserungsmaßnahmen auf die Anlagenbetreiber vorsieht, während die Entwicklung einer systematischen vorbeugenden Instandhaltung einer zentralen Instanz vorbehalten bleibt; das zugrundeliegende Konzept von Ordnung und Sauberkeit (5-S-Konzept) beruht auf der These, daß ein unmittelbarer Zusammenhang zwischen Ordnung und Sauberkeit sowie Prozeßsicherheit besteht, wobei der Zwang zur Aufrechterhaltung von Ordnung und Sauberkeit eine regelmäßige Inspektion und systematische Ursachenanalyse bedingt;

---

1 vgl. Striening, H.-D. (1988), S. 60
2 vgl. Urban, G. (1990), S. 392; Gaitanides, M. (1983), S. 200

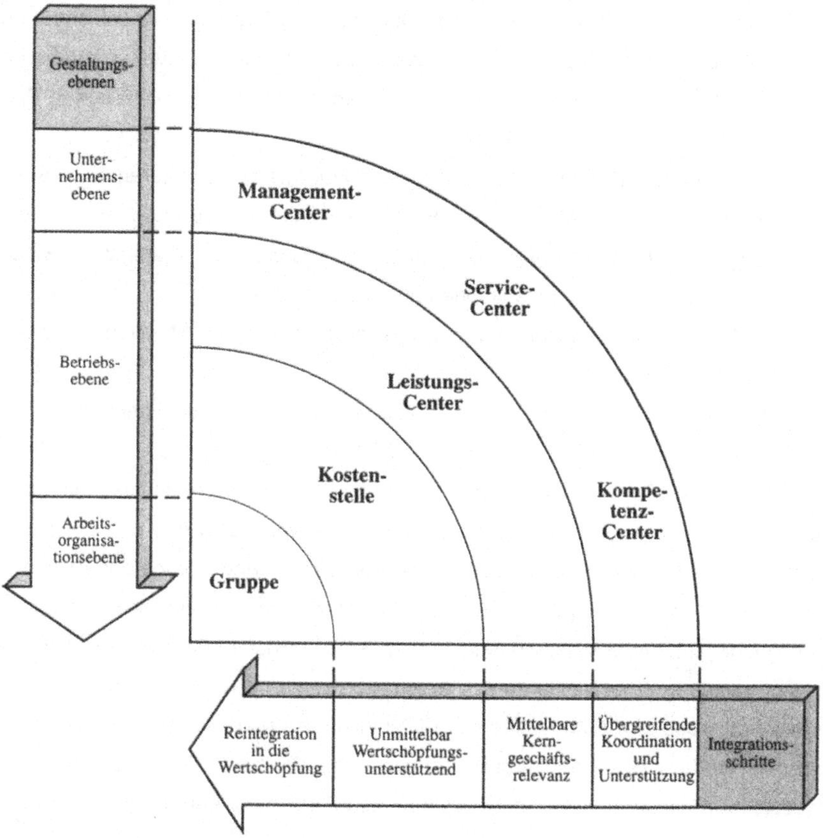

Abb. 6-4: Integrationsfelder indirekter Bereiche

- Einführung der Selbstkontrolle der Qualität und SPC, die den Mitarbeiter unmittelbar die Qualitätsverantwortung überträgt; darüber hinaus fördert die unmittelbare Verkettung der Gruppen im Sinne des Kunden-Lieferanten-Prinzips eine Null-Fehler-Produktion;
- Einführung des Holprinzips und des Direktabrufs beim Lieferanten, das die Verantwortung für Material und Bestände in die Gruppe integriert; dies bedingt die Wahrnehmung von Materialbereitstellungs-, Transport-, Steuerungs- und Dispositionsfunktionen durch die Gruppe;
- Einführung von Rüstzeitreduzierungsstrategien, die den Maschinenbediener unmittelbar miteinbezieht;
- dezentrale Bereitstellung von Werkzeugen und Fertigungshilfsmitteln

unmittelbar in die Gruppe zu integrieren sind und so deren Tätigkeitsspielraum zu erweitern ist. Korrespondierend hierzu bedarf es der Erweiterung des Entscheidungsspielraums. Hierbei gilt es festzulegen, inwieweit der Gruppe Kompetenzen im Hinblick auf Planung und Gestaltung von Arbeitsplätzen, Planung und Beschaffung von Betriebsmitteln, Lieferantenbewertung und -auswahl, Festlegung der Arbeitszeiten, Programmplanung, Zielvereinbarung, Personalauswahl und -qualifizierung zugestanden werden, wobei der Autonomiegrad auf Arbeitsorganisationsebene unmittelbar mit der Ausgestaltung des Handlungsspielraums korrespondiert. Je größer der Handlungsspielraum, desto höher ist der Autonomiegrad und desto eher resultieren daraus selbststeuernde Gruppen, die im Sinne einer kontinuierlichen Innovation handeln.[1]

Eine zweite Stufe im Rahmen der Integration indirekter Bereiche bilden Funktionen, die sich durch eine große Nähe zum Kerngeschäft auszeichnen und unmittelbar wertschöpfungsunterstützend wirken. Diese gilt es, möglichst fertigungsnah in operativ zusammenwirkenden organisatorischen Sevice-Einheiten vor Ort anzusiedeln. Hierzu zählen fertigungsbegleitende Funktionen der Logistik, wie Lieferantenbewertung, fertigungsvorgelagerte Funktionen der Planung, wie Anlagen-, Meßmittel-, Lehrenplanung und -beschaffung, aber auch fertigungsnachgelagerte Funktionen, wie operati-

---

[1] vgl. hierzu auch Bühner, R./Pharao, I. (1993), S. 1/2, S. 48

ve Abwicklung von CKD[1] und Kundendienst. Diese Service-Einheiten sind unmittelbar Gruppen und Kostenstellen zuzuordnen. Die Koordination erfolgt problem- und projektspezifisch im Sinne einer ganzheitlichen objektorientierten Vorgangsbearbeitung.

Die dritte Stufe beinhaltet Funktionen, die lediglich eine mittelbare Relevanz für das Kerngeschäft besitzen, aber Leistungs-Center-spezifisch abgegrenzt und in einer operativ zusammenwirkenden organisatorischen Einheit zusammengefaßt werden können. Diese Einheiten sind als Leistungs-Center-orientierte Service-Einheiten zu organisieren. Hierzu zählen insbesondere im Hinblick auf die Zeitorientierung vorgelagerte indirekte Funktionen aus Arbeitsvorbereitung, Konstruktion und Entwicklung, aber auch Disposition und Werkzeugwesen sowie übergeordnete indirekte Funktionen aus dem Controlling und Personalwesen. Gleichzeitig fungiert eine Leistungs-Center-spezifische Service-Einheit als Bindeglied zu Leistungs-Center übergreifenden zentralen Service-Einheiten. Deshalb sind Stellenbeschreibungen durch Schnittstellenbeschreibungen zu ersetzen, die eine flexible Projektorganisation begünstigen und fachspezifisches Wissen fördern, aber auch universal verfügbar machen.

Die vierte Stufe kennzeichnet Funktionen, die aufgrund ihres übergreifenden Koordinationscharakters weiterhin zentral organisiert bleiben und Aufgaben strategischer Art oder im Werks- und Konzernverbund wahrnehmen. Die Reorganisation indirekter Bereiche steht unter der Maxime der Wertschöpfungsorientierung. Hierbei sind alle Funktionen unter wertanalytischen und geschäftsprozeßrelevanten Gesichtspunkten zu untersuchen und zu gestalten. Dabei erfolgt die Reorganisation indirekter Funktionen unter einer Umkehr der Beweislast, was bedeutet, daß die Implementierung indirekter Bereiche an einen Nutzungsbeitrag zur Wertschöpfung gekoppelt ist. Damit verbunden ist eine Ausweitung des Kompetenzspielraums der Leistungs-Center und eine Erhöhung der Kosten- bzw. Ergebnisbeeinflußbarkeit. Die Reorganisation indirekter Bereiche bedeutet somit nicht nur eine Erhöhung des Autonomiegrades auf Arbeitsorganisationsebene, um damit der Forderung nach mitarbeiterorientierten Organisationsformen gerecht zu werden, sondern geht einher mit einer Erhöhung des Autonomiegrades auf der Betriebsebene, indem der Handlungsspielraum des Lei-

[1] CKD beinhaltet Komponenten, die im Rahmen eines internationalen Fertigungsverbundes gefertigt werden

stungs-Centers sowohl hinsichtlich des Aufgabenspektrums als auch hinsichtlich des Kompetenzgefüges erheblich ausgeweitet wird. Dies bedeutet nicht nur die Verlagerung indirekter Funktionen in die Segmente, sondern eine Neuausrichtung und Funktionsbündelug mit den damit korrespondierenden Kompetenzen. Damit verbunden ist die Steigerung des Problemlösungspotentials der Primärorganisation, indem Problemlösungsformen der Sekundärorganisation, wie vielschichtige Projektorganisationen, zu Bestandteilen der Primärorganisation werden. Dies führt zu einer Steigerung des Potentials zur strategischen Kostenführerschaft, wenn man bedenkt, daß bei "robusten" Unternehmen, die sich durch prozeßorientierte Abläufe und eine flexible dezentralisierte Organisation auszeichnen, die Gemeinkosten pro Einheit bei einer Verdopplung der Produktionsmenge um 30 % sinken, während bei "bürokratischen" Unternehmen, die durch eine zentralistische Organisationsstruktur mit formalisierten hierarchischen Abläufen gekennzeichnet sind, nur eine Senkung um maximal 20 % zu beobachten ist.[1] Gleichzeitig ändern sich die Koordinationsmechanismen im Hinblick auf eine höhere Autonomie der Leistungs-Center. Diese Koordinationsmechanismen sind gekennzeichnet durch das interne Kundenprinzip. Danach hat jede Einheit und jeder Mitarbeiter einen Kunden, dessen Anforderungen er gerecht werden muß. Dies läßt sich im Fertigungsbereich durch die Implementierung des KANBAN-Systems realisieren (vgl. simulative Analyse, Kap. 5.2.3.3.), während in den indirekten Bereichen eine Neugestaltung der Service-Einheiten in Verbindung mit einem geänderten Rollenverständnis notwendig ist. Dies führt zur Einführung des Cost- und Profit-Center-Prinzips für Service-Einheiten. Damit verbunden ist eine Änderung der Beauftragungssystematik für Service-Einheiten. Galt bislang eine Deckung der Kosten der Service-Einheiten zu 100 % über Umlagen und somit eine intransparente Verschlüsselung der Leistungen in den Gemeinkosten, so ist vor dem Hintergrund der Autonomiegestaltung der Leistungs-Center eine zunehmende Deckung der Kosten von Service-Einheiten über direkte Aufträge anzustreben. Hierzu ist es notwendig, die Servicefunktionen in begleitende, produktionsnahe und periphere Leistungen zu unterteilen und eine Differenzierung der Leistungsverrechnung vorzunehmen. Dabei kann zwischen Einzelbeauftragung, Rahmenvertrag und Umlagenfinanzierung

---

1 vgl. Blaxill, M.F./Hout, Th.M. (1992), S. 86

unterschieden werden.[1] So kann beispielsweise eine DV-Systemimplementierung als Einzelbeauftragung zu marktorientierten Preisen vergeben werden, während bei Rahmenverträgen eine leistungsbezogene Verrechnung und regelmäßige wertanalytische Überprüfung der Leistungsdaten erfolgt. Lediglich für gesetzlich vorgeschriebene Leistungsbereitstellungen, wie Werksarzt, oder Vorhaben, die als strategische wichtige Leistungsbereitstellungen deklariert werden, ist eine Umlagenfinanzierung vorzusehen. Diese Beauftragungsmechanismen fördern nicht nur die Begrenzung von Service-Bereichen durch marktwirtschaftliche Prinzipien, sondern führen auch zu einer durchgängigen Kundenorientierung mit teamorientierten Arbeitsformen. Gleichzeitig erhöht diese Beauftragungssystematik den Autonomiegrad der Leistungs-Center in dem Maße, wie die Einzelbeauftragung, die mit der kurzfristigen und unmittelbaren Beeinflußbarkeit des Segmentleiters verbunden ist, an Bedeutung zunimmt. Insgesamt stellt die Reorganisation der indirekten Bereiche im Sinne

- des Wertschöpfunsprinzips,
- des internen Kundenprinzips,
- einer marktorientierten Leistungsverrechung (Cost/Profit-Center-Prinzip) und
- einer leistungsorientierten Beauftragungssystematik

einen wesentlichen Baustein zur Sicherung der Wettbewerbsfähigkeit dar. Dabei fordert die Gestaltung der Autonomie nicht nur Maßnahmen auf der Arbeitsorganisationsebene, sondern betrifft insbesondere die Betriebs- und Unternehmensebene. Somit reicht die Einführung von Gruppenarbeit in Verbindung mit Arbeitsstrukturierungsmaßnahmen im Rahmen der Neugestaltung indirekter Bereiche nicht aus. Vielmehr ist vor dem Hintergrund der Autonomie von Segmenten eine weitergehende und durchgängige Reorganisation im Sinne der diskutierten Prinzipien erforderlich.

---

[1] vgl. Wildemann, H. (1992 a), S. 166

6.5. Personal

Die Gestaltung der Autonomie von Fertigungssegmenten bedarf einer nach innen gerichteten Strategie der Reorganisation, die darauf abzielt, das notwendige Wissen und Know-How schneller und besser bereitzustellen als der Mitbewerber, um Innovationen und organisatorische Entwicklungen wettbewerbswirksam nutzen zu können. Dies wiederum erfordert personelle Reorganisationsmaßnahmen, die der Erkenntnis Rechnung tragen, daß sowohl Technologien und Strategien als auch Prozesse, Strukturen sowie Kulturen von Menschen entwickelt, gestaltet und von deren Wissen getragen werden. Als wesentliches Gestaltungsprinzip zur personellen Gestaltung der Autonomie, so belegen empirische und simulative Analyse, erlangt das Teamprinzip eine herausragende Bedeutung. Hierbei steht der Teamgedanke nicht mehr primär als Strukturelement der Sekundärorganisation im Vordergrund, sondern wird zu einem systemimmanenten Organisationsprinzip der Primärorganisation. Deshalb kommt das Teamprinzip für alle drei Gestaltungsebenen der Autonomie zur Anwendung, mit dem Ziel der Implementierung einer durchgängigen Teamorganisation. (vgl. Abb. 6-5). Auf der Arbeitsorganisationsebene bildet die Basis die Gruppenorganisation. Hierbei wird Gruppenorganisation als eine Form der Arbeitsorganisation verstanden, bei der verschiedene Teilaufgaben eines technischen und/oder organisatorischen bzw. räumlich abgrenzbaren Bereichs nicht starr auf bestimmte Personen zugeordnet wird, sondern als Teil einer gemeinsamen Gesamtaufgabe verstanden werden.[1] Darüber hinaus ist die Gruppenorganisation durch

- die Reintegration ausführender, planender und kontrollierender Tätigkeiten zu ganzheitlichen Tätigkeitsspektren,
- die Einräumung von Gruppenautonomie, die sich primär auf interne Regelungstatbestände bezieht,
- die Vorgabe von Rahmenbedingungen und Zielvereinbarungen,

---

[1] vgl. Muster, M./Wannöffel, M. (1989)

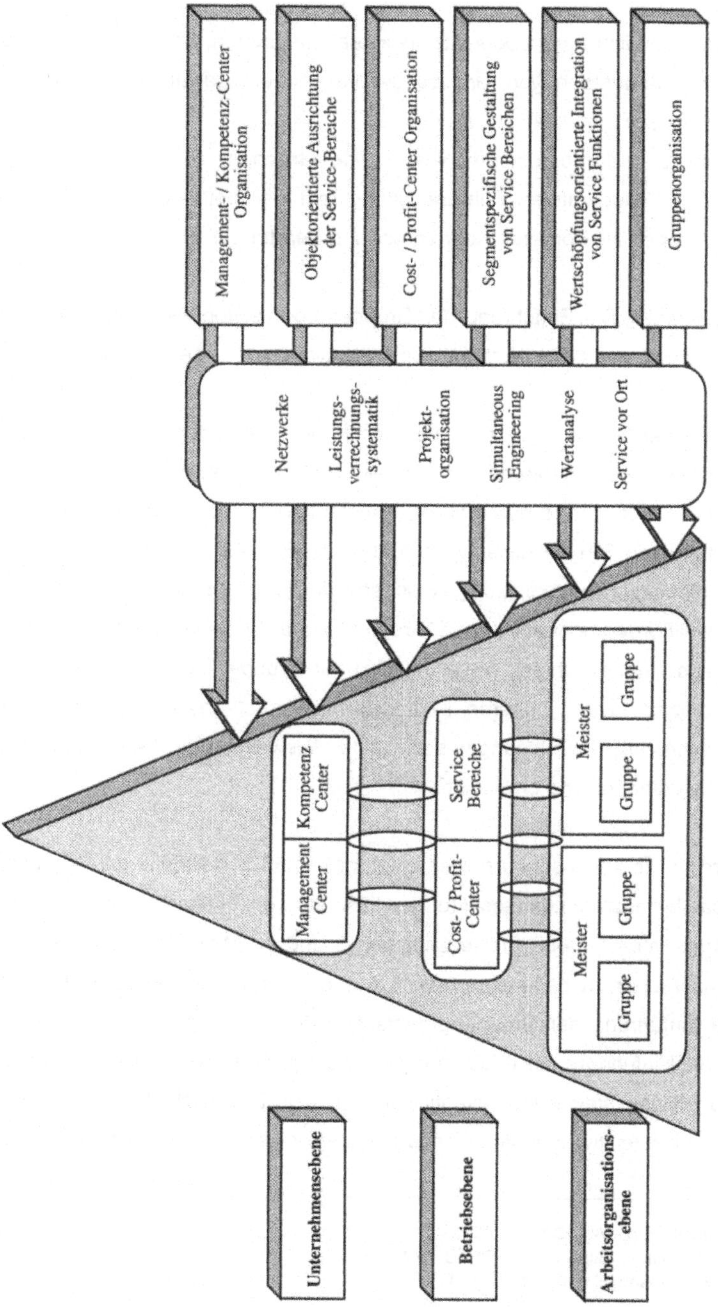

Abb. 6-5: Teamorientierte Organisationsstruktur

- den Verzicht auf gruppeninterne Hierarchieebenen, wobei die Koordination und Moderation von Gruppengesprächen ein gewählter Gruppensprecher übernehmen sollte,
- eine dauerhafte Zusammensetzung der Gruppen,
- einen kooperativen Führungsstil, indem der betriebliche Vorgesetzte den Gruppen als Förderer, Koordinator und Berater zur Verfügung steht,

gekennzeichnet.[1] Die Einführung der Gruppenorganisation zielt auf die Realisierung des Gruppenvorteils durch Nutzung von Synergieeffekten, die im wesentlichen

- aus der Bündelung von Wissen und Know-How in der Gruppe,
- der Aktivierung ruhender Potentiale einzelner Mitarbeiter,
- der Erschließung des Motivationspotentials aus der multiplikativen Verknüpfung von Fähigkeitsvielfalt, Aufgabenidentität, Aufgabenbedeutung sowie unmittelbarer Rückkopplung zwischen Erfolg und Leistungserbringung,
- der Förderung von Initiative, Kreativität und Problemlösungsfähigkeit,
- aus einer erhöhten Lernfähigkeit in der Gruppe, die auf dem sozialen Lernprozeß, einem höheren Lernniveau aufgrund gesteigerter Reflexivität gemeinsamer Überlegungen sowie einer Ausweitung des Lernfeldes im learning by doing/training on the job

resultieren.[2] Die empirische Analyse zeigt, daß in 52 % der Fälle die Gruppenorganisation das herausragende Gestaltungsprinzip auf der Arbeitsorganisationsebene darstellt, wobei eine Gruppengröße zwischen 5 und 12 Mitarbeitern mit jeweils einem Gruppensprecher zu beobachten war.[3] Aus der simulativen Analyse ist zu folgern, daß die Einführung der Gruppenorganisation der strukturellen Vorbereitung bedarf, so daß die Einführung der Gruppenorganisation in einer segmentierten Fertigung ein höheres Effizienzsteigerungspotential in sich birgt. Bezüglich der Autonomie konnte bei 75 % eine relativ hohe Autonomie festgestellt werden, die der Gruppe eine auto-

---

1 vgl. auch Stürzl ,W. (1992), S. 78 f.
2 vgl. hierzu auch Bilitzer, K. (1984), S. 477-485
3 vgl. Wildemann, H. (1992 a), S. 194

nome Selbstabstimmung innerhalb und ein Mitsprache- und Vorschlagrecht bezüglich der Umfeldorganisation einräumte.[1] Dabei besteht eine positive Korrelation zwischen Reifegrad der Gruppe und Autonomiegrad. Gruppen durchlaufen in der Regel verschiedene Phasen, die es im Rahmen der Einführungsstrategie der Gruppenorganisation zu beachten gilt. Es ist zwischen einer

- Formierungsphase, die durch Akklimatisation, Unsicherheit, Orientierungssuche und Umgangsdefiziten geprägt ist;
- Konfliktphase, in der es im wesentlichen um die Strukturierung der internen Gruppenbeziehungen, Aufarbeitung von Konflikten, Neuverteilung von Rang, Status und Macht geht, und aus der Formen der Zusammenarbeit resultieren, die dem Anspruch von Kooperation sowie allen Gruppenmitgliedern gerecht werden;
- Normierungsphase, die sich mit der Lösung von unmittelbar aufgabenbezogenen Sachproblemen beschäftigt und in einem fortgeschrittenen Stadium zunehmend die Mechanismen der Selbststeuerung und Selbstorganisation verbessert und ausweitet;
- Arbeitsphase, in der zunehmend guppenübergreifende Probleme zum Tragen kommen und zu stukturellen Änderungen im betrieblichen Umfeld der Gruppen führen, wobei die Gruppen sich überwiegend als Einheit mit bewährten kommunikativen und kooperativen Selbstorganisationsmechanismen darstellen, die ein autonomes Arbeiten nach Zielvereinbarungen ermöglichen;

zu unterscheiden.[2] Diese vier Phasen sind jedoch nicht als streng abgrenzbare Abschnitte aufzufassen, die stets in dieser zeitlichen Reihenfolge aufeinander folgen. Vielmehr können sich Überlappungen ergeben sowie Rückschritte in vorherliegende Phasen notwendig werden. Mit jeder Phase ist jedoch eine Weiterentwicklung des Reifegrades der Gruppe zu erwarten, der durch die Merkmale kooperative Arbeitsweise, Konsensfähigkeit, Eigenverantwortung, Entscheidungsfähigkeit, Konfliktbewäl-

---

1 vgl. Wildemann, H. (1992 a), S. 194
2 vgl. Tuchmann, I.W. (1985), S. 384-399; Hornung, V./Conrads, G. (1992)

tigung in der Gruppe und persönliche Entwicklung der Gruppenmitglieder gekennzeichnet ist, wobei mit zunehmendem Reifegrad ein höheres Autonomiepotential der Gruppe einhergehen kann, das sich darin manifestiert, daß sich die Gruppe autonom mit vereinbarten Zielparametern auseinandersetzt und eigene Verbesserungsvorschläge sowie Umsetzungsstrategien erarbeitet, die in steigendem Maße die Vernetzung der Gruppe mit der betrieblichen Gesamtorganisation berücksichtigen. Die notwendigen Entwicklungsschritte zeigen, daß Gruppenorganisation nicht per "Anordnung" eingeführt werden kann, sondern einer Einführungsstrategie zur Organisationsentwicklung bedarf, die nicht nur die strukturellen Voraussetzungen schafft, sondern auch die sozialen Einflußparameter berücksichtigt. Mit zunehmender Gruppenentwicklung ändert sich dabei zusehends die Rolle der betrieblichen Führungskraft. Die Führung erhält ihren Schwerpunkt in der Wert- und Zielkommunikation, Motivation sowie Förderung von Initiative, Personal- und Organisationsentwicklung.[1] Die betriebliche Führungskraft wird zum Coach, der Gruppenmitglieder integrieren, motivieren und entwickeln kann sowie Synergien fördert, indem er dafür sorgt, daß die individuellen Potentiale der Gruppenmitglieder in einer gemeinsamen Aufgabe zusammentreffen. Je höher der Autonomiegrad der Gruppen, desto stärker sind die Auswirkungen auch auf die Betriebs- und Unternehmensebene. Dabei bedeutet das Teamprinzip nicht nur die Anwendung der Prinzipien der Gruppenorganisation auf der untersten Ebene, sondern auch die Übertragung auf Betriebs- und Unternehmensebene. So koordinieren die Meister mehrere Gruppen, während die nächste Führungsebene wiederum mehrere Meisterbereiche und integrierte Service-Funktionen koordiniert. Die Gruppe dieser Koordinatoren und zugehörige segmentspezifische Service-Funktionen bilden ein Cost-/Profit-Center, das von einem Cost-/Profit-Center-Leiter geführt wird. Entsprechend läßt sich dieses Strukturierungsprinzip auf die Unternehmensebene übertragen, so daß letztendlich eine durchgängige Teamorganisation entsteht. Führt das Teamprinzip zu einer Reintegration indirekter Funktion in die Wertschöpfung bzw. ihre wertschöpfungsorientierte Ausrichtung und damit insgesamt zu einer Erhöhung des Problemlösungpotentials in der Primärorganisation, so besteht nach wie vor die Notwendigkeit, die Primärorganisation im Streben nach ständiger

---

1 vgl. Bühner, R. (1986 c), S. 537 f.

Verbesserung durch sekundäre Strukturen zu unterstützen. Im Rahmen dieser Sekundärorganisation gewinnen Problemlösungsgruppen, wie Qualitätszirkel, Lernstatt, Wertanalyse-Teams, Simultaneous-Engineering-Teams und Vorschlagsgruppen eine zunehmende Bedeutung. Dabei sind die Problemlösungsgruppen im wesentlichen durch eine cross-funktionale Zusammensetzung, formelle Bildung, zeitlicher Befristung und problemorientierter Aufgabenstellung gekennzeichnet, deren Ziel in der Regel die Optimierung durchgängiger Prozeßketten ist, die das Zusammenwirken funktionsübergreifender Problemlösungskapazitäten erfordern. Damit stellt das Projektprinzip mit seinen möglichen Formen der Projektorganisation eine Ergänzung des für die Primärorganisation charakteristischen Teamprinzips dar. Genau wie aus dem Teamprinzip resultieren aus dem Projektprinzip neue Anforderungen hinsichtlich der Qualifikation der Mitarbeiter und Führungskräfte. Dabei lassen sich die Qualifikationsanforderungen in funktionale und extrafunktionale Qualifikationsanforderungen unterscheiden.[1] Funktionale Qualifikationsanforderungen beziehen sich auf den eigentlichen Tätigkeitsinhalt und die damit verbundene Fachkompetenz. Hierbei ergeben sich insbesondere erweiterte Anforderungen auf der

- Arbeitsorganisationsebene, durch die der Gruppenorganisation inhärenten Strukturierungsprinzipien des Job Rotation, Job Enrichment und Job Enlargement, die eine höhere Qualifikation bezüglich der Fachkompetenz erfordern;
- Betriebsebene, durch die Ausweitung des Verantwortungsbereichs, der eine Erweiterung des betriebswirtschaftlichen und technischen Wissens erfordert;
- Unternehmensebene, durch eine Verschiebung der Aufgabenschwerpunkte von der operativen zur strategischen Führung.

Extrafunktionale Qualifikationsanforderungen beziehen sich nicht unmittelbar auf den Tätigkeitsinhalt, sondern umfassen die Bereiche der Methodenkompetenz und Sozialkompetenz sowie Anforderungen hinsichtlich Lernfähigkeit und -bereitschaft. Die Bedeutung der Methodenkompetenz wächst mit steigender Autonomie, wobei die Mitarbeiter in die Lage versetzt werden sollen, die Komplexität von Problemen zu redu-

---

[1] vgl. Marr, R. (1987), S. 256 f.

zieren, die wahren Problemursachen zu finden und Lösungswege systematisch aufzuzeigen sowie anderen Gruppenmitgliedern verständlich zu machen. Hierzu bedarf es intensiver Schulungen im Hinblick auf Visualisierungs-, Kreativitäts-, Problemlösungs- und Präsentationstechniken. Daneben stellt das Teamprinzip gesteigerte Anforderungen im Hinblick auf die Sozialkompetenz. Hierzu bedarf es der Förderung gruppenorientierten Verhaltens sowie der Steigerung von Kommunikations-, Konflikt- und Kooperationsfähigkeit durch Workshops, Erfahrungsaustausch und Rollenspiele.[1] Insgesamt kann die Erweiterung dieser Kompetenzen nicht per Anweisung erreicht werden, sondern ist durch eine kontinuierliche Verbreiterung der Wissensbasis, den Aufbau von Erfahrungswissen, die Förderung von Kommunikationsbeziehungen durch das Knüpfen von Netzwerken sowie durch lebenslanges Lernen zu unterstützen, so daß Qualifizierung zum integralen Bestandteil einer Organisationsentwicklung wird. Entsprechend der geänderten Anforderungs- und Aufgabenprofile sind unterstützend geänderte Entlohnungsformen notwendig. Dabei zeigt die empirische Analyse, daß zu Lasten von Akkordlohnsystemen, deren Bezugsbasis die reine Mengenleistung ist, zunehmend Zeitlohn- oder Prämienlohnsysteme mit qualitativen Leistungszielen zur Anwendung kommen.[2] So kann beispielsweise über die reine Mengenleistung hinaus die Lern- und Weiterbildungsbereitschaft, das Qualitätsniveau oder die optimale Nutzung von Betriebsmittelkapazitäten honoriert werden. Insgesamt bieten Prämienlohnmodelle eine Flexibilisierung der Entlohnungsgrundsätze und auf der Basis eines allgemeingültigen Grundlohnes eine zielorientierte Gestaltung der Entlohnung, die dem erweiterten Verantwortungs- und Handlungsspielraum besser gerecht werden kann. Darüber hinaus gilt es, neue Lohnformen zu entwickeln, die dem Grundgedanken der Autonomie und des zielorientierten Führens Rechnung trägt, indem verstärkt Lohnteile von der zielorientierten Nutzung des erweiterten Handlungsspielraums abhängig gemacht werden, wie z.B. eine zielorientierte Gruppenzulage.[3]

---

1 vgl. Bühner, R./Pharao, J. (1993), S. 56

2 vgl. Wildemann, H. (1992 a), S. 199 f.

3 vgl. Geiger (1993), S. 288

Zusammenfassend bleibt festzuhalten, daß die personellen Reorganisationsmaßnahmen im wesentlichen auf dem Team- und Projektprinzip beruhen, die den Mitarbeiter in den Mittelpunkt der Organisation rücken und damit aus Betroffenen Beteiligte macht. Ziel der mitarbeiterorientierten Organisationsgestaltung ist dabei, der Forderung gerecht zu werden, organisationales Lernen auf allen Hierarchiestufen als systemimmanentes Organisationsmerkmal zu verankern. Die daraus resultierenden "lernenden Organisationen" schaffen dann den Bezugsrahmen, in dem sich alle Ebenen und Bereiche eines Unternehmens netzwerkartig und kooperativ im Sinne der Strategie der Kundenorientierung ausrichten und handeln sowie letztendlich die Anforderungen aus der Perspektive des Unternehmens, des Kunden und des Mitarbeiters zur Deckung bringen.

7. Zusammenfassung und Ausblick

Ein zunehmend dynamischer werdendes Wettbewerbsumfeld stellt die Unternehmen vor neue Herausforderungen im Hinblick auf den Erhalt und Ausbau der Wettbewerbsfähigkeit. Dabei gewinnt die Organisation eine strategische Bedeutung. Der Ansatz, dezentrale Geschäftseinheiten zu bilden oder Funktionen auszugliedern, die nicht unmittelbar zum Kerngeschäft gehören, ist hinlänglich bekannt. Trotzdem bleibt nach solchen Reorganistionsmaßnahmen die interne Organisation meist starr und inflexibel. Daher bedarf es eines Ansatzes, der Anpassungsfähigkeit und -geschwindigkeit zu einer inhärenten Organsiationseigenschaft macht und das interne Beziehungsfeld ebenso einer Reorganisation unterwirft, was letztendlich über die Gestaltung der Autonomie zu einer dynamischen und permanenten Reorganisation führt. Autonomie wird hierbei zum Schlüsselbegriff, um zu einer

- kundenorientierten,
- zeitorientierten,
- innovationsorientierten,
- wertschöpfungsorientierten und
- mitarbeiterorientierten

Organisationsgestaltung zu gelangen. Um jedoch Autonomie einer Analyse zugänglich zu machen, bedarf es der Abkehr von der eindimensionalen und absoluten Betrachtungsweise, die im Rahmen der Diskussion zwischen Zentralisierung versus Dezentralisierung geführt wird. Vielmehr gilt es, Autonomie als variable und mehrdimensionale Größe aufzufassen, um zu realisierbaren Gestaltungsansätzen zu kommen. Hierzu wurde ein Modell entwickelt, das Autonomie in drei Gestaltungsebenen aufteilt. Als Kristallisationspunkt wird dabei die Betriebsebene betrachtet, in der es darum geht, Indikatoren und Einflußgrößen zu analysieren, die die Autonomie auf Betriebsebene im wesentlichen bestimmen.

Um den gestellten Anforderungen gerecht zu werden, bedarf es nicht nur struktureller Änderungen, die zu Verbesserungen im Hinblick auf ein produktions- und finanzwirtschaftliches Zielsystem führen. Vielmehr ist gleichzeitig eine nachhaltige Verhaltensänderung notwendig, die weg von einer strukturellen Statik und hin zu einer prozeßorientierten Dynamik führt. Dabei stellt Verantwortung eine elementare Gestaltungsgröße zur Verhaltenssteuerung in Organisationen dar. Vor dem Hintergrund der Problemstellung der Gestaltung von Autonomie von Fertigungssegmenten gewinnt die durchgängige Produktveranwortung eine herausragende Bedeutung, die im Mittelpunkt der Gestaltung von Autonomie auf der Betriebsebene steht. Hierbei werden in der Analyse drei Determinanten der Autonomie unterschieden:

- Integrationsgrad der Materialflußstrecke,
- Funktionsintegration,
- Informationsintegration.

Der Integrationsgrad der Materialflußstrecke bestimmt den Leistungsbeeinflussungsgrad, während die Funktionsintegration im wesentlichen den Kostenbeeinflussungsgrad determiniert. Autonomie setzt eine entsprechende Entscheidungskompetenz voraus. Dafür sind wiederum Informationen notwendig, weshalb Informationsintegration als dritte Determinante zu betrachten ist.

Neben der Betriebsebene wird die Arbeitsorganisationsebene und die Unternehmensebene betrachtet. Bezugsobjekte sind auf der Arbeitsorganisationsebene die Mitarbeiter bzw. die Arbeitsorganisation und auf der Unternehmensebene die Koordinationsmechanismen sowie die Unternehmensorganisation.

Gestaltungsobjekte der Betriebsorganisation sind die Fertigungsorganisation und Segmente, so daß aufgrund der aufgeworfenen Problemstellung in der Untersuchung ein wesentlicher Schwerpunkt in der Analyse der Determinanten der Autonomie auf Betriebsebene gelegt wurde. Dabei wurde allerdings auch, aufgrund der Rekursivität der Autonomie, die Auswirkungen auf die Unternehmens- und Arbeitsorganisationsebene mitbehandelt.

Für die Analyse wurde eine empirische und eine simulative Untersuchung durchgeführt. Die empirische Basis umfaßte hierbei 48 realisierte Fertigungssegmente in den Branchen Maschinenbau, Elektrotechnik/Elektronik, Chemie, Automobil, Metallverarbeitung, Computer/EDV und Leder. Die simulative Analyse wurde mit Hilfe eines auf der Programmiersprache Turbo Pascal fußenden und auf PC lauffähigen Simulationsprogramms durchgeführt, das Aussagen bezüglich der Wirkungen der Determinanten der Autonomie auf das produktionswirtschaftliche Zielsystem zuläßt.

Insgesamt ergab die Analyse bezüglich der Autonomie auf Betriebsebene folgende Ergebnisse:

- In der Gestaltung des Integrationsgrades der Materialflußstrecke lassen sich 5 Typen unterscheiden, die über autonom, relativ autonom, eingeschränkt autonom, relativ bis eingeschränkt autonom und bedingt autonom in fünf abgestufte Autonomiegrade eingeordnet werden können;
- Die Gestaltung der Autonomie bezüglich des Integrationsgrades der Materialflußstrecke versucht Produktverantwortung, Wertschöpfungsverantwortung und Leistungserstellungsbeeinflussungsgrad zur Deckung zu bringen;
- Die Gestaltung der Autonomie bezüglich der Materialflußstrecke orientiert sich an dem Prinzip der Kongruenz von Ergebnisverantwortung und Ergebnisentstehungsverantwortung, dem Prinzip der horizontalen Selbstabstimmung, das aus den Komponenten Steuerung und Verrechnung besteht sowie an den Gestaltungsprinzipien der Fertigungssegmentierung;
- Im Rahmen der Funktionsintegration nehmen die fertigungsbegleitenden indirekten Funktionen eine herausragende Rolle ein; fertigungsvorbereitende indirekte Funktionen gewinnen jedoch mit zunehmender Differenzierung und Zeitdominanz an Bedeutung;
- Die Funktionsintegration beschränkt sich nicht nur auf die Integration fertigungsbegleitender indirekter Funktionen im Rahmen von Arbeitsstrukturierungsmaßnahmen, sondern erfordert eine umfassende Reorganisation der indirekten Bereiche;

- Die Funktionsintegration bedarf der komplementären Gestaltung der begleitenden Funktionen des Wertschöpfungsprozesses, als auch des Innovationsprozesses;
- Die Autonomie bezüglich der Funktionsintegration, und damit des Ergebnisbeeinflussungsgrades, ist dabei umso höher, je mehr Funktionen in die Segmente integriert bzw. entsprechend ihrer Bedürfnisstruktur ausgerichtet sind;
- Die Gestaltung der Autonomie bezüglich der Funktionsintegration orientiert sich an dem Prinzip der Prozeßorientierung, das Kongruenz-, Subsidiaritäts- und Relevanzprinzip miteinschließt, dem internen Kundenprinzip, dem Prinzip der marktorientierten Leistungsverrechnung sowie dem Prinzip der leistungsorientierten Beauftragung;
- Die Informationsintegration als dritte Determinante gewinnt vor dem Hintergrund einer zunehmenden Wissenskonkurrenz wettbewerbsentscheidende Bedeutung;
- Es ist eine bewußte Informationsredundanz sowie ein offenes Informations- und Kommunikationsklima anzustreben;
- Informationen sind generell am Ort der Entscheidungsnotwendigkeit bereitzustellen;
- Die Gestaltung der Autonomie bezüglich der Informationsintegration orientiert sich an dem Prinzip der Regelkreisorientierung, dem Prinzip der negativen Rückkopplung, dem Prinzip der Bedingtheit von Information und Verantwortung sowie am Prinzip der Visualisierung, das sozusagen einen "Problem- und Wissensmarkt" schafft.

Die Gestaltung der Autonomie auf Betriebsebene hat jedoch auch Rückwirkungen auf die Unternehmens- und Arbeitsorganisationsebene. So läßt sich bezüglich der Unternehmensebene feststellen, daß

- eine Umgestaltung der Koordinationsmechanismen erforderlich wird, die sich an den Prinzipien der Zielvereinbarung und Budgetierung, dem internen Kundenprinzip auch für Zentralfunktionen sowie an der Implementierung von Netzwerkstrukturen orientiert;

- sich Führung zu einem visionären Management, lateraler Kooperation und Dienstleistung entwickelt;
- eine Personalentwicklung notwendig wird, die aus dem hierarchischen Einbahndenken herausführt und den Gestaltungsgrundsätzen des Team- und Projektprinzips gerecht werden.

Für die Arbeitsorganisationsebene bleibt festzuhalten, daß:

- Autonomie auf der Arbeitsorganisationsebene im wesentlichen durch die Gestaltung des Handlungsspielraums der Mitarbeiter, der durch die zwei Dimensionen Tätigkeits- und Entscheidungsspielraum gekennzeichnet ist, zu diskutieren ist;
- Tätigkeits- und Entscheidungsspielraum zwei komplementäre und konjunkte Gestaltungsdimensionen darstellen;
- Gestaltungsmaßnahmen im Sinne eines job enrichment ein höheres Effizienzsteigerungspotential in sich bergen als Maßnahmen des job enlargement;
- vorwiegend fertigungsbegleitende indirekte Funktionen integriert werden;
- die Gruppenorganisation einen autonomiegerechten Gestaltungsparameter darstellt;
- die Einführung der Gruppenorganisation durch strukturelle Vorbereitung im Sinne einer Fertigungssegmentierung ein höheres Effizienzsteigerungspotential verspricht.

Insgesamt bleibt festzuhalten, daß die Erhaltung und der Ausbau der Wettbewerbsfähigkeit nicht allein durch partielle Maßnahmen, wie z.B. die Einführung der Gruppenorganisation, erreicht werden kann. Vielmehr sind umfassende Reorganisationskonzepte notwendig, die nicht nur auf strukturelle Änderungen abheben, sondern gezielt Maßnahmen zur Verhaltensänderung in Organisationen beinhalten. Hierzu wurde in der vorliegenden Untersuchung mit der Gestaltung des Autonomiegrades von Fertigungssegmenten versucht, Gestaltungsansätze aufzuzeigen.

Allerdings konnten aufgrund der gewählten Modellannahmen und Schwerpunktbetrachtungen nicht alle Einflußgrößen und tangierenden Variablen ausreichend behandelt werden. So wurden die Aspekte Entlohnung, Arbeits- und Betriebszeitgestaltung weitestgehend ausgeklammert, obwohl Zeitautonomie im Rahmen der Gruppenorganisation eine wichtige Rolle spielt. Aber auch die Unternehmensebene bildet ein noch nicht ausgereiztes Gestaltungsfeld der Autonomie. So wurden Organisations- und Gestaltungsaspekte diskutiert und vorgeschlagen, jedoch dürfte die Gestaltungsebene vor dem Hintergrund eines zunehmenden globalen Wettbewerbs an Bedeutung gewinnen, wobei Fragen der Gestaltung eines internationalen Fertigungsverbundes mit regionalen autonomen Einheiten und die Gewinnung von Synergieeffekten in einem weltweiten Know-How-, Informations- und Wissensverbund in den Vordergrund rücken werden.

Die Simulation als Hilfsmittel zu Planung wird sicherlich an Bedeutung gewinnen. Die vorgenommene Modellbildung orientierte sich an den aufgeworfenen Fragestellungen, was zu einem problemspezifischen Modell mit einer reduzierten Betrachtung der Wirklichkeit führte. So wurden schwerpunktmäßig fertigungsbegleitende indirekte Funktionen betrachtet, Qualifikationen standardisiert und keine Verhaltensfunktionen unterstellt. Ebenso waren für die Materialflußuntersuchungen und Analyse der Produktionsplanung und -steuerung im Rahmen der Betrachtung des Integrationsgrades und der Informationsintegration einschränkende Annahmen der Modellbildung notwendig.

Insgesamt hat sich gezeigt, daß die Gestaltung der Autonomie eine umfassende Organisationsaufgabe darstellt, die einer mittelfristig ausgerichteten Einführungsstrategie bedarf und darauf abzielen muß, fachliche und soziale Barrieren innerhalb der Organisation abzubauen. Gerade die Weiterentwicklung von Methoden- und Sozialkompetenzen erhält durch das angestrebte Wissensmanagement in Netzwerkstrukturen einen neuen Stellenwert. Darüber hinaus ist es erforderlich, die Unternehmensrechnung an die strukturellen Änderungen anzupassen, um die geforderten Verhaltensänderungen im Sinne eines ebenenumfassenden "Unternehmertums" durch realitätsbezogene Bewertungs- und Controllinggrößen abbilden zu können. Aber nicht nur interne Netzwerke gilt es, effizienter zu gestalten. Darüber hinaus gewinnen globale Netzwerke auf Beschaffungs- und Absatzmärkten eine stetig steigende Relevanz.

Diese zu gestalten und in Wettbewerbsvorteile umzusetzen, wird eine der Schlüsselaufgaben der Zukunft sein. Die Organisation gleichzeitig kunden-, zeit-, innovations-, wertschöpfungs- und mitarbeiterorientiert zu gestalten, wird zu einer permanenten Organsationsaufgabe, die es jedoch erlaubt, die Position des Reagierens zu verlassen und zu einem wettbewerbsorientierten Agieren zu gelangen, das dauerhaft Wettbewerbsvorteile sichert.

Literaturverzeichnis

Alioth, A. (1983): Die Gruppe als Kern der Organisation, in: Arbeit - Beispiele für ihre Humanisierung, Gottfried Duttweiler Institut (Hrsg.), Olten 1983, S. 113-127

Ammon, R. (1989): Die inselnahe Arbeitsvorbereitung, in: AWF (Hrsg.): Fachtagung Fertigungsinseln, Eschborn 1989, S. 307-333

Angermüller, G. (1989): Simulation von Bewegungsabläufen, in: Simulation und Integration, ASIM Tagungsbericht, München 1989, S. 145-158

Auch, M. (1989): Fertigungsstrukturierung auf der Basis von Teilefamilien, Heidelberg 1989

Augustin, S./Reminger, B. (1989): Expertensysteme als Instrument der Informationslogistik, in: IO-Management Zeitschrift 1989, Nr. 5, S. 67-70

AWF (Hrsg.) (1984): Flexible Fertigungsorganisation am Beispiel von Fertigungsinseln, Eschborn 1984

AWF (Hrsg.) (1988): Fertigungsinseln; Eschborn 1988

Baku, K./Meyer, B. E. (1982): Wirtschaftliche Fertigungsorganisation für Automobilzulieferer, in: ZwF 1982, Nr. 10, S. 476-480

Beer, S. (1991): Brain of the Firm, 2. Auflage, Chichester 1991

Benecke, C. (1990): Simulation von Materialfluß- und Lagerprozessen, in: ZfL, 1990, Nr. 5, S. 30-33

Beuermann, G. (1992): Zentralisation und Dezentralisation, in: Frese, E. (Hrsg.): HWO, 3. Auflage, Stuttgart 1992, Sp. 2611- 2625

Berndt, W./ Weissborn, H. (1988): SIMPRO - ein universelles Simulationspaket zur Untersuchung des dynamischen Verhaltens komplexer Produktionssysteme, in: VDI Berichte Nr. 719, Düsseldorf 1988, S. 79-91

Bertalanffy, L. von (1953): Biophysik des Fließgleichgewichts, Braunschweig 1953

Bertelsmann (Hrsg.) (1970): Das moderne Lexikon, Gütersloh 1970

Bertelsmann (Hrsg.)(1987): Enzyklopädie, Band 2, 19. Auflage, Gütersloh 1987

Biedermann, H. (1991): Produktionssicherheit durch Instandhaltung, in: Warnecke, H.-J. (Hrsg.): Produktionssicherung, München 1991, S. 191-217

Bierfelder, W. (1989): Dynamik organisatorischer Änderung: Prozeßorganisation - Strukturelle Übergänge - Selbstorganisation, in: WISU 12/1989, S. 691-696

Bilitzer, K. (1984):Leistungsvorteile in Gruppen, in: Heigl-Evers, A. (Hrsg.): Psychologie des 20. Jahrhunderts, Bd. 1, Weinheim/Basel 1984, S. 477-485

Blaxill, H.F./Hout, Th.M. (1992): Hersteller brauchen vor allem Produktionsverfahren, in: Harvard Manager 1/1992, S. 84-93

Bleicher, K. (1980): Verantwortung, in: Grochla, E. (Hrsg.): HWO, 2. Auflage, Stuttgart 1980, Sp. 2283-2292

Bleicher, K. (1981): Organisation - Formen und Modelle, Wiesbaden 1981

Bleicher, K. (1990 a): Ganzheitliches Denken in arbeitsteiligen Organisationen, in: Bleicher, K./Gomez, P. (Hrsg.): Zukunftsperspektiven der Organisation, Bern 1990, S. 11-27

Bleicher, K. (1990 b): Zukunftsperspektiven organisatorischer Entwicklung, in: ZfO 3/1990, S. 152-161

Bleicher, K. (1991): Das Konzept Integriertes Management, Frankfurt/New York 1991

Bösenberg, D./Metzen, H. (1992): Lean Management, Landsberg/Lech 1992

Bötzow, H. (1988): Die Fertigungsinsel als Konzept zur Einführung flexibler Automation in mittelständischen Industriebetrieben der Einzel- und Kleinserienfertigung, in: VDI Reihe 2, Nr. 155, Düsseldorf 1988

Bomm, H. (1991): Organisatorische Schnittstellen in der Prozeßkette Entwicklung - Planung - Fertigung, in: VDI-Z 1991, Nr. 7, S. 46-51

Bowen, D. E./Siehl, C./Schneider, W. (1989): A Framework for analyzing customer service orientations in manufacturing, in: Academy of Management Review 1989, Nr. 1, S. 75-95

Bower, J.L./Hout, Th.M. (1989): So sind sie schneller als die Konkurrenz, in: Harvard Manager 3/1989, S. 68-77

Brankamp, K/Berger, W./Papen, F.-J. (1990): Strategische Produktionseinheiten, in: VDI-Z 1990, Nr.7, S. 24-26

Brödner, P. (1985): Fabrik 2000 - Alternative Entwicklungspfade in die Fabrik der Zukunft, Berlin 1985

Brandes, W./Sommerlatte, T./Stringer, D./Zillessen, W. (1990): Leistungsprozesse und Informationsstrukturen, in: Arthur D. Little (Hrsg.): Management der Hochleistungsorganisation, Wiesbaden 1990, S. 43-60

Brockhaus (1987): Enzyklopädie, Mannheim 1987

Bronner, R. (1992): Verantwortung, in: Frese, E. (Hrsg.): HWO, 3. Auflage, Stuttgart 1992, Sp. 2503-2513

Buchberger, D. (1988): Wissenbasierte Optimierung strukturvariabler dynamischer Systeme - ein Ansatz zur kostenorientierten Planung von Produktionssystemen, in: Simulationstechnik, hrsg. von Ameling, W., Berlin, Heidelberg, New York, London, Paris, Tokyo (1988), S. 453-463

Bühner, R. (1986a): Personalentwicklung für neue Technologien in der Produktion, Stuttgart 1986

Bühner, R. (1986b): Flache Strukturen sind flexibler, in: IO-Management Zeitschrift 1986, Nr. 6, S. 391-393

Bühner, R. (1986c): Entwicklungslinien zukünftiger Fabrikorganisation - jenseits von Taylor, in: VDI-Z 1986, Nr. 14, S. 535-539

Bühner, R. (1986 d): Organisation in den 90er Jahren, in: Harvard Manager 4/1986, S. 7-11

Bühner, R. (1986 e): Strategische Führung im Bereich der Hochtechnologie durch rechtliche Verselbständigung von Unternehmensteilbereichen, in: Der Betrieb 1986, Heft 46, S. 2341-2346

Bühner, R. (1987): Management-Holding, in: DBW (1987), Nr. 1, S. 40-49

Bühner, R. (1990 a): Managen wie die Raider, in: Harvard Manager 1/1990, S. 36-41

Bühner, R. (1990 b): Das Management-Wert-Konzept, Strategien zur Schaffung von mehr Wert im Unternehmen, Stuttgart 1990

Bühner R. (1990 c): Gestaltungsmöglichkeiten und rechtliche Aspekte einer Management-Holding, in: ZfO 5/1990, S. 299-308

Bühner, R. (1991): Management-Holding: Ein Erfahrungsbericht, in: DBW (1991), Nr.2, S. 141-151

Bühner, R/Pharao, J. (1993): Erfolgsfaktoren integrierter Gruppenarbeit, in: VDI-Z 1993, Nr. 1/2, S. 46-57

Bullinger, H.-J. (Hrsg.) (1986 a): Systematische Montageplanung, München/ Wien 1986

Bullinger, H.-J./Traut, L (1986 b): Die Fabrik der Zukunft, in: FB/IE 35 (1985), S. 4-12

Bullinger, H.-J. (1989): Organisation von Montagestrukturen, in: Montagetechnik - Flexibilität - Automatisierung, Tagungsbericht Berlin 1989, S. 141-175

Bullinger, H.-J. (1991): Paradigmenwechsel in der Produktentwicklung, in: Bullinger, H.-J. (Hrsg.): 3. Forum F&E-Management, München 1991, S. 8-29

Camp, R.C. (1989): Benchmarking: The Search for Industry Best Practies that Lead to Superior Performance, Milwaukee, Wiscousin 1989

Clements, R. (1988): Statistical process Control an Beyond, Malabor, Florida 1988

Danzer, H. (1990): Quality-Denken stärkt die Schlagkraft des Unternehmens, Köln 1990

Dögl, R. (1986): Strategisches Qualitätsmanagement im Industriebetrieb: Prognostischer Ansatz zur Erklärung und methodischen Handhabung des Qualitätsphänomens, Göttingen 1986

DQG (Deutsche Gesellschaft für Qualität) (1976): Qualitätskosten, Frankfurt 1976

Drucker, P. E. (1973): Management, New York 1973

Drucker, P. E. (1986): Spiel nach neuer Partitur, in: Manager Magazin 1986, Nr. 2, S. 184-186

Drucker, P. E. (1991): So funktioniert die Fabrik von morgen, in: Harvard Manager 1/1991, S. 9-18

Eckardstein von, D. (1970): Job Rotation, in: Management Enzyklopädie, Band 3, München 1970, S. 774-778

Eidenmüller, B. (1991): Die Produktion als Wettbewerbsfaktor, 2. Auflage, Köln 1991

Eiff von, W. (1991 a): CIM-orientiertes Informationsmanagement, in: Wilfried von Eiff (Hrsg.): Organisation - Erfolgsfaktor der Unternehmensführung, Landsberg am Lech 1991, S. 521-582

Eiff von, W. (1991 b): Steuerung von Organisationen durch unternehmerisches Bewußtsein, in: Wilfried von Eiff (Hrsg.): Organisation - Erfolgsfaktor der Unternehmensführung, Landsberg am Lech 1991, S. 643-665

Eisenführ, F. (1992):Budgetierung, in: Frese, E. (Hrsg.): HWO, 3. Auflage, Stuttgart 1992, Sp. 363-373

Ellinger, Th./Wildemann, H. (1978): Planung und Steuerung der Produktion, Köln 1978

Etkin, L. P./Jahnig, D. G. (1986): Adapting MRP II for maintenance Ressource Management can provide strategic advantage, in: IE August 1986, S. 50-59

Eversheim, W./Thome, H.G. (1991): Simulation als Hilfsmittel zu Produkt- und Produktionsplanung, in ZwF 1987, Nr. 6, S. 333-338

Fortmann, H./Schäffner, L. (1991): Führung als zentraler Ansatz eines Total Quality Managements, in: Grundlagen der Weiterbildung, Heft 2/1991, S. 178-183

Fox, K. A. (1984): MRP II Providing a natural 'hub' for Computer-Integrated Manufacturing Systems, in: IE October 1984, S. 44-50

Franke, H. (1987): FMEA-Fehlermöglichkeits- und Einflußanalyse in der industriellen Praxis, Landsberg am Lech 1987

Franke, H. (1988): Qualitätssicherung von Zulieferungen, in: Masing, W. (Hrsg.): Handbuch der Qualitätssicherung, 2. Auflage, München 1988, S. 439-53

Frese, E. (1975): Koordination, in: Grochla, E./Wittmann, W. (Hrsg.): HWB, 4. Auflage, Stuttgart 1975, Sp. 2263-2273

Frese, E. (1985): Marktinterdependenzen in Unternehmungen der Investitionsgüterindustrie als organisatorisches Problem. Ergebnisse einer empirischen Untersuchung, in ZfbF 1985, S. 287-290

Frese, E. (1988): Grundlagen der Organisation, 4. Auflage, Wiesbaden 1988

Frese, E. (1990): Entwicklungstendenzen in der organisatorischen Gestaltung der Produktion, in: Zukunftsperspektiven der Organisation, Festschrift zum 65. Geburtstag von Prof. Dr. Robert Staerkle, Bern 1990, S. 81-97

Frese, E. (1991): Organisationstheorie - Stand und Aussagen aus betriebswirtschaftlicher Sicht, Wiesbaden 1991

Fuchs, J. (1990): Die Dienstleistungspyramide im Unternehmen in: Arthur D. Little (Hrsg.): Management der Hochleistungsorganisation, Wiesbaden 1990, S. 137-147

Fuchs, J. (1992): Das Unternehmen - Lebender Organismus oder tote Institution, in: Fuchs, J. (Hrsg.): Das biokybernetische Modell - Unternehmen als Organismen, Wiesbaden 1992, S. 13-74

Garvin, D. A. (1988): Managing Quality, New York 1988

Gaugler, E./Kobb, M./Ling, B. (1977): Humanisierung der Arbeitswelt und Produktivität, 2. Auflage, Ludwigshafen 1977

Geiger, (1993): Eine neue Form der Zusammenarbeit - Pilotprojekt zur Realisierung von Gruppenarbeit mit Zielvereinbarungen bei der Carl Schenk AG, in: Wildemann, H. (Hrsg.): Lean Management, München 1993, S. 285-292

Gesekas, J. (1980): Qualitätskosten, in: Masing, W. (Hrsg.): Handbuch der Qualitätssicherung, München 1980, S. 403-415

Gomez, P./Probst, G. (1985): Die organisatorische Geschlossenheit im Management sozialer Institutionen - ein komplementäres Konzept zu den Kontingenzansätzen, in: Delfin, September 1985

Gomez, P. (1988): Die Organisation der Autonomie, in: ZfO 6/1988, S. 389-393

Gomez, P. (1990): Autonomie durch Organisation - Die Gestaltung unternehmerischer Freiräume, in: Bleicher, K./Gomez, P. (Hrsg.): Zukunftsperspektiven der Organisation, Bern 1990, S. 99-117

Gomez, P. (1992): Neue Trends in der Konzernorganisation, in: ZfO 3/1992, S. 166-172

Grimm, D. (1973): Die Technik der Simulation, in: Simulation als Instrument der Planung in Wirtschaft und Verwaltung, Zürich 1973, S. 32-44

Grob, R./Haffner, H. (1990): Produktionssteigerung in den Gemeinkostenbereichen, in: FB/IE 1990, S. 302-309

Grochla, E. (1978): Grundlagen der Materialwirtschaft, 3. Auflage, Wiesbaden 1978

Grochla, E. (1981): Entlastung durch Delegation - Leitfaden zur Anwendung organisatorischer Maßnahmen in mittelständischen Betrieben, Berlin 1981

Gulowson, J. (1972): A measure of work-group autonomy, in: DAVIS; TAYLOR 1972, S. 374-390

Gutenberg, E. (1929): Die Unternehmung als Gegenstand betriebswirtschaftlicher Theorie, Berlin/Wien 1929

Gutenberg, E. (1983): Grundlagen der Betriebswirtschaftslehre, Band 1: Die Produktion, 24. Auflage, Berlin/Heidelberg/New York 1983

Hackman, J. R. (1969): Nature of the Task as a Determiner of Job Behaviour, in: Personell Psychology 1969, S. 435-444

Hackman, J.R./Oldham, G.R. (1976): Motivation through the design of work: A test of a theory, in: Organizational Behavior and Human Performance, 16/1976, S. 250-279

Hackstein, R. (1984): Produktionsplanung und -steuerung (PPS) - Ein Handbuch für die Betriebspraxis, Düsseldorf 1984

Hamacher, W./Pape, D. (1991): Effiziente PPS-Einführung: Voraussetzung für zukunftssichere Mittelbetriebe, Köln 1991

Hamel, G./Prahalad, C.K. (1992): So spüren Unternehmen neue Märkte auf, in: Harvard Manager 2/1992, S. 44-55

Hammer, H. (1984): Neue Lösungen zur flexiblen Automatisierung der spannenden Bearbeitung, in: ZwF 1984, Nr. 2, S. 64-68

Hansen, W. (1988): Selbstprüfung, in: Masing, W. (Hrsg.): Handbuch der Qualitätssicherung, München 1988, S. 815-827

Harmon, R./Peterson, L. (1990): Die neue Fabrik, Frankfurt am Main 1990

Harlegard, S. (1971): Zentralisation oder Dezentralisation ?, Bern/Stuttgart 1971

Hausschildt, J. (1969): Verantwortung, in: Grochla, E. (Hrsg.): HWO, 1. Auflage, Stuttgart 1969, Sp. 1693-1702

Hayes, R. H./Schmenner, R. W. (1981): Organisation der Fertigung, in: Harvard Manager 2/1981, S. 86-98

Hayes, R. H./Schmenner, R. W. (1982): Organisation der Fertigung, in: Harvard Manager 1/1982, S. 44-61

Hayes, R. H./Wheelwright, St. C. (1984): Restoring our Competitive Edge: Competing through Manufacturing, New York 1984

Heinemeyer, W. (1984): Fortschrittszahlen - Ein Ansatz zur Steuerung in der Serienfertigung, in: Sonderdruck, Fachseminar Statistisch-orientierte Fertigungssteuerung - Grundlagen, Systeme, Anwendungsverfahren, Hannover 1984

Heinz, K./Burghardt, M. (1985): Partialablaufgruppen - Ein Konzept zur ablauforientierten Strukturierung der Einzel- und Kleinserienfertigung, in: VDI-Z 1985, S. 733-739

Hendersen, B. (1974): Die Erfahrungskurve, Frankfurt/Main 1974

Hentze, J. (1986): Personalwirtschaftslehre 2, 3. Auflage, Bern/Stuttgart 1986

Heusler, H.-J. (1987): Entwicklung von Flexibilisierungsstrategien mit Hilfe der Simulationstechnik, in: Simulationstechnik, 4. Symposium Simulationstechnik Zürich, 9.-11. September 1987, hrsg. von Halin, J., Berlin, Heidelberg, New York, London, Paris, Tokyo 1987, S. 504-511

Hill, W./Fehlbaum, R./Uhlich, P. (1974): Organisationslehre, Bern/Stuttgart 1974

Hirsch-Kreimsen, H./Ramge, U. (1992): Arbeitsorganisation und leistungspolitische Gestaltung bei Gruppenarbeit, in: REFA-Nachrichten 1/92. S. 4-13

Hirshleifer, J. (1957): Economics of the Divisionalized Firm, in: The Journal of Business, Vol. 30 1957, S. 96-108

Hoffmann, F. (1980): Aufgabe, in: Grochla, E. (Hrsg.): HWO, 2. Auflage, Stuttgart 1980, Sp. 200-207

Hohmann, R./Sokianos, N. (1985): Materialmanagement im Wandel, in: ZfL 1985, Nr. 6 , S. 61-67

Horn, V./Hein, J. (1990): Komplexe Produktionssysteme planen, in: ZwF 1990, Nr. 6, S. 300-304

Hornung, V./Conrads, G. (1992): Organisierte Gruppenarbeit, in: fir + iaw Mitteilungen 4/1992

Horvarth, P./Hester, R.N. (1992): Benchmarking, in: Controlling 1/1992, S. 4-11

Huzcynski, A. A. (1985): Designing High Commitment - High Performance Organisations, in: Technovation 1985, S. 111-118

Ihde, G. B. (1984): Materialbereitstellung, in: Kern, W. (Hrsg.): HWProd, Stuttgart 1984, Sp. 1210-1216

Imai, K. (1992): KAIZEN, München 1992

Jacobs, F. R. (1984): OPT Uncovered: Many Production Planning and Scheduling Concepts can be applied with or without the software, in: IE October 1984, S. 32-41

Jakob, W. (1985): Durchlaufzeitreduzierung in der gemischten Einzel- und Kleinserienfertigung durch Einsatz flexibler Maschinensysteme, in: VDI (Hrsg.): Methodik und Praxis der Durchlaufzeitverkürzung in der Einzel- und Kleinserienfertigung, Fachtagung 7. und 8. März 1985, Fellbach, Düsseldorf 1985, S. 83-108

Jankow, R. (1992): Instandhaltung - Eine Managementaufgabe, in: VDI-Z 1992, Nr. 6, S. 89-93

Jünemann, R. (1989): Materialfluß und Logistik, Systemtechnische Grundlagen mit Praxixbeispielen, Berlin, Heidelberg, New York, London, Paris, Tokyo, Hongkong 1989

Jürgens, U./Malsch, T./Dohse, K. (1991): Moderne Zeiten in der Automobilfabrik - Strategien der Produktionsmodernisierung im Länder- und Konzernvergleich, Berlin/New York 1991

Kaiser, D.W. (1987): Rechnergestützte Simulation, in: ZwF 1987, Nr. 6, S. 321-324

Kalaitzis, D. (1987): Rationalisierung der Instandhaltung, Köln 1987

Kamenetzky, R. D. (1985): Successful MRP II implementation can be completed by smart scheduling, sequenzing systems, in: IE October 1985, S. 43-49

Keller, G./Kern, F. (1990): Verwirklichung des Integrationsgedankens durch CIM-Ansätze, in: ZfO 4/1990, S. 228-234

Kern, W. (1976): Die Produktionswirtschaft als Erkenntnisbereich der Betriebswirtschaftslehre, in: ZfbF, 1976, S. 756-772

Kern, W. (1980): Industrielle Produktionswirtschaft, 3. Auflage, Stuttgart 1980

Kern, H./Schuhmann, M. (1970): Industriearbeit und Arbeiterbewußtsein, Frankfurt 1970

Kettner, H./Bechte, W. (1981): Neue Wege der Fertigungssteuerung durch belastungsorientierte Auftragsfreigabe, in: VDI-Z 1981, Nr. 11, S. 459-465

Kettner, P./Thome, H.G. (1988): Simulation im Umfeld des Computer Integrated Manufacturing, in: Simulationstechnik und Fabrikbetrieb, ASIM-Fachtagung, München 1988. S. 295-321

Kieser, A. (1974): Die Messung der Organisationsstruktur, Arbeitspapier Nr. 4, Köln 1974

Kieser, A./Kubitschek, H. (1983): Organisation, 2. Auflage, Berlin/New York 1983

Koch, U. (1983): Teamentwicklung in Unternehmen. Ansätze, Prozesse und Probleme eines gruppenorientierten Lernkonzeptes, Frankfurt u.a. 1983

Koepfer, Th./Schrüfer, N (1990): Simulation mit COSIMA, in: VDI-Z 1990, Nr.4, S. 18-25

Koke, F. (1989): Dezentrale Planung und Steuerung am Beispiel des elektronischen Leitstandes, in: AWF (Hrsg.): Fachtagung Fertigungsinseln, Eschborn 1989, S. 212-239

Komoreck, Ch. (1991): Methoden und Denkweisen der Unternehmenskybernetik, Köln 1991

Kormanicki, J. (Hrsg.) (1980): Simulationstechnik, Düsseldorf 1980

Kornwachs, K. (1991): Qualität erzeugt Produktionssicherheit, Motivation - Kompetenz - Leistung, in: Warnecke, H.-J. (Hrsg.): Produktionssicherung, München 1991, S. 312-342

Kosiol, E. (1976): Organisation der Unternehmung, 2. Auflage, Wiesbaden 1976

Krüger, W./Reißner, St. (1990): Inhaltsmuster der Hierarchie, in: ZfO 6/1990, S. 380-388

Kuhn, A./Schmidt, R. (1988): Simulation logistischer Systeme, in: Simulationstechnik und Fabrikbetrieb, ASIM-Fachtagung, München 1988, S. 169-182

Kuhn, A. (1988): Möglichkeiten des Simulationseinsatzes bei Strukturierungsaufgaben für Produktionssysteme, in: VDI Berichte, Nr. 691, Düsseldorf 1988, S.49-62

Kupsch, P.-U./Lindner, Th. (1983): Materialwirtschaft, in: Heinen, E. (Hrsg.): Industriebetriebslehre, 7. Auflage, Wiesbaden 1983, S. 268-359

Lamkemeier, U./Dittmer, H./Petersen, W. (1989): Werkzeugwesen als Teil des Ressourcenmanagements, in: ZwF 1989, Nr. 7, S. 388-391

Langner,D. (1988): Simulation - begleitend zur Entstehung eines flexiblen Montagesystems eingesetzt, in: Simulationstechnik und Logistik, ASIM-Fachtagung, München 1988, S. 33-57

Langner, D. (1989): Einführung der Simulation als Planungswerkzeug, in: Simulation und Integration, ASIM Tagungsbericht 1989, München 30-31. Oktober 1989, S. 485-505

Laske, St./Weiskopf, R. (1992): Hierarchie, in: Frese, E. (Hrsg.): HWO, 3. Auflage, Stuttgart 1992, Sp. 791-807

Laßmann, G. (1975): Produktionsplanung, in: Grochla, E./Wittmann W. (Hrsg.): HWB, 4. Auflage, Stuttgart 1975, Sp. 3102-3121

Lingemann, H. F./Theerkorn, U. (1989): Hohe Informationsdichte versus überhöhte Hierarchien - Beispiel einer Produktionsstrategie für die neunziger Jahre, in: AWF (Hrsg.): Fachtagung Fertigungsinseln, Eschborn 1989, S. 169-174

Lorenz, P. (1988): Simulation von Fertigungssegmenten, Methoden, Erfahrungen und Probleme, in: Simulationstechnik und Fabrikbetrieb, ASIM-Fachtagung, München 1988, S. 245-259

Luhmann, N. (1976): Funktionen und Folgen formaler Funktionen, 3. Auflage, Berlin 1976

Luthans, F./Kreitner, R. (1985): Organisational Behaviour Modification and Beyond: An Operant and Social Learning Approach, 2. Auflage, London 1985

Manske, F. (1988): Hat die Arbeitsvorbereitung noch eine Zukunft? in: VDI-Z 1988, Nr. 5, S. 12-17

Manz, C. C./Sims, H. P. (1982): The Potential for Groupthink in Autonomous Work Groups, in: Human Relations 1982, S. 773-784

March, C. (1981): Decision Making Perspective, in: Van de Ven/Joyce, W.F. (Hrsg.): Perspectives on Organization Design and Behavior, New York 1981, S. 205-244

Marr, R. (1987): Arbeitszeitflexibilisierung und Personalentwicklung, in: Marr, R. (Hrsg.): Arbeitszeitmanagement, Berlin 1987, S. 255-266

Martin, J. (1989): Methodik zur Planung und Bewertung gruppentechnologischer Fertigungsstrukturen in der Einzel- und Kleinserienfertigung, Düsseldorf 1989

Maslow, A. H. (1977): Motivation and Personality, 3. Auflage, New York 1977

Maßberg, W./Habich, M. (1985): Dezentrale Planungs- und Steuerungsstrukturen als Konsequenz steigender Flexibilitätsanforderungen, in: Hackstein, R. (Hrsg.): Organisation und Personalführung beim Einsatz neuer Technologien Köln 1985, S. 143-173

McDonald, A. L. (1987): Die neue Beweglichkeit, in: Harvard Manager 2/1987, S. 118-120

McGregor, D. (1960):The Human Side of Enterprise, New York 1960

McGregor, D. (1966): Leadership and Motivation, London 1966

Mechlinger, R. (1982): Qualität als Basis unternehmerischer Offensive, in: Biethahn, J./Standt, E. (Hrsg.): Der Betrieb im Qualitätswettbewerb, Berlin 1982, S. 55-64

Mender, J. H. (1975): Technologische Entwicklung und Arbeitsprozeß, Frankfurt 1975

Merkel, H. (1986): Von PPS- zu MRP II-orientierten Systemen, in: CIM-Management 1986, Nr. 4, S. 35-41

Mertens, P./Heigl, M. (1984): Neuere Entwicklungen der computergestützten Produktionsplanung, Eignungen - Verbindungen- Entwicklungspfade, in: Arbeitsbericht des Instituts für mathematische Maschinen und Datenverarbeitung (Informatik), Universität Erlangen-Nürnberg, Band 17, 1984

Meyer, J. (1987): Qualität als schärfste Waffe für Marktanteilsgewinn und Rentabilitätsverbesserung, in: Strategische Planung 3 (1987), S. 105-127

Mintzberg, H. (1991): Mintzberg über Management - Führung und Organisation, Mythos und Realität -, Wiesbaden 1991

Mollenhauer, M./Ring, Th. (1990): Total Quality Management - Das organisatorische Bewußtsein, in: Arthur D. Little (Hrsg.): Management der Hochleistungsorganisation, Wiesbaden 1990, S. 117-128

Mock, A. (1983): Unternehmensplanung und kybernetisches Management, in: Kybernetische Methoden und Lösungen in der Unternehmenspraxis, Berlin 1983, S. 27-41

Monden, Y. (1981): What makes the Toyota Production System really tick?, in: IE Januar 1981, S. 36-46

Monks, J. G. (1982): Operations Management, 2. Auflage, New York 1982

Moore, F. G. (1964): Is Divisionalization on the Way out?, in: Michigan Business Review, Vol. 16, 1964, S. 26-32

Moore, F. G./Hendrick, Th. E. (1977): Production/Operations Management, 7. Auflage, Homewood Illinois 1977

Muster, M./Wannöffel, M. (1989): Gruppenarbeit in der Automobilindustrie, Bochum 1989

Nitschke, C. (1988): Autonomie in der Erwerbsarbeit, Diss. Berlin 1988

Noche, B. (1990): Simulation in Produktion und Materialfluß, Entscheidungsorientierte Simulationsumgebung, Köln 1990, Diss. Dortmund 1989

Nonaka, I. (1992): Wie japanische Konzerne Wissen erzeugen, in: Harvard Manager 2/1992, S. 95-103

Oess, A. (1991): Total Quality Management: Die Praxis des Qualitätsmanagements, Wiesbaden 1991

o. V. (1991): TPM-Seminar, Tokyo Mai 1991

o. V. (1985): Flexible Fertigungssysteme, Der FFS-Report der Ingersoll Engineers, Springer Verlag, Berlin 1985

o. V. (1987): Fasim - Fertigungsablaufsimulator, Siemens Produktbeschreibung, München 1987

o. V. (1989): Tätigkeitsbericht der Fraunhofer-Gesellschaft 1989, Stuttgart 1989

o. V. (1983): VDI-Richtlinien, Anwendung der Simulationstechnik zur Materialflußplanung, in: VDI-Handbuch Materialfluß und Fördertechnik, Düsseldorf 1983, S. 2-15

Pawellek, G./Best, D. (1992): Anwendung kybernetischer Prinzipien zur Produktionsorganisation und -steuerung, in: VDI-Z 1992, Nr.3, S. 90-93

Perich, R. (1989): Unternehmensorganisation im Wandel, in: ZfO 1/1989, S. 5-14

Peters, T. (1992): Jenseits der Hierarchien, Düsseldorf 1992

Petrick, K./Reihlen, H. (1988): Qualitätssicherung und Normung, in: Masing, W. (Hrsg.): Handbuch der Qualitätssicherung, München 1988, S. 51-63

Pfrang, W. (1989): Grafische Simulation manueller Arbeitsabläufe mit integrierter Vorgabezeitermittlung nach einem System vorbestimmter Zeiten, in: Simulation und Integration, ASIM Tagungsbericht 1989, München 1989, S. 341-357

Poensgen, H./Marx, M. (1982): Die Ausgestaltung der Geschäftsbereichsorganisation in der Praxis, in: ZfB 4/1982, S. 238-249

Possienke, H./Götz, E. (1992): Reif für die Insel, in: Automobil-Produktion Juli 1992, S. 112-116

Prahalad, C. K./Hamel, G. (1991): Nur Kernkompetenzen sichern das Überleben, in: Harvard Manager 2/1991, S. 66-78

Preising, M. (1986): Rechnergestützte Qualitätsprüfung in der mechanischen Serienfertigung, in: Bläsing, J. (Hrsg.): Handbuch der Qualitätssicherung, Band 1, Baustein D1, München 1986, S. D1-33

Probst, G. J. B. (1987): Selbstorganisation, Berlin/Hamburg 1987

Pruett, J. M./Vasudev, V. K. (1990): MOSES: Manufacturing Organization and Evaluation System, in: Simulation, Januar 1990, S. 37-44

REFA (Hrsg.) (1985): Methodenlehre des Arbeitsstudiums, Teil 3, München 1985

REFA (Hrsg.) (1987): Methodenlehre der Betriebsorganisation, München 1987

Reichwald, R./ Behrbohm, P. (1983): Flexibilität als Eigenschaft produktionswirtschaftlicher Systeme, in: ZfB 9/1983, S. 831-853

Reisch, P. (1975): Job Enrichment, in: Gaugler, E. (Hrsg.): HWP, Stuttgart 1975, Sp. 1083-1090

Reiß, M. (1992): Arbeitsteilung, in: Frese, E. (Hrsg.): HWO, 3. Auflage, Stuttgart 1992, Sp. 167-178

Roepke J. (1977): Die Strategie der Innovation, Tübingen 1977

Rößner, W. (1981): Materialflußgestaltung in Fertigungssystemen, Berlin, Heidelberg, New York 1981

Rogers, B. (1986): The IBM Way, New York 1986

Rohmert, W./Weg, F.J. (1976): Organisation teilautonomer Gruppenarbeit. Betriebliche Projekte. Leitregeln zur Gestaltung, München/Wien 1976

Rückert, M (1990): Marktgerechte Gestaltung der Produktionsorganisation: Leitfaden für zukunftssichere Fabriken, Diss. Dortmund 1990

Rühl, G. (1973): Untersuchungen zur Arbeitsstrukturierung, in: Industrial Engineering (IE) 1973, Nr.3, S. 147-197

Rutt, H. N. (1990): Die flexible Organisation - eine zeitoptimale Vielzweckmaschine, in: Harvard Manager 3/1990, S. 62-72

Scharf, P./Spies, W. (1990): Fabriksimulation, in: VDI-Z 1990, Nr. 11, S. 62-65

Scheer, A.-W. (1987): CIM - Der computergesteuerte Industriebetrieb, 3. Auflage, Berlin/Heidelberg u.a. 1987

Scheuring, K. (1989): Steuerstrategien in der Fertigung - Grundlagen und Beschreibungen, in: Simulation und Integration, ASIM-Tagungsbericht 1989, München 1989, S. 209-235

Schick, J. (1990): Flexibilisierung der Produktion durch segmentierte PPS, in: ZwF, 1990, Nr. 9, S. 468-472

Schiltknecht, H. (1992): Organisationen im Wandel am Beispiel der Asea Brown Boveri Schweiz, in: Fuchs, J. (Hrsg.): Das biokybernetische Modell, Wiesbaden 1992, S. 93-112

Schmidheiny, St. (1986): Föderalismus als unternehmerisches Gestaltungsprinzip, in: Bechtler, Th. (Hrsg.): Management und Intuition, Zürich 1986, S. 99-124

Schmidt, B. (1987): Simulation von Produktionssystemen, in: Fachtagung "Rechnerintegrierte Produktionssysteme" am 27.-28. Oktober 1987, Erlangen-Nürnberg, hrsg. von Feldmann K., Geiger M., Herzog U., Niemann H., Schmidt B., Wedekind H., Höchstadt/Aisch 1987, S. 236-275

Schmidt, R. (1987): Einsatzmöglichkeiten der Simulation in der Werkstattsteuerung, in: Simulationstechnik, 4. Symposium Simulationstechnik, hrsg. von Halin J., Berlin, u.a. 1987, S. 520-538

Schonberger, R.J. (1988): Produktion auf Weltniveau, Frankfurt/New York 1988

Schuhmacher, E.J. (1983): Die Rückkehr zum menschlichen Maß: Alternativen für Wirtschaft und Technik. "Small is Beautiful", Reinbeck bei Hamburg 1983

Schulte, W. (1988):Fundament erfolgreicher Instandhaltung, Köln 1988

Schulze, L. (1988): Simulation von Materialflußsystemen, Landsberg/Lech 1988

Seidel, E./Jung, R. H./Redel, W. (1988): Führungsstil und Führungsorganisation, Band 2, Darmstadt 1988

Schweitzer, M. (1992): Profit Center, in: Frese, E. (Hrsg.): HWO, 3. Auflage, Stuttgart 1992, Sp. 2078-2089

Schweitzer, W./Baumgartner, C (1992): Off-line Qualitätskontrolle und statistische Versuchsplanung, in: ZfB 1/1992, S. 75-100

Schweitzer, W./Baumgartner, C. (1989): (Deutsche Übersetzung Taguchi G: Introduction to Quality Engineering): Quality-Engineering - Minimierung von Verlusten durch Prozeßbeherrschung, München 1989

Segler, R. (1985): Die Evolution von Organisation, Frankfurt 1985

Seliger, G. (1988): Simulation - Fabrikplanung - das integrierte Planungssystem MOSYS, in: Simulationstechnik und Fabrikbetrieb, ASIM-Fachtagung, München 1988, S. 263-281

Senge, R. M. (1990): The Leaders New Work: Building Learning Organizations, in: Sloan Management Review, Fall 1990, S. 7-23

Shingo, Sh. (1981): Study of Toyota Production System from Industrial Engineering Viewpoint, Tokio 1981

Shingo, Sh. (1992): Das Erfolgsgeheimnis der Toyota Produktion, Landsberg/Lech 1992

Simon, H. (1989): Die Zeit als strategischer Erfolgsfaktor, in: ZfB 1/1989, S. 70-93

Simon, H./Tocke, G. (1991): Lernen von Kunden und Konkurrenz, in: Sattelberger, Th. (Hrsg.): Die lernende Organisation, Wiesbaden 1991, S. 167-181

Simon, V. (1989): Soziale Unternehmensentwicklung, in: Seidel, E./Wagner, D. (Hrsg.): Organisation - Evolutionäre Interdependenzen von Kultur und Struktur der Unternehmung, Wiesbaden 1989, S. 339-352

Skinner, W. (1984): The Focused Factory, in: Harvard Business Review 1984, S. 113-121

Skinner, W. (1985): Manufacturing. The formidable competitive weapen, New York 1985

Sloan, A.P. (1964): My Years with General Motors, New York 1964

Solomons, D. (1978): The Behavioral Aspects pf Accounting Data: A Critique, in: Burns, T.F. (Hrsg.): The Behavioral Aspects of Accounting Data for Performance Evaluation, Accounting Symposium, september 25th, 1978, S. 297-304

Spur, G. (1982): Simulation zur Auslegungsplanung und Optimierung von Produktionssystemen, in: ZwF 1982, Nr. 9, S. 446-452

Spur, G./Mertins, K./Wieneke-Toutaoui, B./Rabe, M. (1990): Modellierung von Informations- und Materialflüssen für die Auslegungsplanung, in: ZwF 1990, Nr. 1, S. 8-13

Staehle, W. H. (1991): Management, 6. Auflage, München 1991

Staehle, W. H. (1992): Führungstheorien und -konzepte, in: Frese, E. (Hrsg.): HWO, 3. Auflage, Stuttgart 1992, Sp. 655-676

Stalk, G./Hout, Th. M. (1990): Zeitwettbewerb, Frankfurt/New York 1990

Stalk, G. (1989): Zeit- die entscheidende Waffe im Wettbewerb, in: Harvard Manager 1/1989, S. 37-46

Stata, R. (1989): Organizational learning - The Key to Management Innovation, in: Sloan Management Review, Spring 1989, S. 63-74

Staudt, E. (1982): Entkopplung in Mensch-Maschine-Systemen, in: ZfO 4/1982, S. 181-189

Steinle, C. (1978): Führung. Grundlagen, Prozesse und Modelle der Führung in der Unternehmung, Stuttgart 1978

Steinmann, H./Heinrich, M./ Schreyögg, G. (1976): Theorie und Praxis selbststeuernder Arbeitsgruppen, Köln 1976

Striening, H.-D. (1988): Prozeß-Management, Frankfurt 1988

Stürzl, W. (1992): Lean Production in der Praxis, Paderborn 1992

Suzaki, K. (1989): Modernes Management im Produktionsbetrieb, München/Wien 1989

Swann, D. (1983): MRP: Is it a myth or panacea? Key to answer is commitment of management to it, in: IE June 1983, S. 34-40

Sydow, J. (1991): Strategische Netzwerke in Japan. in: ZfB 7 3/1991, S. 238-254

Tannenbaum, R./Schmidt, W. H. (1958): How to Choose a Leader ship Pattern, in: , 1958, S. 95-101

Tannenbaum, R./Schmidt, W. H. (1973): Retrospective Commentary how to choose a Leadership Pattern, in Harvard Business Review 1973 S. 162-180

Taylor, F. W. (1977): Die Grundsätze wissenschaftlicher Betriebsführung, hrsg. und eingeleitet von Volkert, W./Vohrenkamp, R., Weinheim/ Basel 1977

Tempelmeier, H. (1986): Simulation fertigungswirtschaftlicher Probleme mit SLAM und SIMAN, in: Angewandte Informatik 1986, Nr. 2, S. 51-59

Thomas, W. (1989): Kostenfaktor "Indirekte Bereiche", in: AWF (Hrsg.): Fachtagung "Fertigungsinseln", Eschborn 1989, S. 158-187

Tress, D. W. (1986): Kleine Einheiten in der Produktion, in: ZfO 3/1986, S. 181-186

Treutlein, K. (1985): Fertigungsablaufanalyse als Entschediungsgrundlage für materialflußgerechte Reorganisation der Fertigung, in: Moderne Fabrikorganisation, hrsg. von Below v. E., Borges A., Hildebrandt E., Berlin, Heidelberg, New York, Tokyo 1985, S. 327-350

Tuckman, I. W. (1965): Developmental Sequence in Small Groups, in: Psychological Bulletin 1965, S. 384-399

Ulfers, H. A. (1984): Belastungsorientierte Auftragsfeigabe, in: VDI-Z 1984, Nr. 4, S. 71-77

Ulich, E. (1972): Arbeitswechsel und Aufgabenerweiterung, in: REFA Nachrichten 25 (1972), Nr. 4, S. 265-275

Ulich, E./Groskurth, P./Bruggemann, A. (1973): Neue Formen der Arbeitsgestaltung, Frankfurt 1973

Ulich, E. (1973): Aufgabenerweiterung und autonome Arbeitsgruppen, in: Industrielle Organisation 1973, Nr. 8, S. 355-357

Ulich, E. (1974): Neue Formen der Arbeitsstrukturierung, in: Fortschrittliche Betriebsführung 23 (1974), S. 187-196

Ulich, P./Fluri, E. (1978): Management - Eine konzentrierte Einführung, 2. Auflage, Stuttgart 1978

Ulbrich, H. (1949): Betriebswirtschafticthe Organisationslehre, Bern 1949

Ulbrich, H. (1989): Eine systematische Perspektive der Unternehmensorganisation, in: Evolutionäre Interdependenzen von Kultur und Struktur der Unternehmung, Festschrift für Kurt Bleicher, herausgegeben von Seidel, E./Wagner, D., Wiesbaden 1989, S. 13-26

Urban, G. (1990): Prozeßorientierung in der Organisation für eine kunden- und marktnahe Produktion, in: Wildemann, H. (Hrsg.): Kundennahe Produktion und Zulieferung durch Just-In-Time, München 1990, S. 387-404

Vajna, S. (1991): Strategien zur Integration von Entwicklung, Konstruktion und Arbeitsvorbereitung, in: VDI Berichte Nr. 65: Die Konstruktion als entscheidender Wettbewerbsfaktor, Düsseldorf 1991, S. 57-66

Vancil, R. F. (1979): Decentralization: Managing Ambiguity by Design, Homewood/Illinois 1979

Vester, F. (1983): Kybernetische Grundregeln biologischer Überlebensmechanismen als Orientierungshilfe für Unternehmen, in: Baetge, J. (Hrsg.): Kybernetische Methoden und Lösungen in der Unternehmenspraxis, Berlin 1983, S. 60-72

Vester, F. (1991): Biokybernetische Organisationsprinzipien und vernetztes Denken als Erfolgsfaktoren einer zukunftsorientierten Unternehmensgestaltung, in: von Eiff, W. (Hrsg.): Organisation - Erfolgsfaktor der Unternehmensführung, Landsberg am Lech 1991, S. 81-104

Viehwegner, B. (1989): Planung und Realisierung flexibler Fertigungssysteme, in: VDI Berichte, Nr. 757, Düsseldorf 1989, S. 113-131

Vocht, R. (1980): Qualitätsförderung, in: Masing, W. (Hrsg.): Handbuch der Qualitätssicherung, München 1980, S. 915-935

Vollmer, E. (1990): Integration von Planung und Simulation in der Fabrikplanung, Vortrag beim Techno Congress am 4. Mai 1990 in München

Wächter, H. (1974): Grundlagen der langfristigen Personalplanung - Ein soziotechnischer Ansatz, Herne/Berlin 1974

Wächter, R. (1989): Dezentrale Planung und Steuerung am Beispiel des elektrischen Leitstandes, in: AWF (Hrsg.): Fachtagung Fertigungsinseln, Eschborn 1989, S. 175-209

Wäscher, D. (1987): Gemeinkostenmanagement im Material- und Logistik-Bereich, in: ZfB 3/1987, S. 297-315

Wagner, H. (1975): Produktionssteuerung, in: Grochla, E./Wittmann, W. (Hrsg.): HWB, 4. Auflage, Stuttgart 1975, Sp. 3121-3130

Warnecke, G (1992): Die fraktale Fabrik, Berlin 1992

Warnecke, G./Remberg, A./Hanscheid, R. (1991): Toolmanagement: Organisatorische Strukturierung des Werkzeugwesens, in: VDI-Z 1991, Nr. 10, S. 89-96

Warnecke, H.-J./Fuchs, R.-M. (1989): Fertigungsinseln prägen JIT-Strukturen der Fabrik mit Zukunft, in : IO-Management-Zeitschrift 1989, Nr. 6, S. 53-57

Warnecke, H.-J./Osman, M./Weber, G. (1980): Gruppentechnologie, in: FB/IE 29/1980, S. 5-12

Warschat, J./Schweizer, W./Menges, R. (1988): Simulationsstudien unter Einbeziehung des Menschen im Arbeitsprozeß, in: Simulationstechnik und Fabrikbetrieb, ASIM-Fachtagung, München 1988, S. 133-154

Warschat, J./Wasserloos, G. (1991): Simultaneous Engineering, in: FB/IE 1991, Nr. 1, S. 22-27

Wassermann, O. (1989): Erfolgsfaktor Durchlaufzeit, Köln 1989

Weber, J. (1991): Das Geheimnis der Reorganisation bei ABB, in: Harvard Manager 3/1991, S. 9-11

Welge, M. (1975): Profit-Center, in: Grochla, E./Wittmann, W. (Hrsg.): HWB, Stuttgart 1975, Sp. 3179-3188

Wheelwright, St. C./Hayes, R. H. (1985): Fertigung als Wettbewerbsfaktor, in: Harvard Manager 4/1985, S. 87-93

Whitney, D. E. (1989): Mit multifunktionalen Teams die Fertigungskosten halbieren, in: Harvard Manager 1/1989, S. 106-113

Wiendahl, H.-P. (1983 a): Beeinflußbarkeit von Durchlaufzeiten, Beständen, Leistung und Termintreue mit Hilfe von PPS-Systemen, in: VDI (Hrsg.): VDI-Berichte Nr. 490, Düsseldorf 1983, S. 85-92

Wiendahl, H.-P. (1983 b): Betriebsorganisation für Ingenieure, München/Wien 1983

Wiendahl, H.-P. (1984): Erprobte Methoden zur Verkürzung von Durchlaufzeiten in der Produktion, in: IO-Management-Zeitschrift 1984, Nr. 9, S. 391-395

Wiendahl, H.-P. (1990): Simulationsmodelle in der Produktionsplanung und -steuerung, in: ZwF 1990, Nr. 3, S. 137-141

Wiendahl, H.-P. (1991): Analyse und Neuordnung der Fabrik, Berlin/Heidelberg u.a. 1991

Wiendahl, H.-P./Brinkmann, M. (1990): Simulation verfeinert Grobplanung, in: Jahrbuch der Logistik 1990, hrsg. von Bonny C, Düsseldorf, Frankfurt 1990, S. 166-170

Wiendahl, H.-P./Nyhius, P. (1990): Durchlauforientierte Losbildung, in: VDI-Z 132, 1990, Nr. 5, Mai

Wiertz, B. (1975): Job Enrichment, in: Management Enzyklopädie, Band 5, München 1975, S. 1741-1745

Wild, J. (1972): Produkt Management, München 1972

Wildemann, H. (1984): Flexible Werkstattsteuerung durch Integration von KANBAN-Prinzipien, München 1984

Wildemann, H. (1986): Technologieplanung als strategische Aufgabe, in: Harvard Manager 3/1986, S. 86-103

Wildemann, H. (1987): Rüstverkürzung als Unternehmensziel, in FAZ vom 27.5.1987

Wildemann, H. (1988): Produktionssynchrone Beschaffung, München 1988

Wildemann, H. (1990 a): Die Fabrik als Labor, in: ZfB (1990) S. 611-630

Wildemann, H. (1990 b): Das Just-In-Time Konzept, 2. Auflage, München 1990

Wildemann, H. (1991): Einführungsstrategien für eine computerintegrierte Produktion (CIM), München 1991

Wildemann, H. (1992 a): Die modulare Fabrik, 3. neubearbeitete Auflage, St. Gallen 1992

Wildemann, H. (1992 b): Gestaltungsaspekte indirekter Funktionen in Fertigungssegmenten: Die Bestimmung des Autonomiegrades, in: DBW 6/1992, S. 777-801

Wildemann, H. (1992 c): Unter Herstellern und Zulieferern wird die Arbeit neu verteilt, in: Harvard Manager 2/1992, S. 82-93

Wildemann, H. (1992 d): Qualitätsentwicklung in F & E, Produktion und Logistik, in: ZfB 1992 (1), S. 17-41

Wildemann, H. (1992 e): Kosten- und Leistungsbeurteilung von Qualitätssicherungssystemen, in: ZfB 1/1992, S.761-782

Wildemann, H. (1992 f): Just-In-time in Forschung, Entwicklung und Konstruktion - Leitfaden, München 1992

Wildemann, H. (1993): Die modulare Organisation - Einführung föderalistischer Organisationsprinzipien in Unternehmungen, 3. Arbeitskreissitzung Lean Management, München 1993, S. 2-83

Womack, H. P./Jones, D. T./Roos, D. (1991): Die zweite Revolution in der Autoindustrie, Frankfurt/New York 1991

Zahn, E. (1990): Strategische Antworten auf die Herausforderungen der 90er Jahre, in: Zahn, E. (Hrsg.): Europa nach 1992 - Wettbewerbsstrategien auf dem Prüfstand, Stuttgart, 1990, S. 1-24

Zirks, J. (1990): Werkzeugorganisation - grundlegende Systematik, Informationsfluß und Materialfluß, in: ISW Betriebsmittelseminar (Hrsg.): Rechnergestützte Betriebsmittelorganisation, Stuttgart 1990, S. 15-29

Zülch, G. (1989): Analyse von Organisationformen im Fertigungsbereich mit Hilfe der Simulation, in: Gestaltung CIM-fähiger Unternehmen, hrsg. von Wildemann H., München 1989, S. 291-312

Zülch, G./Grobel, Th. (1990): Analyse von Produktionssystemen mit Hilfe der Simulation, in: VDI-Z 1990, Nr. 10, S. 176-182

Zwehl, W. (1984): Wirtschaftliche Losgrößen, in: Kern, W. (Hrsg.): HWProd, Stuttgart 1984, Sp. 1163-1182

Anhang

Hilfe Basisdaten Modelldaten Überblick Simulation DOS/System Auswertung

SILC

Simulation of Integrated Logistic Chains
Version 4.0

SILC Version 4.0 MODELLPARAMETER Datei : \GRUND1.LS1 Datum : 1-4-1993

*** Liste der Produkte ***

-ID-	--Name--	Typ	Klasse	Einheit	--Preis--	Bezeichnung
1	Produkt	P	A	ST	100.00	Produkt 1
2	Produkt	P	A	ST	100.00	Produkt 2
3	Produkt	P	A	ST	150.00	Produkt 3
4	Produkt	P	A	ST	200.00	Produkt 4
5	Produkt	P	A	ST	250.00	Produkt 5
11	Produkt	M	A	ST	3000.00	Produkt 11
12	Produkt	M	A	ST	6000.00	Produkt 12
13	Produkt	M	A	ST	4500.00	Produkt 13
14	Produkt	M	A	ST	3500.00	Produkt 14
15	Produkt	M	A	ST	7500.00	Produkt 15

10 Produkte definiert

****** Liste der Lagermodule ******

Lager -ID-	Prod -ID-	Anfangs- bestand	Maximale Kapazität	Ausführungszeit --Einl.-	--Ausl.-	Kostenrate Einl.	Ausl.	Lagerkosten in % / Jahr	-----Lageralarm----- Nr	Typ	Aktion	Bestand
1000 -- Lager 1000												
1000	1	1200.0	3000.0	0.5000	0.5000	10.00	10.00	25.00	1	21	9000	500.0
1000	2	1200.0	3000.0	0.5000	0.5000	10.00	10.00	25.00	1	21	9001	500.0
1000	3	1200.0	3000.0	0.5000	0.5000	10.00	10.00	25.00	1	21	9002	500.0
1000	4	1200.0	3000.0	0.5000	0.5000	10.00	10.00	25.00	1	21	9003	500.0
1000	5	1200.0	3000.0	0.5000	0.5000	10.00	10.00	25.00	1	21	9004	500.0
1001 -- Lager 1001												
1001	11	1000.0	3000.0	0.5000	0.5000	10.00	10.00	25.00				
1001	12	1000.0	3000.0	0.5000	0.5000	10.00	10.00	25.00				
1001	13	1000.0	3000.0	0.5000	0.5000	10.00	10.00	25.00				
1001	14	1000.0	3000.0	0.5000	0.5000	10.00	10.00	25.00				
1001	15	1000.0	3000.0	0.5000	0.5000	10.00	10.00	25.00				

****** Liste der Lieferantenmodule ******

Lieferant -ID-	Prod -ID-	Produkt- preis	Maximale Liefermenge	Liefer- zeit
3000 -- Lieferant 3000				
3000	1	100.00	1000	2.0000
3000	2	100.00	1000	2.0000
3000	3	150.00	1000	2.0000
3000	4	200.00	750	2.0000
3000	5	250.00	500	1.0000

*** Liste der Kundenmodule ***

Kunde -ID-	Prod -ID-	Produkt- preis	Abnahme- zeit
2000 -- Kunde 2000			
2000	11	3000.00	0.0000
2000	12	6000.00	0.0000
2000	13	4500.00	0.0000
2000	14	3500.00	0.0000
2000	15	7500.00	0.0000

.C Version 4.0 MODELLPARAMETER Datei : \GRUND1.LS1 Datum : 1-4-1993

' Liste des Produktionmodules 4000 ***

n	--Eingabe-- Prod	Modul	--Ausgabe- Prod	Modul	Los-größe	Nr	Prio	Maschine	Werkzeug	Rüsten	Vertlg.	Bearb.zeit	Vertlg.	Kanban
						--------------------Produktionsschritte / Zeiten in Minuten---------------								
1	1	0	11	1001	800	1	1	1	1	50	3	10	3	n/a
						2	1	6	6	30	3	5	3	n/a
						3	1	10	18	120	3	12	3	n/a
						4	1	12	12	20	3	6	3	n/a
2	2	0	12	1001	1000	1	1	2	2	60	3	10	3	n/a
						2	1	7	7	40	3	10	3	n/a
						3	1	10	10	100	3	15	3	n/a
						4	1	13	13	20	3	10	3	n/a
3	3	0	13	1001	1000	1	1	3	3	20	3	10	3	n/a
						2	1	8	8	70	3	10	3	n/a
						3	1	10	19	50	3	12	3	n/a
						4	1	14	14	10	3	12	3	n/a
4	4	0	14	1001	800	1	1	4	4	20	3	15	3	n/a
						2	1	8	17	60	3	20	3	n/a
						3	1	11	11	40	3	20	3	n/a
						4	1	15	15	10	3	20	3	n/a
5	5	0	15	1001	500	1	1	5	5	10	3	10	3	n/a
						2	1	9	9	15	3	20	3	n/a
						3	1	11	20	50	3	25	3	n/a
						4	1	16	16	10	3	10	3	n/a

chine	Anzahl	Kapazität in Stunden	Ausfall-rate	----Kosten/Tag---- ---Fix--	Variabel	Strategie	---------Kanban----- ID	Batch	Limit
1	1	16.00	10.00	227.27	1320.00	FIFO			
2	1	16.00	10.00	181.82	960.00	FIFO			
3	1	16.00	10.00	181.82	600.00	FIFO			
4	1	16.00	10.00	159.09	480.00	FIFO			
5	1	16.00	10.00	159.09	840.00	FIFO			
6	1	16.00	10.00	113.64	360.00	FIFO			
7	1	16.00	10.00	181.82	480.00	FIFO			
8	1	16.00	10.00	454.55	1320.00	FIFO			
9	1	16.00	10.00	250.00	960.00	FIFO			
0	1	16.00	10.00	840.91	1320.00	FIFO			
1	1	16.00	10.00	318.18	1080.00	FIFO			
2	1	16.00	10.00	90.91	240.00	FIFO			
3	1	16.00	10.00	45.45	360.00	FIFO			
4	1	16.00	10.00	68.18	360.00	FIFO			
5	1	16.00	10.00	45.45	240.00	FIFO			
6	1	16.00	10.00	68.18	360.00	FIFO			

kzeug	Anzahl	----Kosten/Tag---- ---Fix--	Variabel	Bezeichnung
1	1	9.09	120.00	Werkzeug 1
2	1	18.18	192.00	Werkzeug 2
3	1	15.91	288.00	Werkzeug 3
4	1	11.36	240.00	Werkzeug 4
5	1	25.00	288.00	Werkzeug 5
6	1	11.36	480.00	Werkzeug 6
7	1	6.82	360.00	Werkzeug 7
8	1	15.91	240.00	Werkzeug 8
9	1	4.55	120.00	Werkzeug 9
0	1	11.36	360.00	Werkzeug 10
1	1	6.82	288.00	Werkzeug 11
2	1	2.27	120.00	Werkzeug 12
3	1	3.18	192.00	Werkzeug 13
4	1	6.82	288.00	Werkzeug 14
5	1	4.55	240.00	Werkzeug 15
6	1	6.82	480.00	Werkzeug 16
7	1	4.55	360.00	Werkzeug 17
8	1	6.82	600.00	Werkzeug 18
9	1	3.64	120.00	Werkzeug 19
0	1	4.55	288.00	Werkzeug 20

* Ende des Produktionsmodules 4000 ****

ILC Version 4.0 MODELLPARAMETER Datei : \GRUND1.LS1 Datum : 1-4-1993

** Liste der Personaltypen ***

Nr-	----Bezeichnung----	Anzahl	Lohn/Std	Arbeitszeit/Schicht
001	Personal-Typ 5001	2	48.00	8.00
002	Personal-Typ 5002	2	48.00	8.00
003	Personal-Typ 5003	2	48.00	8.00
004	Personal-Typ 5004	2	48.00	8.00
005	Personal-Typ 5005	2	48.00	8.00
006	Personal-Typ 5006	2	48.00	8.00
007	Personal-Typ 5007	2	48.00	8.00
008	Personal-Typ 5008	2	48.00	8.00
009	Personal-Typ 5009	2	48.00	8.00
010	Personal-Typ 5010	2	48.00	8.00
011	Personal-Typ 5011	2	48.00	8.00
012	Personal-Typ 5012	2	48.00	8.00
013	Personal-Typ 5013	2	48.00	8.00
014	Personal-Typ 5014	2	40.00	8.00
015	Personal-Typ 5015	2	40.00	8.00
016	Personal-Typ 5016	2	40.00	8.00
017	Personal-Typ 5017	2	37.00	8.00
018	Personal-Typ 5018	2	25.00	8.00

8 Personaltypen definiert

*** Liste der Qualifikationsstruktur der Personaltypen ***

Pers.-Typ	Trans-porte	Qualitäts-sicherung	Bedienen	Instandhalten von Maschinen	Rüsten
5001	nein	nein	1/ 6		
5002	nein	nein	2/ 7		
5003	nein	nein	3	3	3
5004	nein	nein	4	4	4
5005	nein	nein	5/ 9		
5006	nein	nein	8		
5007	nein	nein	10		
5008	nein	nein	11		
5009	nein	nein	12	12	12
5010	nein	nein	13	13	13
5011	nein	nein	14	14	14
5012	nein	nein	15	15	15
5013	nein	nein	16	16	16
5014	nein	nein		1/ 2/ 4/ 5	1/ 2/ 4/ 5
5015	nein	nein		6/ 7/ 8/ 9	6/ 7/ 8/ 9
5016	nein	nein		11/ 10	11/ 10
5017	nein	ja			
5018	ja	nein			

**** Ende des Personalmodules 5000 ****

==

Version 4.0 MODELLPARAMETER Datei : \GRUND1.LS1 Datum : 1-4-1993

==

iste der Generatoren ***

-----Reaktivierung----			----------------generierte Aktionen------------------						--Menge-	Vertlg.	Quelle	Ziel	Prod
Anzahl	--Zeit--	Vertlg.	Anzahl	---Typ---	Ausf.Zeit	Vertlg.	Gew.Termin	Vertlg.			Prod.Mod	Plan	
20	10.0000	0	1	Transport	0.5000	0	0.5000	0	300.0	0	1001	2000	11
20	10.0000	0	1	Transport	0.5000	0	0.5000	0	300.0	0	1001	2000	12
20	10.0000	0	1	Transport	0.7500	0	0.7500	0	300.0	0	1001	2000	13
20	10.0000	0	1	Transport	0.5000	0	0.5000	0	300.0	0	1001	2000	14
20	12.0000	0	1	Transport	0.5000	0	0.5000	0	300.0	0	1001	2000	15
8	20.0000	0	1	Transport	0.0000	0	0.0000	0	800.0	0	1000	4000	1
8	20.0000	0	1	Transport	0.0000	0	0.0000	0	1000.0	0	1000	4000	2
8	20.0000	0	1	Transport	0.0000	0	0.0000	0	1000.0	0	1000	4000	3
8	20.0000	0	1	Transport	0.0000	0	0.0000	0	800.0	0	1000	4000	4
9	12.0000	0	1	Transport	0.0000	0	0.0000	0	500.0	0	1000	4000	5
8	20.0000	0	1	Transport	0.0000	0	0.0000	0	1000.0	0	3000	1000	1
8	30.0000	0	1	Transport	0.0000	0	0.0000	0	1000.0	0	3000	1000	2
8	30.0000	0	1	Transport	0.0000	0	0.0000	0	1000.0	0	3000	1000	3
8	15.0000	0	1	Transport	0.0000	0	0.0000	0	750.0	0	3000	1000	4
10	10.0000	0	1	Transport	0.0000	0	0.0000	0	500.0	0	3000	1000	5
6	25.0000	0	1	Produktion	0.5000	0	30.0000	0	800.0	0	4000	1	
6	30.0000	0	1	Produktion	0.5000	0	49.0000	0	1000.0	0	4000	2	
6	30.0000	0	1	Produktion	0.7500	0	44.0000	0	1000.0	0	4000	3	
6	32.0000	0	1	Produktion	0.5000	0	63.0000	0	800.0	0	4000	4	
12	15.0000	0	1	Produktion	0.5000	0	33.0000	0	500.0	0	4000	5	

neratoren gefunden

iste der Aktionen in der Warteschlange (Auftragsliste) ***

--Zeit--	Zustand	Typ	Parameter
0.0001	0	10	Generator: ID=4001
0.0002	0	10	Generator: ID=4002
0.0003	0	10	Generator: ID=4003
0.0004	0	10	Generator: ID=4004
0.0005	0	10	Generator: ID=4005
1.0000	0	10	Generator: ID=9010
1.0001	0	10	Generator: ID=9011
1.0002	0	10	Generator: ID=9012
1.0003	0	10	Generator: ID=9013
1.0004	0	10	Generator: ID=9014
14.0000	0	10	Generator: ID=1
14.0001	0	10	Generator: ID=2
14.0002	0	10	Generator: ID=3
14.0003	0	10	Generator: ID=4
14.0004	0	10	Generator: ID=5
300.0000	0	999	*** STOP SIMULATIONSLAUF ***

6 Einträge in der Warteschlange (16 max, 16 dargestellt) ***

===

SILC Version 4.0 MODELLPARAMETER Datei : \GRUND1.LS1 Datum : 1-4-1993

===

------- Liste der statistischen Verteilungen ------

ID	Typ	untere Grenze	obere Grenze	Parameter
1	1 (Gleichvertlg.)	0.99	1.01	
2	1 (Gleichvertlg.)	0.98	1.02	
3	1 (Gleichvertlg.)	0.95	1.05	
4	1 (Gleichvertlg.)	0.90	1.10	
5	1 (Gleichvertlg.)	0.85	1.05	
6	1 (Gleichvertlg.)	0.80	1.20	
7	1 (Gleichvertlg.)	0.75	1.25	
8	1 (Gleichvertlg.)	0.50	1.50	
9	1 (Gleichvertlg.)	0.00	2.00	
11	2 (Dreiecksvertlg.)	0.99	1.01	Spitze bei 1.00
12	2 (Dreiecksvertlg.)	0.95	1.05	Spitze bei 1.00
13	2 (Dreiecksvertlg.)	0.90	1.10	Spitze bei 1.00
14	2 (Dreiecksvertlg.)	0.50	1.50	Spitze bei 1.00
15	2 (Dreiecksvertlg.)	1.00	1.01	Spitze bei 1.00
16	2 (Dreiecksvertlg.)	1.00	1.05	Spitze bei 1.00
17	2 (Dreiecksvertlg.)	1.00	1.10	Spitze bei 1.00
18	2 (Dreiecksvertlg.)	1.00	1.50	Spitze bei 1.00
19	2 (Dreiecksvertlg.)	0.99	1.00	Spitze bei 1.00
20	2 (Dreiecksvertlg.)	0.95	1.00	Spitze bei 1.00
21	2 (Dreiecksvertlg.)	0.90	1.00	Spitze bei 1.00
22	2 (Dreiecksvertlg.)	0.50	1.00	Spitze bei 1.00
31	3 (Normalvertlg.)	0.99	1.01	Anzahl der gez. Werte = 6
32	3 (Normalvertlg.)	0.95	1.05	Anzahl der gez. Werte = 6
33	3 (Normalvertlg.)	0.90	1.10	Anzahl der gez. Werte = 6
34	3 (Normalvertlg.)	0.75	1.25	Anzahl der gez. Werte = 6

Insgesamt 25 Verteilungen definiert.

!

```
=====================================================================================================
C Version 4.0                MODELLERGEBNISSE          Datei :    GRUND1.LS2          Datum : 1-4-1993
=====================================================================================================
```

Liste der Produkte ***

-	--Name--	Typ	Klasse	Einheit	--Preis--	Bezeichnung
1	Produkt	P	A	ST	100.00	Produkt 1
2	Produkt	P	A	ST	100.00	Produkt 2
3	Produkt	P	A	ST	150.00	Produkt 3
4	Produkt	P	A	ST	200.00	Produkt 4
5	Produkt	P	A	ST	250.00	Produkt 5
1	Produkt	M	A	ST	3000.00	Produkt 11
2	Produkt	M	A	ST	6000.00	Produkt 12
3	Produkt	M	A	ST	4500.00	Produkt 13
4	Produkt	M	A	ST	3500.00	Produkt 14
5	Produkt	M	A	ST	7500.00	Produkt 15

Produkte definiert

*** Liste der Lagermodule ******

er -	Prod -ID-	Anfangs- bestand	Maximale Kapazität	Gegenwärtiger ---Bestand---	Durchschnittl. ---Bestand---	Lager- kosten	--Lageraktivitäten-- Einl.	Ausl.	Kosten	Ein-/Ausl.Warteschlange Anzahl	Max	Anzahl	Max
0 --	Lager 1000												
0	1	1200.0	3000.0	3000.0	1988.3	225.9	9	9	180.0	0	1	0	0
0	2	1200.0	3000.0	2200.0	1810.4	205.7	10	9	190.0	0	2	0	0
0	3	1200.0	3000.0	2200.0	1810.4	308.6	10	9	190.0	0	2	0	0
0	4	1200.0	3000.0	750.0	1730.4	393.3	9	9	180.0	0	1	0	0
0	5	1200.0	3000.0	1700.0	1023.8	290.8	11	10	210.0	0	0	0	0
1 --	Lager 1001												
1	11	1000.0	3000.0	300.0	327.6	1116.8	7	21	280.0	0	0	0	4
1	12	1000.0	3000.0	1700.0	299.4	2041.4	7	21	280.0	0	0	0	5
1	13	1000.0	3000.0	1700.0	247.5	1265.4	7	21	280.0	0	0	0	5
1	14	1000.0	3000.0	300.0	178.2	708.6	7	21	280.0	0	0	0	9
1	15	1000.0	3000.0	0.0	464.0	3954.4	10	20	300.0	0	0	1	1

* Liste der Lageraktivitäten ***

ger	Prod	Anz.	---Losgröße--- Min	Max	Kum.Menge	Einge- lagert	Anz.	Ausge- lagert	Anz.	-------Lagerbestand---- Min	Max	Gegenw.
1000	1	18	800	1000	16200	9000	9	7200	9	400	3000	3000
1000	2	19	1000	1000	19000	10000	10	9000	9	200	2200	2200
1000	3	19	1000	1000	19000	10000	10	9000	9	200	2200	2200
1000	4	18	750	800	13950	6750	9	7200	9	400	2500	750
1000	5	21	500	500	10500	5500	11	5000	10	200	1700	1700
1001	11	28	300	800	11900	5600	7	6300	21	0	1200	300
1001	12	28	300	1000	13300	7000	7	6300	21	0	1700	1700
1001	13	28	300	1000	13300	7000	7	6300	21	0	1700	1700
1001	14	28	300	800	11900	5600	7	6300	21	0	1000	300
1001	15	30	300	500	11000	5000	10	6000	20	0	900	0

SILC Version 4.0	MODELLERGEBNISSE	Datei : GRUN01.LS2	Datum : 1-4-1993

*** Liste der Transportaktivitäten ***

				------Ausführungszeit------			----Losgröße---		
Quelle	Ziel	Prod	Anz.	Min	Max	Kumuliert	Min	Max	Kum.Menge
1000	4000	1	9	0.5000	0.5000	4.5000	800	800	7200
1000	4000	2	9	0.5000	0.5000	4.5000	1000	1000	9000
1000	4000	3	9	0.5000	0.5000	4.5000	1000	1000	9000
1000	4000	4	9	0.5000	0.5000	4.5000	800	800	7200
1000	4000	5	10	0.5000	0.5000	5.0000	500	500	5000
1001	2000	11	21	0.5000	31.6945	193.5496	300	300	6300
1001	2000	12	21	0.5000	42.7006	241.6293	300	300	6300
1001	2000	13	21	0.5000	57.4850	461.9464	300	300	6300
1001	2000	14	21	0.5000	101.1269	1223.2132	300	300	6300
1001	2000	15	20	0.5000	7.7687	17.2687	300	300	6000
3000	1000	1	9	2.5000	3.0000	24.5000	1000	1000	9000
3000	1000	2	10	2.5000	23.0000	88.0000	1000	1000	10000
3000	1000	3	10	2.5000	23.0000	88.0000	1000	1000	10000
3000	1000	4	9	2.5000	3.0000	23.0000	750	750	6750
3000	1000	5	11	1.5000	1.5000	16.5000	500	500	5500
4000	1001	11	7	0.5000	0.5000	3.5000	800	800	5600
4000	1001	12	7	0.5000	0.5000	3.5000	1000	1000	7000
4000	1001	13	7	0.5000	0.5000	3.5000	1000	1000	7000
4000	1001	14	7	0.5000	0.5000	3.5000	800	800	5600
4000	1001	15	10	0.5000	0.5000	5.0000	500	500	5000

****** Liste der Lieferantenmodule ******

Lieferant -ID-	Prod -ID-	Anzahl Auslieferungen	Ausgelieferte ----Menge----	Wert der ausgel. -----Menge-----
3000 -- Lieferant 3000				
3000	1	9	9000.0	900000.0
3000	2	10	10000.0	1000000.0
3000	3	10	10000.0	1500000.0
3000	4	9	6750.0	1350000.0
3000	5	11	5500.0	1375000.0

*** Liste der Kundenmodule ***

Kunde -ID-	Prod -ID-	Anzahl der -Aufträge-	Ausgelieferte ----Menge----	Wert der ausgel. -----Menge-----
2000 -- Kunde 2000				
2000	11	21	6300.0	18900000.0
2000	12	21	6300.0	37800000.0
2000	13	21	6300.0	28350000.0
2000	14	21	6300.0	22050000.0
2000	15	20	6000.0	45000000.0

** Liste des Produktionsmodules 4000 ***

ischine -ID--	Leerzeit	Verfügbare Kapazität	Warten auf -Werkzeug-	Rüstzeit	Warten auf -Auftrag-	Prod.-zeit	Letzte Aktivität	Fixkosten (F) Var.Kosten(V)	Gesamt-kosten
	-------------Maschinenauslastungzeiten in Prozent------------								
1.1	42.32	33.21	0.00	0.02	0.00	24.45	159.5873	36269.8 (F)	87810.7
	63.37	n/a	0.00	0.03	0.00	36.60		51540.9 (V)	
2.1	41.65	33.32	0.00	0.02	0.00	25.01	192.0792	34923.5 (F)	81077.9
	62.46	n/a	0.00	0.03	0.00	37.51		46154.4 (V)	
3.1	38.56	36.03	0.00	0.01	0.00	25.41	193.1518	35118.5 (F)	64574.4
	60.27	n/a	0.00	0.01	0.00	39.72		29455.9 (V)	
4.1	38.06	33.24	0.00	0.01	0.00	28.69	205.5501	32701.2 (F)	61014.9
	57.01	n/a	0.00	0.01	0.00	42.98		28313.8 (V)	
5.1	42.01	33.19	0.00	0.00	0.00	24.79	141.6198	22530.4 (F)	52031.5
	62.88	n/a	0.00	0.01	0.00	37.11		29501.1 (V)	
6.1	54.46	33.31	0.00	0.01	0.00	12.22	164.1224	18650.3 (F)	25875.0
	81.66	n/a	0.00	0.02	0.00	18.32		7224.8 (V)	
7.1	42.34	33.23	0.00	0.01	0.00	24.42	202.6004	36836.4 (F)	60592.7
	63.41	n/a	0.00	0.02	0.00	36.57		23756.3 (V)	
8.1	9.22	33.28	0.00	0.29	0.00	57.22	222.3740	101079.1 (F)	269870.7
	13.82	n/a	0.00	0.43	0.00	85.75		168791.7 (V)	
9.1	20.80	33.23	0.00	0.01	0.00	45.97	152.4930	38123.3 (F)	105431.7
	31.14	n/a	0.00	0.01	0.00	68.85		67308.5 (V)	
10.1	3.39	33.29	0.00	0.44	0.00	62.89	285.3528	239955.8 (F)	478453.5
	5.08	n/a	0.00	0.66	0.00	94.26		238497.7 (V)	
11.1	4.64	33.31	0.00	0.12	0.00	61.93	272.1991	86608.8 (F)	269018.7
	6.96	n/a	0.00	0.18	0.00	92.86		182409.9 (V)	
12.1	56.35	33.30	0.00	0.01	0.00	10.34	233.2115	21201.0 (F)	26991.9
	84.49	n/a	0.00	0.01	0.00	15.50		5790.8 (V)	
13.1	49.19	33.31	0.00	0.00	0.00	17.49	283.1689	12871.3 (F)	30705.1
	73.77	n/a	0.00	0.01	0.00	26.23		17833.8 (V)	
14.1	46.84	33.31	0.00	0.00	0.00	19.84	298.1794	20330.4 (F)	41632.9
	70.24	n/a	0.00	0.00	0.00	29.75		21302.4 (V)	
15.1	38.93	33.29	0.00	0.00	0.00	27.78	289.3589	13152.7 (F)	32445.2
	58.36	n/a	0.00	0.00	0.00	41.64		19292.5 (V)	
16.1	51.18	33.25	0.00	0.00	0.00	15.57	226.5516	15446.7 (F)	28147.7
	76.67	n/a	0.00	0.00	0.00	23.33		12701.0 (V)	

ischine ID--	Leerzeit	Verfügbare Kapazität	Warten auf -Werkzeug-	Rüstzeit	Warten auf -Auftrag-	Prod.-zeit	Letzte Aktivität
	--------------Maschinenauslastungzeiten in Tagen----------------						
1.1	67.5411	53.0000	0.0000	0.0333	0.0000	39.0128	159.5873
2.1	80.0016	64.0000	0.0000	0.0401	0.0000	48.0374	192.0792
3.1	74.4739	69.5847	0.0000	0.0138	0.0000	49.0793	193.1518
4.1	78.2297	68.3333	0.0000	0.0145	0.0000	58.9725	205.5501
5.1	59.4995	47.0000	0.0000	0.0068	0.0000	35.1135	141.6198
6.1	89.3869	54.6667	0.0000	0.0201	0.0000	20.0487	164.1224
7.1	85.7748	67.3333	0.0000	0.0268	0.0000	49.4654	202.6004
8.1	20.5015	74.0000	0.0000	0.6369	0.0000	127.2356	222.3740
9.1	31.7134	50.6667	0.0000	0.0101	0.0000	70.1029	152.4930
10.1	9.6727	95.0000	0.0000	1.2490	0.0000	179.4311	285.3528
11.1	12.6343	90.6667	0.0000	0.3192	0.0000	168.5789	272.1991
12.1	131.4165	77.6667	0.0000	0.0137	0.0000	24.1147	233.2115
13.1	139.2973	94.3333	0.0000	0.0135	0.0000	49.5248	283.1689
14.1	139.6726	99.3333	0.0000	0.0073	0.0000	59.1661	298.1794
15.1	112.6401	96.3333	0.0000	0.0070	0.0000	80.3785	289.3589
16.1	115.9378	75.3333	0.0000	0.0068	0.0000	35.2737	226.5516

rkzeug --ID---	Rüstvor-gänge	Rüstzeit	Aktionszeit	Letzte Aktivität	zul. mont. auf Masch.	------Kosten------ ---Fix--	Variabel	Gesamtkosten
1. 1	1	0.0333	39.0128	159.5873	1	1450.79	4681.54	6132.3
2. 1	1	0.0401	48.0374	192.0792	2	3492.35	9223.19	12715.5
3. 1	1	0.0138	49.0793	193.1518	3	3072.87	14134.83	17207.7
4. 1	1	0.0145	58.9725	205.5501	4	2335.80	14153.40	16489.2
5. 1	1	0.0068	35.1135	141.6198	5	3540.50	10112.69	13653.2
6. 1	1	0.0201	20.0487	164.1224	6	1865.03	9623.37	11488.4
7. 1	1	0.0268	49.4654	202.6004	7	1381.37	17807.56	19188.9
8. 1	7	0.3413	49.0388	204.0336	8	3245.99	11769.30	15015.3
9. 1	1	0.0101	70.1029	152.4930	9	693.15	8412.35	9105.5
10. 1	7	0.4911	72.9831	272.3619	10	3095.02	26273.92	29368.9
11. 1	5	0.1406	79.5066	272.1991	11	1855.90	22897.90	24753.8
12. 1	1	0.0137	24.1147	233.2115	12	530.03	2893.77	3423.8

13.	1	1	0.0135	49.5248	283.1689	13	900.99	9508.76	10409.8
14.	1	1	0.0073	59.1661	298.1794	14	2033.04	17039.84	19072.9
15.	1	1	0.0070	80.3785	289.3589	15	1315.27	19290.83	20606.1
16.	1	1	0.0068	35.2737	226.5516	16	1544.67	16931.37	18476.0
17.	1	7	0.2956	78.1968	222.3740	8	1010.79	28150.86	29161.6
18.	1	6	0.5145	47.1170	228.1941	0	1555.87	28270.17	29826.0
19.	1	7	0.2434	59.3311	285.3528	10	1037.65	7119.73	8157.4
20.	1	5	0.1786	89.0723	221.3627	11	1006.19	25652.81	26659.0

Produkt -ID-	Gegenwärtiger ---Bestand---	Durchschnittl. ---Bestand---	--Maximaler-- ---Bestand---	Letzte Aktivität
1	1600	658	1600	160.5001
2	2000	1537	3000	181.5001
3	2000	1547	3000	181.7502
4	1600	1426	3200	193.5003
5	0	531	1000	136.5004
11	0	0	800	233.2115
12	0	0	1000	283.1689
13	0	0	1000	298.1794
14	0	0	800	289.3589
15	0	0	500	226.5516

			Durchlaufzeiten in der Produktion				Terminabweichung	
Plan	Seq	Prod.Menge	Min	Max	Gesamt	je EH	Min	Max
1	4	5600	28.0838	83.6945	427.1879	0.0763	-1.9162	53.6945
2	4	7000	49.0491	102.8336	547.1438	0.0782	0.0491	53.8336
3	4	7000	63.4118	117.5295	649.6027	0.0928	19.4118	73.5295
4	4	5600	78.5544	125.1269	718.6127	0.1283	15.5544	62.1269
5	4	5000	34.5979	91.7687	631.8662	0.1264	1.5979	58.7687

*** Bestände in der Produktion ***

Plan -ID-	---PPM-Bestand--- Gegenw.	Durchsch	Max.Bst	Seq	--Pufferbestände- Maschine	Gegenw.	Max.Bst
1	0	1408	2400	1- 2	1	0	800
				2- 3	6	0	2400
				3- 4	10	0	800
2	0	1734	3000	1- 2	2	0	1000
				2- 3	7	0	2000
				3- 4	10	0	1000
3	0	2160	4000	1- 2	3	0	1000
				2- 3	8	0	3000
				3- 4	10	0	1000
4	0	1988	3200	1- 2	4	0	800
				2- 3	8	0	1600
				3- 4	11	0	800
5	0	1395	2500	1- 2	5	0	500
				2- 3	9	0	1500
				3- 4	11	0	500

*** Ende Produktionsmodul 4000 ****

Version 4.0 MODELLERGEBNISSE Datei : GRUND1.LS2 Datum : 1-4-1993

iste der Aktivitäten der Personaltypen ***

- Anz.	--- Aufgewendete Zeit in Tagen pro Arbeiter --- Transporte	Qualitäts-prüfung	Bedienen	Rüsten	Instandh.	Leerzeiten	Überstunden	Verfügbare Kapazität	Letzte Aktivität	Kosten
			-------- von Maschinen --------							
2	0.0000	0.0000	18.6667	0.0000	0.0000	36.0408	0.0000	109.4149	164.1224	126046.01
2	0.0000	0.0000	39.0011	0.0000	0.0000	28.5323	0.0000	135.0670	202.6004	155597.13
2	0.0000	0.0000	19.6317	0.0069	9.6576	35.0877	0.0000	128.7678	193.1518	148340.56
2	0.0000	0.0000	23.5890	0.0036	5.1388	39.7853	0.0000	137.0334	205.5501	157862.49
2	0.0000	0.0000	40.3309	0.0000	0.0000	10.5001	0.0000	101.6620	152.4930	117114.66
2	0.0000	0.0000	44.5325	0.0000	0.0000	29.5922	0.0000	148.2493	222.3740	170783.21
2	0.0000	0.0000	71.7724	0.0000	0.0000	23.3452	0.0000	190.2352	285.3528	219150.98
2	0.0000	0.0000	59.0026	0.0000	0.0000	31.7304	0.0000	181.4660	272.1991	209048.89
2	0.0000	0.0000	6.0287	0.0068	11.6606	60.0411	0.0000	155.4743	233.2115	179106.44
2	0.0000	0.0000	14.8574	0.0068	14.1584	65.3670	0.0000	188.7793	283.1689	217473.75
2	0.0000	0.0000	23.6664	0.0037	14.9090	60.8140	0.0000	198.7863	298.1794	229001.76
2	0.0000	0.0000	24.1135	0.0035	14.4679	57.8680	0.0000	192.9059	289.3589	222227.63
2	0.0000	0.0000	12.3458	0.0034	11.3276	51.8404	0.0000	151.0344	226.5516	173991.63
2	0.0000	0.0000	0.0000	0.0437	29.8031	38.6699	0.0000	137.0334	205.5501	131552.07
2	0.0000	0.0000	0.0000	0.3470	37.0795	36.6982	0.0000	148.2493	222.3740	142319.34
2	0.0000	0.0000	0.0000	0.7841	27.8776	66.4559	0.0000	190.2352	285.3528	182625.82
2	0.0000	74.3603	0.0000	0.0000	0.0000	25.0328	0.0000	198.7863	298.1794	176522.19
2	21.0000	0.0000	0.0000	0.0000	0.0000	78.3931	0.0000	198.7863	298.1794	119271.75

```
=======================================================================================================
SILC Version 4.0          MODELLERGEBNISSE          Datei :    GRUND1.LS2          Datum : 1-4-1993
=======================================================================================================


*** Liste der nicht bearbeiteten Aufträge ***



*** Liste der Aktionen in der Warteschlange (Lager 1001 / Produkt 15 / Warten auf Auslagerung) ***

-ID-  --Zeit--  Zustand  Typ  Parameter
 678  254.5004        1    1  Transport: Prod=15 Q=300.0 Quelle=1001 Ziel=2000
*** 1 Einträge in der Warteschlange (1 max, 1 dargestellt) ***

*** Liste der Aktionen in der Warteschlange (Auftragsliste) ***

-ID-  --Zeit--  Zustand  Typ  Parameter
  16  300.0000        0  999  *** STOP SIMULATIONSLAUF ***
*** 1 Einträge in der Warteschlange (39 max, 1 dargestellt) ***
:
```

.C Version 4.0 MODELLPARAMETER Datei : \GRUND2.LS1 Datum : 1-4-1993

' Liste der Produkte ***

-	--Name--	Typ	Klasse	Einheit	--Preis--	Bezeichnung
1	Produkt	P	A	ST	100.00	Produkt 1
2	Produkt	P	A	ST	100.00	Produkt 2
3	Produkt	P	A	ST	150.00	Produkt 3
4	Produkt	P	A	ST	200.00	Produkt 4
5	Produkt	P	A	ST	250.00	Produkt 5
1	Produkt	M	A	ST	3000.00	Produkt 11
2	Produkt	M	A	ST	6000.00	Produkt 12
3	Produkt	M	A	ST	4500.00	Produkt 13
4	Produkt	M	A	ST	3500.00	Produkt 14
5	Produkt	M	A	ST	7500.00	Produkt 15

Produkte definiert

*** Liste der Lagermodule ******

er -	Prod -ID-	Anfangs- bestand	Maximale Kapazität	Ausführungszeit --Einl.-	--Ausl.-	Kostenrate Einl.	Ausl.	Lagerkosten in % / Jahr	-----Lageralarm----- Nr	Typ	Aktion	Bestand
0 -- Lager 1000												
0	1	1200.0	3000.0	0.5000	0.5000	10.00	10.00	25.00	1	21	9000	500.0
0	2	1200.0	3000.0	0.5000	0.5000	10.00	10.00	25.00	1	21	9001	500.0
0	3	1200.0	3000.0	0.5000	0.5000	10.00	10.00	25.00	1	21	9002	500.0
0	4	1200.0	3000.0	0.5000	0.5000	10.00	10.00	25.00	1	21	9003	500.0
0	5	1200.0	3000.0	0.5000	0.5000	10.00	10.00	25.00	1	21	9004	500.0
1 -- Lager 1001												
1	11	1000.0	3000.0	0.5000	0.5000	10.00	10.00	25.00				
1	12	1000.0	3000.0	0.5000	0.5000	10.00	10.00	25.00				
1	13	1000.0	3000.0	0.5000	0.5000	10.00	10.00	25.00				
1	14	1000.0	3000.0	0.5000	0.5000	10.00	10.00	25.00				
1	15	1000.0	3000.0	0.5000	0.5000	10.00	10.00	25.00				

**** Liste der Lieferantenmodule ******

eferant -	Prod -ID-	Produkt- preis	Maximale Liefermenge	Liefer- zeit
00 -- Lieferant 3000				
00	1	100.00	1000	2.0000
00	2	100.00	1000	2.0000
00	3	150.00	1000	2.0000
00	4	200.00	750	2.0000
00	5	250.00	500	1.0000

* Liste der Kundenmodule ***

nde D-	Prod -ID-	Produkt- preis	Abnahme- zeit
00 -- Kunde 2000			
00	11	3000.00	0.0000
00	12	6000.00	0.0000
00	13	4500.00	0.0000
00	14	3500.00	0.0000
00	15	7500.00	0.0000

==
SILC Version 4.0 MODELLPARAMETER Datei : \GRUND2.LS1 Datum : 1-4-1993
==

*** Liste des Produktionmodules 4000 ***

	--Eingabe--		--Ausgabe-		Los-	-----Produktionsschritte / Zeiten in Minuten-----								
Plan	Prod	Modul	Prod	Modul	größe	Nr	Prio	Maschine	Werkzeug	Rüsten	Vertlg.	Bearb.zeit	Vertlg.	Kanban
1	1	0	11	1001	800	1	1	1	1	50	3	10	3	n/a
						2	1	6	6	30	3	5	3	n/a
						3	1	11	11	10	3	10	3	n/a
						4	1	16	16	10	3	6	3	n/a
2	2	0	12	1001	1000	1	1	2	2	60	3	10	3	n/a
						2	1	7	7	40	3	10	3	n/a
						3	1	12	12	10	3	15	3	n/a
						4	1	17	17	10	3	10	3	n/a
3	3	0	13	1001	1000	1	1	3	3	20	3	10	3	n/a
						2	1	8	8	15	3	10	3	n/a
						3	1	13	13	15	3	12	3	n/a
						4	1	18	18	10	3	10	3	n/a
4	4	0	14	1001	800	1	1	4	4	20	3	15	3	n/a
						2	1	9	9	20	3	20	3	n/a
						3	1	14	14	15	3	20	3	n/a
						4	1	19	19	10	3	20	3	n/a
5	5	0	15	1001	500	1	1	5	5	10	3	10	3	n/a
						2	1	10	10	15	3	20	3	n/a
						3	1	15	15	10	3	20	3	n/a
						4	1	20	20	10	3	10	3	n/a

Maschine	Anzahl	Kapazität	Ausfall-	----Kosten/Tag----		Strategie	---------Kanban-----		
-ID-		in Stunden	rate	---Fix--	Variabel		ID	Batch	Limit
1	1	16.00	10.00	227.27	1320.00	FIFO			
2	1	16.00	10.00	181.82	960.00	FIFO			
3	1	16.00	10.00	181.82	600.00	FIFO			
4	1	16.00	10.00	159.09	480.00	FIFO			
5	1	16.00	10.00	159.09	840.00	FIFO			
6	1	16.00	10.00	113.64	360.00	FIFO			
7	1	16.00	10.00	181.82	480.00	FIFO			
8	1	16.00	10.00	227.27	840.00	FIFO			
9	1	16.00	10.00	250.00	960.00	FIFO			
10	1	16.00	10.00	159.09	600.00	FIFO			
11	1	16.00	10.00	181.82	600.00	FIFO			
12	1	16.00	10.00	136.36	480.00	FIFO			
13	1	16.00	10.00	136.36	360.00	FIFO			
14	1	16.00	10.00	113.64	360.00	FIFO			
15	1	16.00	10.00	90.91	360.00	FIFO			
16	1	16.00	10.00	6.82	360.00	FIFO			
17	1	16.00	10.00	90.91	240.00	FIFO			
18	1	16.00	10.00	45.45	360.00	FIFO			
19	1	16.00	10.00	45.45	360.00	FIFO			
20	1	16.00	10.00	45.45	360.00	FIFO			

Werkzeug	Anzahl	----Kosten/Tag----		Bezeichnung
-ID-		---Fix--	Variabel	
1	1	9.09	120.00	Werkzeug 1
2	1	18.18	192.00	Werkzeug 2
3	1	15.91	288.00	Werkzeug 3
4	1	11.36	240.00	Werkzeug 4
5	1	25.00	288.00	Werkzeug 5
6	1	11.36	480.00	Werkzeug 6
7	1	6.82	360.00	Werkzeug 7
8	1	15.91	240.00	Werkzeug 8
9	1	4.55	120.00	Werkzeug 9
10	1	11.36	360.00	Werkzeug 10
11	1	6.82	288.00	Werkzeug 11
12	1	2.27	120.00	Werkzeug 12
13	1	3.18	192.00	Werkzeug 13
14	1	6.82	288.00	Werkzeug 14
15	1	4.55	240.00	Werkzeug 15
16	1	6.82	480.00	Werkzeug 16
17	1	4.55	360.00	Werkzeug 17
18	1	6.82	600.00	Werkzeug 18
19	1	3.64	120.00	Werkzeug 19
20	1	4.55	288.00	Werkzeug 20

**** Ende des Produktionsmodules 4000 ****

LC Version 4.0 MODELLPARAMETER Datei : \GRUND2.LS1 Datum : 1-4-1993

** Liste der Personaltypen ***

r-	----Bezeichnung----	Anzahl	Lohn/Std	Arbeitszeit/Schicht
01	Personal-Typ 5001	2	48.00	8.00
02	Personal-Typ 5002	2	48.00	8.00
03	Personal-Typ 5003	2	48.00	8.00
04	Personal-Typ 5004	2	48.00	8.00
05	Personal-Typ 5005	2	48.00	8.00
06	Personal-Typ 5006	2	48.00	8.00
07	Personal-Typ 5007	2	48.00	8.00
08	Personal-Typ 5008	2	48.00	8.00
09	Personal-Typ 5009	2	48.00	8.00
10	Personal-Typ 5010	2	48.00	8.00
11	Personal-Typ 5011	2	40.00	8.00
12	Personal-Typ 5012	2	40.00	8.00
13	Personal-Typ 5013	2	40.00	8.00
14	Personal-Typ 5014	2	40.00	8.00
15	Personal-Typ 5015	2	37.00	8.00
16	Personal-Typ 5016	2	25.00	8.00

Personaltypen definiert

** Liste der Qualifikationsstruktur der Personaltypen ***

ers.-yp	Trans-porte	Qualitäts-sicherung	Bedienen	Instandhalten von Maschinen	Rüsten
5001	nein	nein	1/ 6		
5002	nein	nein	2/ 7		
5003	nein	nein	3/ 8		
5004	nein	nein	4/ 9		
5005	nein	nein	5/ 10		
5006	nein	nein	11/ 16		
5007	nein	nein	12/ 17		
5008	nein	nein	13/ 18		
5009	nein	nein	14/ 19		
5010	nein	nein	15/ 20		
5011	nein	nein		1/ 2/ 3/ 4/ 5	1/ 2/ 3/ 4/ 5
5012	nein	nein		6/ 7/ 8/ 9/ 10	6/ 7/ 8/ 9/ 10
5013	nein	nein		11/ 12/ 13/ 14/ 15	11/ 12/ 13/ 14/ 15
5014	nein	nein		16/ 17/ 18/ 19/ 20	16/ 17/ 18/ 19/ 20
5015	nein	ja			
5016	ja	nein			

*** Ende des Personalmodules 5000 ****

==

SILC Version 4.0 MODELLPARAMETER Datei : \GRUND2.LS1 Datum : 1-4-1993

==

*** Liste der Generatoren ***

-ID-	-----Reaktivierung----			----------------generierte Aktionen----------------						--Menge-	Vertlg.	Quelle	Ziel	Pro
	Anzahl	--Zeit--	Vertlg.	Anzahl	---Typ---	Ausf.Zeit	Vertlg.	Gew.Termin	Vertlg.			Prod.Mod	Plan	
1	20	10.0000	0	1	Transport	0.5000	0	0.5000	0	300.0	0	1001	2000	1
2	20	10.0000	0	1	Transport	0.5000	0	0.5000	0	300.0	0	1001	2000	1
3	20	10.0000	0	1	Transport	0.7500	0	0.7500	0	300.0	0	1001	2000	1
4	20	10.0000	0	1	Transport	0.5000	0	0.5000	0	300.0	0	1001	2000	
5	20	12.0000	0	1	Transport	0.5000	0	0.5000	0	300.0	0	1001	2000	
4001	8	20.0000	0	1	Transport	0.0000	0	0.0000	0	800.0	0	1000	4000	
4002	8	20.0000	0	1	Transport	0.0000	0	0.0000	0	1000.0	0	1000	4000	
4003	8	20.0000	0	1	Transport	0.0000	0	0.0000	0	1000.0	0	1000	4000	
4004	8	20.0000	0	1	Transport	0.0000	0	0.0000	0	800.0	0	1000	4000	
4005	9	12.0000	0	1	Transport	0.0000	0	0.0000	0	500.0	0	1000	4000	
9000	8	20.0000	0	1	Transport	0.0000	0	0.0000	0	1000.0	0	3000	1000	
9001	8	30.0000	0	1	Transport	0.0000	0	0.0000	0	1000.0	0	3000	1000	
9002	8	30.0000	0	1	Transport	0.0000	0	0.0000	0	1000.0	0	3000	1000	
9003	8	15.0000	0	1	Transport	0.0000	0	0.0000	0	750.0	0	3000	1000	
9004	10	10.0000	0	1	Transport	0.0000	0	0.0000	0	500.0	0	3000	1000	
9010	6	25.0000	0	1	Produktion	0.5000	0	30.0000	0	800.0	0	4000	1	
9011	6	30.0000	0	1	Produktion	0.5000	0	49.0000	0	1000.0	0	4000	2	
9012	6	30.0000	0	1	Produktion	0.7500	0	44.0000	0	1000.0	0	4000	3	
9013	6	32.0000	0	1	Produktion	0.5000	0	63.0000	0	800.0	0	4000	4	
9014	12	15.0000	0	1	Produktion	0.5000	0	33.0000	0	500.0	0	4000	5	

20 Generatoren gefunden

*** Liste der Aktionen in der Warteschlange (Auftragsliste) ***

-ID-	--Zeit--	Zustand	Typ	Parameter
1	0.0001	0	10	Generator: ID=4001
2	0.0002	0	10	Generator: ID=4002
3	0.0003	0	10	Generator: ID=4003
4	0.0004	0	10	Generator: ID=4004
5	0.0005	0	10	Generator: ID=4005
6	1.0000	0	10	Generator: ID=9010
7	1.0001	0	10	Generator: ID=9011
8	1.0002	0	10	Generator: ID=9012
9	1.0003	0	10	Generator: ID=9013
10	1.0004	0	10	Generator: ID=9014
11	14.0000	0	10	Generator: ID=1
12	14.0001	0	10	Generator: ID=2
13	14.0002	0	10	Generator: ID=3
14	14.0003	0	10	Generator: ID=4
15	14.0004	0	10	Generator: ID=5
16	300.0000	0	999	*** STOP SIMULATIONSLAUF ***

*** 16 Einträge in der Warteschlange (16 max, 16 dargestellt) ***

Version 4.0	MODELLPARAMETER	Datei : \GRUND2.LS1	Datum : 1-4-1993

-- Liste der statistischen Verteilungen ------

Typ	untere Grenze	obere Grenze	Parameter
1 (Gleichvertlg.)	0.99	1.01	
1 (Gleichvertlg.)	0.98	1.02	
1 (Gleichvertlg.)	0.95	1.05	
1 (Gleichvertlg.)	0.90	1.10	
1 (Gleichvertlg.)	0.85	1.05	
1 (Gleichvertlg.)	0.80	1.20	
1 (Gleichvertlg.)	0.75	1.25	
1 (Gleichvertlg.)	0.50	1.50	
1 (Gleichvertlg.)	0.00	2.00	
2 (Dreiecksvertlg.)	0.99	1.01	Spitze bei 1.00
2 (Dreiecksvertlg.)	0.95	1.05	Spitze bei 1.00
2 (Dreiecksvertlg.)	0.90	1.10	Spitze bei 1.00
2 (Dreiecksvertlg.)	0.50	1.50	Spitze bei 1.00
2 (Dreiecksvertlg.)	1.00	1.01	Spitze bei 1.00
2 (Dreiecksvertlg.)	1.00	1.05	Spitze bei 1.00
2 (Dreiecksvertlg.)	1.00	1.10	Spitze bei 1.00
2 (Dreiecksvertlg.)	1.00	1.50	Spitze bei 1.00
2 (Dreiecksvertlg.)	0.99	1.00	Spitze bei 1.00
2 (Dreiecksvertlg.)	0.95	1.00	Spitze bei 1.00
2 (Dreiecksvertlg.)	0.90	1.00	Spitze bei 1.00
2 (Dreiecksvertlg.)	0.50	1.00	Spitze bei 1.00
5 (Normalvertlg.)	0.99	1.01	Anzahl der gez. Werte = 6
5 (Normalvertlg.)	0.95	1.05	Anzahl der gez. Werte = 6
5 (Normalvertlg.)	0.90	1.10	Anzahl der gez. Werte = 6
5 (Normalvertlg.)	0.75	1.25	Anzahl der gez. Werte = 6

samt 25 Verteilungen definiert.

ILC Version 4.0 MODELLERGEBNISSE Datei : GRUND2.LS2 Datum : 1-4-1993

** Liste der Produkte ***

ID-	--Name--	Typ	Klasse	Einheit	--Preis--	Bezeichnung
1	Produkt	P	A	ST	100.00	Produkt 1
2	Produkt	P	A	ST	100.00	Produkt 2
3	Produkt	P	A	ST	150.00	Produkt 3
4	Produkt	P	A	ST	200.00	Produkt 4
5	Produkt	P	A	ST	250.00	Produkt 5
11	Produkt	M	A	ST	3000.00	Produkt 11
12	Produkt	M	A	ST	6000.00	Produkt 12
13	Produkt	M	A	ST	4500.00	Produkt 13
14	Produkt	M	A	ST	3500.00	Produkt 14
15	Produkt	M	A	ST	7500.00	Produkt 15

0 Produkte definiert

****** Liste der Lagermodule ******

Lager -ID-	Prod -ID-	Anfangs-bestand	Maximale Kapazität	Gegenwärtiger ---Bestand---	Durchschnittl. ---Bestand---	Lager-kosten	--Lageraktivitäten-- Einl.	Ausl.	Kosten	Ein-/Ausl.Warteschlange Anzahl	Max	Anzahl	Ma
1000 -- Lager 1000													
1000	1	1200.0	3000.0	3000.0	1988.3	225.9	9	9	180.0	0	1	0	
1000	2	1200.0	3000.0	2200.0	1810.4	205.7	10	9	190.0	0	2	0	
1000	3	1200.0	3000.0	2200.0	1810.4	308.6	10	9	190.0	0	2	0	
1000	4	1200.0	3000.0	750.0	1730.4	393.3	9	9	180.0	0	1	0	
1000	5	1200.0	3000.0	1700.0	1023.8	290.8	11	10	210.0	0	0	0	
1001 -- Lager 1001													
1001	11	1000.0	3000.0	300.0	980.1	3341.4	7	21	280.0	0	0	0	
1001	12	1000.0	3000.0	1700.0	611.7	4170.5	7	21	280.0	0	0	0	
1001	13	1000.0	3000.0	1700.0	654.4	3346.5	7	21	280.0	0	0	0	
1001	14	1000.0	3000.0	300.0	198.6	789.9	7	21	280.0	0	0	0	
1001	15	1000.0	3000.0	0.0	1100.8	9381.5	10	20	300.0	0	0	1	

*** Liste der Lageraktivitäten ***

Lager	Prod	Anz.	---Losgröße--- Min	Max	Kum.Menge	Einge-lagert	Anz.	Ausge-lagert	Anz.	-------Lagerbestand---- Min	Max	Gegenw.
1000	1	18	800	1000	16200	9000	9	7200	9	400	3000	3000
1000	2	19	1000	1000	19000	10000	10	9000	9	200	2200	2200
1000	3	19	1000	1000	19000	10000	10	9000	9	200	2200	2200
1000	4	18	750	800	13950	6750	9	7200	9	400	2500	750
1000	5	21	500	500	10500	5500	11	5000	10	200	1700	1700
1001	11	28	300	800	11900	5600	7	6300	21	300	1600	300
1001	12	28	300	1000	13300	7000	7	6300	21	0	1700	1700
1001	13	28	300	1000	13300	7000	7	6300	21	0	1700	1700
1001	14	28	300	800	11900	5600	7	6300	21	0	1000	300
1001	15	30	300	500	11000	5000	10	6000	20	0	2100	0

* Liste der Transportaktivitäten ***

				------Ausführungszeit------			----Losgröße---		
lle	Ziel	Prod	Anz.	Min	Max	Kumuliert	Min	Max	Kum.Menge
000	4000	1	9	0.5000	0.5000	4.5000	800	800	7200
000	4000	2	9	0.5000	0.5000	4.5000	1000	1000	9000
000	4000	3	9	0.5000	0.5000	4.5000	1000	1000	9000
000	4000	4	9	0.5000	0.5000	4.5000	800	800	7200
000	4000	5	10	0.5000	0.5000	5.0000	500	500	5000
001	2000	11	21	0.5000	0.5000	10.5000	300	300	6300
001	2000	12	21	0.5000	5.8348	20.2571	300	300	6300
001	2000	13	21	0.5000	4.4287	17.1996	300	300	6300
001	2000	14	21	0.5000	54.0700	518.3792	300	300	6300
001	2000	15	20	0.5000	0.5000	10.0000	300	300	6000
000	1000	1	9	2.5000	3.0000	24.5000	1000	1000	9000
000	1000	2	10	2.5000	23.0000	88.0000	1000	1000	10000
000	1000	3	10	2.5000	23.0000	88.0000	1000	1000	10000
000	1000	4	9	2.5000	3.0000	23.0000	750	750	6750
000	1000	5	11	1.5000	1.5000	16.5000	500	500	5500
000	1001	11	7	0.5000	0.5000	3.5000	800	800	5600
000	1001	12	7	0.5000	0.5000	3.5000	1000	1000	7000
000	1001	13	7	0.5000	0.5000	3.5000	1000	1000	7000
000	1001	14	7	0.5000	0.5000	3.5000	800	800	5600
000	1001	15	10	0.5000	0.5000	5.0000	500	500	5000

**** Liste der Lieferantenmodule ******

eferant)-	Prod -ID-	Anzahl Aus- lieferungen	Ausgelieferte ----Menge----	Wert der ausgel. -----Menge-----
)0 -- Lieferant 3000				
)0	1	9	9000.0	900000.0
)0	2	10	10000.0	1000000.0
)0	3	10	10000.0	1500000.0
)0	4	9	6750.0	1350000.0
)0	5	11	5500.0	1375000.0

** Liste der Kundenmodule ***

unde ID-	Prod -ID-	Anzahl der -Aufträge-	Ausgelieferte ----Menge----	Wert der ausgel. -----Menge-----
000 -- Kunde 2000				
000	11	21	6300.0	18900000.0
000	12	21	6300.0	37800000.0
000	13	21	6300.0	28350000.0
000	14	21	6300.0	22050000.0
000	15	20	6000.0	45000000.0

SILC Version 4.0 MODELLERGEBNISSE Datei : GRUND2.LS2 Datum : 1-4-1993

*** Liste des Produktionsmodules 4000 ***

Maschine --ID--	Maschinenauslastungzeiten in Prozent: Leerzeit	Verfügbare Kapazität	Warten auf -Werkzeug-	Rüstzeit	Warten auf -Auftrag-	Prod.-zeit	Letzte Aktivität	Fixkosten (F) Var.Kosten(V)	Gesamt-kosten
1.1	41.90	33.31	0.00	0.02	0.00	24.76	160.0893	36383.9 (F)	88759.9
	62.83	n/a	0.00	0.03	0.00	37.14		52376.0 (V)	
2.1	40.63	33.27	0.00	0.02	0.00	26.08	192.3573	34974.1 (F)	83173.9
	60.88	n/a	0.00	0.03	0.00	39.08		48199.8 (V)	
3.1	38.43	35.94	0.00	0.01	0.00	25.63	193.6311	35205.7 (F)	64986.9
	59.99	n/a	0.00	0.01	0.00	40.00		29781.2 (V)	
4.1	37.99	33.33	0.00	0.01	0.00	28.67	207.0034	32932.4 (F)	61421.8
	56.99	n/a	0.00	0.01	0.00	43.00		28489.4 (V)	
5.1	41.82	33.31	0.00	0.00	0.00	24.86	142.0800	22603.6 (F)	52280.7
	62.71	n/a	0.00	0.01	0.00	37.28		29677.0 (V)	
6.1	54.61	33.29	0.00	0.01	0.00	12.09	164.2151	18660.8 (F)	25813.9
	81.86	n/a	0.00	0.02	0.00	18.12		7153.1 (V)	
7.1	42.59	33.24	0.00	0.01	0.00	24.16	202.5493	36827.1 (F)	60326.9
	63.79	n/a	0.00	0.02	0.00	36.19		23499.7 (V)	
8.1	42.79	33.29	0.00	0.01	0.00	23.91	204.2515	46420.8 (F)	87455.9
	64.15	n/a	0.00	0.01	0.00	35.85		41035.1 (V)	
9.1	31.08	33.27	0.00	0.01	0.00	35.64	223.3966	55849.1 (F)	132287.0
	46.58	n/a	0.00	0.01	0.00	53.41		76437.9 (V)	
10.1	20.50	33.26	0.00	0.01	0.00	46.23	152.3345	24235.0 (F)	66495.9
	30.72	n/a	0.00	0.01	0.00	69.27		42260.9 (V)	
11.1	43.93	33.28	0.00	0.00	0.00	22.79	172.2845	31324.5 (F)	54887.2
	65.84	n/a	0.00	0.01	0.00	34.16		23562.7 (V)	
12.1	33.16	33.32	0.00	0.00	0.00	33.51	218.0614	29735.6 (F)	64816.7
	49.73	n/a	0.00	0.00	0.00	50.26		35081.1 (V)	
13.1	38.95	33.26	0.00	0.00	0.00	27.78	217.4555	29653.0 (F)	51404.1
	58.37	n/a	0.00	0.01	0.00	41.63		21751.1 (V)	
14.1	34.61	33.28	0.00	0.00	0.00	32.11	240.4030	27318.5 (F)	55113.8
	51.87	n/a	0.00	0.01	0.00	48.13		27795.3 (V)	
15.1	23.71	33.27	0.00	0.00	0.00	43.02	163.3183	14847.1 (F)	40143.2
	35.53	n/a	0.00	0.01	0.00	64.47		25296.1 (V)	
16.1	53.60	33.24	0.00	0.00	0.00	13.15	177.4774	1210.1 (F)	9616.4
	80.29	n/a	0.00	0.01	0.00	19.70		8406.3 (V)	
17.1	45.14	33.33	0.00	0.00	0.00	21.53	229.0355	20821.4 (F)	32657.5
	67.70	n/a	0.00	0.00	0.00	32.29		11836.1 (V)	
18.1	45.12	33.25	0.00	0.00	0.00	21.62	227.5572	10343.5 (F)	28060.5
	67.60	n/a	0.00	0.00	0.00	32.40		17717.0 (V)	
19.1	36.20	33.26	0.00	0.00	0.00	30.54	257.5703	11707.7 (F)	40027.4
	54.24	n/a	0.00	0.00	0.00	45.76		28319.6 (V)	
20.1	45.81	33.23	0.00	0.00	0.00	20.96	168.5266	7660.3 (F)	20379.1
	68.60	n/a	0.00	0.01	0.00	31.39		12718.8 (V)	

Maschine --ID--	Maschinenauslastungzeiten in Tagen: Leerzeit	Verfügbare Kapazität	Warten auf -Werkzeug-	Rüstzeit	Warten auf -Auftrag-	Prod.-zeit	Letzte Aktivität
1.1	67.0773	53.3333	0.0000	0.0333	0.0000	39.6454	160.0893
2.1	78.1492	64.0000	0.0000	0.0401	0.0000	50.1680	192.3573
3.1	74.4110	69.5847	0.0000	0.0138	0.0000	49.6215	193.6311
4.1	78.6505	69.0000	0.0000	0.0145	0.0000	59.3384	207.0034
5.1	59.4169	47.3333	0.0000	0.0068	0.0000	35.3230	142.0800
6.1	89.6788	54.6667	0.0000	0.0201	0.0000	19.8495	164.2151
7.1	86.2582	67.3333	0.0000	0.0268	0.0000	48.9310	202.5493
8.1	87.4002	68.0000	0.0000	0.0110	0.0000	48.8404	204.2515
9.1	69.4404	74.3333	0.0000	0.0143	0.0000	79.6085	223.3966
10.1	31.2330	50.6667	0.0000	0.0101	0.0000	70.4247	152.3345
11.1	75.6799	57.3333	0.0000	0.0072	0.0000	39.2640	172.2845
12.1	72.3091	72.6667	0.0000	0.0070	0.0000	73.0786	218.0614
13.1	84.7025	72.3333	0.0000	0.0105	0.0000	60.4092	217.4555
14.1	83.1938	80.0000	0.0000	0.0109	0.0000	77.1983	240.4030
15.1	38.7181	54.3333	0.0000	0.0069	0.0000	70.2600	163.3183
16.1	95.1265	59.0000	0.0000	0.0072	0.0000	23.3436	177.4774
17.1	103.3850	76.3333	0.0000	0.0072	0.0000	49.3099	229.0355
18.1	102.6765	75.6667	0.0000	0.0067	0.0000	49.2073	227.5572
19.1	93.2380	85.6667	0.0000	0.0071	0.0000	78.6585	257.5703
20.1	77.1965	56.0000	0.0000	0.0069	0.0000	35.3233	168.5266

Werkzeug ---ID---	Rustvor- gange	Rustzeit	Aktionszeit	Letzte Aktivitat	zul. mont. auf Masch.	------Kosten------ -Fix-	Variabel	Gesamtkosten
1. 1	1	0.0333	39.6454	160.0893	1	1455.36	4757.45	6212.8
2. 1	1	0.0401	50.1680	192.3573	2	3497.41	9632.26	13129.7
3. 1	1	0.0138	49.6215	193.6311	3	3080.50	14291.01	17371.5
4. 1	1	0.0145	59.3384	207.0034	4	2352.31	14241.21	16593.5
5. 1	1	0.0068	35.3230	142.0800	5	3552.00	10173.03	13725.0
6. 1	1	0.0201	19.8495	164.2151	6	1866.08	9527.75	11393.8
7. 1	1	0.0268	48.9310	202.5493	7	1381.02	17615.15	18996.2
8. 1	1	0.0110	48.8404	204.2515	8	3249.46	11721.69	14971.1
9. 1	1	0.0143	79.6085	223.3966	9	1015.44	9553.02	10568.5
10. 1	1	0.0101	70.4247	152.3345	10	1731.07	25352.88	27084.0
11. 1	1	0.0072	39.2640	172.2845	11	1174.67	11308.04	12482.7
12. 1	1	0.0070	73.0786	218.0614	12	495.59	8769.43	9265.0
13. 1	1	0.0105	60.4092	217.4555	13	691.90	11598.56	12290.5
14. 1	1	0.0109	77.1983	240.4030	14	1639.11	22233.12	23872.2
15. 1	1	0.0069	70.2600	163.3183	15	742.36	16862.40	17604.8
16. 1	1	0.0072	23.3436	177.4774	16	1210.07	11204.94	12415.0
17. 1	1	0.0072	49.3099	229.0355	17	1041.07	17751.58	18792.7
18. 1	1	0.0067	49.2073	227.5572	18	1551.53	29524.38	31075.9
19. 1	1	0.0071	78.6585	257.5703	19	936.62	9439.02	10375.6
20. 1	1	0.0069	35.3233	168.5266	20	766.03	10173.10	10939.1

dukt -	Gegenwärtiger ---Bestand---	Durchschnittl. ---Bestand---	--Maximaler-- ---Bestand---	Letzte Aktivität
1	1600	658	1600	160.5001
2	2000	1537	3000	181.5001
3	2000	1547	3000	181.7502
4	1600	1426	3200	193.5003
5	0	531	1000	136.5004
1	0	0	800	177.4774
2	0	0	1000	229.0355
3	0	0	1000	227.5572
4	0	0	800	257.5703
5	0	0	500	168.5266

n	Seq	Prod.Menge	Durchlaufzeiten in der Produktion Min	Max	Gesamt	je EH	Terminabweichung Min	Max
1	4	5600	25.9568	26.7586	183.8371	0.0328	-4.0432	-3.2414
2	4	7000	46.7058	48.6337	333.2354	0.0476	-2.2942	-0.3663
3	4	7000	44.3685	46.8552	320.7871	0.0458	0.3685	2.8552
4	4	5600	61.9512	64.5617	442.8505	0.0791	-1.0488	1.5617
5	4	5000	31.0702	32.5949	318.0282	0.0636	-1.9298	-0.4051

Bestände in der Produktion ***

n -	---PPM-Bestand--- Gegenw.	Durchsch	Max.Bst	Seq	--Pufferbestände- Maschine	Gegenw.	Max.Bst
1	0	1337	1600	1- 2	1	0	800
				2- 3	6	0	800
				3- 4	11	0	800
2	0	1273	2000	1- 2	2	0	1000
				2- 3	7	0	1000
				3- 4	12	0	1000
3	0	1317	2000	1- 2	3	0	1000
				2- 3	8	0	1000
				3- 4	13	0	1000
4	0	1006	2400	1- 2	4	0	800
				2- 3	9	0	800
				3- 4	14	0	800
5	0	1180	1500	1- 2	5	0	500
				2- 3	10	0	500
				3- 4	15	0	500

* Ende Produktionsmodul 4000 ****

SILC Version 4.0 MODELLERGEBNISSE Datei : GRUND2.LS2 Datum : 1-4-1993

*** Liste der Aktivitäten der Personaltypen ***

Pers.-Typ	Anz.	--- Aufgewendete Zeit in Tagen pro Arbeiter --- Transporte	Qualitätsprüfung	Bedienen (-------- von Maschinen --------)	Rüsten (von Maschinen)	Instandh. (von Maschinen)	Leerzeiten	Überstunden	Verfügbare Kapazität	Letzte Aktivität	Kosten
5001	2	0.0000	0.0000	18.8383	0.0000	0.0000	35.9001	0.0000	109.4767	164.2151	126117
5002	2	0.0000	0.0000	39.6396	0.0000	0.0000	27.8768	0.0000	135.0329	202.5493	155557
5003	2	0.0000	0.0000	32.0587	0.0000	0.0000	36.0251	0.0000	136.1677	204.2515	156865
5004	2	0.0000	0.0000	43.6375	0.0000	0.0000	30.8280	0.0000	148.9311	223.3966	171568
5005	2	0.0000	0.0000	40.5329	0.0000	0.0000	10.2452	0.0000	101.5563	152.3345	116992
5006	2	0.0000	0.0000	19.9495	0.0000	0.0000	39.2096	0.0000	118.3182	177.4774	136302
5007	2	0.0000	0.0000	36.7166	0.0000	0.0000	39.6286	0.0000	152.6903	229.0355	175899
5008	2	0.0000	0.0000	40.8261	0.0000	0.0000	35.0263	0.0000	151.7048	227.5572	174763
5009	2	0.0000	0.0000	50.6170	0.0000	0.0000	35.2398	0.0000	171.7136	257.5703	197814
5010	2	0.0000	0.0000	36.9541	0.0000	0.0000	19.2214	0.0000	112.3511	168.5266	129428
5011	2	0.0000	0.0000	0.0000	0.0543	44.7581	24.1888	0.0000	138.0023	207.0034	132482
5012	2	0.0000	0.0000	0.0000	0.0412	47.3373	27.0870	0.0000	148.9311	223.3966	142973
5013	2	0.0000	0.0000	0.0000	0.0212	50.5761	29.5370	0.0000	160.2687	240.4030	153857
5014	2	0.0000	0.0000	0.0000	0.0176	53.0083	32.8309	0.0000	171.7136	257.5703	164845
5015	2	0.0000	39.9685	0.0000	0.0000	0.0000	45.8883	0.0000	171.7136	257.5703	152481
5016	2	21.0000	0.0000	0.0000	0.0000	0.0000	64.8568	0.0000	171.7136	257.5703	103028

```
=====================================================================================================================
Version 4.0                    MODELLERGEBNISSE        Datei :     GRUND2.LS2            Datum : 1-4-1993
=====================================================================================================================


Liste der nicht bearbeiteten Aufträge ***



Liste der Aktionen in der Warteschlange (Lager 1001 / Produkt 15 / Warten auf Auslagerung) ***

 --Zeit--  Zustand  Typ  Parameter
 254.5004        1    1  Transport: Prod=15 Q=300.0 Quelle=1001 Ziel=2000
1 Einträge in der Warteschlange (1 max, 1 dargestellt) ***

Liste der Aktionen in der Warteschlange (Auftragsliste) ***

 --Zeit--  Zustand  Typ  Parameter
 300.0000        0  999  *** STOP SIMULATIONSLAUF ***
1 Einträge in der Warteschlange (40 max, 1 dargestellt) ***
```

:ILC Version 4.0 MODELLPARAMETER Datei : \GRUND4.LS1 Datum : 2-4-1993

** Liste der Produkte ***

ID-	--Name--	Typ	Klasse	Einheit	--Preis--	Bezeichnung
1	Produkt	P	A	ST	100.00	Produkt 1
2	Produkt	P	A	ST	100.00	Produkt 2
3	Produkt	P	A	ST	150.00	Produkt 3
4	Produkt	P	A	ST	200.00	Produkt 4
5	Produkt	P	A	ST	250.00	Produkt 5
11	Produkt	M	A	ST	3000.00	Produkt 11
12	Produkt	M	A	ST	6000.00	Produkt 12
13	Produkt	M	A	ST	4500.00	Produkt 13
14	Produkt	M	A	ST	3500.00	Produkt 14
15	Produkt	M	A	ST	7500.00	Produkt 15

0 Produkte definiert

****** Liste der Lagermodule ******

Lager -ID-	Prod -ID-	Anfangs- bestand	Maximale Kapazität	Ausführungszeit --Einl.-	--Ausl.-	Kostenrate Einl.	Ausl.	Lagerkosten in % / Jahr	-----Lageralarm----- Nr	Typ	Aktion	Bestand
1000 -- Lager 1000												
1000	1	1200.0	3000.0	0.5000	0.5000	10.00	10.00	25.00	1	21	9000	500.0
1000	2	1200.0	3000.0	0.5000	0.5000	10.00	10.00	25.00	1	21	9001	500.0
1000	3	1200.0	3000.0	0.5000	0.5000	10.00	10.00	25.00	1	21	9002	500.0
1000	4	1200.0	3000.0	0.5000	0.5000	10.00	10.00	25.00	1	21	9003	500.0
1000	5	1200.0	3000.0	0.5000	0.5000	10.00	10.00	25.00	1	21	9004	500.0
1001 -- Lager 1001												
1001	11	1000.0	3000.0	0.5000	0.5000	10.00	10.00	25.00				
1001	12	1000.0	3000.0	0.5000	0.5000	10.00	10.00	25.00				
1001	13	1000.0	3000.0	0.5000	0.5000	10.00	10.00	25.00				
1001	14	1000.0	3000.0	0.5000	0.5000	10.00	10.00	25.00				
1001	15	1000.0	3000.0	0.5000	0.5000	10.00	10.00	25.00				

****** Liste der Lieferantenmodule ******

Lieferant -ID-	Prod -ID-	Produkt- preis	Maximale Liefermenge	Liefer- zeit
3000 -- Lieferant 3000				
3000	1	100.00	1000	2.0000
3000	2	100.00	1000	2.0000
3000	3	150.00	1000	2.0000
3000	4	200.00	750	2.0000
3000	5	250.00	500	1.0000

*** Liste der Kundenmodule ***

Kunde -ID-	Prod -ID-	Produkt- preis	Abnahme- zeit
2000 -- Kunde 2000			
2000	11	3000.00	0.0000
2000	12	6000.00	0.0000
2000	13	4500.00	0.0000
2000	14	3500.00	0.0000
2000	15	7500.00	0.0000

LC Version 4.0 MODELLPARAMETER Datei : \GRUND4.LS1 Datum : 2-4-1993

* Liste des Produktionmodules 4000 ***

	--Eingabe--		--Ausgabe-		Los-	---Produktionsschritte / Zeiten in Minuten---								
an	Prod	Modul	Prod	Modul	größe	Nr	Prio	Maschine	Werkzeug	Rüsten	Vertlg.	Bearb.zeit	Vertlg.	Kanban
1	1	0	11	1001	800	1	1	1	1	50	3	10	3	n/a
						2	1	6	6	30	3	5	3	n/a
						3	1	11	11	10	3	10	3	n/a
						4	1	16	16	10	3	6	3	n/a
2	2	0	12	1001	1000	1	1	2	2	60	3	10	3	n/a
						2	1	7	7	40	3	10	3	n/a
						3	1	12	12	10	3	15	3	n/a
						4	1	17	17	10	3	10	3	n/a
3	3	0	13	1001	1000	1	1	3	3	20	3	10	3	n/a
						2	1	8	8	15	3	10	3	n/a
						3	1	13	13	15	3	12	3	n/a
						4	1	18	18	10	3	10	3	n/a
4	4	0	14	1001	800	1	1	4	4	20	3	15	3	n/a
						2	1	9	9	20	3	20	3	n/a
						3	1	14	14	15	3	20	3	n/a
						4	1	19	19	10	3	20	3	n/a
5	5	0	15	1001	500	1	1	5	5	10	3	10	3	n/a
						2	1	10	10	15	3	20	3	n/a
						3	1	15	15	10	3	20	3	n/a
						4	1	20	20	10	3	10	3	n/a

schine	Anzahl	Kapazität	Ausfall-	----Kosten/Tag----		Strategie	---------Kanban-----		
)-		in Stunden	rate	---Fix--	Variabel		ID	Batch	Limit
1	1	16.00	10.00	227.27	1320.00	FIFO			
2	1	16.00	10.00	181.82	960.00	FIFO			
3	1	16.00	10.00	181.82	600.00	FIFO			
4	1	16.00	10.00	159.09	480.00	FIFO			
5	1	16.00	10.00	159.09	840.00	FIFO			
6	1	16.00	10.00	113.64	360.00	FIFO			
7	1	16.00	10.00	181.82	480.00	FIFO			
8	1	16.00	10.00	227.27	840.00	FIFO			
9	1	16.00	10.00	250.00	960.00	FIFO			
10	1	16.00	10.00	159.09	600.00	FIFO			
11	1	16.00	10.00	181.82	600.00	FIFO			
12	1	16.00	10.00	136.36	480.00	FIFO			
13	1	16.00	10.00	136.36	360.00	FIFO			
14	1	16.00	10.00	113.64	360.00	FIFO			
15	1	16.00	10.00	90.91	360.00	FIFO			
16	1	16.00	10.00	68.18	360.00	FIFO			
17	1	16.00	10.00	90.91	240.00	FIFO			
18	1	16.00	10.00	45.45	360.00	FIFO			
19	1	16.00	10.00	45.45	360.00	FIFO			
20	1	16.00	10.00	45.45	360.00	FIFO			

kzeug	Anzahl	----Kosten/Tag----		Bezeichnung
-		---Fix--	Variabel	
1	1	9.09	120.00	Werkzeug 1
2	1	18.18	192.00	Werkzeug 2
3	1	15.91	288.00	Werkzeug 3
4	1	11.36	240.00	Werkzeug 4
5	1	25.00	288.00	Werkzeug 5
6	1	11.36	480.00	Werkzeug 6
7	1	6.82	360.00	Werkzeug 7
8	1	15.91	240.00	Werkzeug 8
9	1	4.55	120.00	Werkzeug 9
0	1	11.36	360.00	Werkzeug 10
1	1	6.82	288.00	Werkzeug 11
2	1	2.27	120.00	Werkzeug 12
3	1	3.18	192.00	Werkzeug 13
4	1	6.82	288.00	Werkzeug 14
5	1	4.55	240.00	Werkzeug 15
6	1	6.82	480.00	Werkzeug 16
7	1	4.55	360.00	Werkzeug 17
8	1	6.82	600.00	Werkzeug 18
9	1	3.64	120.00	Werkzeug 19
0	1	4.55	288.00	Werkzeug 20

* Ende des Produktionsmodules 4000 ****

SILC Version 4.0 MODELLPARAMETER Datei : \GRUND4.LS1 Datum : 2-4-1993

*** Liste der Personaltypen ***

-Nr-	----Bezeichnung----	Anzahl	Lohn/Std	Arbeitszeit/Schicht
5001	Personal-Typ 5001	3	48.00	8.00
5002	Personal-Typ 5002	4	48.00	8.00
5003	Personal-Typ 5003	3	48.00	8.00
5004	Personnl-Typ 5004	4	48.00	8.00
5005	Personal-Typ 5005	4	48.00	8.00

5 Personaltypen definiert

*** Liste der Qualifikationsstruktur der Personaltypen ***

Pers.-Typ	Trans-porte	Qualitäts-sicherung	Bedienen	Instandhalten von Maschinen	Rüsten
5001	ja	ja	1/ 6/ 11/ 16	1/ 6/ 11/ 16	1/ 6/ 11/ 16
5002	ja	ja	2/ 7/ 12/ 17	2/ 7/ 12/ 17	2/ 7/ 12/ 17
5003	ja	ja	3/ 8/ 13/ 18	3/ 8/ 13/ 18	3/ 8/ 13/ 18
5004	ja	ja	4/ 9/ 14/ 19	4/ 9/ 14/ 19	4/ 9/ 14/ 19
5005	ja	ja	5/ 10/ 15/ 20	5/ 10/ 15/ 20	5/ 10/ 15/ 20

**** Ende des Personalmodules 5000 ****

===

LC Version 4.0 | MODELLPARAMETER | Datei : \GRUND4.LS1 | Datum : 2-4-1993

===

* Liste der Generatoren ***

D-	-----Reaktivierung----			----------------generierte Aktionen----------------						--Menge-	Vertlg.	Quelle	Ziel	Prod
	Anzahl	--Zeit--	Vertlg.	Anzahl	---Typ---	Ausf.Zeit	Vertlg.	Gew.Termin	Vertlg.			Prod.Mod	Plan	
1	20	10.0000	0	1	Transport	0.5000	0	0.5000	0	300.0	0	1001	2000	11
2	20	10.0000	0	1	Transport	0.5000	0	0.5000	0	300.0	0	1001	2000	12
3	20	10.0000	0	1	Transport	0.7500	0	0.7500	0	300.0	0	1001	2000	13
4	20	10.0000	0	1	Transport	0.5000	0	0.5000	0	300.0	0	1001	2000	14
5	20	12.0000	0	1	Transport	0.5000	0	0.5000	0	300.0	0	1001	2000	15
01	8	20.0000	0	1	Transport	0.0000	0	0.0000	0	800.0	0	1000	4000	1
02	8	20.0000	0	1	Transport	0.0000	0	0.0000	0	1000.0	0	1000	4000	2
03	8	20.0000	0	1	Transport	0.0000	0	0.0000	0	1000.0	0	1000	4000	3
04	8	20.0000	0	1	Transport	0.0000	0	0.0000	0	800.0	0	1000	4000	4
05	9	12.0000	0	1	Transport	0.0000	0	0.0000	0	500.0	0	1000	4000	5
00	8	20.0000	0	1	Transport	0.0000	0	0.0000	0	1000.0	0	3000	1000	1
01	8	30.0000	0	1	Transport	0.0000	0	0.0000	0	1000.0	0	3000	1000	2
02	8	30.0000	0	1	Transport	0.0000	0	0.0000	0	1000.0	0	3000	1000	3
03	8	15.0000	0	1	Transport	0.0000	0	0.0000	0	750.0	0	3000	1000	4
04	10	10.0000	0	1	Transport	0.0000	0	0.0000	0	500.0	0	3000	1000	5
10	6	25.0000	0	1	Produktion	0.5000	0	30.0000	0	800.0	0	4000	1	
11	6	30.0000	0	1	Produktion	0.5000	0	49.0000	0	1000.0	0	4000	2	
12	6	30.0000	0	1	Produktion	0.7500	0	44.0000	0	1000.0	0	4000	3	
13	6	32.0000	0	1	Produktion	0.5000	0	63.0000	0	800.0	0	4000	4	
14	12	15.0000	0	1	Produktion	0.5000	0	33.0000	0	500.0	0	4000	5	

Generatoren gefunden

** Liste der Aktionen in der Warteschlange (Auftragsliste) ***

ID-	--Zeit--	Zustand	Typ	Parameter
1	0.0001	0	10	Generator: ID=4001
2	0.0002	0	10	Generator: ID=4002
3	0.0003	0	10	Generator: ID=4003
4	0.0004	0	10	Generator: ID=4004
5	0.0005	0	10	Generator: ID=4005
6	1.0000	0	10	Generator: ID=9010
7	1.0001	0	10	Generator: ID=9011
8	1.0002	0	10	Generator: ID=9012
9	1.0003	0	10	Generator: ID=9013
10	1.0004	0	10	Generator: ID=9014
11	14.0000	0	10	Generator: ID=1
12	14.0001	0	10	Generator: ID=2
13	14.0002	0	10	Generator: ID=3
14	14.0003	0	10	Generator: ID=4
15	14.0004	0	10	Generator: ID=5
16	300.0000	0	999	*** STOP SIMULATIONSLAUF ***

** 16 Einträge in der Warteschlange (16 max, 16 dargestellt) ***

SILC Version 4.0 | MODELLPARAMETER | Datei : \GRUND4.LS1 | Datum : 2-4-1993

------- Liste der statistischen Verteilungen ------

ID	Typ	untere Grenze	obere Grenze	Parameter
1	1 (Gleichvertlg.)	0.99	1.01	
2	1 (Gleichvertlg.)	0.98	1.02	
3	1 (Gleichvertlg.)	0.95	1.05	
4	1 (Gleichvertlg.)	0.90	1.10	
5	1 (Gleichvertlg.)	0.85	1.05	
6	1 (Gleichvertlg.)	0.80	1.20	
7	1 (Gleichvertlg.)	0.75	1.25	
8	1 (Gleichvertlg.)	0.50	1.50	
9	1 (Gleichvertlg.)	0.00	2.00	
11	2 (Dreiecksvertlg.)	0.99	1.01	Spitze bei 1.00
12	2 (Dreiecksvertlg.)	0.95	1.05	Spitze bei 1.00
13	2 (Dreiecksvertlg.)	0.90	1.10	Spitze bei 1.00
14	2 (Dreiecksvertlg.)	0.50	1.50	Spitze bei 1.00
15	2 (Dreiecksvertlg.)	1.00	1.01	Spitze bei 1.00
16	2 (Dreiecksvertlg.)	1.00	1.05	Spitze bei 1.00
17	2 (Dreiecksvertlg.)	1.00	1.10	Spitze bei 1.00
18	2 (Dreiecksvertlg.)	1.00	1.50	Spitze bei 1.00
19	2 (Dreiecksvertlg.)	0.99	1.00	Spitze bei 1.00
20	2 (Dreiecksvertlg.)	0.95	1.00	Spitze bei 1.00
21	2 (Dreiecksvertlg.)	0.90	1.00	Spitze bei 1.00
22	2 (Dreiecksvertlg.)	0.50	1.00	Spitze bei 1.00
31	3 (Normalvertlg.)	0.99	1.01	Anzahl der gez. Werte = 6
32	3 (Normalvertlg.)	0.95	1.05	Anzahl der gez. Werte = 6
33	3 (Normalvertlg.)	0.90	1.10	Anzahl der gez. Werte = 6
34	3 (Normalvertlg.)	0.75	1.25	Anzahl der gez. Werte = 6

Insgesamt 25 Verteilungen definiert.

LC Version 4.0 **MODELLERGEBNISSE** Datei : GRUND4.LS2 Datum : 2-4-1993

* Liste der Produkte ***

)-	--Name--	Typ	Klasse	Einheit	--Preis--	Bezeichnung
1	Produkt	P	A	ST	100.00	Produkt 1
2	Produkt	P	A	ST	100.00	Produkt 2
3	Produkt	P	A	ST	150.00	Produkt 3
4	Produkt	P	A	ST	200.00	Produkt 4
5	Produkt	P	A	ST	250.00	Produkt 5
1	Produkt	M	A	ST	3000.00	Produkt 11
2	Produkt	M	A	ST	6000.00	Produkt 12
3	Produkt	M	A	ST	4500.00	Produkt 13
4	Produkt	M	A	ST	3500.00	Produkt 14
5	Produkt	M	A	ST	7500.00	Produkt 15

Produkte definiert

*** Liste der Lagermodule ******

er Prod -ID-	Anfangs- bestand	Maximale Kapazität	Gegenwärtiger ---Bestand---	Durchschnittl. ---Bestand---	Lager- kosten	--Lageraktivitäten-- Einl.	Ausl.	Kosten	Ein-/Ausl.Warteschlange Anzahl	Max	Anzahl	Max
-- Lager	1000											
1	1200.0	3000.0	3000.0	1988.3	225.9	9	9	180.0	0	1	0	0
2	1200.0	3000.0	2200.0	1810.4	205.7	10	9	190.0	0	2	0	0
3	1200.0	3000.0	2200.0	1810.4	308.6	10	9	190.0	0	2	0	0
4	1200.0	3000.0	750.0	1730.4	393.3	9	9	180.0	0	1	0	0
5	1200.0	3000.0	1700.0	1023.8	290.8	11	10	210.0	0	0	0	0
-- Lager	1001											
11	1000.0	3000.0	300.0	980.1	3341.4	7	21	280.0	0	0	0	0
12	1000.0	3000.0	1700.0	611.7	4170.5	7	21	280.0	0	0	0	1
13	1000.0	3000.0	1700.0	654.4	3346.5	7	21	280.0	0	0	0	1
14	1000.0	3000.0	300.0	198.6	789.9	7	21	280.0	0	0	0	5
15	1000.0	3000.0	0.0	1100.8	9381.5	10	20	300.0	0	0	1	1

Liste der Lageraktivitäten ***

er	Prod	Anz.	---Losgröße--- Min	Max	Kum.Menge	Einge- lagert	Anz.	Ausge- lagert	Anz.	-------Lagerbestand---- Min	Max	Gegenw.
00	1	18	800	1000	16200	9000	9	7200	9	400	3000	3000
00	2	19	1000	1000	19000	10000	10	9000	9	200	2200	2200
00	3	19	1000	1000	19000	10000	10	9000	9	200	2200	2200
00	4	18	750	800	13950	6750	9	7200	9	400	2500	750
00	5	21	500	500	10500	5500	11	5000	10	200	1700	1700
01	11	28	300	800	11900	5600	7	6300	21	300	1600	300
01	12	28	300	1000	13300	7000	7	6300	21	0	1700	1700
01	13	28	300	1000	13300	7000	7	6300	21	0	1700	1700
01	14	28	300	800	11900	5600	7	6300	21	0	1000	300
01	15	30	300	500	11000	5000	10	6000	20	0	2100	0

SILC Version 4.0 MODELLERGEBNISSE Datei : GRUND4.LS2 Datum : 2-4-1993

*** Liste der Transportaktivitäten ***

				Ausführungszeit			Losgröße		
Quelle	Ziel	Prod	Anz.	Min	Max	Kumuliert	Min	Max	Kum.Menge
1000	4000	1	9	0.5000	0.5000	4.5000	800	800	7200
1000	4000	2	9	0.5000	0.5000	4.5000	1000	1000	9000
1000	4000	3	9	0.5000	0.5000	4.5000	1000	1000	9000
1000	4000	4	9	0.5000	0.5000	4.5000	800	800	7200
1000	4000	5	10	0.5000	0.5000	5.0000	500	500	5000
1001	2000	11	21	0.5000	0.5000	10.5000	300	300	6300
1001	2000	12	21	0.5000	5.8348	20.2571	300	300	6300
1001	2000	13	21	0.5000	4.4287	17.1996	300	300	6300
1001	2000	14	21	0.5000	54.0700	518.3792	300	300	6300
1001	2000	15	20	0.5000	0.5000	10.0000	300	300	6000
3000	1000	1	9	2.5000	3.0000	24.5000	1000	1000	9000
3000	1000	2	10	2.5000	23.0000	88.0000	1000	1000	10000
3000	1000	3	10	2.5000	23.0000	88.0000	1000	1000	10000
3000	1000	4	9	2.5000	3.0000	23.0000	750	750	6750
3000	1000	5	11	1.5000	1.5000	16.5000	500	500	5500
4000	1001	11	7	0.5000	0.5000	3.5000	800	800	5600
4000	1001	12	7	0.5000	0.5000	3.5000	1000	1000	7000
4000	1001	13	7	0.5000	0.5000	3.5000	1000	1000	7000
4000	1001	14	7	0.5000	0.5000	3.5000	800	800	5600
4000	1001	15	10	0.5000	0.5000	5.0000	500	500	5000

****** Liste der Lieferantenmodule ******

Lieferant -ID-	Prod -ID-	Anzahl Aus- lieferungen	Ausgelieferte ----Menge----	Wert der ausgel. -----Menge-----
3000 -- Lieferant 3000				
3000	1	9	9000.0	900000.0
3000	2	10	10000.0	1000000.0
3000	3	10	10000.0	1500000.0
3000	4	9	6750.0	1350000.0
3000	5	11	5500.0	1375000.0

*** Liste der Kundenmodule ***

Kunde -ID-	Prod -ID-	Anzahl der -Aufträge-	Ausgelieferte ----Menge----	Wert der ausgel. -----Menge-----
2000 -- Kunde 2000				
2000	11	21	6300.0	18900000.0
2000	12	21	6300.0	37800000.0
2000	13	21	6300.0	28350000.0
2000	14	21	6300.0	22050000.0
2000	15	20	6000.0	45000000.0

** Liste des Produktionsmodules 4000 ***

aschine -ID--	Leerzeit	Verfügbare Kapazität	Warten auf -Werkzeug-	Rüstzeit	Warten auf -Auftrag-	Prod.-zeit	Letzte Aktivität	Fixkosten (F) Var.Kosten(V)	Gesamt-kosten
	------------Maschinenauslastungzeiten in Prozent------------								
1.1	41.90	33.31	0.00	0.02	0.00	24.76	160.0893	36383.9 (F)	88759.9
	62.83	n/a	0.00	0.03	0.00	37.14		52376.0 (V)	
2.1	40.63	33.27	0.00	0.02	0.00	26.08	192.3573	34974.1 (F)	83173.9
	60.88	n/a	0.00	0.03	0.00	39.08		48199.8 (V)	
3.1	38.43	35.94	0.00	0.01	0.00	25.63	193.6311	35205.7 (F)	64986.9
	59.99	n/a	0.00	0.01	0.00	40.00		29781.2 (V)	
4.1	37.99	33.33	0.00	0.01	0.00	28.67	207.0034	32932.4 (F)	61421.8
	56.99	n/a	0.00	0.01	0.00	43.00		28489.4 (V)	
5.1	41.82	33.31	0.00	0.00	0.00	24.86	142.0800	22603.6 (F)	52280.7
	62.71	n/a	0.00	0.01	0.00	37.28		29677.0 (V)	
6.1	54.61	33.29	0.00	0.01	0.00	12.09	164.2151	18660.8 (F)	25813.9
	81.86	n/a	0.00	0.02	0.00	18.12		7153.1 (V)	
7.1	42.59	33.24	0.00	0.01	0.00	24.16	202.5493	36827.1 (F)	60326.9
	63.79	n/a	0.00	0.02	0.00	36.19		23499.7 (V)	
8.1	42.79	33.29	0.00	0.01	0.00	23.91	204.2515	46420.8 (F)	87455.9
	64.15	n/a	0.00	0.01	0.00	35.85		41035.1 (V)	
9.1	31.08	33.27	0.00	0.01	0.00	35.64	223.3966	55849.1 (F)	132287.0
	46.58	n/a	0.00	0.01	0.00	53.41		76437.9 (V)	
10.1	20.50	33.26	0.00	0.01	0.00	46.23	152.3345	24235.0 (F)	66495.9
	30.72	n/a	0.00	0.01	0.00	69.27		42260.9 (V)	
11.1	43.93	33.28	0.00	0.00	0.00	22.79	172.2845	31324.5 (F)	54887.2
	65.84	n/a	0.00	0.01	0.00	34.16		23562.7 (V)	
12.1	33.16	33.32	0.00	0.00	0.00	33.51	218.0614	29735.6 (F)	64816.7
	49.73	n/a	0.00	0.00	0.00	50.26		35081.1 (V)	
13.1	38.95	33.26	0.00	0.00	0.00	27.78	217.4555	29653.0 (F)	51404.1
	58.37	n/a	0.00	0.01	0.00	41.63		21751.1 (V)	
14.1	34.61	33.28	0.00	0.00	0.00	32.11	240.4030	27318.5 (F)	55113.8
	51.87	n/a	0.00	0.01	0.00	48.13		27795.3 (V)	
15.1	23.71	33.27	0.00	0.00	0.00	43.02	163.3183	14847.1 (F)	40143.2
	35.53	n/a	0.00	0.01	0.00	64.47		25296.1 (V)	
16.1	53.60	33.24	0.00	0.00	0.00	13.15	177.4774	12100.7 (F)	20507.0
	80.29	n/a	0.00	0.01	0.00	19.70		8406.3 (V)	
17.1	45.14	33.33	0.00	0.00	0.00	21.53	229.0355	20821.4 (F)	32657.5
	67.70	n/a	0.00	0.00	0.00	32.29		11836.1 (V)	
18.1	45.12	33.25	0.00	0.00	0.00	21.62	227.5572	10343.5 (F)	28060.5
	67.60	n/a	0.00	0.00	0.00	32.40		17717.0 (V)	
19.1	36.20	33.26	0.00	0.00	0.00	30.54	257.5703	11707.7 (F)	40027.4
	54.24	n/a	0.00	0.00	0.00	45.76		28319.6 (V)	
20.1	45.81	33.23	0.00	0.00	0.00	20.96	168.5266	7660.3 (F)	20379.1
	68.60	n/a	0.00	0.01	0.00	31.39		12718.8 (V)	

aschine -ID--	Leerzeit	Verfügbare Kapazität	Warten auf -Werkzeug-	Rüstzeit	Warten auf -Auftrag-	Prod.-zeit	Letzte Aktivität
	--------------Maschinenauslastungzeiten in Tagen----------------						
1.1	67.0773	53.3333	0.0000	0.0333	0.0000	39.6454	160.0893
2.1	78.1492	64.0000	0.0000	0.0401	0.0000	50.1680	192.3573
3.1	74.4110	69.5847	0.0000	0.0138	0.0000	49.6215	193.6311
4.1	78.6505	69.0000	0.0000	0.0145	0.0000	59.3384	207.0034
5.1	59.4169	47.3333	0.0000	0.0068	0.0000	35.3230	142.0800
6.1	89.6788	54.6667	0.0000	0.0201	0.0000	19.8495	164.2151
7.1	86.2582	67.3333	0.0000	0.0268	0.0000	48.9310	202.5493
8.1	87.4002	68.0000	0.0000	0.0110	0.0000	48.8404	204.2515
9.1	69 4404	74.3333	0.0000	0.0143	0.0000	79.6085	223.3966
10.1	31.2330	50.6667	0.0000	0.0101	0.0000	70.4247	152.3345
11.1	75.6799	57.3333	0.0000	0.0072	0.0000	39.2640	172.2845
12.1	72.3091	72.6667	0.0000	0.0070	0.0000	73.0786	218.0614
13.1	84.7025	72.3333	0.0000	0.0105	0.0000	60.4092	217.4555
14.1	83.1938	80.0000	0.0000	0.0109	0.0000	77.1983	240.4030
15.1	38.7181	54.3333	0.0000	0.0069	0.0000	70.2600	163.3183
16.1	95.1265	59.0000	0.0000	0.0072	0.0000	23.3436	177.4774
17.1	103.3850	76.3333	0.0000	0.0072	0.0000	49.3099	229.0355
18.1	102.6765	75.6667	0.0000	0.0067	0.0000	49.2073	227.5572
19.1	93.2380	85.6667	0.0000	0.0071	0.0000	78.6585	257.5703
20.1	77.1965	56.0000	0.0000	0.0069	0.0000	35.3233	168.5266

Werkzeug ---ID---	Rustvor-gänge	Rustzeit	Aktionszeit	Letzte Aktivitat	zul. mont. auf Masch.	------Kosten------ ---Fix--	Variabel	Gesamtkosten
1. 1	1	0.0333	39.6454	160.0893	1	1455.36	4757.45	6212.8
2. 1	1	0.0401	50.1680	192.3573	2	3497.41	9632.26	13129.7
3. 1	1	0.0138	49.6215	193.6311	3	3080.50	14291.01	17371.5
4. 1	1	0.0145	59.3384	207.0034	4	2352.31	14241.21	16593.5
5. 1	1	0.0068	35.3230	142.0800	5	3552.00	10173.03	13725.0
6. 1	1	0.0201	19.8495	164.2151	6	1866.08	9527.75	11393.8
7. 1	1	0.0268	48.9310	202.5493	7	1381.02	17615.15	18996.2
8. 1	1	0.0110	48.8404	204.2515	8	3249.46	11721.69	14971.1
9. 1	1	0.0143	79.6085	223.3966	9	1015.44	9553.02	10568.5
10. 1	1	0.0101	70.4247	152.3345	10	1731.07	25352.88	27084.0
11. 1	1	0.0072	39.2640	172.2845	11	1174.67	11308.04	12482.7
12. 1	1	0.0070	73.0786	218.0614	12	495.59	8769.43	9265.0
13. 1	1	0.0105	60.4092	217.4555	13	691.90	11598.56	12290.5
14. 1	1	0.0109	77.1983	240.4030	14	1639.11	22233.12	23872.2
15. 1	1	0.0069	70.2600	163.3183	15	742.36	16862.40	17604.8
16. 1	1	0.0072	23.3436	177.4774	16	1210.07	11204.94	12415.0
17. 1	1	0.0072	49.3099	229.0355	17	1041.07	17751.58	18792.7
18. 1	1	0.0067	49.2073	227.5572	18	1551.53	29524.38	31075.9
19. 1	1	0.0071	78.6585	257.5703	19	936.62	9439.02	10375.6
20. 1	1	0.0069	35.3233	168.5266	20	766.03	10173.10	10939.1

Produkt -ID-	Gegenwärtiger ---Bestand---	Durchschnittl. ---Bestand---	--Maximaler-- ---Bestand---	Letzte Aktivität
1	1600	658	1600	160.5001
2	2000	1537	3000	181.5001
3	2000	1547	3000	181.7502
4	1600	1426	3200	193.5003
5	0	531	1000	136.5004
11	0	0	800	177.4774
12	0	0	1000	229.0355
13	0	0	1000	227.5572
14	0	0	800	257.5703
15	0	0	500	168.5266

			Durchlaufzeiten in der Produktion				Terminabweichung	
Plan	Seq	Prod.Menge	Min	Max	Gesamt	je EH	Min	Max
1	4	5600	25.9568	26.7586	183.8371	0.0328	-4.0432	-3.2414
2	4	7000	46.7058	48.6337	333.2354	0.0476	-2.2942	-0.3663
3	4	7000	44.3685	46.8552	320.7871	0.0458	0.3685	2.8552
4	4	5600	61.9512	64.5617	442.8505	0.0791	-1.0488	1.5617
5	4	5000	31.0702	32.5949	318.0282	0.0636	-1.9298	-0.4051

*** Bestände in der Produktion ***

Plan -ID-	---PPM-Bestand--- Gegenw.	Durchsch	Max.Bst	Seq	--Pufferbestände- Maschine	Gegenw.	Max.Bst
1	0	1337	1600	1- 2	1	0	800
				2- 3	6	0	800
				3- 4	11	0	800
2	0	1273	2000	1- 2	2	0	1000
				2- 3	7	0	1000
				3- 4	12	0	1000
3	0	1317	2000	1- 2	3	0	1000
				2- 3	8	0	1000
				3- 4	13	0	1000
4	0	1006	2400	1- 2	4	0	800
				2- 3	9	0	800
				3- 4	14	0	800
5	0	1180	1500	1- 2	5	0	500
				2- 3	10	0	500
				3- 4	15	0	500

**** Ende Produktionsmodul 4000 ****

LC Version 4.0 MODELLERGEBNISSE Datei : GRUND4.LS2 Datum : 2-4-1993

** Liste der Aktivitäten der Personaltypen ***

ers.- yp	Anz.	Transporte	Qualitäts- prüfung	Bedienen	Rüsten	Instandh.	Leerzeiten	Überstunden	Verfügbare Kapazität	Letzte Aktivität	Kosten
		--- Aufgewendete Zeit in Tagen pro Arbeiter ---		-------- von Maschinen --------							
001	3	2.3333	4.4409	25.8585	0.0226	22.4689	30.7325	0.0000	171.7136	257.5703	296721.03
002	4	2.3333	4.4409	38.1781	0.0203	21.0501	19.8341	0.0000	171.7136	257.5703	395628.04
003	3	2.3333	4.4409	48.5899	0.0140	28.0965	2.3821	0.0000	171.7136	257.5703	296721.03
004	4	2.3333	4.4409	47.1272	0.0117	23.2093	8.7342	0.0000	171.7136	257.5703	395628.04
005	4	2.3333	4.4409	38.7435	0.0077	15.6565	24.6748	0.0000	171.7136	257.5703	395628.04

```
==========================================================================================================
SILC Version 4.0              MODELLERGEBNISSE          Datei :    GRUND4.LS2         Datum : 2-4-1993
==========================================================================================================


*** Liste der nicht bearbeiteten Aufträge ***



*** Liste der Aktionen in der Warteschlange (Lager 1001 / Produkt 15 / Warten auf Auslagerung) ***

-ID-  --Zeit--  Zustand  Typ  Parameter
 683  254.5004        1    1  Transport: Prod=15 Q=300.0 Quelle=1001 Ziel=2000
*** 1 Einträge in der Warteschlange (1 max, 1 dargestellt) ***

*** Liste der Aktionen in der Warteschlange (Auftragsliste) ***

-ID-  --Zeit--  Zustand  Typ  Parameter
  16  300.0000        0  999  *** STOP SIMULATIONSLAUF ***
*** 1 Einträge in der Warteschlange (40 max, 1 dargestellt) ***
1
```

C Version 4.0 MODELLPARAMETER Datei : \GRUND8.LS1 Datum : 2-4-1993

Liste der Produkte ***

-	--Name--	Typ	Klasse	Einheit	--Preis--	Bezeichnung
1	Produkt	P	A	ST	100.00	Produkt 1
2	Produkt	P	A	ST	100.00	Produkt 2
3	Produkt	P	A	ST	150.00	Produkt 3
	Produkt	P	A	ST	200.00	Produkt 4
	Produkt	P	A	ST	250.00	Produkt 5
	Produkt	M	A	ST	3000.00	Produkt 11
	Produkt	M	A	ST	6000.00	Produkt 12
	Produkt	M	A	ST	4500.00	Produkt 13
	Produkt	M	A	ST	3500.00	Produkt 14
	Produkt	M	A	ST	7500.00	Produkt 15

rodukte definiert

**** Liste der Lagermodule ******

er -	Prod -ID-	Anfangs- bestand	Maximale Kapazität	Ausführungszeit --Einl.-	--Ausl.-	Kostenrate Einl.	Ausl.	Lagerkosten in % / Jahr	-----Lageralarm----- Nr	Typ	Aktion	Bestand
0 --	Lager 1000											
0	1	1200.0	3000.0	0.5000	0.5000	10.00	10.00	25.00	1	31	9000	400.0
0	2	1200.0	3000.0	0.5000	0.5000	10.00	10.00	25.00	1	31	9001	300.0
0	3	1200.0	3000.0	0.5000	0.5000	10.00	10.00	25.00	1	31	9002	300.0
0	4	1200.0	3000.0	0.5000	0.5000	10.00	10.00	25.00	1	31	9003	300.0
0	5	1200.0	3000.0	0.5000	0.5000	10.00	10.00	25.00	1	31	9004	300.0
1 --	Lager 1001											
1	11	1000.0	3000.0	0.5000	0.5000	10.00	10.00	25.00	1	35	9010	300.0
1	12	1000.0	3000.0	0.5000	0.5000	10.00	10.00	25.00	1	35	9011	300.0
1	13	1000.0	3000.0	0.5000	0.5000	10.00	10.00	25.00	1	35	9012	300.0
1	14	1000.0	3000.0	0.5000	0.5000	10.00	10.00	25.00	1	35	9013	300.0
1	15	1000.0	3000.0	0.5000	0.5000	10.00	10.00	25.00	1	35	9014	300.0

*** Liste der Lieferantenmodule ******

ferant -	Prod -ID-	Produkt- preis	Maximale Liefermenge	Liefer- zeit
) --	Lieferant 3000			
)	1	100.00	1000	2.0000
)	2	100.00	1000	2.0000
)	3	150.00	1000	2.0000
)	4	200.00	1000	2.0000
)	5	250.00	1000	1.0000

* Liste der Kundenmodule ***

nde)-	Prod -ID-	Produkt- preis	Abnahme- zeit
)0 --	Kunde 2000		
)0	11	3000.00	0.0000
)0	12	6000.00	0.0000
)0	13	4500.00	0.0000
)0	14	3500.00	0.0000
)0	15	7500.00	0.0000

SILC Version 4.0 MODELLPARAMETER Datei : \GRUND8.LS1 Datum : 2-4-1993

*** Liste des Produktionmodules 4000 ***

	--Eingabe--		--Ausgabe-		Los-	------------------			Produktionsschritte / Zeiten in Minuten				----------------	
Plan	Prod	Modul	Prod	Modul	große	Nr	Prio	Maschine	Werkzeug	Rüsten	Vertlg.	Bearb.zeit	Vertlg.	Kanban
1	1	1000	11	1001	400	1	1	1	1	50	3	10	3	-1
						2	1	6	6	30	3	5	3	-2
						3	1	11	11	10	3	10	3	-3
						4	1	16	16	10	3	6	3	11
2	2	1000	12	1001	300	1	1	2	2	60	3	10	3	-4
						2	1	7	7	40	3	10	3	-5
						3	1	12	12	10	3	15	3	-6
						4	1	17	17	10	3	10	3	12
3	3	1000	13	1001	300	1	1	3	3	20	3	10	3	-7
						2	1	8	8	15	3	10	3	-8
						3	1	13	13	15	3	12	3	-9
						4	1	18	18	10	3	10	3	13
4	4	1000	14	1001	300	1	1	4	4	20	3	15	3	-10
						2	1	9	9	20	3	20	3	-11
						3	1	14	14	15	3	20	3	-12
						4	1	19	19	10	3	20	3	14
5	5	1000	15	1001	300	1	1	5	5	10	3	10	3	-13
						2	1	10	10	15	3	20	3	-14
						3	1	15	15	10	3	20	3	-15
						4	1	20	20	10	3	10	3	15

Maschine	Anzahl	Kapazität	Ausfall-	----Kosten/Tag----		Strategie	---------Kanban-----		
-ID-		in Stunden	rate	---Fix--	Variabel		ID	Batch	Limit
1	1	16.00	10.00	227.27	1320.00	FIFO	-1	400	400
2	1	16.00	10.00	181.82	960.00	FIFO	-4	300	300
3	1	16.00	10.00	181.82	600.00	FIFO	-7	300	300
4	1	16.00	10.00	159.09	480.00	FIFO	-10	300	300
5	1	16.00	10.00	159.09	840.00	FIFO	-13	300	300
6	1	16.00	10.00	113.64	360.00	FIFO	-2	400	400
7	1	16.00	10.00	181.82	480.00	FIFO	-5	300	300
8	1	16.00	10.00	227.27	840.00	FIFO	-8	300	300
9	1	16.00	10.00	250.00	960.00	FIFO	-11	300	300
10	1	16.00	10.00	159.09	600.00	FIFO	-14	300	300
11	1	16.00	10.00	181.82	600.00	FIFO	-3	400	400
12	1	16.00	10.00	136.36	480.00	FIFO	-6	300	300
13	1	16.00	10.00	136.36	360.00	FIFO	-9	300	300
14	1	16.00	10.00	113.64	360.00	FIFO	-12	300	300
15	1	16.00	10.00	90.91	360.00	FIFO	-15	300	300
16	1	16.00	10.00	68.18	360.00	FIFO	11	400	400
17	1	16.00	10.00	90.91	240.00	FIFO	12	300	300
18	1	16.00	10.00	45.45	360.00	FIFO	13	300	300
19	1	16.00	10.00	45.45	360.00	FIFO	14	300	300
20	1	16.00	10.00	45.45	360.00	FIFO	15	300	300

Werkzeug	Anzahl	----Kosten/Tag----		Bezeichnung	
-ID-		---Fix--	Variabel		
1	1	9.09	120.00	Werkzeug	1
2	1	18.18	192.00	Werkzeug	2
3	1	15.91	288.00	Werkzeug	3
4	1	11.36	240.00	Werkzeug	4
5	1	25.00	288.00	Werkzeug	5
6	1	11.36	480.00	Werkzeug	6
7	1	6.82	360.00	Werkzeug	7
8	1	15.91	240.00	Werkzeug	8
9	1	4.55	120.00	Werkzeug	9
10	1	11.36	360.00	Werkzeug	10
11	1	6.82	288.00	Werkzeug	11
12	1	2.27	120.00	Werkzeug	12
13	1	3.18	192.00	Werkzeug	13
14	1	6.82	288.00	Werkzeug	14
15	1	4.55	240.00	Werkzeug	15
16	1	6.82	480.00	Werkzeug	16
17	1	4.55	360.00	Werkzeug	17
18	1	6.82	600.00	Werkzeug	18
19	1	3.64	120.00	Werkzeug	19
20	1	4.55	288.00	Werkzeug	20

**** Ende des Produktionsmodules 4000 ****

LC Version 4.0 MODELLPARAMETER Datei : \GRUND8.LS1 Datum : 2-4-1993

** Liste der Personaltypen ***

r-	----Bezeichnung----	Anzahl	Lohn/Std	Arbeitszeit/Schicht
01	Personal-Typ 5001	3	48.00	8.00
02	Personal-Typ 5002	4	48.00	8.00
03	Personal-Typ 5003	3	48.00	8.00
04	Personal-Typ 5004	4	48.00	8.00
05	Personal-Typ 5005	4	48.00	8.00

Personaltypen definiert

*** Liste der Qualifikationsstruktur der Personaltypen ***

ers.- yp	Trans- porte	Qualitäts- sicherung	Bedienen	Instandhalten von Maschinen	Rüsten
5001	ja	ja	1/ 6/ 11/ 16	1/ 6/ 11/ 16	1/ 6/ 11/ 16
5002	ja	ja	2/ 7/ 12/ 17	2/ 7/ 12/ 17	2/ 7/ 12/ 17
5003	ja	ja	3/ 8/ 13/ 18	3/ 8/ 13/ 18	3/ 8/ 13/ 18
5004	ja	ja	4/ 9/ 14/ 19	4/ 9/ 14/ 19	4/ 9/ 14/ 19
5005	ja	ja	5/ 10/ 15/ 20	5/ 10/ 15/ 20	5/ 10/ 15/ 20

**** Ende des Personalmodules 5000 ****

SILC Version 4.0	MODELLPARAMETER	Datei : \GRUND8.LS1	Datum : 2-4-1993

*** Liste der Generatoren ***

-ID-	Reaktivierung			generierte Aktionen						Menge	Vertlg.	Quelle	Ziel	Prod
	Anzahl	Zeit	Vertlg.	Anzahl	Typ	Ausf.Zeit	Vertlg.	Gew.Termin	Vertlg.			Prod.Mod	Plan	
1	20	10.0000	0	1	Transport	0.5000	0	0.5000	0	300.0	0	1001	2000	11
2	20	10.0000	0	1	Transport	0.5000	0	0.5000	0	300.0	0	1001	2000	12
3	20	10.0000	0	1	Transport	0.7500	0	0.7500	0	300.0	0	1001	2000	13
4	20	10.0000	0	1	Transport	0.5000	0	0.5000	0	300.0	0	1001	2000	14
5	20	12.0000	0	1	Transport	0.5000	0	0.5000	0	300.0	0	1001	2000	15
9000	0	0.0000	0	1	Transport	0.0000	0	3.0000	0	800.0	0	3000	1000	1
9001	0	0.0000	0	1	Transport	0.0000	0	3.0000	0	800.0	0	3000	1000	2
9002	0	0.0000	0	1	Transport	0.0000	0	3.0000	0	800.0	0	3000	1000	3
9003	0	0.0000	0	1	Transport	0.0000	0	3.0000	0	800.0	0	3000	1000	4
9004	0	0.0000	0	1	Transport	0.0000	0	3.0000	0	800.0	0	3000	1000	5
9010	0	0.0000	0	1	Produktion	0.5000	0	10.0000	0	400.0	0	4000	1	
9011	0	0.0000	0	1	Produktion	0.5000	0	12.0000	0	300.0	0	4000	2	
9012	0	0.0000	0	1	Produktion	0.7500	0	12.0000	0	300.0	0	4000	3	
9013	0	0.0000	0	1	Produktion	0.5000	0	20.0000	0	300.0	0	4000	4	
9014	0	0.0000	0	1	Produktion	0.5000	0	15.0000	0	300.0	0	4000	5	

15 Generatoren gefunden

*** Liste der Aktionen in der Warteschlange (Auftragsliste) ***

-ID-	--Zeit--	Zustand	Typ	Parameter
1	0.0001	0	10	Generator: ID=1
2	0.0002	0	10	Generator: ID=2
3	0.0003	0	10	Generator: ID=3
4	0.0004	0	10	Generator: ID=4
5	0.0005	0	10	Generator: ID=5
6	300.0000	0	999	*** STOP SIMULATIONSLAUF ***

*** 6 Einträge in der Warteschlange (6 max, 6 dargestellt) ***

LC Version 4.0 MODELLPARAMETER Datei : \GRUNDS.LS1 Datum : 2-4-1993

----- Liste der statistischen Verteilungen ------

Typ	untere Grenze	obere Grenze	Parameter
1 (Gleichvertlg.)	0.99	1.01	
1 (Gleichvertlg.)	0.98	1.02	
1 (Gleichvertlg.)	0.95	1.05	
1 (Gleichvertlg.)	0.90	1.10	
1 (Gleichvertlg.)	0.85	1.05	
1 (Gleichvertlg.)	0.80	1.20	
1 (Gleichvertlg.)	0.75	1.25	
1 (Gleichvertlg.)	0.50	1.50	
1 (Gleichvertlg.)	0.00	2.00	
2 (Dreiecksvertlg.)	0.99	1.01	Spitze bei 1.00
2 (Dreiecksvertlg.)	0.95	1.05	Spitze bei 1.00
2 (Dreiecksvertlg.)	0.90	1.10	Spitze bei 1.00
2 (Dreiecksvertlg.)	0.50	1.50	Spitze bei 1.00
2 (Dreiecksvertlg.)	1.00	1.01	Spitze bei 1.00
2 (Dreiecksvertlg.)	1.00	1.05	Spitze bei 1.00
2 (Dreiecksvertlg.)	1.00	1.10	Spitze bei 1.00
2 (Dreiecksvertlg.)	1.00	1.50	Spitze bei 1.00
2 (Dreiecksvertlg.)	0.99	1.00	Spitze bei 1.00
2 (Dreiecksvertlg.)	0.95	1.00	Spitze bei 1.00
2 (Dreiecksvertlg.)	0.90	1.00	Spitze bei 1.00
2 (Dreiecksvertlg.)	0.50	1.00	Spitze bei 1.00
3 (Normalvertlg.)	0.99	1.01	Anzahl der gez. Werte = 6
3 (Normalvertlg.)	0.95	1.05	Anzahl der gez. Werte = 6
3 (Normalvertlg.)	0.90	1.10	Anzahl der gez. Werte = 6
3 (Normalvertlg.)	0.75	1.25	Anzahl der gez. Werte = 6

sgesamt 25 Verteilungen definiert.

SILC Version 4.0 MODELLERGEBNISSE Datei : GRUND8.LS2 Datum : 2-4-1993

*** Liste der Produkte ***

-ID-	--Name--	Typ	Klasse	Einheit	--Preis--	Bezeichnung
1	Produkt	P	A	ST	100.00	Produkt 1
2	Produkt	P	A	ST	100.00	Produkt 2
3	Produkt	P	A	ST	150.00	Produkt 3
4	Produkt	P	A	ST	200.00	Produkt 4
5	Produkt	P	A	ST	250.00	Produkt 5
11	Produkt	M	A	ST	3000.00	Produkt 11
12	Produkt	M	A	ST	6000.00	Produkt 12
13	Produkt	M	A	ST	4500.00	Produkt 13
14	Produkt	M	A	ST	3500.00	Produkt 14
15	Produkt	M	A	ST	7500.00	Produkt 15

10 Produkte definiert

****** Liste der Lagermodule ******

Lager -ID-	Prod -ID-	Anfangs-bestand	Maximale Kapazität	Gegenwärtiger ---Bestand---	Durchschnittl. ---Bestand---	Lager-kosten	--Lageraktivitäten-- Einl.	Ausl.	Kosten	Ein-/Ausl.Warteschlange Anzahl	Max	Anzahl	Max
1000 -- Lager 1000													
1000	1	1200.0	3000.0	800.0	897.9	102.0	9	19	280.0	0	0	0	4
1000	2	1200.0	3000.0	400.0	716.8	81.5	8	24	320.0	0	0	0	2
1000	3	1200.0	3000.0	400.0	718.0	122.4	8	24	320.0	0	0	0	2
1000	4	1200.0	3000.0	400.0	728.3	165.5	8	24	320.0	0	0	0	2
1000	5	1200.0	3000.0	400.0	757.0	215.1	8	24	320.0	0	0	0	2
1001 -- Lager 1001													
1001	11	1000.0	3000.0	700.0	774.7	2641.1	15	21	360.0	0	0	0	0
1001	12	1000.0	3000.0	700.0	628.4	4284.7	20	21	410.0	0	0	0	0
1001	13	1000.0	3000.0	700.0	629.6	3219.5	20	21	410.0	0	0	0	0
1001	14	1000.0	3000.0	700.0	542.9	2159.1	20	21	410.0	0	0	0	1
1001	15	1000.0	3000.0	700.0	622.9	5308.7	20	21	410.0	0	0	0	0

*** Liste der Lageraktivitäten ***

Lager	Prod	Anz.	---Losgröße--- Min	Max	Kum.Menge	Einge-lagert	Anz.	Ausge-lagert	Anz.	-------Lagerbestand---- Min	Max	Gegenw.
1000	1	28	400	800	14800	7200	9	7600	19	0	1200	800
1000	2	32	300	800	13600	6400	8	7200	24	0	1100	400
1000	3	32	300	800	13600	6400	8	7200	24	0	1100	400
1000	4	32	300	800	13600	6400	8	7200	24	0	1100	400
1000	5	32	300	800	13600	6400	8	7200	24	0	1100	400
1001	11	36	300	400	12300	6000	15	6300	21	100	1000	700
1001	12	41	300	300	12300	6000	20	6300	21	100	700	700
1001	13	41	300	300	12300	6000	20	6300	21	100	700	700
1001	14	41	300	300	12300	6000	20	6300	21	100	700	700
1001	15	41	300	300	12300	6000	20	6300	21	100	700	700

C Version 4.0 MODELLERGEBNISSE Datei : GRUND8.LS2 Datum : 2-4-1993

Liste der Transportaktivitäten ***

				Ausführungszeit			Losgröße		
le	Ziel	Prod	Anz.	Min	Max	Kumuliert	Min	Max	Kum.Menge
00	4000	1	19	0.5000	6.0000	26.5000	400	400	7600
00	4000	2	24	0.5000	3.5000	17.5000	300	300	7200
00	4000	3	24	0.5000	3.5000	17.5000	300	300	7200
00	4000	4	24	0.5000	3.5000	17.5000	300	300	7200
00	4000	5	24	0.5000	2.5000	15.5000	300	300	7200
01	2000	11	21	0.5000	0.5000	10.5000	300	300	6300
01	2000	12	21	0.5000	0.5000	10.5000	300	300	6300
01	2000	13	21	0.5000	0.5000	10.5000	300	300	6300
01	2000	14	21	0.5000	6.0805	18.1950	300	300	6300
01	2000	15	21	0.5000	0.5000	10.5000	300	300	6300
00	1000	1	9	2.5000	2.5000	22.5000	800	800	7200
00	1000	2	8	2.5000	2.5000	20.0000	800	800	6400
00	1000	3	8	2.5000	2.5000	20.0000	800	800	6400
00	1000	4	8	2.5000	2.5000	20.0000	800	800	6400
00	1000	5	8	1.5000	1.5000	12.0000	800	800	6400
00	1001	11	15	0.5000	0.5000	7.5000	400	400	6000
00	1001	12	20	0.5000	0.5000	10.0000	300	300	6000
00	1001	13	20	0.5000	0.5000	10.0000	300	300	6000
00	1001	14	20	0.5000	0.5000	10.0000	300	300	6000
00	1001	15	20	0.5000	0.5000	10.0000	300	300	6000

*** Liste der Lieferantenmodule ******

ferant	Prod -ID-	Anzahl Auslieferungen	Ausgelieferte ----Menge----	Wert der ausgel. -----Menge-----
0 -- Lieferant 3000				
0	1	9	7200.0	720000.0
0	2	8	6400.0	640000.0
0	3	8	6400.0	960000.0
0	4	8	6400.0	1280000.0
0	5	8	6400.0	1600000.0

Liste der Kundenmodule ***

e	Prod -ID-	Anzahl der -Aufträge-	Ausgelieferte ----Menge----	Wert der ausgel. -----Menge-----
-- Kunde 2000				
	11	21	6300.0	18900000.0
	12	21	6300.0	37800000.0
	13	21	6300.0	28350000.0
	14	21	6300.0	22050000.0
	15	21	6300.0	47250000.0

SILC Version 4.0 MODELLERGEBNISSE Datei : GRUND8.LS2 Datum : 2-4-1993

*** Liste des Produktionsmodules 4000 ***

Maschine --ID--	Maschinenauslastungzeiten in Prozent: Leerzeit	Verfügbare Kapazität	Warten auf -Werkzeug-	Rüstzeit	Warten auf -Auftrag-	Prod.-zeit	Letzte Aktivität	Fixkosten (F) Var.Kosten(V)	Gesamt-kosten
1.1	39.35	33.32	0.00	0.02	0.00	27.31	196.0540	44557.7 (F)	115265.6
	59.02	n/a	0.00	0.03	0.00	40.95		70707.9 (V)	
2.1	41.97	33.32	0.00	0.02	0.00	24.69	205.1077	37292.3 (F)	85949.8
	62.94	n/a	0.00	0.03	0.00	37.03		48657.5 (V)	
3.1	42.26	33.24	0.00	0.01	0.00	24.50	205.5818	37378.5 (F)	67605.6
	63.29	n/a	0.00	0.01	0.00	36.70		30227.1 (V)	
4.1	29.80	33.23	0.00	0.01	0.00	36.96	206.6186	32871.1 (F)	69536.9
	44.63	n/a	0.00	0.01	0.00	55.36		36665.7 (V)	
5.1	45.80	33.32	0.00	0.00	0.00	20.87	245.0874	38991.2 (F)	81966.2
	68.69	n/a	0.00	0.00	0.00	31.30		42975.0 (V)	
6.1	53.53	33.23	0.00	0.01	0.00	13.23	193.6224	22002.5 (F)	31233.1
	80.17	n/a	0.00	0.02	0.00	19.82		9230.6 (V)	
7.1	43.01	33.25	0.00	0.01	0.00	23.72	204.5166	37184.8 (F)	60488.2
	64.44	n/a	0.00	0.02	0.00	35.54		23303.4 (V)	
8.1	43.12	33.31	0.00	0.00	0.00	23.57	205.1479	46624.5 (F)	87250.5
	64.65	n/a	0.00	0.01	0.00	35.34		40625.9 (V)	
9.1	20.04	33.25	0.00	0.01	0.00	46.71	207.5431	51885.8 (F)	144962.8
	30.02	n/a	0.00	0.01	0.00	69.97		93077.1 (V)	
10.1	26.91	33.33	0.00	0.00	0.00	39.75	248.0300	39459.3 (F)	98626.0
	40.37	n/a	0.00	0.01	0.00	59.63		59166.7 (V)	
11.1	42.27	33.33	0.00	0.00	0.00	24.40	196.0318	35642.2 (F)	64342.5
	63.40	n/a	0.00	0.01	0.00	36.59		28700.3 (V)	
12.1	32.90	33.29	0.00	0.00	0.00	33.81	206.2804	28129.2 (F)	61605.0
	49.32	n/a	0.00	0.00	0.00	50.67		33475.9 (V)	
13.1	39.53	33.26	0.00	0.00	0.00	27.20	205.4324	28013.5 (F)	48136.6
	59.23	n/a	0.00	0.01	0.00	40.76		20123.0 (V)	
14.1	22.03	33.23	0.00	0.01	0.00	44.74	207.6418	23595.7 (F)	57042.1
	32.99	n/a	0.00	0.01	0.00	67.00		33446.4 (V)	
15.1	29.73	33.25	0.00	0.00	0.00	37.02	247.6244	22511.3 (F)	55516.6
	44.53	n/a	0.00	0.00	0.00	55.46		33005.3 (V)	
16.1	52.92	33.31	0.00	0.00	0.00	13.77	194.1333	13236.4 (F)	22862.1
	79.35	n/a	0.00	0.01	0.00	20.65		9625.7 (V)	
17.1	45.08	33.33	0.00	0.00	0.00	21.59	205.0076	18637.1 (F)	29260.0
	67.61	n/a	0.00	0.01	0.00	32.38		10622.9 (V)	
18.1	44.90	33.32	0.00	0.00	0.00	21.77	205.0557	9320.7 (F)	25392.6
	67.35	n/a	0.00	0.01	0.00	32.65		16071.9 (V)	
19.1	23.89	33.32	0.00	0.00	0.00	42.79	208.1074	9459.4 (F)	41518.3
	35.83	n/a	0.00	0.01	0.00	64.17		32058.9 (V)	
20.1	48.56	33.25	0.00	0.00	0.00	18.19	244.6020	11118.3 (F)	27135.3
	72.75	n/a	0.00	0.00	0.00	27.25		16017.1 (V)	

Maschine --ID--	Maschinenauslastungzeiten in Tagen: Leerzeit	Verfügbare Kapazität	Warten auf -Werkzeug-	Rustzeit	Warten auf -Auftrag-	Prod.-zeit	Letzte Aktivität
1.1	77.1541	65.3333	0.0000	0.0333	0.0000	53.5333	196.0540
2.1	86.0894	68.3333	0.0000	0.0401	0.0000	50.6448	205.1077
3.1	86.8700	68.3333	0.0000	0.0138	0.0000	50.3646	205.5818
4.1	61.5650	68.6667	0.0000	0.0145	0.0000	76.3724	206.6186
5.1	112.2601	81.6667	0.0000	0.0069	0.0000	51.1538	245.0874
6.1	103.6485	64.3333	0.0000	0.0208	0.0000	25.6198	193.6224
7.1	87.9679	68.0000	0.0000	0.0280	0.0000	48.5207	204.5166
8.1	88.4504	68.3333	0.0000	0.0101	0.0000	48.3542	205.1479
9.1	41.5879	69.0000	0.0000	0.0143	0.0000	96.9410	207.5431
10.1	66.7522	82.6667	0.0000	0.0103	0.0000	98.6008	248.0300
11.1	82.8646	65.3333	0.0000	0.0069	0.0000	47.8270	196.0318
12.1	67.8724	68.6667	0.0000	0.0068	0.0000	69.7346	206.2804
13.1	81.2018	68.3333	0.0000	0.0102	0.0000	55.8872	205.4324
14.1	45.7351	69.0000	0.0000	0.0106	0.0000	92.8961	207.6418
15.1	73.6098	82.3333	0.0000	0.0074	0.0000	91.6740	247.6244
16.1	102.7285	64.6667	0.0000	0.0067	0.0000	26.7315	194.1333
17.1	92.4122	68.3333	0.0000	0.0071	0.0000	44.2550	205.0076
18.1	92.0782	68.3333	0.0000	0.0071	0.0000	44.6370	205.0557
19.1	49.7216	69.3333	0.0000	0.0073	0.0000	89.0452	208.1074
20.1	118.7768	81.3333	0.0000	0.0069	0.0000	44.4850	244.6020

** Kanban Statistik ***

Maschine -ID-	Prod -ID-	Gegenwartiger ---Bestand---	Durchschnittl. ---Bestand---	Bestand in der --Produktion--	Austehende ---Menge--	--Anzahl der Aktivitaten- Produktion	Auslieferung	Warteschlange Gegenw.	Max
1	-1	400.0	200.9	0.0	0.0	19	18	0	4
2	-4	300.0	160.0	0.0	0.0	24	23	0	4
3	-7	300.0	157.2	0.0	0.0	24	23	0	4
4	-10	300.0	111.2	0.0	0.0	24	23	0	4
5	-13	300.0	179.4	0.0	0.0	24	23	0	4
6	-2	400.0	266.4	0.0	0.0	18	17	0	3
7	-5	300.0	169.8	0.0	0.0	23	22	0	3
8	-8	300.0	171.8	0.0	0.0	23	22	0	3
9	-11	300.0	64.3	0.0	0.0	23	22	0	4
10	-14	300.0	98.3	0.0	0.0	23	22	0	3
11	-3	400.0	212.2	0.0	0.0	17	16	0	3
12	-6	300.0	119.7	0.0	0.0	22	21	0	3
13	-9	300.0	156.6	0.0	0.0	22	21	0	3
14	-12	300.0	62.4	0.0	0.0	22	21	0	3
15	-15	300.0	102.2	0.0	0.0	22	21	0	3
16	11	400.0	256.7	0.0	0.0	16	15	0	2
17	12	300.0	160.6	0.0	0.0	21	20	0	2
18	13	300.0	167.6	0.0	0.0	21	20	0	2
19	14	300.0	60.7	0.0	0.0	21	20	0	2
20	15	300.0	164.9	0.0	0.0	21	20	0	2

Werkzeug --ID---	Rüstvor-gänge	Rüstzeit	Aktionszeit	Letzte Aktivität	zul. mont. auf Masch.	------Kosten------ ---Fix--	Variabel	Gesamtkosten
1. 1	1	0.0333	53.5333	196.0540	1	1782.31	6423.99	8206.3
2. 1	1	0.0401	50.6448	205.1077	2	3729.23	9723.80	13453.0
3. 1	1	0.0138	50.3646	205.5818	3	3270.62	14505.02	17775.6
4. 1	1	0.0145	76.3724	206.6186	4	2347.94	18329.37	20677.3
5. 1	1	0.0069	51.1538	245.0874	5	6127.19	14732.29	20859.5
6. 1	1	0.0208	25.6198	193.6224	6	2200.25	12297.50	14497.8
7. 1	1	0.0280	48.5207	204.5166	7	1394.43	17467.46	18861.9
8. 1	1	0.0101	48.3542	205.1479	8	3263.72	11605.00	14868.7
9. 1	1	0.0143	96.9410	207.5431	9	943.38	11632.91	12576.3
10. 1	1	0.0103	98.6008	248.0300	10	2818.52	35496.30	38314.8
11. 1	1	0.0069	47.8270	196.0318	11	1336.58	13774.18	15110.8
12. 1	1	0.0068	69.7346	206.2804	12	468.82	8368.15	8837.0
13. 1	1	0.0102	55.8872	205.4324	13	653.65	10730.34	11384.0
14. 1	1	0.0106	92.8961	207.6418	14	1415.74	26754.07	28169.8
15. 1	1	0.0074	91.6740	247.6244	15	1125.57	22001.75	23127.3
16. 1	1	0.0067	26.7315	194.1333	16	1323.64	12831.10	14154.7
17. 1	1	0.0071	44.2550	205.0076	17	931.85	15931.80	16863.7
18. 1	1	0.0071	44.6370	205.0557	18	1398.11	26782.22	28180.3
19. 1	1	0.0073	89.0452	208.1074	19	756.75	10685.42	11442.2
20. 1	1	0.0069	44.4850	244.6020	20	1111.83	12811.68	13923.5

Produkt ID-	Gegenwärtiger ---Bestand---	Durchschnittl. ---Bestand---	--Maximaler-- ---Bestand---	Letzte Aktivität
1	0	35	1200	192.0001
2	0	10	1200	202.0002
3	0	10	1200	202.5003
4	0	10	1200	202.0004
5	0	12	1200	242.0005
11	0	0	400	191.5001
12	0	0	300	201.5002
13	0	0	300	202.0003
14	0	0	300	201.5004
15	0	0	300	241.5005

Plan	Seq	Prod.Menge	Durchlaufzeiten in der Produktion Min	Max	Gesamt	je EH	Terminabweichung Min	Max
1	4	6400	2.6092	17.8070	81.2728	0.0127	-7.3908	7.8070
2	4	6300	3.0158	19.6387	112.9734	0.0179	-8.9842	7.6387
3	4	6300	3.0295	17.6353	102.3067	0.0162	-8.9705	5.6353
4	4	6300	6.0527	30.6145	241.3030	0.0383	-13.9473	10.6145
5	4	6300	3.0166	25.5920	139.8490	0.0222	-11.9834	10.5920

** Bestände in der Produktion ***

Plan -ID-	---PPM-Bestand--- Gegenw.	Durchsch	Max.Bst	Seq	--Pufferbestande- Maschine	Gegenw.	Max.Bst
1	1200	1502	2400	1- 2	1	400	400
				2- 3	6	400	400
				3- 4	11	400	400
2	900	1105	1800	1- 2	2	300	300
				2- 3	7	300	300
				3- 4	12	300	300
3	900	1109	1800	1- 2	3	300	300
				2- 3	8	300	300
				3- 4	13	300	300
4	900	1115	1800	1- 2	4	300	300
				2- 3	9	300	300
				3- 4	14	300	300
5	900	1142	1800	1- 2	5	300	300
				2- 3	10	300	300
				3- 4	15	300	300

**** Ende Produktionsmodul 4000 ****

LC Version 4.0 MODELLERGEBNISSE Datei : GRUND8.LS2 Datum : 2-4-1993

* Liste der Aktivitäten der Personaltypen ***

rs.- p	Anz.	Transporte	Qualitäts- prüfung	Bedienen	Rüsten	Instandh.	Leerzeiten	Überstunden	Verfügbare Kapazität	Letzte Aktivität	Kosten
		--- Aufgewendete Zeit in Tagen pro Arbeiter ---		-------- von Maschinen --------							
001	3	7.8889	1.8825	32.5638	0.0225	25.9947	12.3144	0.0000	161.3337	242.0005	278784.58
002	4	7.8889	1.8825	36.9315	0.0205	20.5228	13.4206	0.0000	161.3337	242.0005	371712.77
003	3	7.8889	1.8825	46.4331	0.0137	27.3739	0.0000	2.9253	161.3337	242.0005	288894.57
004	4	7.8889	1.8825	57.0057	0.0117	20.7478	0.0000	6.8697	161.3337	242.0005	403368.39
005	4	7.8889	1.8825	52.4999	0.0079	24.6336	0.0000	6.2459	161.3337	242.0005	400494.02

*** Liste der nicht bearbeiteten Aufträge ***

*** Liste der Aktionen in der Warteschlange (Auftragsliste) ***

```
-ID-  --Zeit--  Zustand Typ  Parameter
  6  300.0000       0   999  *** STOP SIMULATIONSLAUF ***
*** 1 Einträge in der Warteschlange (32 max, 1 dargestellt) ***
I
```